普通高等教育"十四五"系列教材

水利工程经济与管理

主编 吕翠美 凌敏华 管新建 郑二伟

·北京·

内 容 提 要

"水利工程经济与管理"应用工程经济学中的基本原理和一般计算方法,解决水利水电建设工程中的有关经济问题和管理问题。本课程是工程经济与水利工程相结合而形成的一门交叉学科,是工程经济学基本原理在水利工程项目经济分析中的应用,会随着国民经济的发展和科学技术水平的提高而不断补充、修改和更新其内容。本书编写注重理论与实践相结合,同时考虑水利工程经济与管理工作的发展趋势,以传承经典、成熟理论体系为主,适当吸收了本学科领域的部分新成果,主要内容包括绪论、工程经济基本概念、资金时间价值及等价折算公式、工程经济评价方法、工程项目风险与不确定性分析、综合利用水利工程的投资费用分摊、工程项目财务评价、工程项目国民经济评价、水利建设项目经济评价、工程项目管理和水利工程项目风险管理等。

图书在版编目（CIP）数据

水利工程经济与管理 / 吕翠美等主编. -- 北京：中国水利水电出版社, 2021.6
普通高等教育"十四五"系列教材
ISBN 978-7-5170-9656-6

Ⅰ. ①水… Ⅱ. ①吕… Ⅲ. ①水利工程－工程经济学－高等学校－教材②水利工程管理－高等学校－教材
Ⅳ. ①F407.9

中国版本图书馆CIP数据核字(2021)第113482号

书　名	普通高等教育"十四五"系列教材 **水利工程经济与管理** SHUILI GONGCHENG JINGJI YU GUANLI
作　者	主编　吕翠美　凌敏华　管新建　郑二伟
出版发行	中国水利水电出版社 （北京市海淀区玉渊潭南路1号D座　100038） 网址：www.waterpub.com.cn E - mail: sales@waterpub.com.cn 电话：(010) 68367658（营销中心）
经　售	北京科水图书销售中心（零售） 电话：(010) 88383994、63202643、68545874 全国各地新华书店和相关出版物销售网点
排　版	中国水利水电出版社微机排版中心
印　刷	清淞永业（天津）印刷有限公司
规　格	184mm×260mm　16开本　19.25印张　468千字
版　次	2021年6月第1版　2021年6月第1次印刷
印　数	0001—2000册
定　价	**52.00元**

凡购买我社图书，如有缺页、倒页、脱页的，本社营销中心负责调换
版权所有·侵权必究

前　言

水利是国民经济基础产业，这就要求我们在规划、设计、施工以及经营管理阶段都要讲究投入与产出，切实提高经济效益。近几年来，随着我国社会主义现代化建设的飞速发展和西部大开发战略的实施，国家对水利工程建设更加重视，不断加大水利工程建设项目的投资。在进行水利基础设施建设和国家重点水利工程建设的同时，积极开展有关水利工程经济与管理问题的讨论与研究，逐步形成了水利工程经济与管理学科体系。

"水利工程经济与管理"是一门运用工程经济学基本原理，结合水利工程实际，对水利工程进行经济评价、方案比较及其他技术经济分析，以达到资源（包括自然资源、资金和劳动等）合理利用的交叉学科。

本教材编写大纲由编写人员集体讨论确定。教材共分11章，参加具体编写工作的有：郑州大学凌敏华参与编写了第1章、第2章、第7章、第8章；郑州大学吕翠美参与编写了第1章、第3章、第4章、第5章、第9章、第10章、第11章；郑州大学管新建参与编写了第4章、第5章；郑州大学王慧亮参与编写了第5章、第6章；郑州大学孟钰参与编写了第6章；河南省水利规划勘测设计研究有限公司郑二伟参与编写了第9章、第10章。全书由吕翠美统稿，郑州大学教授、博士生导师、全国高等学校水利学科教学指导委员会委员、全国水利教育协会高等教育分会理事、全国水利经济科学技术情报网常委理事吴泽宁主审。

本教材的出版得到了郑州大学、河南省水利勘测设计研究有限公司等单位的关心和支持，在此我们向所有关心和支持本教材的单位和个人表示诚挚的谢意。同时，在编写过程中参阅了大量参考文献，在此谨向原作者表示衷心感谢。

由于本教材涉及学科领域较多，加之编者水平所限，书中不足及疏漏之处在所难免，恳请广大读者批评指正。

编者
2020年5月

目 录

前言

第1章 绪论 ·· 1
  1.1 水利工程经济与管理概述 ·· 1
    1.1.1 水利工程经济特点与经济评价目的 ······································ 1
    1.1.2 水利工程经济评价的内容与方法 ·· 2
  1.2 国内外水利工程经济与管理发展概况 ······································ 4
    1.2.1 美国 ··· 4
    1.2.2 苏联 ··· 5
    1.2.3 中国 ··· 6
  1.3 课程的性质与意义 ·· 7
  思考题 ·· 8

第2章 工程经济基本概念 ·· 9
  2.1 价值与价格 ·· 9
    2.1.1 价值 ··· 9
    2.1.2 价格 ··· 9
    2.1.3 产值 ·· 11
  2.2 投资 ·· 14
    2.2.1 固定资产投资 ··· 14
    2.2.2 流动资金和流动资产 ··· 19
    2.2.3 建设期借款利息 ·· 19
    2.2.4 固定资产投资方向调节税 ·· 19
  2.3 年运行费与年费用 ·· 20
    2.3.1 年运行费 ·· 20
    2.3.2 年费用 ·· 22
  2.4 成本、税金和利润 ·· 22
    2.4.1 成本 ·· 22
    2.4.2 税金 ·· 26
    2.4.3 利润 ·· 27

2.5 效益 ·· 28
  2.5.1 水利工程效益的特点 ··· 28
  2.5.2 水利工程效益的分类 ··· 29
 思考题 ·· 30

第3章 资金时间价值及等价折算公式 ··· 32
3.1 资金时间价值 ··· 32
  3.1.1 资金时间价值的概念 ··· 32
  3.1.2 资金时间价值的表现形式 ··· 32
  3.1.3 资金等值的概念 ·· 33
3.2 资金流程图与计算基准点 ··· 35
  3.2.1 资金流程图 ·· 35
  3.2.2 计算基准点 ·· 36
3.3 等价折算公式 ··· 36
  3.3.1 一次收付期值公式 ·· 36
  3.3.2 一次收付现值公式 ·· 37
  3.3.3 分期等付期值公式 ·· 37
  3.3.4 基金存储公式 ·· 38
  3.3.5 本利摊还公式 ·· 39
  3.3.6 分期等付现值公式 ·· 40
  3.3.7 等差系列折算公式 ·· 41
  3.3.8 等比系列现值公式 ·· 44
  3.3.9 连续计息折算公式 ·· 46
  3.3.10 等价折算公式小结 ·· 49
3.4 名义年利率与实际年利率 ··· 51
  3.4.1 名义年利率与实际年利率的概念 ································· 51
  3.4.2 名义年利率与实际年利率的关系 ································· 51
3.5 等价概念的应用 ··· 52
  3.5.1 等价的含义 ·· 52
  3.5.2 资金等价概念 ·· 53
  3.5.3 计息期小于一年的等价折算 ··· 55
 思考题 ·· 57

第4章 工程经济评价方法 ··· 59
4.1 概述 ··· 59
4.2 项目方案的比较与选择 ··· 59
  4.2.1 项目方案的类型 ·· 60
  4.2.2 项目方案比较的原则 ··· 61
4.3 效益费用比法 ··· 62

  4.3.1 效益费用比 BCR ·········· 62
  4.3.2 差额效益费用比 ΔBCR ·········· 63
 4.4 净现值法 ·········· 66
  4.4.1 净现值 NPV ·········· 66
  4.4.2 净现值率 $NPVR$ ·········· 69
  4.4.3 净年值 NAV ·········· 70
  4.4.4 费用现值 PC 与年费用 AC ·········· 70
 4.5 内部收益率法 ·········· 75
  4.5.1 内部收益率 IRR ·········· 75
  4.5.2 差额内部收益率 ΔIRR ·········· 76
  4.5.3 内部收益率法的讨论 ·········· 79
 4.6 投资回收期法 ·········· 82
  4.6.1 静态投资回收期 P_t ·········· 82
  4.6.2 动态投资回收期 P_{td} ·········· 84
 4.7 评价方法的讨论 ·········· 85
 思考题 ·········· 86

第 5 章 工程项目风险与不确定性分析 ·········· 89
 5.1 风险与不确定性概述 ·········· 89
 5.2 敏感性分析 ·········· 90
  5.2.1 敏感性分析与敏感因素 ·········· 90
  5.2.2 敏感性分析方法及步骤 ·········· 90
  5.2.3 敏感性分析的局限性 ·········· 94
 5.3 概率与风险分析 ·········· 95
  5.3.1 期望值与标准差 ·········· 95
  5.3.2 概率分析基础上的风险决策 ·········· 98
 5.4 盈亏平衡分析 ·········· 103
  5.4.1 盈亏平衡分析概述 ·········· 103
  5.4.2 线性平衡点与非线性平衡点 ·········· 105
  5.4.3 盈亏平衡点的确定 ·········· 106
 思考题 ·········· 108

第 6 章 综合利用水利工程的投资费用分摊 ·········· 110
 6.1 概述 ·········· 110
 6.2 综合利用水利工程的投资构成 ·········· 111
  6.2.1 专用工程费用与共用工程费用 ·········· 111
  6.2.2 可分离费用与剩余费用 ·········· 114
 6.3 费用分摊方法 ·········· 116
  6.3.1 按各部门的主次地位分摊 ·········· 116

  6.3.2 按各部门的用水量分摊 ··· 116
  6.3.3 按各部门所需的库容分摊 ·· 116
  6.3.4 可分费用剩余效益法（SCRB 法） ·· 117
  6.3.5 合理替代费用分摊法 ··· 118
  6.3.6 其他费用分摊方法 ·· 119
 6.4 费用分摊方法分析 ··· 122
 思考题 ··· 123

第 7 章 工程项目财务评价 ·· 124
 7.1 财务评价概述 ··· 124
 7.2 财务评价基础数据与参数选取 ·· 126
  7.2.1 价格体系 ·· 126
  7.2.2 税费、利率及汇率 ·· 128
  7.2.3 项目计算期选取 ··· 128
  7.2.4 财务基准收益率设定 ··· 128
 7.3 财务评价方法 ··· 128
  7.3.1 编制财务评价报表 ·· 129
  7.3.2 财务评价指标计算与分析 ·· 139
 7.4 财务评价案例 ··· 148
 思考题 ··· 153

第 8 章 工程项目国民经济评价 ··· 155
 8.1 国民经济评价概述 ··· 155
 8.2 国民经济评价基础数据与参数选取 ·· 158
  8.2.1 效益与费用 ··· 158
  8.2.2 国民经济评价参数 ·· 161
 8.3 国民经济评价指标 ··· 172
  8.3.1 国民经济盈利能力分析指标 ··· 172
  8.3.2 外汇效果分析指标 ·· 173
 8.4 国民经济评价报表 ··· 175
  8.4.1 国民经济评价基本报表 ·· 175
  8.4.2 国民经济评价辅助报表 ·· 178
 思考题 ··· 180

第 9 章 水利建设项目经济评价 ··· 182
 9.1 水利建设项目经济评价概述 ··· 182
 9.2 防洪工程经济评价 ··· 183
  9.2.1 洪灾损失及其特点 ·· 183
  9.2.2 防洪工程经济分析的内容和计算步骤 ······································· 184
  9.2.3 防洪工程的投资和年运行费 ··· 185

  9.2.4 防洪工程效益分析 ······ 185
  9.2.5 防洪工程经济评价示例 ······ 190
 9.3 治涝工程经济评价 ······ 192
  9.3.1 治涝工程经济分析的特点 ······ 192
  9.3.2 治涝工程经济分析的任务与步骤 ······ 192
  9.3.3 治涝工程的投资和年运行费 ······ 193
  9.3.4 治涝工程效益计算 ······ 193
  9.3.5 治渍与治碱效益估算 ······ 198
 9.4 灌溉工程经济评价 ······ 201
  9.4.1 灌溉工程经济分析的任务 ······ 201
  9.4.2 灌溉工程的投资与年运行费 ······ 201
  9.4.3 灌溉工程的效益 ······ 202
 9.5 水力发电工程经济评价 ······ 206
  9.5.1 水电与火电的生产特性和经济特性 ······ 206
  9.5.2 水力发电效益计算方法 ······ 207
 9.6 城镇供水工程经济评价 ······ 209
  9.6.1 最优等效替代法 ······ 210
  9.6.2 缺水损失法 ······ 211
  9.6.3 分摊系数法 ······ 212
  9.6.4 影子水价法 ······ 212
 9.7 航运工程经济评价 ······ 213
  9.7.1 航运效益的特点 ······ 214
  9.7.2 航运效益计算方法 ······ 214
 9.8 其他水利工程经济评价 ······ 216
  9.8.1 旅游效益 ······ 216
  9.8.2 水产效益 ······ 217
  9.8.3 水土保持效益 ······ 217
  9.8.4 水质改善效益 ······ 218
思考题 ······ 218

第10章 工程项目管理 ······ 221
 10.1 概述 ······ 221
  10.1.1 项目与工程项目 ······ 221
  10.1.2 项目管理与工程项目管理 ······ 222
  10.1.3 工程项目管理的国内外背景 ······ 227
 10.2 工程项目管理模式 ······ 229
  10.2.1 设计招标建造模式 ······ 229
  10.2.2 设计-建造模式 ······ 230

  10.2.3 设计-管理模式 ………………………………………………………… 230
  10.2.4 建设管理模式 …………………………………………………………… 230
  10.2.5 PFI模式 ………………………………………………………………… 231
 10.3 工程项目管理的组织形式 ……………………………………………………… 232
  10.3.1 项目管理组织要素 ……………………………………………………… 232
  10.3.2 组织结构 ………………………………………………………………… 233
 10.4 工程项目各阶段的管理 ………………………………………………………… 234
  10.4.1 建设前期与施工准备阶段项目管理 …………………………………… 234
  10.4.2 建设实施阶段项目管理 ………………………………………………… 237
  10.4.3 竣工验收阶段项目管理 ………………………………………………… 238
 10.5 水利工程项目管理 ……………………………………………………………… 239
  10.5.1 我国水利工程管理的发展和成就 ……………………………………… 239
  10.5.2 水利工程管理的意义 …………………………………………………… 241
  10.5.3 水利工程管理的任务和内容 …………………………………………… 242
 思考题 …………………………………………………………………………………… 243

第11章 水利工程项目风险管理 ………………………………………………… 245
 11.1 水利工程项目风险管理概述 …………………………………………………… 245
  11.1.1 风险与不确定性 ………………………………………………………… 245
  11.1.2 工程项目风险 …………………………………………………………… 246
  11.1.3 风险管理 ………………………………………………………………… 247
 11.2 水利工程项目风险管理过程 …………………………………………………… 249
  11.2.1 风险识别 ………………………………………………………………… 249
  11.2.2 风险估计 ………………………………………………………………… 251
  11.2.3 风险评估 ………………………………………………………………… 252
  11.2.4 风险应对 ………………………………………………………………… 253
  11.2.5 风险监控 ………………………………………………………………… 257
 11.3 水利工程项目风险管理的方法 ………………………………………………… 258
  11.3.1 风险识别的方法 ………………………………………………………… 258
  11.3.2 风险估计和评估方法 …………………………………………………… 260
 思考题 …………………………………………………………………………………… 262

参考文献 ……………………………………………………………………………… 264

附录 考虑资金时间价值的折算因子表 ……………………………………… 266

第1章 绪　　论

1.1 水利工程经济与管理概述

水利工程经济与管理是一门技术学与经济学交叉的学科，是工程经济学的一个分支，主要应用工程经济学的基本原理，研究水利工程经济问题和经济规律，寻找技术与经济的最佳结合以求可持续发展。水利工程经济与管理研究的主要问题如下：

（1）对于新建工程，根据水利方面的技术要求、水利建设规章制度、规程规范和财务部门的有关规定，通过经济计算，对工程措施或方案进行经济效果评价，为工程方案的优劣和取舍提供依据。

（2）通过经济计算和经济效果评价，修订水利工程的技术政策、规章制度、规程规范和财务规定。

（3）通过对已建水利工程的经济效果进行评价分析，改进现有的经营管理模式，制定符合实际情况的费用标准和管理办法。

1.1.1 水利工程经济特点与经济评价目的

1.1.1.1 水利工程经济特点

水利工程，特别是重大水利工程有以下8个方面的基本经济特点：

（1）投资额大。大型水利工程直接静态投资需要几亿元至几百亿元，投资效果好坏对国计民生具有举足轻重的影响。

（2）建设期长。一般都要几年或更长时间才能开始发挥效益，总工期长达数年以上，总投资受物价影响大，建设期利息负担很重。

（3）有些大型水利工程的水库淹没损失大，对库区农业经济及生态环境影响大，移民任务艰巨。

（4）很多大型水利工程具有综合利用效益，可以同时提供防洪、防凌、治涝、发电、灌溉、航运、城镇及工业供水等多项国民经济服务。

（5）工程建成投产后，不仅直接经济效益很大，间接经济效益也很大。

（6）涉及部门较多，影响范围较广。大型水利工程的建设对国家生产力布局、产业结构调整、经济发展速度和地区及部门经济发展，都有很大的影响。

（7）工程技术复杂、投资集中、工期长，因此，不确定性因素较多。

（8）大型水利工程的建设对社会经济发展影响深远，许多影响不能用货币表现，甚至不能定量计算。

1.1.1.2 水利工程经济评价目的

国家发展和改革委员会、建设部于2006年7月3日发布的《关于建设项目经济评价工作的若干规定》中指出："建设项目经济评价是项目前期工作的重要内容，对于加强固定资产投资宏观调控，提高投资决策的科学化水平，引导和促进各类资源合理配置，优化投资结构，减少和规避投资风险，充分发挥投资效益，具有重要作用。""建设项目经济评价应根据国民经济与社会发展以及行业、地区发展规划的要求，在项目初步方案的基础上，采用科学分析方法，对拟建项目的财务可行性和经济合理性进行分析论证，为项目决策提供经济方面的依据。"

开展水利建设项目经济评价，是把软科学列入决策程序，实现建设项目决策科学化、民主化，减少和避免投资决策失误，把有限的资源用于经济效益和社会效益真正好的项目，是提高经济效益的重要手段和有效措施。可见，水利工程经济评价的目的在于最大限度地规避风险，提高投资效益，即如何以较省的投资、较快的时间获得较大的产出效益。

从国民经济的宏观管理来看，经济评价中采用的内部收益率、净现值等指标，体现项目宏观影响的影子价格、影子汇率等国家参数，可以从宏观的、综合的角度考察项目对国民经济的贡献，借以鼓励或抑制某些行业或项目的发展，指导投资方向，促进国家资源的合理配置。通过充分论证和科学评价，合理确定项目的优先次序和取舍，也有利于提高计划工作的质量。

从具体的建设项目来看，经济评价可以起到预测投资风险、提高投资效益的作用。2006 年 7 月，国家发展和改革委员会、建设部发布了《建设项目经济评价方法与参数》（第三版），设立了一套比较科学严谨的分析计算指标和判别依据，项目和方案经过"需要—可能—可行—最佳"这样步步深入地分析、比较，有助于避免由于依据不足、方法不当、盲目决策造成的失误，使工程获得最好的经济效益，保持良性循环或良性运行。

水利工程经济评价是水利建设项目方案取舍的重要依据，但不能唯经济而断，同时还要把拟建项目的工程、技术、经济、环境、政治及社会等各方面因素联系起来，进行多目标综合评价，统筹考虑、筛选最佳方案。

1.1.2　水利工程经济评价的内容与方法

1.1.2.1　水利工程经济评价的内容

在进行经济评价时，对能量化的指标要进行定量分析，对不能量化的指标必须进行定性分析，水利工程经济评价内容如图 1.1 所示。定量分析一般包括国民经济评价和财务评价两项基本内容。国民经济评价是在合理配置社会资源的前提下，从国家整体利益的角度出发，计算项目对国民经济的贡献，分析项目的经济效率、效果和对社会的影响，评价项目的经济合理性。财务评价是在国家现行财税制度和价格体系的前提下，从项目的角度，计算项目范围内的财务费用和收益，分析项目的财务生存能力和偿债能力、盈利能力，评价项目的财务可行性。对于大型建设项目，还应在国民经济评价与财务评价的基础上，采用定量分析和定性分析相结合的方法，从宏观上进行综合经济分析研究，以更全面衡量建设项目在经济上的各种得失和利弊，正确评价其合理性和可行性。

由于水利经济评价中所采用的数据绝大多数来自测算和估算，加上水利工程建设涉及的因素多，牵涉面广，许多因素难以定量，所采用的预测手段又有一定局限，因而，项目实施后实际情况难免与预测情况产生差异。换句话说，就是立足于预测估算的项目的经济评价结果存在不确定性。为了分析这些不确定因素对经济评价指标的影响，考察经济评价

1.1 水利工程经济与管理概述

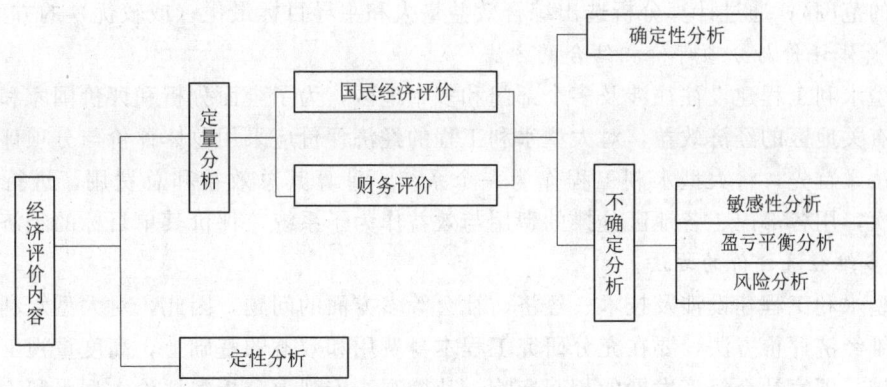

图 1.1 水利工程经济评价内容示意图

结果的可靠程度,还必须在经济评价中进行不确定性分析和风险分析。不确定性分析包括敏感性分析和盈亏平衡分析。

敏感性分析是研究建设项目主要敏感因素发生变化时,项目经济效果发生的相应变化,并据以判断这些因素对项目经济指标的影响程度。

盈亏平衡分析主要是研究在一定市场条件下,在拟建项目达到设计生产能力的正常生产年份,产品销售收入(产品价格与产品结构一定时)与生产成本(包括固定成本和可变成本)的平衡关系。

《水利建设项目经济评价规范》(SL 72—2013)规定,对于特别重要的水利建设项目,应进行风险分析。风险分析可通过识别风险因素,采用定性与定量结合的方法,估计风险因素发生的可能性及对项目影响程度,评价风险程度并揭示影响项目的关键风险因素,提出相应对策。

1.1.2.2 水利工程经济评价的方法

1. 定量分析与定性分析相结合的方法

水利工程是国民经济和社会发展的基础设施,影响范围大,涉及的问题多且复杂,有许多费用与效益(包括影响)不能用货币表示,甚至不能量化。因此,对大型水利工程进行综合经济评价时应采用定量分析与定性分析相结合的方法,以全面反映其费用、效益和影响。

2. 多目标协调与主目标优化相结合的方法

大型综合利用水利工程的综合经济效益是由参与综合利用各部门的经济效益组成的,也是各部门经济效益协调平衡的结果,从本部门的效益着眼往往对个别部门甚至所有部门,都可能不是效益最好的方案(但仍是较优的方案),但从国民经济整体来说,却是比较合适的总体方案,是总体效益最佳的方案。对于综合利用水利工程而言,在多目标中常常有一个或两个主导目标,它对大型综合利用水利工程的兴建起关键性的作用,例如20世纪五六十年代兴建的丹江口工程、三门峡工程,就是因为汉江、黄河的防洪问题很突出,防洪是其主要目标。因此,对大型综合利用水利水电工程的综合经济分析与评价应采取多目标协调和主导目标优化相结合的方法。通过协调平衡,从宏观上(定性)拟定能正确处理各部门之间、各地区(干支流、上下游、左右岸)之间关系的合理方案(往往是一个合理的范围）；通过计算分析选出综合效益最大和主导目标最优（或较优）的方案。

3. 总体评价与分项评价相结合的方法

大型水利工程建设往往涉及多个部门和多个地区，为了全面分析和评价国家和各有关部门、有关地区的经济效益，对大型水利工程的经济评价应采用总体评价与分项评价相结合的方法，首先，将大型水利工程作为一个系统，计算其总效益和总费用，进行总体评价；其次，用各部门、各地区分摊的费用与效益作为子系统，评价其单目标的经济效果。

4. 多维经济评价的方法

大型水利工程建设涉及技术、经济、社会等多方面的问题，因此，对大型水利工程应实行多维经济评价方法，要在充分研究工程本身费用和效益的基础上，高度重视工程与地区、流域、国家社会经济发展的相互影响，从微观、宏观上分析与评价大型水利工程建设对行业、地区（或流域）甚至全国社会经济发展的作用和影响。

5. 逆向反证法

大型水利工程建设涉及的技术、经济、社会问题复杂，因此，对大型水利工程建设和综合经济评价往往存在不同的观点，有时可能由于有不同的观点而推翻原有的设计方案。例如长江三峡工程，在1960年完成的《三峡水利枢纽初步设计要点报告》中，推荐三峡枢纽水库正常蓄水位200m方案，有人提出这个方案的水库淹没损失太大。为减少水库淹没，在1983年完成的《三峡水利枢纽可行性研究报告》中，又推荐三峡枢纽水库正常蓄水位150m，又有人提出该方案虽然减少了水库淹没，但综合利用效益小，不能满足航运、防洪的基本要求。经过反复论证和比较，最后选用了能兼顾水库淹没和综合利用要求的水库正常蓄水位175m的方案。为了使大型水利工程建设更"稳妥可靠，减少失误，取得更大的综合经济效益"，在进行大型水利工程的综合经济分析与评价时，应重视运用逆向反证法，注意从与正面论证结论不同的意见（包括看法、做法、措施、方案）中吸取"营养"，通过研究相反的意见，或更肯定（证明）原方案的合理性，或补充和完善原方案，加强原方案的合理性，或修正（修改）原方案，避免决策失误，提高水利工程建设的经济效益。

1.2 国内外水利工程经济与管理发展概况

1.2.1 美国

20世纪初，随着水利建设事业的发展，美国开始研究工程投资费用与经济效益的关系。其后，国会逐步强调判别工程是否经济的基本准则，是要有一个有利的益本比（效益与费用的比值）。

1930年格兰考（Grant）编著的《工程经济学原理》一书，首次系统地阐述了动态经济计算方法。

1936年美国国会通过《防洪法案》，规定兴建的防洪工程与航道整治工程，其所得的效益应超过所花的费用。

1946年成立"联邦河流流域委员会效益费用分会"，制订比较完善的水资源工程经济分析方法。

1962年参议院批准《水土资源规划的原则和标准》，该文件规定水资源工程须用于促进国民经济的发展，保护国家的自然资源，提高全体人民的福利水平。

1969年颁布了《国家环境政策法》，要求在规划中重视环境保护问题。从此水资源工程评价除了要考虑经济效益外，还要同时注意环境保护问题。

1973年水资源理事会提出《水土资源规划的原则和标准》，提出编制水土资源规划的目标，要考虑国家经济的发展和对环境的影响，要求建立一套系统分析的资料，为方案比较提供基础。

1978年修订上述《水土资源规划的原则和标准》时，提出今后除考虑工程本身的投资外，还要同时安排环境保护的投资。在进行经济分析时，要求按修订的准则计算工程费用和工程效益，保证最佳经济效果和对环境有益的工程获得施工。

1980年水资源理事会制订《水资源工程评估程序》，提出除进行效益、费用分析外，还须同时研究地下水与地表水的水质、水量等问题，要充分考虑保护水资源，保护环境，注意生态平衡。

1.2.2 苏联

苏联水利工程全部由国家建设，实行计划经济，由国家机构制订计划并拨款兴建各项水利工程。虽然不像美国以市场经济为主存在着激烈的竞争，但同样注意建设资金的经济效果，在各部门、各工程项目、各建设方案之间进行广泛的经济考核和经济比较。

20世纪20年代初期，在编制《俄罗斯国家电气化计划》时，利用价值和实物指标对不同方案进行了经济比较。

20世纪30年代，有人认为经济效率系数就是"资金利率"，属于资本主义经济的范畴，因而加以激烈反对，提出以劳动量作为价值的主要尺度，在编制计划和选择工程项目时，主要考虑的是满足国民经济的发展需要和节约总劳动消耗量，而不是所选方案的最大利润。也有人提出：用各种指标体系例如劳动生产率、产品质量、资金占用量、成本等进行综合经济分析。

20世纪40年代，有人主张在方案比较选择时，应利用价值指标对经济效果进行分析，并提出社会主义生产价格＝成本＋投资×某一额定系数。当时也有人提出：要重视计划的作用，不能对价值作用估计过高。

20世纪50年代初期，在工程方案比较中引进了抵偿年限法和年折算费用最小法。这一阶段建设资金是由国家无偿拨付，不考虑利息，不考虑资金的时间价值，即方案比较采用所谓静态经济分析方法。

20世纪60年代初期，国家计委、科委、科学院主席团批准并公布了《确定基本建设投资和新技术效果的标准计算方法》（简称《标准方法》），规定国民经济各部门的投资经济效果必须采用的基本原则和计算方法。在此基础上水利部门制定了投资经济效果计算规程，其中规定工程方案比较要以抵偿年限和年折算费用作为衡量工程取舍的标准，并规定水利工程的抵偿年限 P_t 不得大于10年。

20世纪70年代初期，颁布了《标准方法》（第二版），提出经济比较要考虑资金的时间因素，不同时期资金的换算系数（相当于年利率）$e_H=0.08$，同时规定水利工程的标准抵偿年限 $T=8$ 年，相应的标准投资效益系数 $P_H=0.12$。对于新技术的推广应用和方案比较时用的投资效益系数 $P_H=0.15$，不同时期资金的换算系数 $e_H=0.10$。

20世纪80年代颁布了《标准方法》（第三版），其中规定投资的总经济效果（绝对效果）系数是国民收入的增长额与相应投资额之比，国民经济各部门的总经济效果系数分别规定为：工业 0.16，农业 0.07，运输 0.05，建筑工业 0.22。投资的相对经济效果的计算，是为方案经济比较和技术决策用的，在许多比较方案中，要求选择年折算费用最小的方案。如果各比较方案的投资是分期投放的，而年运行费又随时间而变化时，则应考虑资金的时间价值，利用换算系数 e_H 将后期费用换算为现值费用。

20世纪90年代后，学术界开始认识到生产性投资与非生产性投资要当作一个整体进行研究，发展生产与改善人民生活条件具有同样重要意义，只有这样才能保证投资的最大效果。此外，强调环境保护的重要性，虽然环境保护费用巨大，但会产生两种社会效果，一是保证居民的良好生活条件，二是改善周围的生态环境。最后强调应从组织上保证经济效果问题的研究工作，系统地组织投资效果的学术活动和图书、科研成果的出版工作。

1.2.3 中国

我国水利建设历史悠久，早在两千多年前即已建成世界闻名的都江堰水利灌溉工程，当时已有粗略的水利经济估算，例如约需费用折合稻米若干石，能灌溉农田若干亩。近代水利经济研究，始于冀朝鼎在20世纪30年代编著的《中国历史上的基本经济区与水利事业的发展》一书。50年代前，我国大型水利工程的经济计算方法是学习欧美的效益费用比和净效益等考虑资金时间价值的动态经济分析方法，例如长江三峡工程开发方案的初步研究。

50年代后，我国开始大规模兴修水利工程，当时水利工程的经济计算方法广泛采用苏联在50年代的不考虑资金时间价值的静态经济分析方法，例如抵偿年限法以及年折算费用最小法等。基本上把苏联的一套水利经济计算方法照搬过来，与我国水利建设的实际情况结合不够，但当时工程建设比较实事求是，国民经济各部门基本上是有计划按比例发展的，加上当时各种有利条件，水利建设成绩很大，工程经济效益是比较好的。

从20世纪50年代末期至1978年十一届三中全会召开前的20年间，我国水利经济工作主要受到极"左"思想的干扰和计划经济体制的制约，忽视必要的经济评价工作，以致有些工程投资大，工期长，效益小，甚至得不偿失。由于没有按照客观经济规律办事，我国水利建设事业遭受了许多不可弥补的损失，水利工程经济理论研究工作几乎全部陷于停顿状态。

十一届三中全会以后，由于实行对外开放政策，对内搞活经济，以计划经济为主，市场经济为辅，一再强调要千方百计地提高国民经济各部门的经济效益。在此形势下，水利工程经济工作又蓬勃地发展起来了。1982—1985年，有关部门先后制定了《电力工程经济分析暂行条例》《水力发电工程经济评价暂行规定》《小水电经济评价暂行条例》《水利工程水费核订、计收和管理办法》以及《水利经济计算规范（试行）》（SD 139—85）等，使水利水电工程在规划、设计、运行管理等各个环节中的经济评价工作，均有了明确的指导准则和比较具体的计算方法，为水利水电工程经济评价工作的开展及水利水电工程经济理论和实践的迅速发展，均奠定了良好的基础。

1987年9月，由国家计委组织编制，经审查批准后正式颁布了《建设项目经济评价方法与参数》（简称《方法与参数》），该书由《关于建设项目经济评价工作的暂行规定》《建设项目经济评价方法》《建设项目经济评价参数》和《中外合资经营项目经济评价方法》4个规定性文件以及13个应用案例组成。《方法与参数》一书对经济评价工作的管理、经济评价的程序、方法、指标等都做了明确的规定和具体的说明，并第一次发布了各类经济评价参数。1990年，为了确保各类项目评价标准的统一性和评价结论的可比性，根据国家的经济条件、资源供求状况、宏观经济调控等情况，及时进行了测算并调整建设项目有关的经济评价参数，例如，社会折现率由10%调整为12%，影子汇率由1美元折算4元人民币调整为1美元折算5.8元人民币等。

1991年，电力工业部、水利部、水利水电规划设计总院颁发了《水电建设项目经济评价实施细则（试行）》（简称《细则》），该细则系根据《方法与参数》的规定，结合水电建设项目的具体情况而制定。水利部农村水电司编写了《小水电建设项目经济评价指南》，该书是在水利部颁布的《小水电建设项目经济评价规程》的基础上，结合我国小水电建设政策性强、地方性强和群众性强的特点，比较详细地阐述了小水电经济评价的基本知识、基本原理、计算原则和计算方法等内容，同时收录和编写了若干个附录，其中有发供统一的电站、只发不供的电站、梯级水电站、改扩建电站和农村电气化规划等5个不同类型小电站的经济评价示例，以及一些主要参考数据等。

1992年10月，根据国家计委于1987年9月颁发的《方法与参数》，结合水利工程特点，在水利电力部颁发试行的《水利经济计算规范（试行）》（SD 139—85）的基础上，修改后编写了《水利建设项目经济评价规范》（SL 72—94），2013年水利部在94版本的基础上重新修订出版了《水利建设项目经济评价规范》（SL 72—2013）（简称《规范》）。无论《细则》或《规范》，都是通过对项目所需费用和所得效益的对比，评价建设项目的经济效果。具有综合利用效益的水利水电建设项目，在进行评价时包括国民经济评价、财务评价两部分内容。国民经济评价是从全社会的角度用影子价格分析计算所需投入的费用和可能获得的效益，来评价建设项目的经济合理性；财务评价是从水利水电建设项目本身出发，在现行财税制度和价格的条件下，分析计算项目的财务支出和可能获得的财务收益，评价建设项目的财务可行性。

近几年来，随着我国社会主义现代化建设的飞速发展和西部大开发战略的实施，国家对水利工程建设更加重视，不断加大水利工程建设项目的投资，在大搞水利基础设施建设和国家重点水利工程建设的同时，重视投资效果的分析研究。我国水利水电经济研究工作在吸收国外先进的经济理论、研究成果和实践经验的基础上，因地制宜地解决了我国水利建设中迫切需要解决的问题，同时从宏观上研究水利事业在国民经济中的地位及其作用，从微观上研究水利工程项目经济评价的理论和方法，逐步形成了水利工程经济学科体系。

1.3 课程的性质与意义

"水利工程经济与管理"是一门对水利技术政策、技术措施或技术方案进行经济效果评价的专业课程。通过对经济效果的评价和论证，确定技术政策的方向，技术措施的优劣，工程方案经济上的合理性和财务上的可行性。因此，研究水利工程经济与管理，不但具有理论上的指导作用，更为重要的是用理论解决水利工程中的实际经济问题。

"水利工程经济与管理"主要研究本专业领域内的经济效果问题，衡量经济效果的指标体系以及评价经济效果的计算方法等。具体言之，水利工程经济问题就是在满足防洪、除涝、灌溉、供水或发电等要求的条件下，如何用一定的投入获得最大的产出；或者如何用最少的投入获得一定的产出。经济分析或经济评价的目的，就是设法寻找最优的经济效果，即如何用较少的资金，获得尽可能大的经济效益。水利工程方案的选择，除进行上述经济分析或经济评价外，还需从政治、社会、技术、环境等多方面进行综合分析，全面评价，才能最终选出最佳方案。

为了满足一定的国民经济发展要求，一般可以采用不同的技术措施进行方案比较，经过技术经济论证，从中选择经济效果比较有利的方案。在规划、可行性研究、初步设计、技术设计以及建成后的运营管理阶段，均有大量的技术经济分析工作。所有从事规划、设计、施工和管理的工程技术人员都应研究这门课程，以便掌握有关水利工程经济与管理的理论和计算方法。

因为水利是国民经济基础产业，所以我国水利事业将有十分宏伟的发展前途。摆在我们面前的任务是在完成国民经济发展计划的前提下，如何减少投入，增加产出，千方百计地提高工程的规划、设计、施工和经营管理水平，加速社会主义建设。因此学习本课程的意义重大。

思 考 题

1. 为什么要进行水利工程经济评价？简述水利经济评价的主要内容和方法。
2. 美国和苏联水利工程经济评价的基本理论有什么不同？
3. 中国的水利工程经济评价理论和方法有哪些主要特点？

第2章 工程经济基本概念

2.1 价值与价格

2.1.1 价值

众所周知，商品的价值是由生产该商品的社会必要劳动时间所决定的。根据对价值规律的分析，产品价值 S 等于生产过程中被消耗的生产资料的价值 C、必要劳动价值 V 和剩余劳动价值 M 三者之和，可用式（2.1）表示，即

$$S = C + V + M \tag{2.1}$$

式中：C 为转移到产品中的物化劳动的价值，其中包括厂房、机器设备等固定资产的损耗值和原料、燃料、材料等流动资产的消耗值（在财务核算中为生产运行费用的一部分）；V 为劳动者及其家属所必需的为补偿劳动力所消耗的生活资料费用，也就是支付给劳动者的工资（在财务核算中为生产运行费用的另一部分）；M 为在社会主义全民所有制情况下为全社会所创造的价值，也就是企业上交给国家的税金和利润以及企业留成利润中用于扩大再生产的那部分资金。

第一部分 C 和第二部分 V 两者之和，就是产品的成本 F；第二部分 V 和第三部分 M 之和，就是新创造的产品价值。在一定时期内，全部产品价值中扣除已消耗掉的生产资料价值，余下来的部分就是净产值或国民收入 N。可用式（2.2）及式（2.3）表示，即

产品成本： $$F = C + V \tag{2.2}$$

国民收入或净产值： $$N = V + M \tag{2.3}$$

国民生产总值 E，按照世界上一些国家的计算方法，由三个部分构成：①国民收入 N，即工业、农业、建筑业、交通运输业和商业等物质生产部门的净产值；②纯收入 P，即银行、保险、旅游等非物质生产部门的纯收入；③固定资产折旧费 Q。即

$$E = N + P + Q \tag{2.4}$$

一个时期以来，不少国家用美元计算国民生产总值，并且以它的多少来衡量一个国家现代化的程度和经济发展的水平。按人口平均的国民生产总值，是当今世界上流行的一种衡量一个国家或一个地区的生产水平、生活水平的方法。

2.1.2 价格

价格是价值的货币表现，产品价值则是其价格的基础。产品的市场价格由于供求关系的影响，经常围绕着价值而自发地上下波动。当供过于求时，它降低到价值以下；反之，则上升。可见，在供求不一致的条件下，产品价格与价值是不一致的。但这种价格与价值的背离，并不否定价格是以价值为基础。此外，价格的变化还与货币本身价值的变动有关。价格种类很多，可分为现行价格、不变价格、可比价格和影子价格等，现分述于下。

1. 现行价格

现行价格是指现行经济生活中实际执行的价格,是现实的商品价值或价值转化形态的货币表现形式,是传递现实市场信息的媒介。它包括现行的农副产品收购价格、工业品出厂价格、国营和供销合作社商业的商品零售价格、城乡集市贸易价格等。在我国,现行价格一般由国家或上级主管机关根据国家的有关方针政策、市场供求关系等因素决定。计划和统计总产值、国民收入、税金、利润等价值指标时均采用现行价格,据此,可以及时反映企业和整个国民经济当时的经营成果,并为分析研究各种价格体系、价格形式和价格政策提供依据。国际上计算现行价格的总量价值指标通常有两种计算口径:①对已销售产品按实际交易价格计算,即产品的价值包含了未实现的部分增加值要素,如利润、税金等;②对未销售产品按成本价格计算,即产品的价值为构成该产品的实际成本价值。我国在实际统计核算中使用第一种口径。

2. 不变价格

不变价格亦称固定价格,是国家统计部门规定的采用某一年价格,作为计算某一时期内各年产品的价值。这样可消除各年价格变动的影响,便于正确比较不同时期的生产和经济水平、计算年增长率和平均增长速度等统计指标。新中国成立后,国家统计局曾先后四次制定了全国统一的产品不变价格,分别是1952年不变价格、1957年不变价格、1970年不变价格和1980年不变价格。

世界各国很早就开始了关于不变价格的研究和实践。作为国民经济核算问题,联合国统计委员会第十九次年会第一次正式提出编制价格和物量统计方法论手册,并于1979年正式出版《不变价格国民核算手册》,使不变价格问题得到进一步完善。根据实际需要和核算特点,不变价格的确定有两种方式:①直接规定不变价格,即在基年中确定某一时点(如某一天)的一揽子商品(即指具有代表性的一批商品)的价格为该基期的不变价格;②基期的现行价格,即以基期商品的现行价格作为该基期的不变价格。中国第一个五年计划时期(1953—1957)采用1952年的价格为不变价格;1958—1970年采用1957年的价格为不变价格;1971—1980年采用1970年的价格为不变价格;1981—1990年采用1980年的价格为不变价格;自20世纪90年代起,采用直接规定不变价格的方式确定农业和工业部门中的不变价格。知识结构的更新和高技术产业的发展,加速了产品更新换代,需要变更新的基期年份以保持不同年份之间具有较好的可比性,因而需要形成新的不变价格。

3. 可比价格

可比价格可进行不同时期总量指标的对比,是为了计算不同时期的价值指标而采用的某一固定时间的价格,又称"固定价格"。这种不变价格计算的总产值指标,可以消除价格变动因素的影响,便于对不同时期进行历史对比,以观察国民经济的发展情况。按可比价格计算总量指标有两种方法:一种是直接用产品产量乘某一年的不变价格计算;另一种是用价格指数进行缩减。

4. 影子价格

影子价格是反映资源在最优分配条件下的一种价格。影子价格理论上是运用系统工程中的线性规划求对偶解的方法测得的。资源配置与资源价格互为对偶问题,如果原问题为资源最优配置问题,则其对偶问题的最优解即是资源的影子价格。实际上在求影子价格时常把商品划分为外贸货物、非外贸货物和特殊货物三种。对外贸货物一般用国际市场价格计算，出口货物以离岸价格为基础计算货物的影子价格，进口货物以到岸价格为基础计算其影子价格。对非外贸货物则用成本分解法，可把货物按价格构成的主要因素分别确定其影子价格，主要因素有原材料、燃料、动力、工资、折旧费、大修理费等。对主要因素中的外贸货物按国际市场价格计算其影子价格；对其中的非外贸货物，国内有影子价格的就按规定采用，国内无影子价格的，则对它进行第二轮成本分解，分解出来的各要素再用第一轮的分解方法分别确定其影子价格，直到全部要素都能确定出影子价格为止。对特殊货物例如劳动力、土地等，如为产品的投入物，则按其机会成本计算；如为产出物，则可根据消费者意愿支付的价格确定其影子价格。无论机会成本法还是消费者意愿支付法，都须对市场和消费者进行调查，如调查的资料精度不高，由此计算出来的影子价格的准确性也就较差。

在建设项目的经济评价中，影子价格、影子工资、影子汇率等都是重要参数，国家计委对许多重要货物都已制定了影子价格，并定期调整发布，可供对各类建设项目进行国民经济评价时采用。

2.1.3 产值

1. 工农业总产值

工农业总产值是工业总产值加农业总产值，是工业和农业两大物质生产部门在一定时期内所生产的全部产品的价值总和，是工农业总产量的货币表现，是用来反映工业生产和农业总成果的经济指标。计算和研究工农业总产值，可以全面地观察工业和农业生产的发展水平、发展速度以及工农业生产中的各项重要比例关系。工农业总产值表现工业和农业总产品的价值。它的计算方法，是以一定期间的实物产量，乘其出售价格（出厂价格或者产地价格）。工农业总产值的价格计算，通常是采用现行价格和不变价格两种。

工业总产值是以货币形式表现的工业企业在一定时期内生产的已出售或可供出售工业产品总量，反映一定时间内工业生产的总规模和总水平。包括：在本企业内不再进行加工，经检验、包装入库（规定不需包装的产品除外）的成品价值，对外加工费收入，自制半成品、在制产品期末期初差额价值。采用工厂法计算，即以工业企业作为一个整体，按企业工业生产活动的最终总成果来计算，企业内部不允许重复计算，不能把企业内部各个车间（分厂）生产的成果相加。但在企业之间、行业之间、地区之间允许重复计算。根据计算工业总产值的价格不同，工业总产值又分为现行价工业总产值和不变价工业总产值，不变价工业总产值是指在计算不同时期工业总产值时，对同一产品采用同一时期或同一时间点的工业产品出厂价格作为不变价。采用不变价计算工业总产值，主要是用以消除价格变动的影响。

农业总产值是一定时期（通常为一年）内以货币形式表现的农、林、牧、渔业全部产品的总量。反映农业生产总规模和总成果。计算方法是：按农林牧渔业产品及其副产品的产量分别乘以各自单位产品价格求得；少数生产周期较长，当年没有产品或产品产量不易统计的，采用间接方法匡算其产值。1980年及以后的农业总产值，副业中增加了农民家庭兼营工业商品部分的产值。从1984年起村及村以下工业产值划归工业。从1993年起取消副业，将野生动物的捕猎划入牧业，野生植物采集和农民家庭兼营商品性工业划归农业。

2. 社会总产值

社会总产值是指一定时期内（通常为一年）以货币表现的农业、工业、建筑业、运输邮电业和商业（包括饮食业和物资供销业）五大物质生产部门的总产值之和，也称社会总产品。它是反映一个国家或地区在一定时期内物质生产总成果的重要指标。在实物形态上，社会总产值可分为生产资料（第一部类）和消费资料（第二部类）两大类。在价值形态上可分为：①生产过程中消耗掉的生产资料转移价值（物质消耗 C）；②劳动者新创造的价值，其中包括相当于劳动报酬的那部分必要产品价值（V）和为社会创造的剩余产品的价值（M）。

社会总产值不同于国民生产总值。除了理论基础不同外，计算的范围和方法也不同。社会总产值是包括物耗在内的社会产品的总价值，而国民生产总值只是新增加的价值。社会总产值只包括物质生产部门，而国民生产总值则包括非物质生产部门在内的国民经济各个部门。

3. 国内生产总值

国内生产总值（GDP）是指一个国家（或地区）所有常住单位，在一定时期内，生产的全部最终产品和服务价值的总和，常被认为是衡量国家（或地区）经济状况的指标。GDP 是按市场价格计算的一个国家（或地区）所有常住单位在一定时期内生产活动的最终成果。国内生产总值有三种表现形态，即价值形态、收入形态和产品形态。从价值形态看，它是所有常住单位在一定时期内生产的全部货物和服务价值超过同期投入的全部非固定资产货物和服务价值的差额，即所有常住单位的增加值之和；从收入形态看，它是所有常住单位在一定时期内创造并分配给常住单位和非常住单位的初次收入之和；从产品形态看，它是所有常住单位在一定时期内所出产的最终使用的货物和服务价值减去货物和服务进口价值。在实际核算中，国内生产总值有三种计算方法，即生产法、收入法和支出法。三种方法分别从不同方面反映国内生产总值及其构成，理论上计算结果相同。

GDP 是国民经济核算的核心指标，也是衡量一个国家总体经济状况的重要指标，但不适合衡量一个地区或城市的经济状况，因为每个城市的生产总值上缴上级或国家的量都不同，所以在每个城市留下的财富就不一样。根据中华人民共和国国家统计局初步核算，2016 年全年国内生产总值为 744127 亿元，比上年增长 6.7%；全年人均国内生产总值 53980 元，比上年增长 6.1%。国家统计局 2018 年 1 月 5 日发布公告，经最终核实，2016 年，中国 GDP 现价总量为 743585 亿元，比初步核算数减少 542 亿元；按不变价格计算，比上年增长 6.7%，与初步核算数一致。2017 年中国 GDP 总量为 827122 亿元，首次登上 80 万亿元的门槛；GDP 同比增长 6.9%，增速较 2016 年提高 0.2 个百分点。

人类的经济活动包括两方面，一方面在为社会创造着财富，即所谓"正面效应"；但另一方面又在以种种形式和手段对社会生产力的发展起着阻碍作用，即所谓"负面效应"。这种负面效应集中表现在两个方面：其一是无休止地向生态环境索取资源，使生态资源从绝对量上逐年减少；其二是人类通过各种生产活动向生态环境排泄废弃物或砍伐资源使生态环境从质量上日益恶化。现行的国民经济核算制度只反映了经济活动的正面效应，而没有反映负面效应的影响，因此是不完整的，是有局限性的。

改革现行的国民经济核算体系，对环境资源进行核算，从现行 GDP 中扣除环境资源成本和对环境资源的保护服务费用，其计算结果可称之为"绿色 GDP（EPD）"。绿色 GDP 这个指标，实质上代表了国民经济增长的净正效应。绿色 GDP 占 GDP 的比重越高，表明国民经济增长的正面效应越高，负面效应越低，反之亦然。根据北京市哲学社会科学"九五"重点课题——"以 EPD 为核心指标的国民经济核算体系研究"中对北京市 1997 年绿色 GDP 进行核算的结果表明，按生产法计算的绿色 GDP 占 GDP 的 74.94%，按支出法计算的绿色 GDP 占 GDP 的 75.75%。

4. 国民生产总值

国民生产总值（GNP）是一个国家（或地区）所有常住单位在一定时期（通常为一年）内收入初次分配的最终结果，是一定时期内本国的生产要素所有者所占有的最终产品和服务的总价值，等于国内生产总值加上来自国内外的净要素收入。计算公式为：国民生产总值＝国内生产总值＋来自国外的净要素收入＝国内生产总值＋生产税和进口税扣除生产、进口补贴（来自国外的净额）＋雇员报酬（来自国外的净额）＋财产收入（来自国外的净额）。

国民总收入 GNI（Gross National Income），指一个国家或地区所有常住单位在一定时期内收入初次分配的最终结果。进入 20 世纪 90 年代后，国民总收入 GNI 取代了 GNP，各国仅对外公布 GDP 与 GNI 数据，GNP 数据已基本不再统计和发布。一般认为 GNI 就是 GNP。1994 年，联合国、世界银行、国际货币基金组织、经济合作和发展组织及欧洲共同体委员会共同颁布的 1993 年国民经济核算体系（1993 SNA）中，统计术语 GNI 取代 GNP，国民总收入（GNI）即为原来所说的国民生产总值（GNP）。2001 年，为保持与"1993 年国民经济核算体系"的一致性，世界银行变更了术语，NP 被称为"国民总收入"或 GNI。世界银行数据库（WDI）中的所有 GNI 数据都等同于 GNP。根据定义，当前（名义）价格 GNI 等于 GNP。不变（实际）价格 GNI 等于 GNP 加上贸易条件调整。WDI 只发布当年价格 GNI，因为没有完整和可靠的不变价格 GNI 数据。当前价格 GNI 测算本国居民在国内和国外创造的总增加值，包括 GDP 和来自非居民途径的初级收入的净收入（员工薪酬和财产收入）。世界银行为进行分析而使用以美元为单位的人均 GNI 来对不同国家加以分类，并确定其借款资格。

为了适应社会主义市场经济发展，以及中国加入世贸组织和国际货币基金组织数据通用公布系统（GDDS）的要求，中国在 2003 年开始采用 1993SNA 的标准称谓，统计术语 GNP 改用 GNI，两数据的统计口径基本一致。

GNP 与 GDP 之间的联系体现在 GNP 是以 GDP 为基础，做适当调整计算出来的，GNP 等于 GDP 加上来自国外的要素收入净额。现将二者的异同点作以下详细说明：

（1）GDP 与 GNP 的相同点。GDP 与 GNP 作用相同。两者均以反映一国或地区当期创造的国民财富的价值总量，是衡量一国或地区经济规模的最重要总量指标。通过计算 GDP 增长率或 GNP 增长率，可以衡量一国或地区经济增长速度的快慢；通过计算人均 GDP 或人均 GNP，可以衡量一国或地区经济发达程度，或反映国民收入水平及生活水平的高低。

GDP 与 GNP 价值构成相同。两者在价值构成上均表现为"增加值"。

(2) GDP 与 GNP 的不同点。GDP 与 GNP 计算口径不同。GDP 计算采用的是"国土原则",即只要是在本国或该地区范围内生产或创造的价值,无论是外国人或是本国人创造的价值,均计入本国或该地区的 GDP。而 GNP 计算采用的是"国民原则",即只要是本国或该地区居民,无论你在本国或该地区内,还是在外国或外地区所生产或创造的价值,均计入本国或该地区的 GNP。举例说明:一个在日本工作的美国公民所创造的财富计入美国的 GNP,但不计入美国的 GDP,而是计入日本的 GDP。

GDP 与 GNP 侧重点不同。GDP 强调的是创造的增加值,是"生产"的概念。GNP 则强调的是获得的原始收入。

2.2 投资

广义的投资是指人们的一种有目的的经济行为,即以一定的资源投入某项目,以获取所期望的报酬。所投入的资源可以是资金,也可以是人力、技术或其他的资源。本书所指的投资是狭义的投资,专指资金。

一项工程的总投资一般包括固定资产投资、流动资金投资、建设期借款利息,以及固定资产投资方向调节税,如图 2.1 所示。与一般建设项目相比水利建设项目总投资没有了固定资产投资方向调节税,但增加了占地和淹没、浸没损失的赔偿费和拆迁费等,如图 2.2 所示。

项目建成投产后最终形成固定资产、无形资产和递延资产。固定资产指使用期限较长(一般在一年以上),单项价值在规定限额以上,能多次使用而不改变其物质形态,仅将其价值逐渐转移到所生产的产品中去的资产。例如在生产过程中所使用的机器设备、厂房以及水利工程中的各种水工建筑物等。有些资产虽然多次使用但不具备上述两个条件的称为低值易耗品。无形资产是指企业长期使用,能为企业提供某些特权或利益但不具有实物形式的资产,如专利技术、商标权、土地使用权等。递延

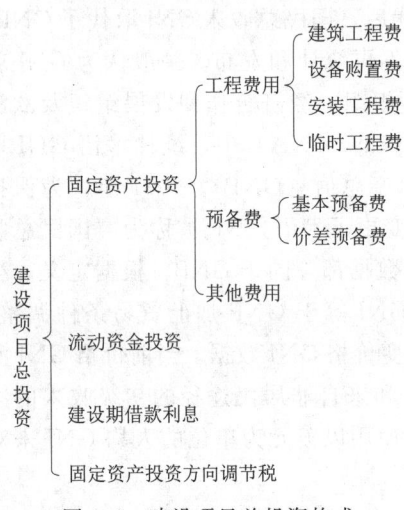

图 2.1 建设项目总投资构成

资产是指集中发生但不能全部计入当年损益,应当在以后年度内分期摊销的费用,包括开办费、租入固定资产的改良支出等。

2.2.1 固定资产投资

2.2.1.1 固定资产投资的构成

基本建设投资为自前期工作开始至工程建成投产达到设计效益时所需投入的全部基本建设资金。水利工程投资主要是固定资产的投资,其内容一般包括下列各项:

(1) 前期工作及施工管理费用,包括勘测、规划、设计、试验、招标、施工及管理人员工资和各项行政费用等。

(2) 占地和淹没、浸没损失的赔偿费和拆迁费,包括工程的永久性占用土地和施工时

2.2 投　资

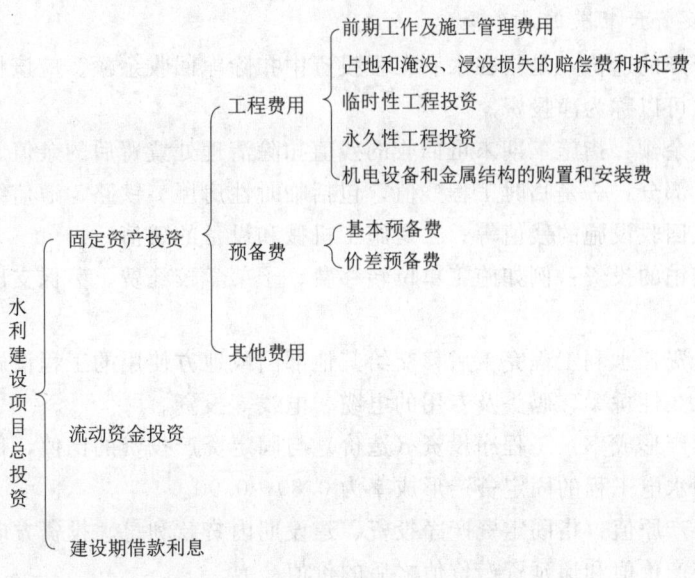

图 2.2　水利建设项目总投资构成

的临时性借用土地、淹没土地、房屋、工矿、企业、铁路、道路、电信及其他经济资源和设施的赔偿费和拆迁费，水库库底的清理、库区周围的防护费，移民的迁移安置和生产开发费用等。

（3）临时性工程投资，包括导流工程、围堰工程、临时道路和桥梁、临时房屋和电信设备线路等费用。

（4）永久性工程投资，包括各项水利工程的建筑物，如坝、溢洪道、水闸、渠系建筑物、灌排沟渠、堤、护岸、船闸、水电站厂房、水工隧洞、房屋、道路、桥梁以及为管理所必需的观测及通信等项建筑物的建设费用。

（5）机电设备和金属结构的购置和安装费，包括机电设备和金属结构（如水轮机、水轮发电机、水泵、电动机、闸门启闭机、金属闸门、钢管道、各种钢结构等）的购置费和安装费等。

（6）其他费用，包括预备费和不可预见费等。考虑施工期间可能发生的自然灾害、各种意外和物价上涨等因素，列出预备费或不可预见费，以造价的某一百分数估算。有时还包括一部分相关投资，例如给有关部门提供用以扩大动力和燃料供应、改善交通运输条件或生态环境所需的投资。

一般的计算方法是针对各个具体建筑物，分别计算工程各部分（如混凝土、土石方等）的工程量、材料以及用工数量，然后根据各种工程单价及工资，计算工程的总价格。再加施工管理费、施工设备折旧费以及其他各项费用等，即为该工程的总基本建设投资。在初步估算时可简化计算。

计算一个工程的投资时，应该进行详细的调查研究，收集各种材料的单价、施工定额，确切估算各项工程的工程量，尽量使估算的投资总额与实际需要的投资额相近。要特别注意为获得工程的批准而在估算过程中有意压低投资的现象。

2.2.1.2 与固定资产相关的几个概念

(1) 固定资产的造价：是指在水利工程投资中扣除净回收余额、应该核销和转移的投资后的造价，也可以称为净投资。

(2) 净回收余额：指施工期末可回收的残值扣除清理处置费后的余值。水利工程可回收的残值分为两部分：一是临时工程残值，包括临时性房屋、铁路、通信线路、金属结构物以及其他可以回收设施的残值等；二是施工机械和设备的残值。

(3) 应该核销的投资：例如施工单位转移费、子弟学校经费、劳保支出、停缓建工程的维修费等。

(4) 转移投资：水利工程完工后移交给其他部门或地方使用的工程设施的投资，例如铁路专用线、永久性桥梁、码头及专用的电缆、电线等投资。

(5) 固定资产形成率：工程净投资（造价）与固定资产投资的比值，称为固定资产形成率，一般水利水电工程的固定资产形成率为 0.80～0.90。

(6) 固定资产原值：指固定资产净投资、建设期内贷款利息、投资方向调节税三项之和，扣除无形资产价值和递延资产价值之后的价值。

(7) 固定资产折旧：在生产过程中，固定资产虽仍能保持原来的实物形态，但其价值逐年递减，随磨损程度以折旧形式逐渐地转移到产品的成本中去，并随着产品的销售而逐渐地获得补偿。这种随固定资产损耗而发生的价值转移称为固定资产折旧。

(8) 固定资产净值：指固定资产原值减去历年已提取的折旧累计值后的余值。亦称固定资产的账面价值。

(9) 固定资产重置价值：在许多情况下，由于各种原因，固定资产净值往往不能反映当时的固定资产真实价格，需要根据社会再生产条件和市场情况对固定资产的价值进行重置价值的评估，重新评估所确定的固定资产价值称为重估价。固定资产重估价值，应根据资产原值、净值、新旧程度、重置成本、获利能力等因素进行评估。

(10) 固定资产期末残值：项目寿命期末固定资产的残余价值称为固定资产期末残值。它是一笔项目寿命期末可回收的资金。

2.2.1.3 与年限有关的概念

1. 物理使用寿命

在自然界中任何一种物质（设备、机械、建筑物以及房屋建筑等），在使用的过程中一方面因使用受到各种损耗，另一方面因自然界的各种破坏因素的侵蚀，使它们逐渐失去正常的功能，直至失去全部功能为止，这时它们只能报废。这样的全过程所持续的时间，就称之为物理使用寿命。

2. 技术寿命

在科学技术迅速发展的时代，产品设备的更新期，其中尤以机械、电子产品的更新期越来越短。对于某种设备，如果从功能或经济效益来衡量，它仍有使用价值，但因新技术的发展而制造出的同类新设备，它的高效、快速能创造出更多的经济效益。这样，必然会将原来的设备淘汰。由于被淘汰的设备是因技术的改进或创新所造成的，故称这种使用时间为技术寿命。

3. 经济寿命

任何一种物质，在实际使用的过程中，总是通过不断的维护和修理来保持它的正常工作，甚至还需更换各类零部件。为保持设备或各种建筑物的正常功能，在日常的维护中，必须耗费一定的维护修理费用。随着这些设备、建筑物的磨损和受损的程度越来越严重，相应需要耗费的费用亦就越来越多。到一定的时间之后，这种维护修理所耗费的费用甚至超过了它本身所能获得的经济效益。显然，这时对原来的设备等继续进行维护修理，在经济上已不合算，把对设备、建筑物等维修的费用达到等于产生效益所持续的时期，称为经济寿命或经济计算期。因此，经济寿命是指工程或设备在此寿命期内，平均的年费用最小，所谓年费用包括年运行费和折旧费两项。

技术寿命对水利工程的影响不大，水利工程经济计算期的选择，主要是由工程的主要建筑结构和大型设备来决定的。因为一项工程中的主要建筑结构失去作用，其他次要的部分，即使完好无损，它亦不会再产生什么经济效益。大型水利工程的经济计算期一般采用50年，甚至更长；中小型工程要短些，一般为20~30年。

水利工程中，有些设备的经济寿命比所规定的工程的经济计算期短（金属结构、水力发电机组的经济寿命往往只有20年左右），对这些设备就要考虑投入更新费用；而对一些在工程建设中使用的施工机械设备，在工程建成后仍可继续使用的，按折价出售值进行回收。

表2.1列出了常见水利工程及设备的一般经济寿命。水利工程的经济计算期包括建设期、运行初期和正常运行期（经济寿命）。

表2.1 常见水利工程及设备的经济寿命 单位：年

工程及设备类别	经济寿命	工程及设备类别	经济寿命
防洪、治涝工程	30~50	机电排灌站	20~25
灌溉、城镇供水工程	30~50	输变电工程	20~25
水电站（土建部分）	40~50	火电站	20~25
水电站机组设备	20~25	核电站	20~25
小型水电站	20		

2.2.1.4 固定资产折旧

固定资产在使用过程中要经受两种磨损，即有形磨损和无形磨损。有形磨损是指由生产因素或自然因素（外界因素和意外灾害等）引起的磨损。无形磨损是由于技术进步使修建同等工程或生产同种设备的成本降低，从而使原工程的固定资产价值降低；或者由于出现新技术、新设备从而引起原来效率低的、技术落后的旧设备贬值甚至报废等。由固定资产的磨损所引起的价值损失，可在经济寿命期内通过提取折旧费的方式予以补偿。固定资产在使用过程中，一方面其实物形态上的价值是逐年递减的；另一方面以折旧基金形式所积存的价值逐年递增，直到固定资产到达经济寿命，此时所积存的全部折旧基金便可用来更新固定资产，进行再生产。

综合上述两项费用，当工程和设备使用到一定年限时，其年运行费和折旧费之和最小，相应此年限常称为经济寿命，如图2.3所示。一般情况下，常以经济寿命当作折旧年

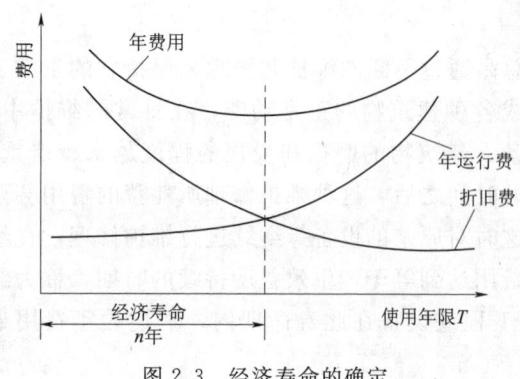

图 2.3 经济寿命的确定

限,根据折旧年限计算每年应提取的折旧费。

一般情况下常以经济寿命为折旧年限,水利工程固定资产的折旧年限应参照有关财务规定。

根据折旧年限计算每年应提取的折旧费。折旧费的计算方法很多,按折旧速度分有均匀折旧法、加速折旧法、慢速折旧法。但在实际应用中,较常用的方法有直线折旧法、工作小时折旧法、余额递减折旧法(或称固定百分率法)、年数和折旧法。

1. 直线折旧法

直线折旧法是目前最常用的计算方法,或称均匀折旧法,即假设固定资产净值随使用年限的增加而按比例直线下降,因而每年的折旧费相同,其计算公式如下:

$$年折旧费 f = \frac{固定资产原值 - 期末净残值}{折旧年限 T} \tag{2.5}$$

式中:期末净残值,为计算期末回收的残值减去清理费用后的余额,一般占原值的3%～5%。各类固定资产的折旧年限由财政部统一规定。

实际工作中常用折旧率计算固定资产折旧费。年折旧率的计算公式为

$$年折旧率 d = \frac{年折旧费}{固定资产原值} \times 100\% = \frac{1 - 净残值率}{折旧年限} \tag{2.6}$$

2. 工作小时折旧法

因为在一年中有的设备工作时数多,有的设备工作时数少,将设备的使用年限用实际的工作时数表示则更能反映实际情况。其计算公式为

$$单位工作小时折旧额 d = \frac{固定资产原值 - 期末净残值}{总工作小时} \tag{2.7}$$

$$年折旧费 f = 单位工作小时折旧额 \times 年工作小时数 \tag{2.8}$$

3. 余额递减折旧法

余额递减折旧法又称固定百分率法,其原理是在不考虑固定资产的净残值下,取一固定折旧率 d,年折旧费为年初固定资产的净值乘以固定折旧率 d。计算公式为

$$年折旧费 f = 固定资产净值 \times 固定折旧率 \tag{2.9}$$

当固定折旧率 d 取为直线折旧率的2倍时,即 $d = 2/$折旧年限 T,这时称为双倍余额递减折旧法。

利用这一方法计算折旧费,各年的折旧费不等,早期大,后期小,这样可以尽快回收投资。同时因为固定资产在使用过程中效能逐渐降低,早期的效能高,提供的经济效益也大,以后效能逐年降低,所提供的经济效益也逐年减少。所以,前几年分摊的折旧费应高于后几年。这一方法有利于较快地回收资金,有利于设备的更新,其缺点是计算比较麻烦。

4. 年数和折旧法

年数和折旧法也是尽快回收资金的一种折旧方法。年折旧率等于年初剩余的使用年限除以使用年限总和，其计算公式为

$$年折旧率 d = \frac{折旧年限 - 固定资产已使用的年数}{折旧年限 \times (折旧年限 + 1) \div 2} \times 100\% \tag{2.10}$$

$$年折旧费 f = (固定资产原值 - 期末净残值净值) \times 当年折旧率 \tag{2.11}$$

2.2.2 流动资金和流动资产

流动资金是维持项目正常运行所需的全部周转资金。当建设项目将建成投产时，即须筹措流动资金，以便用于购置原材料、燃料、备品、备件和支付工资等费用。在生产过程中流动资产完全改变其实物形态，并将其价值一次性地转移到新产品中作为产品成本中的一部分，待产品销售后即可收回原先垫付的流动资金。如此往复循环周转使用，其周转期一般较短，最长不超过一年。因此，流动资金的特点是在整个项目寿命期内，始终被占用并循环周转使用，到项目寿命期末，流动资金才能退出生产与流通，以货币形式一次收回。

流动资金是流动资产的货币形态，流动资产则是流动资金的实物形态。对流动资产中的原材料、在制品、库存燃料、低值易耗品等进行重置价值评估时，应当根据这些流动资产的现行市场价格或计划价格，考虑购置费用、损耗等因素后，评定其重估价值。

2.2.3 建设期借款利息

建设期借款利息包括向国内银行和其他非银行金融机构贷款、出口信贷、外国政府贷款、国际商业银行贷款以及在境内外发行的债券等在建设期内应偿还的贷款利息。建设期借款利息实行复利计算。

建设期借款的利率是根据借款的资金来源不同进行加权平均后计算得出的。国外贷款则按协议规定计算，引用外资的汇率按国家规定执行。

建设期借款的利息计算方法有个假设前提，即借款自年初至年末陆续支用，平均起来就是当年借款均在当年年中支用，故按半年计息，其后年份按全年计息。其公式表示如下：

$$建设期每年应计利息 = (年初借款本息累计 + 本年借款额/2) \times 年利率 \tag{2.12}$$

建设期利息为建设期各年利息之和。对于试运行期较长的工程项目，运行初期的利息一部分计入固定资产，一部分计入项目的总成本费用。具体计算时，可以当年还款资金大于当年应付利息为分界线，即当年还款资金出现大于当年应付利息之前的一段时间内发生的借款利息计入固定资产；当年之后发生借款利息计入项目总成本费用。

2.2.4 固定资产投资方向调节税

固定资产投资方向调节税是对我国境内用各种资金进行固定资产投资的单位和个人，按其投资额征收的一种税。开征固定资产投资方向调节税的目的，在于贯彻国家产业政策，控制投资规模，引导投资方向，改善投资结构，加强重点建设，促进国民经济持续、稳定、协调地发展。固定资产投资方向调节税的纳税义务人为我国境内用各种资金进行固定资产投资的单位和个人，计税依据为纳税人实际完成的固定资产投资额。

固定资产投资方向调节税根据国家产业政策确定的产业发展序列和经济规模的要求，

实行差别税率,具体适用税率为 0、5%、10%、15%、30%五个档次。差别税率是按两大类来设计的:一类是基本建设项目投资;另一类是更新改造项目投资。

1. 对基本建设项目投资适用税率的具体规定

(1) 对国家急需发展的项目投资,如农业、林业、水利、能源、交通、通信、原材料、科教、地质、勘探、矿山开采等基础产业和薄弱环节的部门项目投资,适用零税率,予以优惠扶持照顾的政策。

(2) 对国家鼓励发展但受能源、交通等制约的项目投资,如钢铁、化工、石油化工、水泥等部分重要原材料,以及一些重要机械、电子、轻工业和新型建材等项目投资,实行5%的轻税政策。

(3) 对城乡个人修建住宅和职工住宅(包括商品房住宅的建设投资),分别实行从优化低政策。为了改善职工、农民居住条件,配合住房制度改革,对城乡个人修建、购买住宅的投资实行零税率;对单位修建、购买一般性住宅投资,实行5%的低税率;对单位用公款修建、购买高标准独门独院、别墅式住宅投资,实行30%的高税率。

(4) 对楼堂馆所以及国家严格限制发展的项目投资,课以重税,税率为30%。

(5) 对不属于上述四类的其他项目投资,实行中等税负政策,税率为15%。对基本建设投资项目按经济规模设置差别税率,主要是对符合经济合理规模的项目,在适用税率上予以鼓励。反之,则予以限制。比如对某些单位为过多追求局部利益和本单位利益而盲目建设规模小、技术水平低、耗能高、污染严重、效益差的项目,采取高税率加以限制。

2. 对更新改造项目投资适用税率的规定

为了鼓励企事业单位进行设备更新和技术改造,促进技术进步,体现基本建设从严、更新改造从宽的政策精神,对国家急需发展的项目投资(与基本建设项目投资相同),给予优惠扶持,适用零税率;对除此以外的更新改造项目投资,一律按建筑工程投资额征收10%的投资方向调节税。但由于其计税依据仅限于建筑工程投资额,因此,税负将大大低于基本建设项目,这就有利于鼓励企业走内涵扩大再生产的道路,提高投资效益。

固定资产投资方向调节税实行预征制,按固定资产投资项目的单位工程计划额预缴。年度终了后,按年度实际完成投资额结算,多退少补;项目竣工后,按全部实际完成投资额进行清算,多退少补。根据财政部、国家税务总局财税字〔1999〕299号文规定,该税种自2000年1月1日起暂停征收。

2.3 年运行费与年费用

2.3.1 年运行费

年运行费有时也被称为年经营成本,指工程项目建成正式投产后在正常运行期(生产期)间每年需要支出的各种经常性费用,其中包括材料和燃料动力费、维修养护费、大修理费、行政管理费和其他费用。

(1) 材料和燃料动力费,指工程设施在运行中所耗用的各种材料以及油、煤、电、水等各项费用,其消耗指标与各年实际运行情况有关,可参照类似水利工程项目的实际运行资料分析后采用,也可以根据规划设计资料按其平均值采用。

(2) 维修养护费，指工程各类建筑物和设备的日常性养护、维修、岁修等项费用，其费用大小与建筑物和设备的规模、类型、质量等因素有关，一般参照类似已建成项目的实际资料分析确定，可按工程投资的某一百分数计算。

(3) 大修理费，指工程设施及设备进行大修理所需的费用。大修理是对固定资产的主要组成部分或损耗部分进行彻底的检修并更换某些部件，其目的是恢复固定资产的原有性能。每次大修理花费的时间长、费用大，甚至要停产一段时间，因此大修理每隔几年才进行一次。为了简化计算，通常将经济寿命期内所需的大修理费总额平均分摊到各年，作为年运行费的一部分，每年可按一定的大修理费率提取，即

$$年大修理费率 = \frac{预计经济寿命期内大修理费用总额}{固定资产原值 \times 经济寿命期(年)} \times 100\% \qquad (2.13)$$

每年提取的大修理费积累几年后集中使用，有关年大修理费率见表2.2。

表2.2　　　　　水利工程固定资产基本折旧率及大修理费率表

固定资产分类	折旧年限/年	净残值占原值/%	年基本折旧率/%	年平均大修理费率/%
大型混凝土堤、坝、闸	80	0	1.25	0.25
中小型混凝土堤、坝、闸	50	0	2.00	0.50
当地材料堤坝	50	0	2.00	0.75
大型混凝土溢洪道	50	0	2.00	0.50
中小型混凝土溢洪道	40	0	2.50	0.75
浆砌块石溢洪道	20	0	5.00	2.00
大型钢筋混凝土管、洞	50	0	2.00	1.00
中小型钢筋混凝土管、洞	40	0	2.50	1.50
浆砌石管洞	30	0	3.33	2.00
一般砌护灌排渠道	40	0	2.50	1.50
塑料等非永久性防渗渠道	25	0	4.00	3.00
钢管、铸铁管网	30	0	3.33	1.00
塑料管	20	0	5.00	1.00
深井	20	0	5.00	1.00
浅井	30	0	3.33	1.00
钢筋混凝土房屋建筑	50	5	1.90	0.80
混凝土、砖石混合结构	40	4	2.40	1.00
永久性砖木结构	30	4	3.20	1.50
简易砖木结构	20	5	4.75	2.00
大型水轮机组	30	5	3.17	0.50
小型水轮机组	25	5	3.80	1.00
小型机排、机灌设备	10	5	9.50	4.00
小型电力排灌设备	20	5	4.75	2.00
离心泵	8	0	12.5	7.00
深井泵	4	0	25.0	5.00
喷灌设备	6	0	16.7	5.00

（4）行政管理费，指管理机构的行政费用、职工工资、工资性津贴、奖金、福利基金及其他费用。工程在运行管理时期，必须进行观测、试验和研究工作，为此列出专门费用，保证上述工作的正常进行。关于行政管理费，可根据水利部颁发的《水利工程管理单位编制定员标准》结合有关部门和有关地区的规定或参考类似工程的实际开支费用分析后确定。

（5）其他费用，包括为消除或减轻项目所带来的不利影响所需每年的补救措施费用，例如清淤、冲淤、排水、治碱等；为扶持移民的生产和生活所需每年的补助费或提成费用；当遭遇超过移民、征地标准的水情时所需支付的救灾或赔偿费用；其他需要经常性开支的费用等。

年运行费是水利工程经济评价中的一个重要指标，防洪、治涝、灌溉、供水、航运等工程，可参照有关部门历年统计资料选用；水电站年运行费，可参考原水利电力部财务司编写的《电力企业财务统计资料》，年运行费一般为工程投资的1%～2%左右。

2.3.2 年费用

年费用指将工程的造价折算为各年的年均投资额，加上各年平均的管理、运行维修费用所得的总和。

在静态经济分析中，年费用包括年基本折旧费和年运行费两大部分（参阅图2.3），即

$$\text{年费用}=\text{年基本折旧费}+\text{年运行费} \tag{2.14}$$

在动态经济分析中，年费用包括资金（投资）年回收值和年运行费两大部分，即

$$\begin{aligned}\text{年费用}f&=\text{资金年回收值}+\text{年运行费}\\&=(\text{固定资金}+\text{流动资金})\times\text{资金年回收因子}+\text{年运行费}\end{aligned} \tag{2.15}$$

式中：资金年回收因子，又称本利年摊还因子；资金年回收值又称本利年摊还值。所谓本利年摊还值，是指工程在经济寿命期（即正常运行期或生产期）内每年应支付占有资金（包括固定资金和流动资金）的利息和每年应摊还的本金。详见第3章。

如果有若干个工程方案进行经济比较，当各个方案的效益基本上相同时，则年费用最小的方案，即是经济上最有利的方案。

2.4 成本、税金和利润

为了提高水利工程的经济效益，必须重视经营管理，加强财务核算，工程技术人员除需研究工程的投资、年运行费和效益等问题外，还需研究成本、税金和利润等问题，现分述如下。

2.4.1 成本

成本是构成产品价格的基本因素。产品价格不变，降低成本，就相应增加了利润。降低成本的途径是：改善经营管理，减少固定资产的损耗，节约原材料和燃料；采用新技术，提高设备利用率，提高劳动生产率等。产品成本是衡量企业经营管理水平的一个综合指标。

2.4 成本、税金和利润

2.4.1.1 总成本

水利工程项目总成本费用包括项目在一定时期内为生产、运行以及销售产品和提供服务所花费的全部成本和费用，即包括年运行费（经营成本）、折旧费、摊销费和利息净支出，其中年运行费（经营成本）包括职工工资及福利费，材料、燃料及动力费，工程维修费，库区及水源区维护建设费和其他费用等。因此，总成本费用构成如下：

$$\begin{aligned}总成本费用 &= 生产成本 + 销售费用 + 管理费用 + 财务费用 \\ &= 年运行费（经营成本）+ 折旧费 + 摊销费 + 利息支出 + 其他费用\end{aligned} \tag{2.16}$$

摊销费是指无形资产和递延资产在使用过程中因价值消耗而转移到成本费用中的费用。一般不计残值，从受益之日起，在一定期间分期平均摊销。

城市生活及工业用水的成本组成，与一般企业的产品相同，供水工程一般包括三部分，即水源工程（水库）、输水工程及净水工程（自来水厂，包括配水管网）。这三部分工程均设有管理处，分别核算成本，即根据各自的固定资产计算年基本折旧费，根据所辖工程的运行情况，计算所需的年运行费，因此对城市提供的商品水，其供水成本是比较高的。

此外，在成本中尚应计入保险费。参加保险的投保人（或法人）根据规定向保险人（保险公司）缴付保险费，保险分为自愿保险和强制保险两种，洪水保险一般属于强制保险。在水利方面，我国已有防洪保险和工程财产保险。投保时，应根据规定由投保人与保险公司签订合同，并按期缴纳保险费。投保人应制订维护安全的有关规定，保险公司有权对被保险的财产的安全情况进行检查。保险金额是指被保险对象发生意外事故受到损失时，保险人负责赔偿的最高金额，通常不能超过保险标的实际价值，保险费率是保险公司根据标的危险性的大小、可能发生损失的概率、损失率的大小和经营费用的多少确定的。如果发生保险事故，保险公司按合同规定对事故造成的损失给予赔偿，或者在合同届满时承担付给保险金的责任。参加保险的水利工程，在进行财务评价时应将保险费计入成本中。

水电建设项目所需流动资金定额，可暂采用各网局已建水电站的统计资料。流动资金可在投产的第一年开始安排，按投产容量比例增加，并于工程经济寿命结束时一次回收。流动资金分为自有流动资金和流动资金借款（按规定不应超过总额的70%）两部分，流动资金借款须每年付息，支付的利息列入产品成本中。

2.4.1.2 固定成本

固定成本，是指成本总额在一定时期和一定业务量范围内，不受业务量增减变动影响而能保持不变的成本。固定成本总额只有在一定时期和一定业务量范围内才是固定的，这就是说固定成本的固定性是有条件的。这里所说的一定范围称为相关范围，如业务量的变动超过这个范围，固定成本就会发生变动。固定成本大部分是间接成本，如固定资产的折旧和维护费、办公费等。固定成本通常可区分为约束性固定成本和酌量性固定成本。

(1) 约束性固定成本，指为维持企业提供产品和服务的经营能力而必须开支的成本，如厂房和机器设备的折旧、财产税、房屋租金、管理人员的工资等。由于这类成本与维持企业的经营能力相关联，也称为经营能力成本。这类成本的数额一经确定，不能轻易加以改变，因而具有相当程度的约束性。

（2）酌量性固定成本，指企业管理当局在会计年度开始前，根据经营、财力等情况确定的计划期间的预算额而形成的固定成本，如新产品开发费、广告费、职工培训费等。由于这类成本的预算数只在预算期内有效，企业领导可以根据具体情况的变化，确定不同预算期的预算数，所以，也称为自定性固定成本。这类成本的数额不具有约束性，可以斟酌不同的情况加以确定。

2.4.1.3 变动成本

变动成本，指支付给各种变动生产要素的费用，如购买原材料及电力消耗费用和工人工资等。这种成本随产量的变化而变化，常常在实际生产过程开始后才需支付。变动成本与固定成本一样，变动成本与业务量之间的线性依存关系也是有条件的，即有一定的适用区间。也就是说，超出相关范围时，变动成本发生额可能呈非线性变动。根据变动成本发生的原因可将变动成本分为两类：一类是技术性变动成本，另一类是酌量性变动成本。

（1）技术性变动成本，是指单位成本由技术因素决定而总成本随着消耗量的变动而成正比例变动的成本。这类成本的实质是利用生产能力进行生产所必然发生的成本。它通常表现为企业所生产产品的直接物耗成本，以直接材料成本最为典型。当企业所生产的产品定型（包括诸如外形、大小、色彩、重量、品质等方面）以后，上述成本的大小就具有了很大程度上的约束性，这类成本的改变往往也就意味着企业的产品改型了。如企业生产组装某计算机需用的部件，在外购价格一定的条件下，其成本属于受设计技术影响的与电脑产量成正比例的技术性变动成本。再如某热电厂的锅炉必须使用燃烧值在一定标准以上的专用精煤，在这种情况下，燃烧成本就属于随发电量成正比例变动的技术性变动成本。

（2）酌量性变动成本，是指可由企业管理当局决策加以改变的变动成本。如某种原材料，在规格、质量、单耗一定的前提下，由于采购地、供货单位不同而出现不同的采购价格，则该种原材料的消耗就属于酌量性变动成本。酌量性变动成本的高低受企业管理当局决策的影响，如按照销售收入的一定比例支付的销售佣金和技术转让费、采用计件工资制度时的单位计件工资等。可以通过降低产品制造成本、提高决策水平、强化预算控制等措施降低酌量性变动成本。

2.4.1.4 机会成本

当有限资源用于某种用途而失去潜在的利益或者为了完成某项任务而放弃了完成其他任务所造成的损失，均称为机会成本。例如某水库可以向工业部门供水，也可以向农业部门供水，但总的供水量是有限度的，如果由于城市和工业的发展必须增加工业供水量，那就必须减少农业用水量，相应减少的农业收益及其受到的损失，就是增加工业供水量的机会成本；或者采用替代措施，例如开发地下水资源因而额外增加的费用，也可以认为是所增加的工业供水量的机会成本。

劳动力、土地的影子价格常以其机会成本表示。例如某建设项目须使用劳动力，其机会成本的大小取决于该劳动力在用于本项目之前可能创造的最大社会净效益，如果劳动力来自失业者，一般可以认为其机会成本等于零；如果劳动力来自其他企业，那么由于劳动力的转移而使原企业损失的效益，即为该劳动力的机会成本或其影子价格。

西方经济学家认为，经济学是要研究一个经济社会如何对稀缺的经济资源进行合理配置的问题。从经济资源的稀缺性这一前提出发，当一个社会或一个企业用一定的经济资源生产一定数量的一种或几种产品时，这些经济资源就不能同时被使用在其他的生产用途方面。这就是说，这个社会或这个企业所获得的一定数量的产品收入，是以放弃用同样的经济资源来生产其他产品时所能获得的收入作为代价的。由此，便产生了机会成本的概念。

机会成本是指当把一定的经济资源用于生产某种产品时放弃的另一些产品生产上最大的收益。机会成本是经济学原理中一个重要的概念。在制定国家经济计划中，在新投资项目的可行性研究中，在新产品开发中，乃至工人选择工作中，都存在机会成本问题。它为正确合理的选择提供了逻辑严谨、论据有力的答案。在进行选择时，力求机会成本小一些，是经济活动行为方式的最重要的准则之一。一般地，生产一单位的某种商品的机会成本是指生产者所放弃的使用相同的生产要素在其他生产用途中所能得到的最高收入。

例如，当一个厂商决定利用自己所拥有的经济资源生产一辆汽车时，这就意味着该厂商不可能再利用相同的经济资源来生产200辆自行车。于是，可以说，生产一辆汽车的机会成本是所放弃生产的200辆自行车。如果用货币数量来代替对实物商品数量的表述，且假定200辆自行车的价值为10万元，则可以说，一辆汽车的机会成本是价值为10万元的其他商品。

2.4.1.5 沉没成本

沉没成本，是指以往发生的，但与当前决策无关的费用。从决策的角度看，以往发生的费用只是造成当前状态的某个因素，当前决策所要考虑的是未来可能发生的费用及所带来的收益，而不考虑以往发生的费用。

人们在决定是否去做一件事情的时候，不仅是看这件事对自己有没有好处，而且也看过去是不是已经在这件事情上有过投入。把这些已经发生且不可收回的支出，如时间、金钱、精力等称为"沉没成本"。在经济学和商业决策制定过程中会用到"沉没成本"的概念，代指已经付出且不可收回的成本。沉没成本常用来和可变成本作比较，可变成本可以被改变，而沉没成本则不能被改变。

沉没成本是一种历史成本，对现有决策而言是不可控成本，会很大程度上影响人们的行为方式与决策。从这个意义上说，在投资决策时应排除沉没成本的干扰。

对企业来说，沉没成本是企业在以前经营活动中已经支付现金，而经营期间摊入成本费用的支出。因此，固定资产、无形资产、递延资产等均属于企业的沉没成本。

从成本的可追溯性来说，沉没成本可以是直接成本，也可以是间接成本。如果沉没成本可追溯到个别产品或部门则属于直接成本；如果由几个产品或部门共同引起则属于间接成本。

从成本的形态看，沉没成本可以是固定成本，也可以是变动成本。企业在撤销某个部门或是停止某种产品生产时，沉没成本中通常既包括机器设备等固定成本，也包括原材料、零部件等变动成本。通常情况下，固定成本比变动成本更容易沉没。

从数量角度看，沉没成本可以是整体成本，也可以是部分成本。例如中途弃用的机器设备，如果能变卖出售获得部分价值，那么其账面价值不会全部沉没，只有变现价值低于账面价值的部分才是沉没成本。

一般来说，资产的流动性、通用性、兼容性越强，其沉没的部分就越少。"现金为王"

的观念也可以从这个角度去理解。固定资产、研究开发、专用性资产等都是容易沉没的，分工和专业化也往往与一定的沉没成本相对应。此外，资产的沉没性也具有时间性，会随着时间的推移而不断转化。以具有一定通用性的固定资产为例，在尚未使用或折旧期限之后弃用，可能只有很少一部分会成为沉没成本，而中途弃用沉没的程度则会较高。

2.4.1.6 边际成本

在经济学和金融学中，边际成本指的是每一单位新增生产的产品（或者购买的产品）带来的总成本的增量。这个概念表明每一单位的产品的成本与总产品量有关。比如，仅生产一辆汽车的成本是极其巨大的，而生产第101辆汽车的成本就低得多，而生产第10000辆汽车的成本就更低了（这是因为规模经济带来的效益）。但是，考虑到机会成本，随着生产量的增加，机会成本也可能会增加。还是这个例子，生产新的一辆汽车时，所用的材料可能有更好的用处，所以要尽量用最少的材料生产出最多的车，这样才能提高边际收益。

边际成本用以判断增减产量在经济上是否合算，是在管理会计和经营决策中常用的名词。例如，生产某种产品100个单位时，总成本为5000元，单位产品成本为50元。若生产101个时，其总成本5040元，则所增加一个产品的成本为40元，即边际成本为40元。当实际产量未达到一定限度时，边际成本随产量的扩大而递减；当产量超过一定限度时，边际成本随产量的扩大而递增。因为，当产量超过一定限度时，总固定成本就会递增。由此可见影响边际成本的重要因素就是产量超过一定限度（生产能力）后的不断扩大所导致的总固定费用的阶段性增加。

当增加一个单位产量所增加的收入（单位产量售价）高于边际成本时，是划算的；反之，就是不合算的。所以，任何增加一个单位产量的收入不能低于边际成本，否则必然会出现亏损；只要增加一个产量的收入能高于边际成本，即使高于总的平均单位成本，也会增加利润或减少亏损。因此计算边际成本对制订产品决策具有重要的作用。微观经济学理论指出，当产量增至边际成本等于边际收入时，为企业获得其最大利润的产量。

2.4.2 税金

国家为了实现其职能，按照法律规定，向经营单位或个人无偿征收货币或实物，称为税金，对国家而言可称为税收。税收是取得财政收入的一种方式，具有强制性、无偿性和固定性等特点。国家通过税收，积累社会主义建设必需的资金，促进国民经济有计划按比例地发展。

过去，我国的税收制度是不完备的，一方面国有企业向国家交纳一定量的工商税金，税后的利润仍要上缴国家；另一方面企业所需要的扩大再生产和更新改造等资金，又由国家统一下拨，这种统收统支、高度集中管理的体制，严重影响企业的主动性与积极性，形成企业吃国家大锅饭，责、权、利严重不分的局面，阻碍了经济建设的发展。党的十一届三中全会后，曾在一部分企业中试行利改税的试点，即把原来的全部上缴利润改为利润分成、税金包干上缴等办法。1983年起在全国推行利改税的改革，当全面实行以税代利（润）后，国有企业不再向国家上缴利润，只按国家规定的税种、税率，缴纳税金，税后利润完全归企业支配。这样既有利于充分发挥企业的积极性，又为国家提供更多的财政收入。

2.4 成本、税金和利润

我国工业企业应当缴纳的税有十多种,水利工程管理单位,根据国家规定应缴纳增值税、销售税附加、所得税等。其中增值税为价外税,销售价格内应不含增值税款。

增值税按销售额计算。由于水利项目可以扣减的进项税额非常有限,一般可按销售收入计算增值税。目前财政部规定增值税率电力为17%,自来水为13%,小水电为6%,水利农业供水工程免缴增值税,水利城市工业供水工程尚无明文规定。由于增值税是价外税,既不计入成本费用,又不计入销售收入,故进行财务分析时可不考虑增值税,增值税仅作为计算销售税附加的基础。

销售税附加包括城市维护建设税和教育费附加,以增值税税额为计算基数。按现行规定,城市维护建设税根据纳税人所在地区计算,市区为7%,县城和镇为5%,农村为1%;教育费附加为3%;企业所得税现按销售利润总额的33%计征。

按照《财政部税务总局关于实施小微企业普惠性税收减免政策的通知》(财税〔2019〕13号)规定,由省、自治区、直辖市人民政府根据本地区实际情况,以及宏观调控需要确定,对增值税小规模纳税人可以在50%的税额幅度内减征资源税、城市维护建设税、房产税、城镇土地使用税、印花税(不含证券交易印花税)、耕地占用税和教育费附加、地方教育附加。

2.4.3 利润

利润是指商品按照市场价格或规定价格,实现销售收入后扣除产品成本和税金后的余额。利润是劳动者为社会创造的价值,是用来发展生产,改善人民物质、文化生活的基础,也是国家财政收入的重要组成部分。计算公式如下:

$$
\begin{aligned}
&销售收入=产品销售量\times商品价格\\
&销售利润=销售收入-总成本-销售税金\\
&税后利润=销售利润-所得税
\end{aligned}
\qquad(2.17)
$$

我国国有企业按照国家规定留归企业使用的部分利润,称为利润留成,作为企业生产发展基金、职工福利基金和职工奖励基金三种专用基金。我国水利工程中,防洪、治涝等属于公益事业性质的工程,无产品出售,自然无利润可言;农田排灌工程,一般实行扶持和低收费政策,也无利润或者很少利润;城镇供水和水力发电等有水、电等产品出售,按企业进行经营管理,收入比较稳定可靠,可以获得一定的利润。

利润是反映企业生产管理水平的一个重要指标。但不同企业或同一企业的不同时期,由于生产规模不同,单纯的利润指标往往缺乏可比性,因此采用利润率这一相对指标,以便较全面地反映企业经营管理的质量和效益,我国水利水电工程常采用投资利润率表示。所谓投资利润率,一般是指项目达到设计生产能力后的一个正常生产年份的年利润总额与项目总投资的比率。其计算公式为

$$投资利润率=\frac{年利润或年平均利润}{总投资}\times100\% \qquad(2.18)$$

式中:年利润=年销售收入-年总成本-年销售税金-年其他净支出;年销售税金=年增值税+年城市维护建设税+年教育费附加+其他税金;总投资=固定资产投资(不包括生产期更新改造投资)+建设借款利息+流动资金。

除投资、效益和有关的主要财务指标外,水利工程的利润还经常使用如下实物指标

表示：

(1) 反映工程效益的指标：例如防洪、治涝面积，灌溉耕地面积，水电站装机容量及年发电量，城市、工业年供水量等。

(2) 反映水库淹没损失的指标：例如淹没耕地数，迁移人口数，淹没交通线类型及里程，以及单位人口迁移安置费、单位耕地赔偿费等。

(3) 反映主要材料消耗的指标：例如钢材、木材、水泥等主要建筑材料的总消耗量及其相应单位消耗指标，例如每立方米混凝土的"三材"用量、每万元投资的"三材"占用量等。

(4) 反映工程量、劳动力及工期的指标：例如土石方量的开挖、填筑量，混凝土浇筑量，总工日及高峰劳动力，工程开始发挥效益的时间及总工期等。

(5) 单位综合技术经济指标：例如电站单位千瓦投资，单位电能投资，单位电能成本，单位库容投资，单位灌溉面积投资等。

2.5 效益

人们从事任何一项经济活动，一方面要投入一定量的人力、物力、财力；另一方面也将相应地得到一定量的劳动成果，如各种劳动产品或减少损失（如洪灾损失）等。为了便于区分和应用，在经济分析中，一般将前者即经济活动中的劳动"消耗""投入"称为费用，而把后者即经济活动中"劳动成果""产出"称为效益。

2.5.1 水利工程效益的特点

水利工程的效益与其他工程的效益相比，具有以下几方面的特点。

1. 随机性

水利工程的对象是治水和用水，因此，它的效益受水文现象随机性的影响很大。如防洪效益当遇不到大洪水时就很小，当遇到大洪水时就很大；再如发电效益，遇上丰水年，发电量多，效益大；遇上枯水年，发电量少，效益小；灌溉工程遇干旱年效益就大，风调雨顺年份，灌溉效益就小。所以，水利工程的效益不是（也不能）用某一年指标来代表，而需引入系列的概念，用多年平均指标来代表。但由于多年平均的概念有时会淡化工程的作用，所以有时还必须在计算水利工程多年平均效益的基础上，对某些特殊年份的效益进行单独计算。如计算大型水利工程的防洪效益时，若仅计算其多年平均防洪效益，就难以反映工程在防御特大洪水，减免国民经济财产损失方面的地位和作用，此时，就需要计算在某些大洪水（特别是某些特大洪水）条件下的防洪效益，以客观地反映工程的经济效益。再如供水效益，除计算多年平均效益外，还应计算设计年效益和特枯年效益。

2. 复杂性

水利工程往往是综合利用工程，具有多方面的综合利用效益。如防洪、发电、航运、供水、灌溉、旅游等效益中的两项或多项，同时给国民经济带来多方面的好处。但由于各部门对水利工程的要求和获得效益是很复杂的，有时一致，有时矛盾，有时交叉。因此，计算水利工程效益应兼顾不同专业、部门和地区的特点，并划清各功能效益计算的范围，避免遗漏和重复计算。

3. 可变性

水利工程在运行的不同时期，同一水文年型和价格水平的效益也不是恒定的，往往随时间推移而变化，如防洪效益，随着国民经济的发展，防洪保护区内的工农业生产也随之发展，在同一频率洪水条件下现在遭受损失远较将来遭受的损失小，即随时间的推移，防洪效益随之增大；再如航运效益，也是随经济的发展，运量的增大，随时间的推移逐步增大。与上述情况相反，也有些效益是随时间推移而逐步减少的。例如，由于泥沙淤积而使水库有效库容逐年减少，效益也随之降低；随着上游地区工农业生产发展用水量增加后，也可能使下游水利工程的一些效益减少；但也有由于上游水库兴建，调节流量增加，而使下游水利工程的发电、航运等效益增大的。所以，为了反映水利工程效益随时间变化的特点，在效益计算中要依据工程的特点研究效益的变化趋势和增长的速率。

4. 社会性

水利是国民经济的基础产业和基础设施，工程建成后，将对国家和地区的社会经济发展产生深远的影响，其效益渗透在国民经济各部门和人民生活的各个方面，能用货币表示经济效益的比例相对较小，能计为本部门、本单位的财务效益更小。特别是防洪工程，主要是社会效益。因此，对水利工程效益计算，除了用货币进行定量计算外，对一些难以用货币表示的效益应当用实物指标表示，不能用实物指标表示的效益则用文字加以定性描述。

2.5.2 水利工程效益的分类

工程效益分类的方法很多，从对水利工程综合经济分析与评价的角度来说，大体可以分为以下五类。

1. 功能效益与综合效益

按项目在国民经济中的不同作用和功能，将水利工程的效益分为防洪（防凌、防潮）效益、治涝（治碱、治渍）效益、灌溉效益、城镇供水效益、乡村生活供水效益、水力发电效益、航运效益、水土保持效益、环境保护效益、牧区水利效益、渔业效益、水利旅游效益、滩涂开发效益和由上述效益中两项以上效益组成的综合效益等。

2. 直接效益与间接效益

按项目涉及的时空边界范围，将水利工程效益分为直接效益和间接效益。直接效益是指水利工程建成后可以增加的各类产品或增加的经济价值。如水力发电、工农业供水可获得的经济效益，修建防洪、治涝工程可减免的洪、涝灾害损失等。间接效益又称外部效益，是指项目为社会做出贡献而本身并没有得到的那部分效益。如工程建成后由于工农业增产而发展工农业产品和农副产品加工所获得的净收益（有的地方称为"次生效益"）；因修建工程而增加的机械、原料、材料和服务行业的净收益（有的地方称为"诱发效益"）等。

3. 有形效益与无形效益

按项目效益可定量计算和不可定量计算的情况，将水利工程效益分为有形效益与无形效益。有形效益是指可以用货币或实物指标表示的效益，如防洪效益中可以减免的国民经济损失（可用货币表示）和人口伤亡（可用实物指标表示）。无形效益是指不能用货币和实物指标表示的效益，如水利工程建成后促进地区综合经济和教育事业的发展，促进社会安定和国防安全，提高国际威望等。在对水利工程进行效益分析时，无论有形效益还是无形效益，都应全面加以论证分析。对于不能用具体指标表达的无形效益，可以用文字加以详细明确的描述，以便对水利工程的效益进行全面、正确的评估。

4. 国民经济效益与财务效益

按项目效益的核算单位，将水利工程效益分为国民经济效益（又称经济效益）和财务效益。国民经济效益是指站在国家角度（国民经济整体角度）计算的水利工程效益，如防洪减免的国民经济损失和可增加的土地开发利用价值，工农业供水可增加的国民经济效益等。财务效益是指站在项目核算单位角度计算的水利工程效益，如工农业供水的水费收入、水力发电的电费收入、防洪保护费收入等。

应该指出的是：由于水利工程的行业特点，水利工程国民经济效益和财务效益计算的途径和方法不同，效益额相差悬殊，如工农业供水的国民经济效益，是按供水项目向工矿企业、居民和农、林、牧等提供生产、生活、灌溉用水可获得的效益计算；而财务效益则按供水水价计算。据长江中游地区已建成的8座水利工程的实际资料分析，水力发电工程的财务收入为其经济效益的 34.2%，灌溉工程的财务收入为其经济效益的 3.5%，防洪工程的财务收入为 0；防洪、发电、灌溉三个部门综合起来计算，财务效益仅为其经济效益的 12.6%。

5. 正效益和负效益

按项目对国民经济发展的作用和影响，将水利工程效益分为正效益和负效益。水利工程建成后，对社会、经济、环境带来的有利影响，称为正效益；对社会、经济、环境造成的不利影响，称为负效益。例如某水库建成蓄水后，由于水体的巨大压力，可能诱发地震；有些水库蓄水后产生大面积浅水区，导致疟蚊滋生繁殖，或者钉螺面积扩大，形成血吸虫病的流行区。修建水库，总要淹没农田、城镇、矿藏、交通干线或文化古迹等，造成资源的损失；发展灌溉工程，可能需要大量引水，如无相应的配套排水措施，可能引起灌区地下水位上升，导致土壤盐碱化和沼泽化等负效益。在水利工程效益分析中，不仅要计算正效益，也要考虑负效益，以便对水利工程进行全面正确的评估。

思 考 题

1. 什么叫价值？什么叫价格？两者之间有何关系？
2. 产品成本、税金、利润、国民收入、国民生产总值之间存在什么关系？
3. 在什么情况下采用现行价格、不变价格、影子价格？如何确定某一货物的影子价格？影子价格与机会成本之间的关系如何？
4. 什么叫投资、总投资、净投资、造价？固定资产投资与基本建设投资、更新改造投资有何区别？试举例说明。
5. 什么叫固定资产原值、净值、重置价值？固定资金与流动资金的区别何在？试举例说明。
6. 如何确定经济寿命（也称经济使用年限）或折旧年限？其与实际使用年限区别何在？

思 考 题

7. 投资、年运行费、年经营成本、大修理费、折旧费、资金年回收值（本利年摊还值）与年费用之间的关系如何？

8. 产品的成本、税金、利润与销售收入、工程效益之间的关系如何？

9. 对政府兴建的水电站工程，有人认为应包括下列各项费用：

（1）工程基建投资的利息；

（2）根据估计的工程寿命用直线法算出的折旧费；

（3）每年提存准备偿还基建投资之用的偿债基金，应在第50年终了时刚好凑足该项基建投资（如工程寿命小于50年，则应在工程寿命年限终了）；

（4）如果工程靠借债筹资，应包括每年支付的债息和偿还的债款；

（5）所有实际支出工程年运行和维修费用。

你认为年费用包括上述项目的总和是否恰当，并说明理由。

第3章 资金时间价值及等价折算公式

3.1 资金时间价值

所谓资金时间价值，是指一定量的资金在生产和流通过程中通过劳动可以不断地增加新的价值，即资金的价值可以随时间不断地发生变化。如将一定量的资金投入（即投资）某一生产项目，这部分资金购置机器设备、原材料等后，通过劳动者的劳动，除创造必要劳动价值外，还创造剩余劳动价值。前者的货币表现形式即为劳动者的工资，后者即为税金与利润。

3.1.1 资金时间价值的概念

资金属于商品经济范畴的概念，它是商品经济中劳动资料、劳动对象和劳动报酬的货币表现，是国民经济各部门中财产和物资的货币表现。在商品经济条件下，资金是不断运动着的。资金的运动伴随着生产与交换，生产与交换活动会给投资者带来利润，表现为资金的增值。因此，资金的时间价值可以定义为：资金在参与经济活动的过程中随着时间的推移而发生的增值。资金增值的实质是劳动者在生产过程中创造了剩余价值；从投资者的角度来看，资金的增值是资金具有时间价值。

资金时间价值取决于人们对占用资金的利用效果，一般以商品经济中没有风险和通货膨胀条件下的社会平均利润率来表示。由于资金存在时间价值，在评价一笔资金时，不仅要看它的数额大小，还要看它发生的时间。

在工程经济分析中，按是否考虑资金的时间价值，可以将其计算方法分为静态计算方法和动态计算方法两类。静态计算方法不考虑资金的时间价值，这种方法计算虽然简单，但不符合市场经济规律，容易造成资金积压。因此，水利工程在规划、设计、施工及运行管理阶段进行经济分析时，都应采用考虑资金时间价值的动态计算方法。

3.1.2 资金时间价值的表现形式

在市场经济的条件下，资金增值有两种主要方式：一种是将现有资金用于生产建设，可以取得利润；另一种是将现有资金存入银行，可以取得利息。但归根到底，还是通过资金投入到生产活动中来实现资金增值的，因为银行绝不会把存款搁置起来，而是把它转贷给投资者办项目，投资者用赚得的一部分利润作为占用银行资金的报酬，以利息的方式付给银行，银行再以其贷款利息所得中的一部分支付存款人的利息。图3.1表示了资金P在t_1时刻存入银行或投资办项目使资金在t_2时刻增值的过程。

可见，资金时间价值有两种表现形式，即利润形式和利息形式。通常，可以用利息作为衡量资金时间价值的基本尺度。

3.1.2.1 利息和利率

利息是指占用资金所付的代价或放弃使用资金所得的补偿。如果将一笔资金存入银行，这笔资金称为本金。经过一段时间之后，储户可在本金之外又得到一笔利息，相当于储户把钱借给银行所获得的报酬，这时储户可取出的资金总数为本金加上利息。

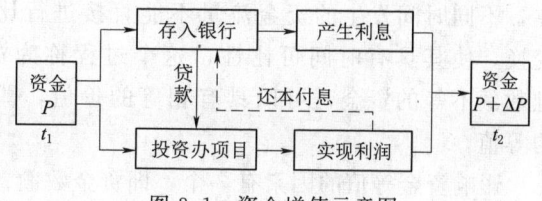

图 3.1 资金增值示意图

在实际操作中，利息通常根据利率来计算。利率（i）是在一个计息周期内所得利息额与本金之比，一般以百分数表示，计算公式为

$$i = \frac{I}{P} \times 100\% \tag{3.1}$$

式中：i 为利率；I 为利息；P 为本金。

计息周期是计算利息的时间单位，通常有年、季、月等；对应不同的计息周期，利率有年利率、季利率、月利率等。需要特别提醒的是，利率与计息周期必须对应并配套使用。我国目前存、贷款计息周期一般为月或年，金融债券、国库券一般为年，工程经济分析中使用最多的也是年。

利率出现在不同的场合会有不同的名称，如折（贴）现率、社会折现率、内部收益率、经济收益（报酬）率等，虽然都是指利率，但其经济意义是不同的，在以后的学习中应仔细领会。

3.1.2.2 单利和复利

按是否计入利息产生的利息，利息有单利和复利之分。

单利法计息时，不管计息周期数有多大，仅用本金作计息基数，不计算利息产生的利息，利息额的多少与时间成正比。计算公式为

$$I = Pin \tag{3.2}$$

式中：I 为利息；P 为本金；i 为利率；n 为计息周期数。

单利法计息虽然已经考虑了资金的时间价值，但是对已产生的利息并不计入本金累计计息。事实上，银行上一年贷出的资金，到第 2 年时收取相应利息，在第 2 年进行资金贷款活动时，它不会把所获得的第 1 年的利息放在那里不动，而总是作为资金的一部分来进行第 2 年的借贷活动。因此，单利计息法对资金时间价值的考虑是不充分的，不能完全反映资金的时间价值。

而复利计息法除最初的本金计算利息之外，每一计息周期已产生的利息要在下一个计息周期中也并入本金再计算利息，可见，复利计算方法更能客观地反映资金的时间价值。由于单利法计算方法较为简单，我国银行存款和国库券的利息就是按照单利法计算的。但是为了考虑复利的因素，它以存款时间越长利率越高这种方式来体现，可以认为是一种变形的复利计算法。

复利法的计算公式将在 3.3 节介绍。以后，本书中若无特别说明，都是采用复利计息法。

3.1.3 资金等值的概念

在资金的时间价值计算中，资金等值是一个很重要的概念。由于资金时间价值的存

在，不同时间发生的资金流量不能直接进行比较，因而必须对其进行时间价值的等值变换，使其具有时间可比性，这个过程称为资金等价折算。因此，发生在不同时间，且数额不等的资金，可以具有相等的价值，即资金等值，这种等值是考虑了时间因素的等值。

影响资金等值的因素有3个，即资金数额、资金发生的时间和采用的利率。例如，现在的1000元在年利率为6%的条件下，与1年后的1060元，虽然资金数额不相等，但其价值是相等的。

下面以借款还本付息的例子来进一步说明资金等值的概念。

【例3.1】 某人现在借款1000元，在5年内以年利率6%还清全部本金和利息，表3.1中设计了4种偿还方案。

表3.1　　　　　　　　　　　[例3.1]4种借款偿还方案　　　　　　　　　单位：元

偿还方案	年数(1)	年初所欠金额(2)	年利息额(3)=(2)×6%	年终所欠金额(4)=(2)+(3)	偿还本金(5)	年终付款总额(6)=(3)+(5)
1	1	1000.00	60.00	1060	0	60.00
	2	1000.00	60.00	1060	0	60.00
	3	1000.00	60.00	1060	0	60.00
	4	1000.00	60.00	1060	0	60.00
	5	1000.00	60.00	1060	1000.00	1060.00
	Σ		300.00			1300.00
2	1	1000.00	60.00	1060.00	0	0
	2	1060.00	63.60	1123.60	0	0
	3	1123.60	67.42	1191.00	0	0
	4	1191.00	71.50	1262.50	0	0
	5	1262.50	75.70	1338.20	1000.00	1338.20
	Σ		338.20			1338.20
3	1	1000.00	60.00	1060	200.00	260.00
	2	800.00	48.00	848	200.00	248.00
	3	600.00	36.00	636	200.00	236.00
	4	400.00	24.00	424	200.00	224.00
	5	200.00	12.00	212	200.00	212.00
	Σ		180.00			1180.00
4	1	1000.00	60.00	1060.00	177.40	237.40
	2	822.60	49.40	872.00	188.00	237.40
	3	634.60	38.10	672.70	199.30	237.40
	4	435.30	26.10	461.40	211.30	237.40
	5	224.00	13.40	237.40	224.00	237.40
	Σ		187.00			1187.00

方案1：等额利息法，在5年中每年年底仅偿还60元利息，最后第5年年末在付息的同时将本金一并归还。

方案2：一次支付法，在5年中对本金和利息均不作任何偿还，只在最后一年末将本利一次付清。

方案3：等额年金法，将所借本金作分期均匀摊还，每年末偿还本金200元，同时偿还到期利息。由于所欠本金逐年递减，利息也随之递减，至第5年年末全部还清。

方案4：等额本金法，也将本金作分期摊还，每年偿付的本金数额不等，但每年偿还的本金加利息总额是相等的，即所谓等额支付。

本例中4种不同偿还方案最终支付的利息差别很大，彼此数额是不等的。但是，从资金的时间价值来看，在年利率为6%时，虽然这4种不同偿还方案的年终付款代数和不同，但就其"价值"来说，它们与原来的1000元本金都是等值的。从另一个角度理解，正是由于各种方案借款人对本金占用的时间不同，因此支付的利息数额就有差别。

3.2 资金流程图与计算基准点

3.2.1 资金流程图

上面已提到，为了提高工程项目的经济效益，必须考虑资金的时间价值，为此，在整个生产过程中，必须明确资金数量的多少与运用资金的具体时间。任何工程项目的建设与运行都有一个时间上的延续过程，资金的投入与收益的获取往往构成一个时间上有先有后的现金流量序列。在工程经济分析中，把工程项目作为一个独立系统，现金流量反映了该项目在寿命周期内流入或流出系统的现金活动。流入系统的货币收入称为现金流入（如销售收入、固定资产残值回收、流动资金回收以及其他效益收入等），流出系统的货币支出叫作现金流出（如固定资产投资、流动资金、年运行费以及其他费用支出等），同一时点现金流入与现金流出的差额称为净现金流量。

由于各年资金的收支情况是比较复杂的，在项目建设期，需要逐年投入资金，而各年投资并不相等，一般规律是开始时投资比例较小，后来逐年增多，至后期投资又逐渐减少。为了直观清晰地表达某项工程各年投入的费用和取得的收益，并避免计算时发生错误，常用流程图的形式表示在一定时间内发生的现金流量，即资金流程图，又称现金流量图。资金流程图以横坐标表示时间，时间的进程方向为正，单位为计息周期，一般是年，根据实际情况也可以是季或月等；纵坐标表示资金，箭头长度按一定比例表示资金数量的大小，通常箭头向上代表现金流入，向下代表现金流出。根据上述假定，即可作出资金流程图，如图3.2所示。

图3.2表示，建设期由t_0开始，至t_a为止，在此期间内，主要支出为投资；初始运行期为t_a至t_b，在此期间内，部分工程陆续投入运行，因而现金流入逐年增加，但资金支出也有增加趋势，其中安装、配套投资与该年安装配套工程量成正比例，年运行费和还本付息费则随着工程量或机组台数投入运行逐年增多而相应增加。在正常运行期（t_b至t_c），由于工程已全部发挥效益，相应年运行费及还本付息费可假设为一常数。在正常运行期的最后几年，由于部分工程或设备已在初始运行期先行投入生产，而各设备的经济寿

第3章 资金时间价值及等价折算公式

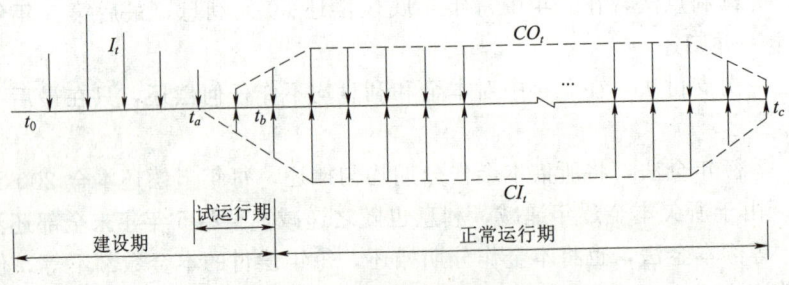

图 3.2 资金流程图

命均相同（假设均等于 n 年），这部分先行投入运行的设备须相应提前退出运行，因此在正常运行期的最后几年，年效益与年费用均相应逐渐减少。图中 I_t 表示第 t 年的投资，CI_t 表示第 t 年的现金流入，CO_t 表示第 t 年的现金流出。

3.2.2 计算基准点

对于大多数工程项目，一般情况是投资在施工时期投入，效益则在工程投入生产之后才能逐年产生，因此，费用和效益发生的时间是不一致的，这样就存在着如何计算资金时间价值的问题。在工程经济分析及计算中，需要根据资金等值的原理把不同时间的投资、费用和效益都折算到同一个时间水平，然后再进行经济比较，这个时间水平年称为计算基准年，且把该年的年初作为资金等值的计算基准点。

理论上，可以选定任意一年作为计算基准年，对工程经济评价的结论并无影响。为计算方便，基准年可以是工程开工的第 1 年、工程投入运行的第 1 年或施工结束后达到设计水平的年份。但是，考虑到工程评价所处的阶段，SL 72—94 统一规定，以工程建设期的第 1 年年初作为计算基准点。

3.3 等价折算公式

由于资金有时间价值，所有不同时点发生的现金流量就不能直接相加或相减，对不同方案的不同时点的现金流量也不能直接相比较，只有通过换算为同一时点后才能相加减或相比较，这个过程称为资金等价计算。首先对基本计算公式中常用的几个符号加以说明，以便后面的讨论。

P 为本金或资金的现值，是指相对于基准点（或当年）的数值；F 为到期的本利和，是指从基准点起第 n 年年末的数值，亦称期值或终值；A 为等额年金值，是指第 1 年至第 n 年每年年末的一系列等额资金值；G 为等差系列的相邻级差值；i 为利率或贴现率（折现率），常以％计；n 为期数，通常以年数计。

3.3.1 一次收付期值公式

已知本金现值 P，求其等价的 n 年后的期值 F。其资金流程如图 3.3 所示，需要注意，P 发生在第 1 年年初，F 发生在第 n 年年末。

年利率为 i，则第 1 年年末的本利和为 $F=P(1+i)$，第 2 年年末的本利和为 $F=P(1+i)(1+i)=P(1+i)^2$，以此类推，可求出第 n 年年末的本利和：

3.3 等价折算公式

$$F = P(1+i)^n \qquad (3.3)$$

这个问题相当于银行整存整取，式（3.3）中的 $(1+i)^n$ 称为一次整付复利因子（Single Payment Compound Amount Factor），缩写成 $[SPCAF]$ 或称为一次收付期值因子，以符号 $[F/P, i, n]$ 表示，i 为折现率。

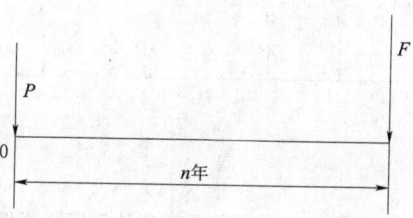

图 3.3 一次收付期值计算资金流程图

【例 3.2】已知本金现值 $P=100$ 元，年利率 $i=10\%$，问 10 年后的本利和（期值）F 为多少？

解：根据 $i=10\%$，$n=10$，查附表 8 或由计算得

$$[SPCAF] = (1+i)^n = (1+0.1)^{10} = 2.5937$$

故： $F = P[SPCAF] = 100 \times 2.5937 = 259.37 (元)$

如果年利率 $i=10\%$ 不变，但要求半年计息一次，用 10 年后的本利和（期值）可按以下方法计算：

因要求半年计息一次，故 10 年共有 20 个计息期。短期的利率为 $10\% \div 2 = 5\%$，$n=20$，查附表 5 或计算得到

$$[SPCAF] = (1+0.05)^{20} = 2.6533$$

故 10 年后的本利和 $F = 100 \times 2.6533 = 265.33 (元)$。

由此可见，虽然本金与年利率相同，但由于计息期不同，因而所求出的利息及本利和均不相同。

3.3.2 一次收付现值公式

已知 n 年后的期值 F，反求现值 P。

由式（3.3），即可求出

$$P = F/(1+i)^n = F[P/F, i, n] \qquad (3.4)$$

式中，$1/(1+i)^n$ 为一次收付现值因子（Single Payment Present Worth Factor），缩写成 $[SPPWF]$，以 $[P/F, i, n]$ 表示。

这种把未来值（期值）折算为现在价值（现值）的方法，称为贴现法或折现法。

【例 3.3】已知 10 年后某工程可获得年效益 $F=100$ 万元，$i=10\%$，问相当于现在的价值（现值）P 为多少？

解：$P = F[P/F, i, n] = 100 \left[\dfrac{1}{(1+i)^n} \right] = 100 \times \left[\dfrac{1}{(1+0.1)^{10}} \right] = 38.554 (万元)$

3.3.3 分期等付期值公式

已知一系列每年年末偿付等额年金值 A，求 n 年后的本利和（期值）F。

当工程规模较大时，往往需要在一定时期内每年连续不断地进行资金投入，表现在现金流量上就是一个系列的多次支付，现金流量数额的大小可以是不等的，也可以是相等的。一般可按照求各现金流量折现代数和的思路，计算出整个系列的总现值或总期值。

但是，当现金流序列连续且数额相等时，采用上述方法就显得较为烦琐。实际上，可以分析其中的规律，推导出更为简捷的计算公式。这种序列连续且数额相等的现金流称之为等额系列现金流，这种支付方式则称为分期等付，其典型资金流程图如图 3.4 所示。需

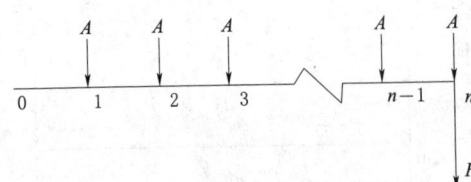

图 3.4 分期等付期值计算资金流程

要注意的是，A 发生在每一年的年末，F 发生在第 n 年年末。

这个问题相当于银行的"零存整取"储蓄方式。由一次收付期值公式可知：

第 1 年，$n=1$，$F_1=P(1+i)^{n-1}$，

第 2 年，$n=2$，$F_2=P(1+i)^{n-2}$，

第 3 年，$n=3$，$F_3=P(1+i)^{n-3}$，

……

第 $n-1$ 年，$n=n-1$，$F_{n-1}=P(1+i)^1$，

第 n 年，$n=n$，$F_n=P(1+i)^0$，

则 n 年总计本利和为

$$F=F_1+F_2+F_3+\cdots+F_{n-1}+F_n$$
$$=A(1+i)^{n-1}+A(1+i)^{n-2}+A(1+i)^{n-3}+\cdots+A(1+i)^1+A$$

利用等比级数求和公式，可得

$$F=A\left[\frac{(1+i)^n-1}{i}\right]=A[F/A,i,n] \tag{3.5}$$

式中，$\left[\dfrac{(1+i)^n-1}{i}\right]$ 称为分期等付期值因子（Uniform Series Compound Amount Factor），缩写成 $[USCAF]$，或以 $[F/A,i,n]$ 表示。

【例 3.4】 设每年年末存款 100 万元，年利率 $i=10\%$，求第 10 年年末的本利和（期值）为多少？

解：根据 $i=10\%$，$n=10$，查附表 8 或由计算得

$$[F/A,i,n]=\left[\frac{(1+i)^n-1}{i}\right]=\left[\frac{(1+0.1)^{10}-1}{0.1}\right]=15.937$$

故第 10 年年末的本利和值 $F=A[USCAF]=100\times 15.937=1593.7$（万元）。

【例 3.5】 某防洪工程建设期为 6 年，假设每年年末向银行贷款 3000 万元作为投资，年利率 $i=7\%$ 时，到第 6 年年末欠银行本利和为多少？

解：已知 $A=3000$ 万元，$i=7\%$，$n=6$，求 F。由式（3.5）得

$$F=A\left[\frac{(1+i)^n-1}{i}\right]=3000\times\left[\frac{(1+0.07)^6-1}{0.07}\right]=21460（万元）$$

因此，到第 6 年年末欠款总额为 21460 万元，利息总额为 $21460-3000\times 6=3460$（万元），利息为贷款资金的 19.2%。

3.3.4 基金存储公式

设已知 n 年后需更新机器设备，费用为 F，为此须在 n 年内每年年末预先存储一定的基金 A。关于 A 值的求算，实际上就是式（3.5）的逆运算，即

$$A=F\left[\frac{i}{(1+i)^n-1}\right] \tag{3.6}$$

式中，$\left[\dfrac{i}{(1+i)^n-1}\right]$ 称为基金存储因子（Sinking Fund Deposit Factor），缩写成

[SFDF]，或以 [A/F, i, n] 表示。

【例 3.6】 已知 25 年后某工程须更换设备的费用为 $F=100$ 万元，$i=10\%$，在它的经济寿命 $n=25$ 年内，问每年年末须提存多少基本折旧基金？

解： $A = F\left[\dfrac{i}{(1+i)^n - 1}\right] = 100 \times \left[\dfrac{0.1}{(1+0.1)^{25} - 1}\right] = 1.017 (万元)$

故每年年末须提存基本折旧基金 A 为 1.017 万元。

3.3.5 本利摊还公式

设现在借入一笔资金 P，年利率为 i，要求在 n 年内每年年末等额摊还本息 A，保证在 n 年后清偿全部本金和利息。其本利摊还流程如图 3.5 所示。

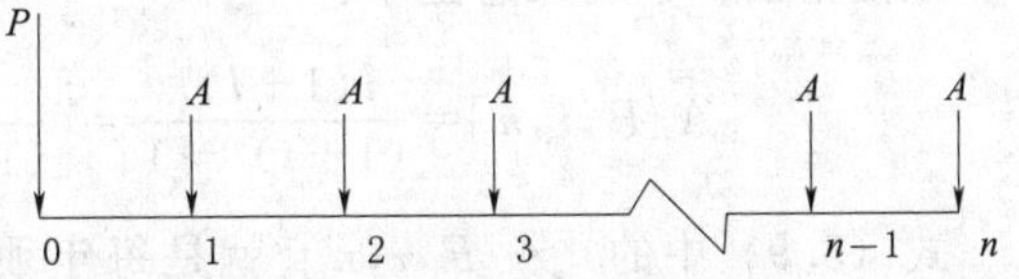

由图 3.5 可知：第 1 年年末偿还本息 A，相当于现值，$P_1 = \dfrac{A}{1+i}$，第二年年末偿还本息 A，相当于现值 $P_2 = \dfrac{A}{(1+i)^2}$，…，

图 3.5 本利摊还计算资金流程

第 n 年年末偿还本息 A，相当于现值 $P_n = \dfrac{A}{(1+i)^n}$，在 n 年内共偿还的本息总和相当于现值 P，即 $P = P_1 + P_2 + \cdots + P_n$

$$P = \dfrac{A}{(1+i)} + \dfrac{A}{(1+i)^2} + \cdots + \dfrac{A}{(1+i)^n} \tag{3.7}$$

即 $\qquad P(1+i)^n = A(1+i)^{n-1} + A(1+i)^{n-2} + \cdots + A$

$\qquad\qquad P(1+i)^{n+1} = A(1+i)^n + A(1+i)^{n-1} + \cdots + A(1+i)$

上述两式相减得 $\qquad P[(1+i)^{n+1} - (1+i)^n] = A[(1+i)^n - 1]$

故 $\qquad A = P\left[\dfrac{(1+i)^{n+1} - (1+i)^n}{(1+i)^n - 1}\right] = P\left[\dfrac{i(1+i)^n}{(1+i)^n - 1}\right] \tag{3.8}$

式 (3.8) 亦可由式 (3.6) 和式 (3.3) 求得，因 $A = F\left[\dfrac{i}{(1+i)^n - 1}\right]$，而 $F = P(1+i)^n$，故

$$A = F\left[\dfrac{i}{(1+i)^n - 1}\right] = P(1+i)^n \left[\dfrac{i}{(1+i)^n - 1}\right] = P\left[\dfrac{i(1+i)^n}{(1+i)^n - 1}\right]$$

式中，$\left[\dfrac{i(1+i)^n}{(1+i)^n - 1}\right]$ 称为本利摊还因子（Capital Recovery Factor），缩写成 [CRF]，或以 [A/P, i, n] 表示。

【例 3.7】 1990 年年底借到某工程建设资金 1 亿元，规定于 1991 年起每年年底等额偿还本息 A，于 2010 年年底清偿全部利息，按复利 $i=10\%$ 计算，问 A 为多少？

解：$A = P\left[\dfrac{i(1+i)^n}{(1+i)^n - 1}\right] = 1 \times 10^8 \times \left[\dfrac{0.1 \times (1+0.1)^{20}}{(1+0.1)^{20} - 1}\right] = 1 \times 10^8 \times 0.11746 = 1174.6 (万元)$

【例 3.8】 同 [例 3.7]，但要求于 2001 年开始，每年年底等额偿还本息 A'，仍规定在 20 年内还清全部本息，$i=10\%$，问 A' 为多少？

解：首先选定 2001 年年初（即 2000 年年底）作为计算基准点，则根据一次收付期值公式求得

$$P'=P[F/P,i,n]=1\times 10^8[(1+i)^{10}]=2.5937（亿元）$$

自 2001 年年底开始，至 2020 年年底每年等额摊还本息为

$$A'=P'[A/P,i,n]=P'\left[\frac{i(1+i)^{20}}{(1+i)^{20}-1}\right]=2.5937\times 0.11746=3046.6（万元）$$

顺便指出，本利摊还因子：

$$[A/P,i,n]=\frac{i(1+i)^n}{(1+i)^n-1}=\left[\frac{i}{(1+i)^n-1}\right]+i=[A/F,i,n]+i \tag{3.9}$$

式（3.9）中的 $[A/F,i,n]$ 就是每年须提存的基金存储因子，i 就是利率。设已知本金现值为 P，则每年还本 $P[A/F,i,n]$ 和付息 Pi，n 年后共计还本息：

$$F=(P[A/F,i,n]+Pi)[A/P,i,n]=P\frac{i}{(1+i)^n-1}\frac{(1+i)^n-1}{i}+Pi\frac{(1+i)^n-1}{i}$$
$$=P+P(1+i)^n-P=P(1+i)^n$$

这相当于 n 年后一次整付本利和 $F=P(1+i)^n$。换句话说，需方 1990 年年底借到本金现值 $P=1$ 亿元，清偿债务有两个方案，从经济分析上看是相同的：

(1) 1991—2010 年每年年底还本付息 1174.6 万元。

(2) 到 2010 年年底一次偿还本利和：

$$F=P(1+i)^n=1\times 10^8\times(1+0.1)^{20}=6.7275（亿元）$$

当然，实际财务清偿办法，须根据协议行事。

【例 3.9】 同 [例 3.6]，但知该工程于 2010 年经济寿命结束时尚可回收残值 $L=100$ 万元，问从 1991 年起每年年底等额偿还本息 A 为多少？

解：
$$A=P\frac{i(1+i)^n}{(1+i)^n-1}-L\frac{i}{(1+i)^n-1}$$

将已知值代入，每年本利摊还值 $A=10000[A/P,i,n]-100[A/F,i,n]=1157（万元）$。

3.3.6 分期等付现值公式

已知某工程投入运行后每年年末获得收益 A，经济寿命为 n 年，问在整个经济寿命期内的总收益（折算为现值）P 为多少？

当已知分期等付的年值 A，求现值 P，实际上可由式（3.8）的逆运算求得，即

$$P=A\left[\frac{(1+i)^n-1}{i(1+i)^n}\right] \tag{3.10}$$

式中，$\left[\frac{(1+i)^n-1}{i(1+i)^n}\right]$ 称为分期等付现值因子（Uniform Series Present Worth Factor），缩写成 $[USPWF]$，或以 $[P/A,i,n]$ 表示。

【例 3.10】 某防洪工程，1991 年兴建，1992 年年底竣工投入使用，1993 年起连续运行 10 年，到 2002 年每年可获平均效益为 80 万元。按 $i=5\%$ 计算，问将全部效益折算到兴建年（1991 年年初）的现值为多少？

3.3 等价折算公式

解：问题的资金流程图如图3.6所示。

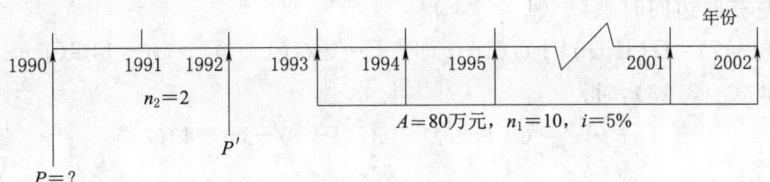

图3.6 [例3.10]资金流程图

已知 $A=80$ 万元，$i=5\%$，$n_1=10$ 年。首先根据式（3.10）将1993—2002年的系列年等值折算到1993年年初（即1992年年末），得到现值 P'：

$$P' = A \times \left[\frac{(1+i)^{n_1}-1}{i(1+i)^{n_1}}\right] = 80 \times \left[\frac{(1+0.05)^{10}-1}{0.05 \times (1+0.05)^{10}}\right] = 617.74 (万元)$$

再根据一次收付现值公式（3.4），将 P' 折算到1991年年初（1990年年末），得到 P：

$$P = \frac{P'}{(1+i)^{n_2}} = \frac{617.74}{(1+0.05)^2} = 560.31 (万元)$$

所以，全部效益折算到1991年年初的现值为560.31万元。

3.3.7 等差系列折算公式

水利水电工程的建设往往历时较长，常见的情形是随着工程的进展，机组设备逐年增加，发电效益和年运行费亦随之逐年递增，直至全部发电机组安装完毕。这时，现金流量表现为逐年递增的等差序列，下面就对这种等差系列的资金等价折算进行讨论。

设有一系列等差收入（或支出）$0, G, 2G, \cdots, (n-1)G$ 分别于第 $1, 2, \cdots, n$ 年末流入（或支出），求该等差系列在第 n 年年末的期值 F、在第 1 年年初的现值 P 以及相当等额系列的年摊还值 A，已知年利率为 i。等差系列类型的典型现金流量如图 3.7 所示。需要注意的是，这个等差系列是从 0 开始的，第 n 年的现金流量为 $(n-1)G$。之所以会有这个约定，是因为这种类型的等差序列求和公式的表达形式最简单。等差系列现金流量的折算公式有 3 个。

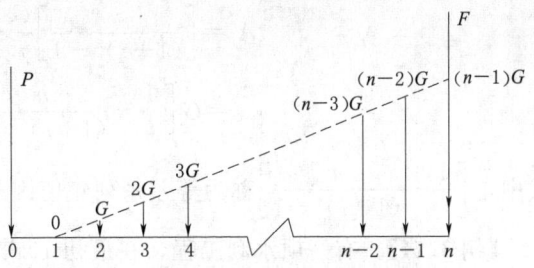

图3.7 等差递增系列资金流程

1. 等差系列期值公式（已知 G 求 F）

由图3.7知，该等差序列的期值可以看作是若干不同年数而同时到期的资金总额，则第 n 年年末的期值 F 可以用下式计算：

$$F = G(1+i)^{n-2} + 2G(1+i)^{n-3} + \cdots + (n-1)G \tag{3.11}$$

将式（3.11）两边同时乘以 $(1+i)$，得

$$(1+i)F = G(1+i)^{n-1} + 2G(1+i)^{n-2} + \cdots + (n-1)G(1+i) \tag{3.12}$$

式（3.12）减式（3.11），得

$$F \cdot i = G(1+i)^{n-1} + G(1+i)^{n-2} + \cdots + G(1+i) - (n-1)G \tag{3.13}$$

再次将上式左右两边同时乘以 $(1+i)$，得

$$F \cdot i \cdot (1+i) = G(1+i)^n + G(1+i)^{n-1} + \cdots + G(1+i)^2 - (n-1)G(1+i) \tag{3.14}$$

式（3.14）减式（3.13），得

$$F \cdot i^2 = G(1+i)^n - nG(1+i) + (n-1)G \tag{3.15}$$

整理可得

$$F = \frac{G}{i}\left[\frac{(1+i)^n - 1}{i} - n\right] = \frac{G}{i}\{[F/A, i, n] - n\} = G[F/G, i, n] \tag{3.16}$$

式中，$\frac{1}{i}\left[\frac{(1+i)^n - 1}{i} - n\right]$ 称为等差系列期值因子，常以符号 $[F/G, i, n]$ 表示。

2. 等差系列现值公式（已知 G 求 P）

将一次支付期值公式 $F = P(1+i)^n$，代入式（3.16），可得

$$P = \frac{1}{(1+i)^n} \frac{G}{i}\left[\frac{(1+n)^n - 1}{i} - n\right] = \frac{G}{i}\left[\frac{(1+i)^n - 1}{i(1+i)^n} - \frac{n}{(1+i)^n}\right]$$

$$= \frac{G}{i}[(P/A, i, n) - n(P/F, i, n)] = G[P/G, i, n] \tag{3.17}$$

式中，$\frac{1}{i}\left[\frac{(1+i)^n - 1}{i(1+i)^n} - \frac{n}{(1+i)^n}\right]$ 称为等差系列现值因子，常以符号 $[P/G, i, n]$ 表示。

3. 等差系列年值公式（已知 G 求 A）

将基金存储公式 $A = F\left[\frac{i}{(1+i)^n - 1}\right]$ 代入式（3.16），可得

$$A = \left[\frac{i}{(1+i)^n - 1}\right]\frac{G}{i}\left[\frac{(1+i)^n - 1}{i} - n\right]$$

$$= G\left[\frac{1}{i} - \frac{n}{(1+i)^n - 1}\right] = G[A/G, i, n] \tag{3.18}$$

式中，$\left[\frac{1}{i} - \frac{n}{(1+i)^n - 1}\right]$ 称为等差系列年值因子，常以符号 $[A/G, i, n]$ 表示。

【例 3.11】 有一项水利工程，在最初 10 年内，效益逐年成等差增加，具体各年效益见表 3.2。

表 3.2　　　　　　　　　　　　某水利工程各年效益表

年数	1	2	3	4	5	6	7	8	9	10
效益/万元	100	200	300	400	500	600	700	800	900	1000

已知 $i = 7\%$，试问：(1) 到第 10 年年末的总效益为多少万元（假定效益发生在年末）？(2) 这 10 年的效益现值（第 1 年年初）为多少？(3) 这些效益相当于每年均匀获益多少？

解：该问题的资金流程图如图 3.8 所示。

由等差系列计算公式的推导过程可知，如果要直接利用这些公式进行计算，就必须满足一定的前提条件，即：系列的第一个值必须为 0，现值折算基准点为系列的第 1 年（现金流量为 0 的那一年）的年初。

3.3 等价折算公式

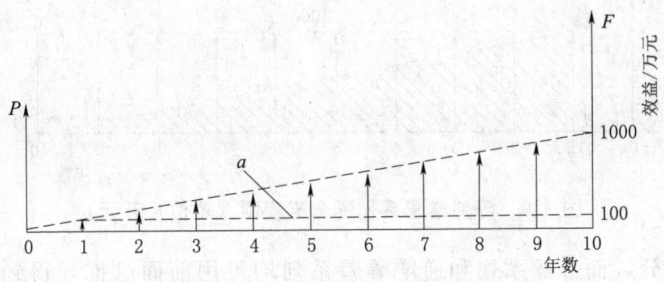

图 3.8 [例 3.11] 资金流程图

由于本例要求的折现基准点为图中的 0 点,所以不能直接使用前面推导的公式。为此,在图 3.7 中 $P=100$ 的位置作水平线 a(虚线),将等差系列分为两部分:上半部分依然是一个 $G=100$ 的等差系列,且 $n=10$ 年;下半部分成为一个等额系列,且 $A=100$, $n=10$。两个系列的计算基准点均为图 3.8 中的 0 点。于是,直接使用公式的条件就满足了,只要对两个系列分别进行计算,两部分之和就是原来的等差系列。

(1) 10 年后的效益期值为

$$F = A\left[\frac{(1+i)^n-1}{i}\right] + \frac{G}{i}\left[\frac{(1+i)^n-1}{i}-n\right]$$
$$= 100 \times \frac{(1+0.07)^{10}-1}{0.07} + \frac{100}{0.07} \times \left[\frac{(1+0.07)^{10}-1}{0.07}-10\right] = 6833.7(万元)$$

(2) 10 年的效益现值为

$$F = A\left[\frac{(1+i)^n-1}{i(1+i)^n}\right] + \frac{G}{i}\left[\frac{(1+i)^n-1}{i(1+i)^n} - \frac{n}{(1+i)^n}\right]$$
$$= 100 \times \frac{(1+0.07)^{10}-1}{0.07 \times (1+0.07)^{10}} + \frac{100}{0.07} \times \left[\frac{(1+0.07)^{10}-1}{0.07 \times (1+0.07)^{10}} - \frac{10}{(1+0.07)^{10}}\right]$$
$$= 3473.9(万元)$$

当然,也可以利用一次支付现值公式将期值直接折算为现值,即

$$P = \frac{F}{(1+i)^n} = \frac{6833.7}{(1+0.07)^{10}} = 3473.9(万元)$$

(3) 相当于每年均匀获益为

$$A = a + G\left[\frac{1}{i} - \frac{n}{(1+i)^n-1}\right]$$
$$= 100 + 100 \times \left[\frac{1}{0.07} - \frac{10}{(1+0.07)^{10}-1}\right] = 494.6(万元)$$

可见,使用等差系列的计算公式时,最重要的是确定计算基准点,根据基准点可判断是否满足直接使用计算公式的条件,并正确确定计算期的长度。

上述等差系列的计算公式,都是按等差递增的情况推导出来的,如果系列为等差递减,如图 3.9 阴影部分所示,则不能直接使用这些公式进行计算。但是,只要做一些变换,就又可以利用原来的计算式。

图中递减等差系列(阴影 ABD)可以看成是等额系列 $ABCD$ 减去递增等差系列

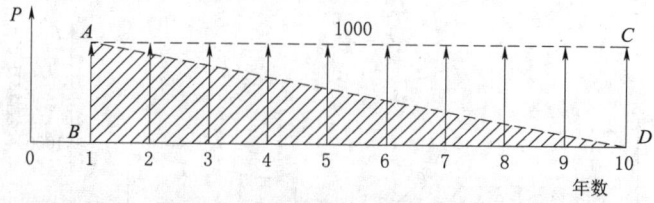

图 3.9 等差递减系列资金流程图（单位：万元）

ACD 后的剩余部分，而等额系列和递增等差系列均可用前面已推导得到的公式计算，于是就解决了递减等差系列的计算问题。需注意的是，这三个系列的现值折算基准点均为图中所示的 0 点，即 P 所在的位置。

3.3.8 等比系列现值公式

3.3.8.1 等比级数增长系列折算公式

1. 期值 F 的计算公式

设每年递增的百分比为 $j\%$，当 $G_1=1$，$G_2=(1+j)$，$\cdots$，$G_{n-1}=(1+j)^{n-2}$，$G_n=(1+j)^{n-1}$。等比级数增长系列流程图如图 3.10 所示。设年利率为 i，则 n 年后的本利和，即期值为

$$F=(1+j)^{n-1}\left[1+\frac{1+i}{1+j}+\cdots+\left(\frac{1+i}{1+j}\right)^{n-1}\right] \tag{3.19}$$

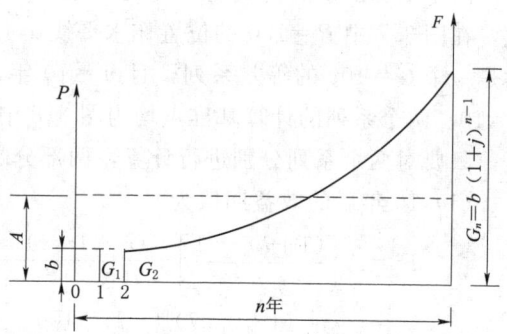

图 3.10 等比级数增长系列图

以 $\left(\dfrac{1+i}{1+j}\right)$ 乘式 (3.19) 的两侧，则得

$$\left(\frac{1+i}{1+j}\right)F=(1+j)^{n-1}\left[\frac{1+i}{1+j}+\left(\frac{1+i}{1+j}\right)^2+\cdots+\left(\frac{1+i}{1+j}\right)^n\right] \tag{3.20}$$

以式 (3.20) 减式 (3.19)，则得

$$\left(\frac{1+i}{1+j}-1\right)F=(1+j)^{n-1}\left[\left(\frac{1+i}{1+j}\right)^n-1\right] \text{（当 } G_1=1\text{）} \tag{3.21}$$

即　　　　　期值 $F=\dfrac{(1+i)^n-(1+j)^n}{i-j}\ G_1=G_1[F/G_1,i,j,n]$ (3.22)

式中，$[F/G_1,i,j,n]$ 称为等比级数期值因子。

2. 现值 P 的计算公式

将 $F=P(1+i)^n$ 代入式 (3.22)，则得

$$\text{现值 } P=\frac{(1+i)^n-(1+j)^n}{(i-j)(1+i)^n}G_1=G_1[P/G_1,i,j,n] \tag{3.23}$$

式中，$[P/G_1,i,j,n]$ 称为等比级数现值因子。

3. 平均值 A 的计算公式

根据等比增长系列与等额收付系列的转换，将式 (3.10) 代入式 (3.23)，则

$$P=A\left[\frac{(1+i)^n-1}{i(1+i)^n}\right]=\frac{(1+i)^n-(1+j)^n}{(i-j)(1+i)^n}G_1$$

化简后，得出年均值：

$$A = \frac{i[(1+i)^n - (1+j)^n]}{(i-j)[(1+i)^n - 1]} G_1 = G_1[A/G_1, i, j, n] \qquad (3.24)$$

式中，$[A/G_1, i, j, n]$ 称为等比级数年值因子。

也可以将式 (3.5) 代入式 (3.22)，即

$$F = A\left[\frac{(1+i)^n - 1}{i}\right] = \frac{(1+i)^n - (1+j)^n}{(i-j)} G_1$$

化简后，得出年均值 $A = \dfrac{i[(1+i)^n - (1+j)^n]}{(i-j)[(1+i)^n - 1]} G_1$

【例 3.12】 某水利工程于 1991 年投产，该年年底获得年收益 $G_1 = 200$ 万元，以后拟加强经营管理，年收益将以 $j = 5\%$ 的速率按等比级数逐年递增，设年利率 $i = 10\%$，问 2000 年年末该工程年效益为多少？在 1991—2000 年的 10 年内总效益现值 P 及其年均值 A 各为多少？

解： (1) 根据 $G_1 = 200$ 万元及 $j = 5\%$，$n = 10$ 年，预计该工程在 2000 年年末的年效益为

$$G_{10} = G_1(1+j)^{n-1} = 200 \times (1+0.05)^9 = 200 \times 1.551 = 310 (\text{万元})$$

(2) 根据式 (3.23)，该工程在 1991—2000 年的总效益现值为

$$P = \frac{(1+i)^n - (1+j)^n}{(i-j)(1+i)^n} G_1 = \frac{2.594 - 1.629}{(0.10 - 0.05) \times 2.594} \times 200 = 1488 (\text{万元})$$

(3) 根据式 (3.24)，该工程在 1991—2000 年的效益年均值为

$$A = \frac{i[(1+i)^n - (1+j)^n]}{(i-j)[(1+i)^n - 1]} G_1 = \frac{0.1 \times [(1+0.1)^{10} - (1+0.05)^{10}]}{(0.10 - 0.05) \times [(1+0.1)^{10} - 1]} \times 200 = 242 (\text{万元})$$

3.3.8.2 等比级数减少系列折算公式

1. 期值 F 的计算公式

设每年减少的百分比为 $j\%$，当 $a = 1$，则 $G_1 = (1+j)^{n-1}$，$G_2 = (1+j)^{n-2}$，…，$G_{n-1} = (1+j)$，$G_n = 1$，等比级数减少系列流程图如图 3.11 所示。设年利率为 i，则 n 年后本利和（期值）为

$$F = (1+j)^{n-1}(1+i)^{n-1} + (1+j)^{n-2}(1+i)^{n-2}$$

$$+ \cdots + (1+j)(1+i) + 1 \qquad (3.25)$$

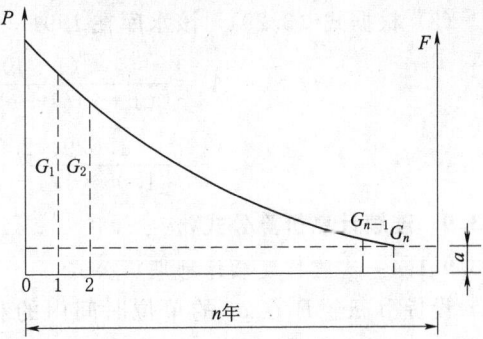

图 3.11 等比级数减少系列图

或

$$F(1+j)(1+i) = (1+j)^n(1+i)^n + (1+j)^{n-1}(1+i)^{n-1} + \cdots$$

$$+ (1+j)^2(1+i)^2 + (1+j)(1+i) \qquad (3.26)$$

以式 (3.26) 减式 (3.25)，则 $F[(1+j)(1+i) - 1] = (1+j)^n(1+i)^n - 1$，当 $G_n = a$，则

$$F = \frac{(1+j)^n(1+i)^n - 1}{(1+j)(1+i) - 1} a = \frac{(1+j)^n(1+i)^n - 1}{(1+j)(1+i) - 1} G_n \qquad (3.27)$$

2. 现值 P 的计算公式

将 $F = P(1+i)^n$ 代入式 (3.24)，则

$$P = \frac{(1+j)^n(1+i)^n - 1}{[(1+j)(1+i) - 1](1+i)^n} G_n \tag{3.28}$$

3. 年均值 A 的计算公式

将式 (3.10) 代入式 (3.28)，则 $P = A\left[\dfrac{(1+i)^n - 1}{i(1+i)^n}\right] = \dfrac{(1+j)^n(1+i)^n - 1}{[(1+j)(1+i) - 1](1+i)^n} G_n$

化简后，得年均值：

$$A = \frac{[(1+j)^n(1+i)^n - 1] \cdot i}{[(1+j)(1+i) - 1][(1+i)^n - 1]} G_n \tag{3.29}$$

【例 3.13】 某水库于 1990 年年底建成后年效益为 162.9 万元，投入运行后由于水库淤积等原因，估计年效益以 $j = 5\%$ 的速度按等比级数逐年递减。假设年利率 $i = 10\%$，问 2000 年年末该水库年效益为多少？在 1991—2000 年效益递减的十年内总效益现值 P 及其年均值 A 各为多少？

解： (1) 根据 1990 年年底水库年效益尚保持为 162.9 万元，以后逐年递减率 $j = 5\%$，预计 2000 年水库年效益 $G_n = a = \dfrac{162.9}{(1+j)^{10}} = \dfrac{162.9}{(1+0.05)^{10}} = 100 (万元)$。

(2) 根据式 (3.28)，该水库在 1991—2000 年的总效益现值为

$$P = \frac{(1+j)^n(1+i)^n - 1}{[(1+j)(1+i) - 1](1+i)^n} a = \frac{(1+0.05)^{10} \times (1+0.1)^{10} - 1}{[(1+0.05) \times (1+0.1) - 1] \times (1+0.1)^{10}} \times 100$$

$$= \frac{2.594 \times 1.629 - 1}{(1.155 - 1) \times 2.594} \times 100 = 802 (万元)$$

(3) 根据式 (3.29)，该水库在 1991—2000 年的效益年均值为

$$A = \frac{[(1+j)^n(1+i)^n - 1] i}{[(1+j)(1+i) - 1] \times [(1+i)^n - 1]} a$$

$$= \frac{[1.629 \times 2.594 - 1] \times 0.1}{[1.05 \times 1.1 - 1] \times (2.594 - 1)} \times 100 = 130.5 (万元)$$

3.3.9 连续计息折算公式

3.3.9.1 一次收付连续计息期值公式

设货币资金 P 在 dt 的单位时间内的利率为 i，则货币资金 P 在 dt 时间内的增值 $dP = P \times i \times dt$。当经过时间 t 从 0 到 n 后，货币资金由 P_0 增为 P_n，即

$$\int_{P_0}^{P_n} dP = \int_0^n Pi \, dt \tag{3.30}$$

或

$$\int_{P_0}^{P_n} \frac{dP}{P} = \int_0^n i \, dt \tag{3.31}$$

式 (3.31) 的左边 $\quad \int_{P_0}^{P_n} \dfrac{dP}{P} = \ln P_n - \ln P_0 = \ln \dfrac{P_n}{P_0}$

式 (3.31) 的右边 $\quad \int_0^n i \, dt = in$

3.3 等价折算公式

故
$$\ln \frac{P_n}{P_0} = in$$

实际上，$P_n = F = $ 期值，$P_0 = P = $ 现值，故
$$F = Pe^{in} \tag{3.32}$$

称为一次收付连续计息期值公式。
$$P = Fe^{-in} \tag{3.33}$$

称为一次收付连续计息现值公式。

【例 3.14】 设现有货币资金 $P = 100$ 万元，投资于某企业，由于企业是连续生产的，其效益也是连续产生的，若该企业的年收益率 $i = 15\%$，问：(1) 若按一次收付连续计息期值公式计算，一年后的期值 F 为多少？(2) 若按一次收付期值公式计算，一年后的期值 F 为多少？

解：(1) 若按一次收付连续计息期值公式计算，已知，$i = 0.15$，$n = 1$，$in = 0.15 \times 1 = 0.15$ 查表或由计算得
$$e^{in} = e^{0.15} = 1.1618$$

代入式 (3.32)：
$$F = Pe^{in} = 100 \times 1.1618 = 116.18 (\text{万元})$$

(2) 若按一次收付期值公式计算，$i = 0.15$，$n = 1$，$F = P(1+i)^n = 100 \times 1.15 = 115$ (万元)。

【例 3.15】 设有一张期票，其 5 年之后的价值（期值）$F = 1$ 万元，年利率 $i = 10\%$。问：(1) 若按一次收付连续计息现值公式计算，该期票的现值 P 为多少？(2) 若按一次收付现值公式计算，该期票的现值 P 为多少？

解：(1) 若按一次收付连续计息现值公式计算，已知，$i = 10\%$，$n = 5$，$in = 0.1 \times 5 = 0.5$，计算得
$$e^{-in} = \frac{1}{e^{in}} = \frac{1}{e^{0.5}} = \frac{1}{1.6487} = 0.6065$$

代入式 (3.33)：
$$P = Fe^{-in} = 10000 \times 0.6065 = 6065 (\text{元})$$

(2) 若按一次收付现值公式计算：
$$P = \frac{F}{(1+i)^n} = \frac{10000}{(1+i)^5} = \frac{10000}{1.6105} = 6209 (\text{元})$$

3.3.9.2 分期等付连续计息期值公式

设每年以 A 元连续均匀投入资金 P 中进行扩大再生产，年收益率为 i，则在时间 dt 内，资金的增量 dP 为
$$dP = (1 + P_i) dt$$

当经过时间 t 从 0 到 n 后，货币资金由 P_0 增为 P_n，即
$$\int_0^n dt = \int_{P_0}^{P_n} \frac{dP}{A + Pi} \tag{3.34}$$

式 (3.34) 的右边
$$\int_{P_0}^{P_n} \frac{dP}{A + Pi} = \frac{1}{i} \int_{P_0}^{P_n} \frac{d(A + Pi)}{A + Pi}$$

$$= \frac{1}{i}[\ln(A+P_n i) - \ln(A+P_0 i)]$$

$$= \frac{1}{i} \ln \frac{A+P_n i}{A+P_0 i}$$

当以 P_0 代入上式，得

$$\int_{P_0}^{P_n} \frac{\mathrm{d}P}{A+Pi} = \frac{1}{i} \ln \frac{A+Pi}{A} \tag{3.35}$$

代入式 (3.34) 的左边 $\int_0^n \mathrm{d}t = n$

代入式 (3.34)、式 (3.35)，得

$$\frac{1}{i} \ln \frac{A+P_n i}{A} = n$$

$$\frac{A+P_n i}{A} = \mathrm{e}^{in}, F = P_n$$

得

$$F = A\frac{\mathrm{e}^{in}-1}{i} = An\frac{\mathrm{e}^{in}-1}{in} \tag{3.36}$$

式中，$\left(\frac{\mathrm{e}^{in}-1}{in}\right)$ 称为分期等付连续计息期值因子，可用 f_0 表示，则

$$F = Anf_0 \tag{3.37}$$

为分期等付连续计息期值公式。

或

$$A = F\frac{i}{\mathrm{e}^{in}-1} = \frac{F}{nf_0} = \frac{F}{n}f_0' \tag{3.38}$$

称为连续计息基金存储公式。式中，$f_0' = \frac{1}{f} = \frac{in}{\mathrm{e}^{in}-1}$，称为连续计息基金存储因子。

【例 3.16】 某企业每年的纯收益为 $A=100$ 万元，此项收益是在一年内均匀产生的，且随着纯收益的产生又立即投入进行扩大再生产，若年收益率为 $i=15\%$，问：(1) 若按分期等付连续计息，则 5 年后的本利和 F 为多少？(2) 若按分期等付期值公式计算，则 5 年后的本利和 F 为多少？

解：(1) 若按分期等付连续计息，已知 $i=0.15$，$n=5$，$in=0.15\times5=0.75$。计算得

$$\mathrm{e}^{in} = \mathrm{e}^{0.75} = 2.117$$

$$f_0 = \frac{\mathrm{e}^{in}-1}{in} = \frac{2.117-1}{0.75} = 1.489$$

代入式 (3.37)，5 年后的本利和为：$F = A \times n \times f_0 = 100 \times 5 \times 1.489 = 744.5$（万元）

(2) 若按分期等付期值公式计算：

$$F = \frac{A[(1+i)^n-1]}{i} = \frac{100\times(1.15^5-1)}{0.15} = 674.2 \text{（万元）}$$

【例 3.17】 设有一张期票，其 5 年后的价值（期值）$F=1$ 万元，折现率 $i=10\%$，问：(1) 若按分期等付连续计息，则每年支付值 A 为多少？(2) 若按基金存储公式计算，则每年支付值 A 为多少？

解：(1) 若按连续计息基金存储公式计算，$F=1$ 万元，$i=10\%$，$n=5$，$in=0.1\times 5=0.5$。计算得：$e^{in}=1.6487$，

$$f_0' = \frac{in}{e^{in}-1} = \frac{0.5}{1.6487-1} = 0.7708$$

代入式 (3.38) 得

$$A = \frac{F}{n}f_0' = \frac{10000}{5}\times 0.7708 = 1541.6(元)$$

(2) 若按基金存储公式计算，则

$$A = \frac{i}{(1+i)n-1}F = 10000\times 0.1638 = 1638(元)$$

3.3.9.3 分期等付连续计息现值公式

设某企业每年净收益 A 元获得后立即投入扩大再生产，年收益率为 i，若按连续计息公式计算，在 dt 时间内资金的增值为

$$dP = Ae^{-it}dt$$

$$P = \int_0^P dP = \int_0^P Ae^{-it}dt = -\frac{A}{i}\int_0^P e^{-it}d(-it) = -\frac{A}{i}(e^{-in}-1) = A\frac{1-e^{-in}}{i} = An\frac{1-e^{-in}}{in}$$

亦可推导如下，已知分期的等付连续计息期值公式为 $F = An\dfrac{e^{in}-1}{in}$，一次收付连续计息现值公式为 $P = Fe^{-in}$，故分期等付连续计息现值公式为

$$P = A\frac{1-e^{-in}}{i} = An\frac{1-e^{-in}}{in} \tag{3.39}$$

式中，$\dfrac{1-e^{-in}}{in}$ 称为分期等付连续计息现值因子，用 f_p 表示，式 (3.39) 可改写为

$$P = Anf_p \tag{3.40}$$

称为分期等付连续计息现值公式。

$$A = \frac{P}{n}\frac{1}{f_p} = \frac{P}{n}f_p' \tag{3.41}$$

称为连续计息本利摊还公式。式中 f_p' 称为连续计息本利摊还因子。

【例 3.18】 某企业每年生产的净收益 100 万元，年收益率为 15%，问：5 年净收益的现值为多少？

解：(1) 若按连续计息公式计算，$A=100$ 万元，$i=15\%$，$n=5$，则

$$f_p = \frac{1-e^{-in}}{in} = \frac{1-e^{-0.75}}{0.15\times 5} = 0.704$$

五年净收益的现值 $P = Anf_p = 352$ 万元。

(2) 若按分期等付现值公式，则

$$P = \frac{A[(1+i)^n-1]}{i(1+i)^n} = 335 \text{ 万元}$$

3.3.10 等价折算公式小结

为了便于记忆，将等价折算公式汇总列于表 3.3。

第3章 资金时间价值及等价折算公式

表 3.3　　　　　　　　　　常用的等价折算公式

类型	公式名称	已知	求解	计算公式	因子名称及表示符号
一次支付	一次收付期值公式	P	F	$F=P(1+i)^n$	一次收付期值因子 $[F/P,i,n]$
	一次收付现值公式	F	P	$P=F/(1+i)^n$	一次收付现值因子 $[P/F,i,n]$
等额多次支付	分期等付期值公式	A	F	$F=A\times\left[\dfrac{(1+i)^n-1}{i}\right]$	分期等付期值因子 $[F/A,i,n]$
	基金存储公式	F	A	$A=F\left[\dfrac{i}{(1+i)^n-1}\right]$	基金存储因子 $[A/F,i,n]$
	本利摊还公式	P	A	$A=P\left[\dfrac{i(1+i)^n}{(1+i)^n-1}\right]$	本利摊还因子 $[A/P,i,n]$
	分期等付现值公式	A	P	$P=A\dfrac{(1+i)^n-1}{i(1+i)^n}$	分期等付现值因子 $[P/A,i,n]$
等差系列公式	等差系列期值公式	G	F	$F=\dfrac{G}{i}\left[\dfrac{(1+i)^n-1}{i}-n\right]$	等差系列期值因子 $[F/G,i,n]$
	等差系列现值公式	G	P	$P=\dfrac{G}{i}\left[\dfrac{(1+i)^n-1}{i(1+i)^n}-\dfrac{n}{(1+i)^n}\right]$	等差系列现值因子 $[P/G,i,n]$
	等差系列均值公式	G	A	$A=G\left[\dfrac{1}{i}-\dfrac{n}{(1+i)^n-1}\right]$	等差系列均值因子 $[A/G,i,n]$
等比级数增长系列公式	等比增长系列期值公式	G	F	$F=\dfrac{(1+i)^n-(1+j)^n}{i-j}G_1$	等比增长系列期值因子 $[F/G_1,i,j,n]$
	等比增长系列现值公式	G	P	$P=\dfrac{(1+i)^n-(1+j)^n}{(i-j)(1+i)^n}G_1$	等比增长系列现值因子 $[P/G_1,i,j,n]$
	等比增长系列均值公式	G	A	$A=\dfrac{i[(1+i)^n-(1+j)^n]}{(i-j)[(1+i)^n-1]}G_1$	等比增长系列均值因子 $[A/G_1,i,j,n]$
等比级数减少系列公式	等比减少系列期值公式	G	F	$F=\dfrac{(1+j)^n(1+i)^n-1}{(1+j)(1+i)-1}G_n$	等比减少系列期值因子 $[F/G_n,i,j,n]$
	等比减少系列现值公式	G	P	$P=\dfrac{(1+j)^n(1+i)^n-1}{[(1+j)(1+i)-1](1+i)^n}G_n$	等比减少系列现值因子 $[P/G_n,i,j,n]$
	等比减少系列均值公式	G	A	$A=\dfrac{[(1+j)^n(1+i)^n-1]i}{[(1+j)(1+i)-1][(1+i)^n-1]}G_n$	等比减少系列均值因子 $[A/G_n,i,j,n]$
连续计息公式	一次收付连续计息期值公式	P	F	$F=Pe^{in}$	一次收付连续计息期值因子 e^{in}
	一次收付连续计息现值公式	F	P	$P=Fe^{-in}$	一次收付连续计息现值因子 e^{-in}
	分期等付连续计息期值公式	A	F	$F=A\dfrac{e^{in}-1}{i}=Anf_0$	分期等付连续计息期值因子 $f_0=\dfrac{e^{in}-1}{in}$
	连续计息基金存储公式	F	A	$A=F\dfrac{i}{e^{in}-1}=\dfrac{F}{n}f'_0$	连续计息基金存储因子 $f'_0=\dfrac{in}{e^{in}-1}$

3.4 名义年利率与实际年利率

续表

类型	公式名称	已知	求解	计 算 公 式	因子名称及表示符号
连续计息公式	分期等付连续计息现值公式	A	P	$P=A\dfrac{1-\mathrm{e}^{-in}}{i}=Anf_p$	分期等付连续计息现值因子 $f_p=\dfrac{1-\mathrm{e}^{-in}}{in}$
	连续计息本利摊还公式	P	A	$A=P\dfrac{i}{1-\mathrm{e}^{-in}}=\dfrac{P}{n}f'_p$	连续计息本利摊还因子 $f'_p=\dfrac{in}{1-\mathrm{e}^{-in}}$

在以上资金等价折算公式中，一次收付期值公式是最基本的，其他所有公式均可由它推导而来。从理论上讲，资金等价折算只需要这一个公式就可以了。但是，当现金流系列呈现某种规律，如等额、等差时，直接使用那些推导出来的公式会比较方便。其次，等额系列期值公式也比较重要，等额多次支付类型的其他公式均可由等额系列期值公式与一次收付期值公式联合推导得到。

3.4 名义年利率与实际年利率

3.4.1 名义年利率与实际年利率的概念

在工程经济分析中，一般复利计算都以年为计息周期，给出和采用的利率一般都是年利率。但在实际经济活动中，计息周期也可能小于年，如半年、季度、月、周，甚至天，这样就出现了不同计息周期的利率换算问题。

所谓名义年利率是指计息周期小于年，且按单利法计算出来的年利率。比如计息周期为月，若月利率为1%，通常说成是"年利率12%，按月计息"，这里年利率12%就是"名义年利率"。可见，名义年利率等于每个计息周期的利率与一年的计息周期数的乘积。名义年利率忽略了利息的时间价值，是按单利法计算的一年所得利息与本金之比。若按单利计息，名义年利率与实际年利率是一致的；而实际年利率是指计息周期小于年，按复利法计算的年利率，因此与名义年利率不同。

设本金为1000元，年利率12%，每年计息一次，则一年后本利和为

$$F=1000\times(1+0.12)=1120(元)$$

若每月计息一次，一年后本利和为

$$F=1000\times(1+0.12/12)^{12}=1126.8(元)$$

实际年利率 i 为

$$i=\frac{1126.8-1000}{1000}\times100\%=12.68\%$$

这个"12.68%"才是实际年利率，而12%是名义年利率。

3.4.2 名义年利率与实际年利率的关系

下面来推导名义年利率与实际年利率的关系。设本金为 P，名义年利率为 r，一年中计息次数为 m，则一个计息周期的利率应为 r/m，一年后本利和为

$$F=P\left(1+\frac{r}{m}\right)^m$$

利息额为

$$I = F - P = P\left(1+\frac{r}{m}\right)^m - P$$

按照利率的定义，实际年利率 i 为

$$i = \frac{I}{P} = \frac{P(1+r/m)^m - P}{P} = \left(1+\frac{r}{m}\right)^m - 1$$

所以，名义年利率与实际年利率的换算公式为

$$i = \left(1+\frac{r}{m}\right)^m - 1 \tag{3.42}$$

当 $m=1$ 时，即一年计息一次，名义年利率就等于实际年利率；当 $m>1$ 时，即一年中多次计息，则实际年利率大于名义年利率；特别地，当 $m \to \infty$ 时，即按连续计息计算时，i 与 r 的关系为

$$i = \lim_{m \to \infty}[(1+r/m^m - 1)] = \lim_{m \to \infty}[(1+r/m)^{m/r}]^r - 1 = e^r - 1 \tag{3.43}$$

应该说明，即使在国际上，采用连续计息方式还是比较少的，但这种方式对项目决策，或制定数学模型还是很有用的。尤其是某些工程项目在整个建设期资金投入及收益并非集中于某一固定日期上，而是均匀分布在整个时期，这时采用连续计息方式就比较合理。

表 3.4 给出了在名义年利率为 12% 的条件下，不同计息周期时对应的实际年利率。可以看出，随着计息周期的缩短，实际年利率在逐渐增大，但增长的速率是逐渐下降的，并最终收敛于连续计息时的 $e^{0.12}-1$ 这个值。

表 3.4　　　　名义年利率 12% 在不同计息周期时的实际年利率

计息周期	每年计息次数	计息周期利率/%	实际年利率/%
年	1	12	12
半年	2	6	12.36
季度	4	3	12.55
月	12	1	12.68
周	52	0.231	12.73
日	365	0.033	12.75
连续	∞	0	12.75

3.5　等价概念的应用

3.5.1　等价的含义

资金等价是考虑时间因素的等价，即发生于不同时点的金额相等的两笔资金，其价值并不一定相等；反之，不同时点上发生的金额不等的两笔资金，其价值可能相等。

资金等价包括三个要素：①资金数额大小；②金额发生的时间点；③折算率大小（或利率）。图 3.12 表示在利率 $i=8\%$ 的情况下，各时间点的资金是等价的。

3.5.2 资金等价概念

资金等价概念是建设项目经济评价中非常重要的基本概念。为加深对其理解和更灵活地运用资金等价概念解决实际问题。以下结合实例进一步说明资金等价概念的内涵。

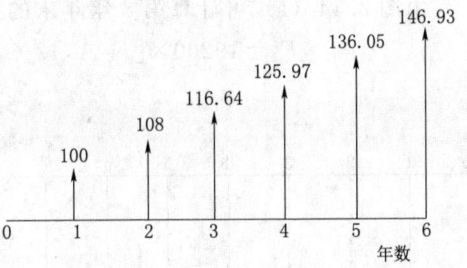

图 3.12 同一利率下不同时间点的资金等价图（单位：元）

【例 3.19】 某企业获得一笔 16 万元的贷款，偿还期为 8 年，按年利率 12% 计复利，有 5 种还款方式：（1）每年年末只偿还所欠利息，第 8 年年末一次还清本金；（2）在第 8 年年末一次还清本息；（3）在 8 年中每年年末等额偿还；（4）每年年末等额偿还本金，并付清当年的全部利息；（5）每年年末等额偿还本金，利息在第 8 年年末总付。试计算各种还款方式所付出的总金额。

解：按题意分别计算如下：

（1）由于本金不变，所以每年所偿还的利息为

$$160000 \times 12\% = 19200(元)$$

故 8 年共偿还金额为

$$160000 + 8 \times 19200 = 313600(元)$$

（2）由一次支付期值公式得第 8 年年末一次偿还本息为

$$F = P[F/P, i, n] = 160000 \times [F/P, 12\%, 8] = 160000 \times 2.476 = 396160(元)$$

（3）将现值换算成 8 年的等额年值：

$$F = P[A/P, i, n] = 160000 \times [A/P, 12\%, 8]$$
$$= 160000 \times 0.2013 = 32208(元)$$

即每年等额偿还 32208 元，所以 8 年共偿还金额为：$8 \times 32208 = 257664$（元）。

（4）每年等额偿还本金即 8 年中每年偿还本金 $160000/8 = 20000$（元）。由于每年本金减少 20000，故每年的利息减少 $20000 \times 12\% = 2400$（元）。第 1 年年末应偿还的利息为 $160000 \times 12\% = 19200$（元）；第 2 年年末应偿还的利息为 16800 元；以此类推，第 8 年年末应偿还利息为 $19200 - 2400 \times 7 = 2400$（元）。

故 8 年共偿还利息额为

$$19200 + 16800 + \cdots + 2400 = 19200 + 19200 - 1 \times 2400 + \cdots + 19200 - 7 \times 2400$$
$$= 19200 \times 8 - 2400 \times (1 + 2 + \cdots + 7) = 86400(元)$$

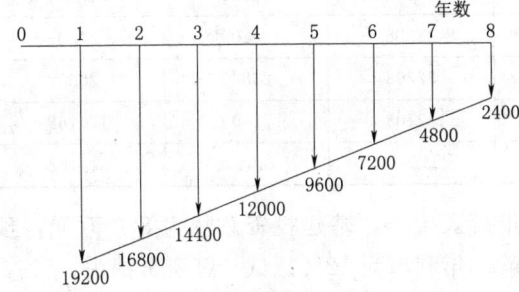

图 3.13 [例 3.19] 资金流程图（单位：元）

所以 8 年共偿还金额为：$20000 \times 8 + 86400 = 246400$（元）。

（5）如（4）每年偿还 20000 元，每年所应付利息逐年减少，由（4）知，减少额为 2400 元，其偿还利息的现金流量如图 3.13 所示。这是一等差支付资金系列，但并不能直接使用公式。将图 3.13 分解如图 3.14 所示。

由图 3.14 (a) 可计算第 8 年年末的期值为
$$F_1 = 19200 \times [F/A, 12\%, 8] = 19200 \times 12.300 = 236160(元)$$

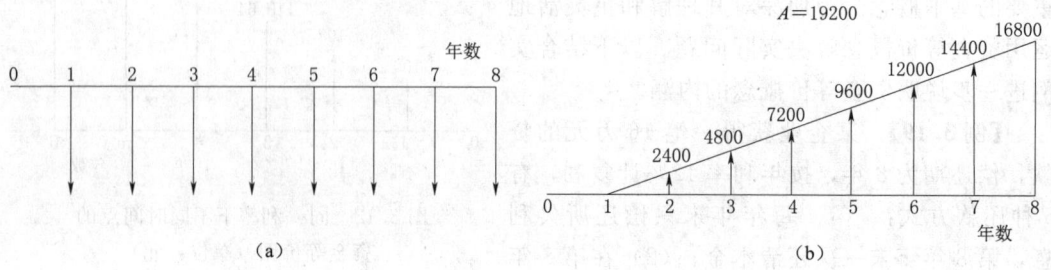

图 3.14　图 3.13 的分解图 (单位：元)

由图 3.14 (b) 利用等差支付现值公式和一次支付期值公式得到第 8 年年末的期值为
$$\begin{aligned}F_2 &= G[P/G, i, n][F/P, i, n]\\ &= 2400 \times [P/G, 12\%, 8][F/P, 12\%, 8]\\ &= 2400 \times 14.741 \times 2.475 = 85992(元)\end{aligned}$$

因此，第 8 年年末一次总付利息为 236160－85992＝150168(元)。

故 8 年共偿还金额为 160000＋150168＝310168(元)。

应该说明的是，本法的资金流程图中是表示当年应付清的利息，但实际未付，到第 8 年年末总付，故不可采用直接加法。

上述 5 种贷款偿还方式的每年偿还额及总额见表 3.5。在表 3.5 中，尽管利率 i 是一定的，但由于计息方式不同，每年偿还数额不同，8 年中偿还总额也不相同，但不管按哪种方式偿还，其偿还金额与原贷款额 160000 元是经济等值的。

表 3.5　　　　　　　　[例 3.19] 5 种等值偿还方案比较　　　　　　　　单位：元

年数	贷款 160000	等值偿还方案				
		(1)	(2)	(3)	(4)	(5)
1		19200		32208	39200	2000
2		19200		32208	36800	2000
3		19200		32208	34400	2000
4		19200		32208	32000	2000
5		19200		32208	29600	2000
6		19200		32208	27200	2000
7		19200		32208	24800	2000
8		179200	396160	32208	22400	170168
合计		313600	396160	257664	246400	310168

【例 3.20】 某工程项目比原计划推迟 3 年投入生产，基建投资总额为 800 万元，预计投产后每年能获利 80 万元，投资全部为贷款，年利率为 12%。试计算资金损失。

解：以实际投产年年初为基准年计算资金的损失，并假定并不因工期拖延而延长项目的寿命期。工程拖延3年的资金流程图如图3.15所示。

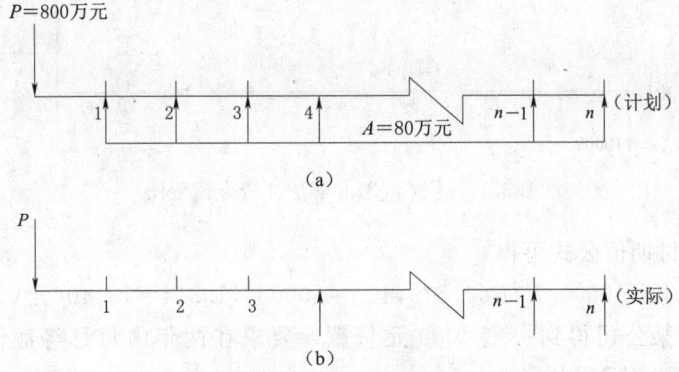

图3.15 工程拖延3年的资金流程图对比

由图3.15可知，造成经济损失是在前3年，每年少获利80万元，且还损失了投资款的利息。所以，拖延3年所造成的损失为

$$F_3 = A + A(1+i) + A(1+i) + P[A(1+i)^3 - 1]$$
$$= 80(1+i) \times [(1+0.12)^2 + (1+0.12)^1 + 1] + 800 \times [(1+0.12)^3 - 1]$$
$$= 593.89(万元)$$

或
$$F_3 = 80 \times [F/A, 12\%, 3] + 800 \times [F/P, 12\%, 3] - 800$$
$$= 80 \times 3.374 + 800 \times 1.405 - 800 = 593.92(万元)$$

上述两结论的微小差异是由复利表的舍入误差引起的。

3.5.3 计息期小于一年的等价折算

【例3.21】 某企业贷款10000元进行投资，贷款10年后一次偿还，年利率为6%，每季度计息一次，10年后应偿还多少钱？

解法1：资金流程如图3.16所示。

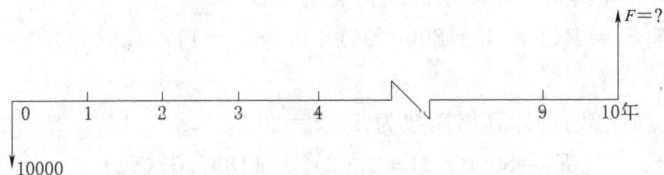

图3.16 [例3.21]解法1资金流程图（单位：元）

先计算实际利率，再利用一次收付期值公式计算10年后的F值。

由$i = (1 + r/m)^m - 1$得
$$i = (1 + 6\%/4)^4 - 1 = 6.14\%$$
$$F = P[F/P, i, n] = 10000 \times [F/P, 6.14\%, 10]$$
$$= 10000 \times 1.814 = 18140(元)$$

解法2：将名义利率除以年计息周期数，得到计息期的实际利率$i = 6\%/4 = 1.5\%$
总计息周期数为年数乘以每年计息周期数，即$n = 10 \times 4 = 40$次；其资金流程图如图

3.17 所示。

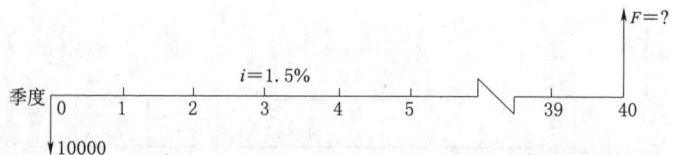

图 3.17 [例 3.21] 解法 2 资金流程图

利用一次收付期值公式可得
$$F=10000[F/P,1.5\%,40]=10000\times1.814=18140(元)$$

【例 3.22】 某公司得到一笔 4000 元贷款，要求在两年内每月等额偿还 188.31 元，试计算名义利率和实际利率。

解： 由题意知，这属于等额支付现金流。$A=188.31$ 元，$P=4000$ 元，$n=24$ 个月。其现金流量如图 3.18 所示。

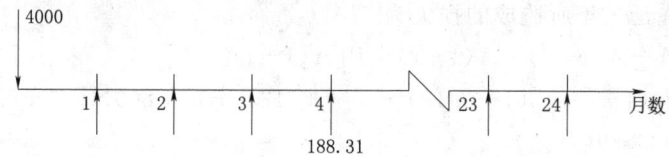

图 3.18 [例 3.22] 资金流程图（单位：元）

根据 $P=A[P/A,i,n]$ 有 $4000=188.31\times[P/A,i,24]$，$[P/A,i,24]=21.242$，查复利表，$i=1\%$，则
$$年名义利率=1\%\times12=12\%$$
$$年实际利率=(1+1\%)^{12}-1=12.683\%$$

【例 3.23】 某工程投资为 8000 元，计算期为 5 年，年利率为 8%。试问按年、季和连续复利 3 种方式计算其第 5 年年末的期值各为多少？

解： 按年计算 $F_1=P(1+i)^n=8000\times(1+0.08)^5=11754.6(元)$

按季计算：

季利率为 $8\%/4=2\%$，计算周期数为 $4\times5=20$，

故
$$F_2=8000\times(1+0.02)^{20}=11887.58(元)$$
或
$$F_2=8000\times[F/P,0.02,20]$$
$$=8000\times1.486=11888(元)$$

亦可做如下计算：

年实际利率 $\qquad i=(1+8\%)^4-1=8.2432\%$

所以 $\qquad F_2=8000\times(1+0.082432)^5=11888(元)$

按连续复利计算：$r=8\%$，由 $i=e^r-1$ 得：$i=e^{0.08}-1$
$$i=e^{0.08}-1$$
故 $\qquad F_3=8000\times(1+e^{0.08}-1)^5=8000\times e^{0.04}=11934.6(元)$

【例 3.24】 某企业向世界银行贷款 100 万元，购进一套电子设备，合同规定，从贷

款第 4 年开始，连续 5 年均匀偿还本息，利率为 8%。试用离散型复利和连续复利计算方法比较等额偿还的差额。

解： 先将初始投资换算成第 4 年年初的等值额，且利用已知现值求年金值的公式即可得 5 年的等额年金。

离散型复利情况下

$$A_1 = P[F/P, i, n_1][A/P, i, n_2]$$
$$= 100 \times [F/P, 0.08, 3][A/P, 0.08, 5]$$
$$= 100 \times 1.2600 \times 0.2505 = 31.558 (万元)$$

连续复利情况下

$$i = e^r - 1 \text{ 及 } [F/P, i, n] = (1+i)^n, [A/P, i, n] = [i(1+i)^n]/[(1+i)^n - 1]$$
$$A_2 = 100 \times e^{0.08 \times 3} \frac{(e^{0.08} - 1)e^{0.08 \times 3}}{e^{0.08 \times 3} - 1} = 32.105 (万元)$$

由计算结果知，离散型复利计息方法比连续复利计息方法少支付年金值：$32.105 - 31.558 = 0.547$（万元）。

思 考 题

1. 什么叫资金的时间价值，在经济计算中它的主要表现形式是什么？
2. 什么叫利息？利息的计算方法有几种？各有什么特点？
3. 画资金流程图有什么好处？为什么要采用计算基准年？
4. 第 1 年年初投资 2000 元，第 2 年投资 2500 元，第 3 年年末投资 1000 元，若年利率为 4%，第 10 年年末本利和是多少？
5. 一笔贷款的协议书中规定：借款期为 5 年，年利率为 10%，每年年末归还 1000 元，5 年内本利和全部还清。试求这项贷款的本金是多少？
6. 某企业兴建一工程项目，第 1 年投资 1000 万元，第 2 年投资 2000 万元，第 3 年投资 1500 万元，假设投资均在年初发生；其中第 2 年和第 3 年的投资均由银行贷款，年利率为 12%。该项目从第 3 年起开始获利并偿还贷款，10 年内每年年末获净收益 2000 万元，银行贷款分 5 年等额偿还，每年应偿还银行多少万元？画出该项目的资金流程图。
7. 某企业获得一笔 80000 元的贷款，偿还期为 4 年，按年利率 10% 计复利，有 4 种偿还方式：
   (1) 每年年末偿还 20000 元本金和所欠利息。
   (2) 每年年末只偿还所欠利息，第 4 年年末一次还清本金。
   (3) 在 4 年中每年年末等额偿还。
   (4) 在第 4 年年末一次还清本息。
   试计算各种偿还方式所付出的总金额。
8. 某公司租借一仓库，租借合同规定：租期为 8 年，年利率为 7%，第 1 年支付租金 20000 万元，以后每年递增租金 1500 元，直到租约期满为止，假设每年年末支付租金，试求全部租金的现值是多少？如果每年年初支付租金呢？

9. 某企业向银行贷款，协议书中规定：借款期为6年，年利率第1年和第2年为3%，第3年和第4年为6%，第5年和第6年为12%，借款本金分3次还清，第2年年末归还20000万元，第4年年末归还30000万元，第6年年末归还50000万元。试求本借款总额是多少？

10. 企业第5年年末需1000万元做技术改造经费，年利率为8%，问：

(1) 现在应一次性存入银行多少基金？

(2) 若每年初等额储存，应存入多少基金？

11. 某公司销售一种电脑，销售价为每台20000元。因有些买主不能一次付清，公司允许分期付款，但按1.5%的月利率计算欠款利息。现有两位买主，请您帮忙计算各自应付的款项：

(1) 提货时付款4000元，其余的在5年内半年还一次，每次付款相等，请问他每次应付款多少？

(2) 在2年内每月还700元，不足之数在第3年年末全部还清，请问他最后一次要还多少？

12. 某房地产业主有一批商品房，4年后可入住，当时价2500元/m²，现想尽快早点订购销售，拟确定分期付款方案。先预交1/3、1/2、1/5等，然后20年内付清。请你拟定1~2个你认为合适的方案（包括预交款和每月还款数），要购房者承受得起，又要开发商满意（设年利率为7%）。

13. 某水利建设项目于2008年年初贷款6000万元，贷款年利率为10%。项目建设单位与贷款银行约定，从第5年开始每年年末等额偿还，并在10年内还清全部贷款本息。计算从第5年开始，项目建设单位每年年末应偿还的贷款数额（要求画出资金流程图）。

第4章 工程经济评价方法

4.1 概述

工程经济效果评价是投资项目或方案评价的核心内容,是项目决策科学化的重要手段。经济效果评价通常应从两方面加以考察:一方面是所谓"绝对经济效果检验",即通过项目方案本身的收益与费用的比较评价方案;另一方面是"相对经济效果检验",即从多个方案中选择最优方案。在工程经济分析中,两者总是相辅相成的。

项目的经济效果可以用一系列的经济评价指标来反映,它们从不同角度反映项目的经济性。这些指标主要可以分为两类:一类是以货币单位计量的价值型指标,如净现值、净年值、费用现值、费用年值等;另一类是反映资金利用效率的效率型指标,如效益费用比、内部收益率等。由于这两类指标是从不同角度考察项目的经济性,所以在对项目方案进行经济效果评价时,应当尽量同时选用这两类指标而不是单一指标。

按是否考虑资金的时间价值,经济效果评价指标分为静态评价指标和动态评价指标。不考虑资金时间价值的评价指标称为静态评价指标;考虑资金时间价值的评价指标称为动态评价指标。静态评价指标主要用于技术经济数据不完备和不精确的项目初选阶段;动态评价指标则用于项目最后决策的可行性研究阶段。本书中主要讨论动态评价指标及其评价方法。

根据所采用指标的不同,经济效果评价方法有效益费用比法、净现值法、内部收益率法、投资回收期法等。

另外,由于项目方案的决策类型有多种,各类指标的适用范围和应用方法也是不同的,因此也需要根据不同方案的不同决策类型选择合适的评价方法。

4.2 项目方案的比较与选择

方案比较是寻求合理的经济和技术决策的必要手段,也是项目经济评价工作的重要组成部分。在项目可行性研究过程中,由于技术的进步,在实现某种目标时往往会形成多个方案。这些方案或是采用不同的技术、工艺和设备,或是不同的规模和坐落位置,或是利用不同的原料、燃料、动力和水资源,或是选择不同的环境保护措施,等等。因此,必须对提出的各种可能方案进行筛选,并对筛选出的 n 个方案进行经济计算。再将拟建项目的工程、技术、经济、环境、政治及社会等各方面因素联系起来进行综合评价,选择最佳方案。

4.2.1 项目方案的类型

为达到同一目的，往往可以有多种不同的技术方案，其所需的投入产出可能是不同的，因投入和产出可能转化为货币单位，所以，从经济角度来看，技术方案亦是投资方案，即以一定的资金投入获取相应的经济效益。

对投资方案作经济效果评价要解决两个问题：经济效果是否满足某一绝对检验标准，即"筛选"方案；哪个方案的经济效果更好，即"择优"问题。

以上两个问题的解决方法，根据各方案之间的关系，一般可分为独立方案、互斥方案和相关方案三种决策类型。

1. 独立方案

独立方案是指各方案之间相互独立，不具有相关性。各方案可同时独立存在，选定一方案并不妨碍选定另一方案，只要经济上允许也可同时选定方案群中的有利方案加以组合，任一方案的采用与否均不影响其他方案是否被采用，并且其经济效果可以相加。

独立方案的采用与否，只取决于方案自身的经济性，经济上是否可行的判据是其绝对经济效果指标是否优于一定的检验标准。凡通过绝对效果检验的方案，就认为它在经济上是可以接受的，否则就应予以拒绝。因此，多个独立方案与单一方案的评价方法是相同的。对于独立方案而言，不论采用哪种评价指标和评价方法，评价结果都是一样的。

2. 互斥方案

互斥方案是指方案之间存在互相排斥的关系，进行方案比选时，选定其中一个方案就不能再选其余方案。

同一工程的不同规模是互斥方案的典型例子，例如某坝址的水电工程，选高坝方案就不能选低坝方案，它们构成互斥的比较方案。在水利工程中，为达到同一目的，往往在技术上有多种可行的方案，它们构成互斥方案，常称为替代方案，其中仅次于最优方案的替代方案称为最优等效替代方案。

在方案互斥的条件下，经济效果评价包含了两部分内容：一是考察各个方案自身的经济效果，即进行绝对效果检验；二是考察哪个方案最优，即相对效果检验。两种检验的目的和作用不同，通常缺一不可。

3. 相关方案

在多个方案之间，如果接受或拒绝某一方案，会显著改变其他方案的现金流量，或会影响对其他方案的选择，则这些方案是相关的。实际上，可以将独立方案和互斥方案看成是相关方案的特例，可以认为，独立方案是相关系数为 0 的相关方案，互斥方案是相关系数为 1 的相关方案。相关方案的例子很多，如为解决防洪问题，既可以修建水库，也可以整治河道，或是修筑堤防工程等，还可以同时采用以上几种措施组合。又比如为满足运输要求，可以修建铁路、公路或两者都建，各方案之间既互相影响，但又非互相排斥，这些都是相关方案的情况。

在对水利工程的经济效果进行评价时，相关方案不能简单地按照独立方案或互斥方案的评价方法进行决策，而常采用穷举法，将各方案组合成完全互斥的方案，再按互斥方案的评价方法进行评价选择。以前面提到的防洪问题为例，可以将 3 种措施组合成 7 种互斥方案：①只修建水库；②只整治河道；③只修筑堤防工程；④修建水库并整治河道；⑤修建水库并修筑堤防工程；⑥整治河道并修筑堤防工程；⑦修建水库、整治河道并修筑堤防工程。这样，就可以按互斥方案的评价方法对这种方案进行评价。

4.2.2 项目方案比较的原则

1. 方案间必须具有可比性

水利水电工程在规划、设计、施工和运行管理各个阶段，在满足国民经济各部门要求的前提下，往往有若干个方案可供比较和选择，各个比较方案应满足下列可比性条件，这是进行方案比较的前提。

(1) 满足需要的可比性。各个方案在产品数量、质量、时间、地点和可靠性方面，须同等程度地满足国民经济发展的需要。例如，为了满足某一地区的供电要求，可以修建水电站，也可以修建火电站，但要考虑水电站、火电站不同的厂用电要求（包括电力与电量两个方面）以及输变电损失。为了满足某一城市的供水要求，可以修建水库蓄水，然后输送到城市，经沉淀、过滤、消毒等水质处理措施后供给各个用户；也可以就地开凿探井，抽汲地下水，分别供给各个用户。这两个方案的水量、水质等各个方面，均应满足规定的要求。

(2) 满足费用的可比性。所谓费用，应包括工程一次性投资和经常性支出两个部分，且应包括主体工程、配套工程等全部费用。例如，在电力开发工程中，无论考虑水电站还是火电站方案，其费用都应从一次能源开发工程计算起，至二次能源转变完成并输送至负荷中心地区为止。因此，水电站方案的费用应包括水库、输送水建筑物、电厂、输变电工程等各部分的费用；火电方案的费用，则应包括煤矿、铁路、电厂、输变电工程等各部分的费用。

(3) 满足价值的可比性。当前在经济比较分析中存在一个重要的问题，就是我国某些工农业产品（例如粮食、燃料、电力等）的现行价格不能反映其价值，即价格与价值之间存在着相当大的背离。因此，国家计委于1987年颁布的《建设项目经济评价方法与参数》（以下简称《方法与参数》）中明确规定：在进行国民经济评价时，对于国内价格明显不合理的投入物和产出物，应以影子价格进行效益和费用的计算。

计算建设项目投入物费用的影子价格，常划分为外贸货物、非外贸货物和特殊投入物（例如劳动力和土地）等三种不同类型，应分别测算其影子价格。

外贸货物。指直接或间接影响国家进出口的货物，应以预测的口岸价格为基础，另考虑国内影子运输费用和贸易费用。

非外贸货物。可根据《方法与参数》（最新版）所发布的经济评价参数定出，其影子价格由下列公式求出：

$$\text{非外贸货物影子价格} = \text{出厂价} \times \text{成本分解换算系数} + \text{影子运费}$$

特殊投入物：

$$\text{影子工资} = (\text{标准工资} + \text{工资性津贴} + \text{职工福利基金}) \times \text{换算系数}$$

$$\text{土地费用} = \text{土地在过程项目整个占用期间逐年效益的现值之和}$$

(4) 满足时间因素的可比性。所谓时间因素，就是要考虑资金的时间价值。由于各个比较方案的施工期及各年投资的分配比例不同，投入运行后备方案的经济寿命、各年效益和年运行费亦不相同，为了便于比较，必须把各年投资、运行支出、效益收入根据规定的利率（行业基准收益率、社会折现率）统一折算到同一个计算基准点，求出总现值或折算为平均年金值进行比较，这样各个方案才具有可比性。

(5) 满足环境保护、生态平衡等要求的可比性。修建电站无论采用哪个方案，都应同等程度满足国民经济对环境保护、生态平衡等方面的要求，或者采取补偿措施，使各比较方案都能满足国家规定的要求。例如，水电站方案一般均有水库淹没损失，此时应考虑各种补偿投资费用，以便安置库区移民，使他们搬迁后的生产和生活水平，不低于原来水平，对淹没对象应考虑防护工程费或恢复改建费。火电站方案当燃烧煤炭时，必然对四周环境产生污染，因此应及早考虑设置消烟、除尘、去硫设备以及灰渣清除工程，保证环境质量，为此增加的费用，均应计入火电站的基本建设投资中。

2. 动态分析与静态分析相结合，以动态分析为主

方案比较时，强调利用复利计算方法计算时间因素，进行价值判断。这种动态计算方法将不同时间内资金的流入和流出换算成同一时点的价值，为不同方案和不同项目的经济比较提供了同等的基础，并能反映出未来时期的发展变化情况。这样做对投资者和决策者树立资金周转观念、利息观念、投入产出观念、合理利用建设资金提高经济效益都具有十分重要的作用。

静态指标一般比较简单、直观。使用起来较方便，在评价过程中，可以根据工作阶段和深度要求的不同，计算一些静态指标以进行辅助分析。

3. 定量分析与定性分析相结合，以定量分析为主

在过去的评价中，由于缺乏定量分析的方法和技术，对一些主要经济因素只能平行罗列、分别进行对比和作定性的描述。而目前采用的评价指标则力求正确反映项目的费用和效益两个方面，扩大经济因素的数量化范围。对于一些不能量化的经济因素，则应进行实事求是的、准确的定性描述，与定量分析结合进行评价。

4. 宏观效益分析与微观效益分析相结合，以宏观效益分析为主

方案比较原则上应通过国民经济评价来确定。对产出物基本相同，投入物构成基本一致的方案进行比选时，为了简化计算，在不会与国民经济评价结果发生矛盾的条件下，也可通过财务评价确定。

宏观和微观的效益分析，都要以全过程分析为主，即看项目在整个建设阶段和生产阶段全过程的经济效益大小。也就是说，不能只看投资大小、工期长短、造价高低，而对项目投产后流动资金多少、生产技术成本高低、经济效益如何不重视。要避免项目建成后不能充分发挥生产能力，甚至得不偿失。

4.3 效益费用比法

4.3.1 效益费用比 BCR

效益费用比（Benefit-Cost Ratio, BCR），是指获得的效益与所支出的费用两者之间的比较，亦即在经济寿命期内现金流入量的折算现值与现金流出量折算现值的比较。

设某工程的资金流程如图 4.1 所示，经济计算期为 n 年，折算率为 i，则 BCR 可表示为

4.3 效益费用比法

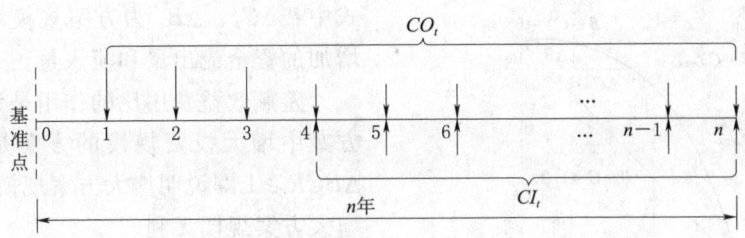

图 4.1 某工程的资金流程图

$$BCR = \frac{B}{C} \tag{4.1}$$

式中：B 为 n 年内资金流入量折算到基准点的现值总和；C 为 n 年内资金流出量折算到基准点的现值总和。

$$C = \sum_{t=1}^{n} C_t (1+t)^{-t} \tag{4.2}$$

$$B = \sum_{t=1}^{n} B_t (1+t)^{-t} \tag{4.3}$$

式中：C_t、B_t 为第 t 年的资金流出量和流入量。

用 BCR 法对工程项目进行经济评价的准则是：①对单方案进行评价时，$R \geqslant 1.0$ 说明该方案是经济合理的；②对多方案进行经济评价时，这组方案中 BCR 最大所对应的方案为经济最佳方案。

4.3.2 差额效益费用比 ΔBCR

差额效益费用比（ΔBCR），是用差额分析法进行技术方案经济评价的指标之一，适用于两个技术方案的经济比较与选择。

差额分析是指在相互竞争的互斥方案中通过比较一个方案相对于另一个方案的差额成本与得到的差额收益进行投资决策。差额的意思与经济学中边际的意思相同。举例来说，假设一个房地产开发商要求一家设计公司设计一幢摩天大楼，必须回答一个问题，那就是要建多少层？先从工程角度制定几个可行的建筑高度，再从经济角度选择一个最优高度。比如说，100 层、110 层和 120 层是考虑中的三个方案。差额分析要求从 100～110 层所获得的收入足以平衡因增加层次所带来的成本。从 110～120 层应以相同的方式进行判断：增加的收益和成本相互平衡，并在收入是否多于成本的基础上做出决策。换句话说，这样一个决策要计算的是差额部分。另外，如果不进行差额分析，不考虑与其他方案的联系而对每个互斥方案进行独立的分析是错误的。

差额效益费用比 ΔBCR，是指某方案规模增大时，所增加的效益和所增加的费用的比较。用下式表示：

$$\Delta BCR = \frac{\sum_{t=1}^{n} [\Delta B_t (1+i)^{-t}]}{\sum_{t=1}^{n} [\Delta C_t (1+i)^{-t}]} \tag{4.4}$$

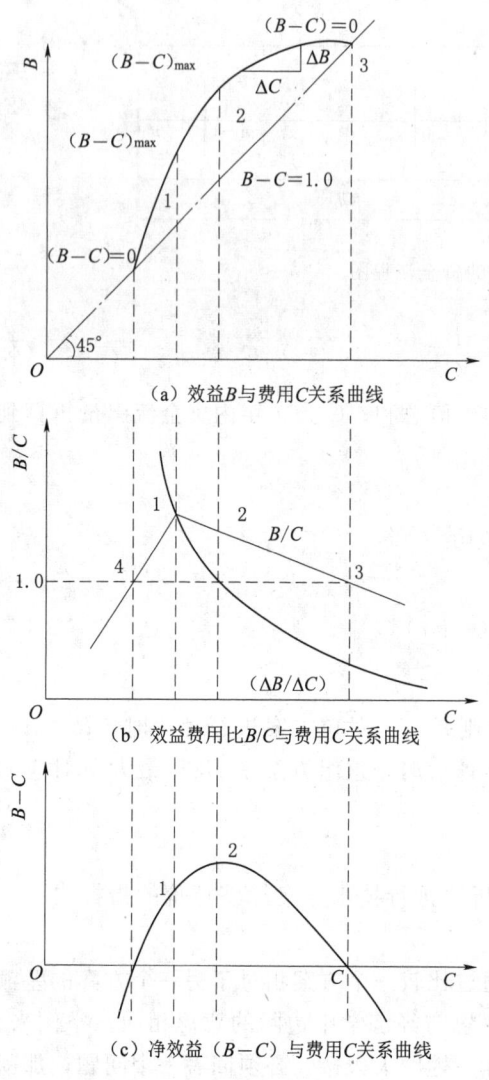

(a) 效益B与费用C关系曲线

(b) 效益费用比B/C与费用C关系曲线

(c) 净效益$(B-C)$与费用C关系曲线

图 4.2 效益和费用关系图

式中：ΔC_t、ΔB_t 为方案规模增加后第 t 年增加的资金流出量和流入量。

差额效益费用比的作用是评价一组互斥方案中增大投资规模的方案是否有利。若 $\Delta BCR \geqslant 1.0$ 说明增大方案规模有利，否则，增大方案规模无利。

设某工程有若干个比较方案，均按上法分析求出 C 和 B，并将它们之间的关系作出如图 4.2 所示的曲线。在点 1，单位费用的效益最大，即 $B/C=\max$；到达点 2，才获得该工程的最大净效益，即 $B-C=\max$。当资金充足时，则 $B-C=\max$ 的方案最为有利。随着 C 值的增加，在点 2 和点 3 之间是不利的，因为差额效益费用 $\Delta B/\Delta C<0$，在点 3 为 $B-C=0$，该工程变成无利可图。至于点 4 到点 1 之间，随着 C 值的增加，由于 $\Delta B/\Delta C>1$，所以 $B-C$ 值是不断增加的，工程逐渐变为有利。因此在效益费用比法中，应在点 1 与点 2 之间进行方案选择。

【例 4.1】 某水库工程经初步分析有低坝甲和高坝乙两个可比方案，其经济资金流量见表 4.1，试用效益费用比法和差额效益费用比法进行方案的比较分析，$i=10\%$。

解：计算步骤如下：

（1）作甲乙两方案资金流程图如图 4.3 所示。

表 4.1　　　　　　　　　[例 4.1]资金流量表　　　　　　　　单位：万元

方案	项目		施工期/年			运行期/年				
			1	2	3	4	5	...	22	23
甲	效益					80	80	...	80	80
	费用	投资	50	100	50					
		运行费				20	20	...	20	20
乙	效益					100	100	...	100	100
	费用	投资	50	150	100					
		运行费				25	25	...	25	25

4.3 效益费用比法

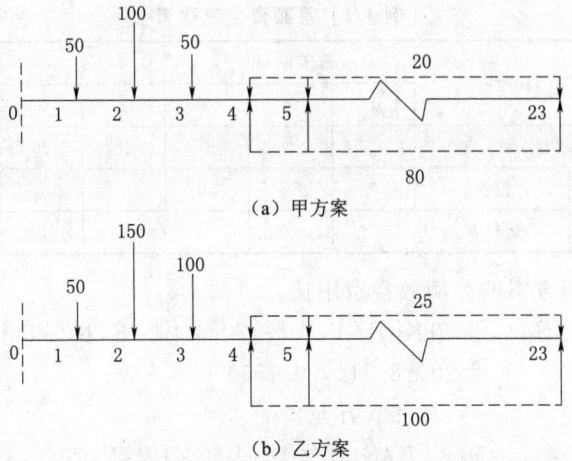

(a) 甲方案

(b) 乙方案

图 4.3 甲乙两方案资金流程图

(2) 计算甲方案效益费用比：

$$B_甲 = 80 \times [P/A, 10\%, 20] \times [P/F, 10\%, 3]$$
$$= 80 \times 8.514 \times 0.7514 = 511.73 (万元)$$

$$C_甲 = 50 \times [P/F, 10\%, 1] + 100 \times [P/F, 10\%, 2] + 50 \times [P/F, 10\%, 3]$$
$$+ 20 \times [P/A, 10\%, 20] \times [P/F, 10\%, 3]$$
$$= 50 \times 0.9091 + 100 \times 0.8264 + 50 \times 0.7513 + 20 \times 8.514 \times 0.7513$$
$$= 293.59 (万元)$$

$$BCR_甲 = \frac{B_甲}{C_甲} = \frac{511.73}{293.59} = 1.74$$

(3) 计算乙方案效益费用比：

$$B_乙 = 100 \times [P/A, 10\%, 20] \times [P/F, 10\%, 3]$$
$$= 100 \times 8.514 \times 0.7514$$
$$= 639.66 (万元)$$

$$C_乙 = 50 \times [P/F, 10\%, 1] + 150 \times [P/F, 10\%, 2] + 100 \times [P/F, 10\%, 3]$$
$$+ 25 \times [P/A, 10\%, 20] \times [P/F, 10\%, 3]$$
$$= 50 \times 0.9091 + 150 \times 0.8264 + 100 \times 0.7513 + 25 \times 8.514 \times 0.7513$$
$$= 404.46 (万元)$$

$$BCR_乙 = \frac{B_乙}{C_乙} = \frac{639.66}{404.46} = 1.58$$

(4) 计算甲乙两方案的差额效益费用比。

1) 计算甲乙两方案的差额资金流程。乙方案减去甲方案得到甲乙两方案的差额资金流程，如图 4.4 所示，具体数值见表 4.2。

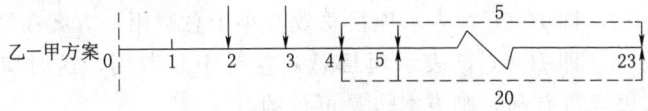

图 4.4 甲乙两方案差额资金流程图

表4.2　　　　　　　　　　[例4.1]差额资金流程表　　　　　　　　单位：万元

方案	项目		施工期/年			运行期/年				
			1	2	3	4	5	…	22	23
乙－甲	效益					20	20	…	20	20
	费用	投资	0	50	50			…		
		运行费				5	5	…	5	5

2) 计算甲、乙两方案的差额效益费用比：

$$\Delta B_{乙-甲}=20\times[P/A,10\%,20]\times[P/F,10\%,3]$$
$$=20\times 8.514\times 0.7514$$
$$=127.93(万元)$$
$$C_{乙-甲}=50\times[P/F,10\%,2]+50\times[P/F,10\%,3]$$
$$+5\times[P/A,10\%,20]\times[P/F,10\%,3]$$
$$=50\times 0.8264+50\times 0.7513+5\times 8.514\times 0.7513$$
$$=110.87(万元)$$
$$BCR_{乙-甲}=\frac{B_{乙-甲}}{C_{乙-甲}}=\frac{129.73}{110.87}=1.15$$

(5) 评价结论。

1) 效益费用比评价结论：$BCR_{甲}=1.74>1$，$BCR_{乙}=1.58>1$，甲乙两方案在经济上都可行；$BCR_{甲}>BCR_{乙}$，甲方案效益费用比大于乙方案，甲方案优于乙方案。

2) 差额效益费用比评价结论：$\Delta BCR>1.0$，乙方案优于甲方案。

4.4 净现值法

4.4.1 净现值 NPV

净现值（Net Present Value，NPV）是对投资项目进行动态评价的最重要的指标之一，它可以反映出项目在经济寿命期内的获利能力。该指标是把项目经济寿命期内各年的效益和费用按一定的折现率折算到某一基准年（通常在投资期初）后的现值累加值。因此，净现值法的原理就是净现值的大小来评价工程方案的合理性。净现值的计算式为

$$NPV=B-C=\sum_{t=1}^{n}\frac{B_t-C_t}{(1+i)^t} \quad (4.5)$$

式中：B_t 为第 t 年的效益（Benefit）；i 为折算率（Interest）；C_t 为第 t 年的费用（Cost），包括项目投资 K_t 及年运行费 U_t，即 $C_t=U_t+K_t$。

对独立项目而言：

(1) 当 $NPV>0$，即 $B>C$，表示项目总效益大于总费用，方案在经济上可行。

(2) 当 $NPV<0$，即 $B<C$，表示项目总效益小于总费用，方案在经济上不可行。

(3) 当 $NPV=0$，即 $B=C$，表示项目总效益等于总费用，这时应对方案做综合评价。如果项目对国民经济有利，则方案也是可行的。

当进行互斥方案优选时，采用净现值法时要求各比选方案具有相同的寿命期，寿命期

4.4 净现值法

不同,采用如下处理办法化为相同的寿命期:①以各方案寿命的最小公倍数为公共的计算分析期,期内各方案均有若干次设备更新;②以各方案中最短的寿命为计算期,其余方案在期末计算重估价值;③以各方案中最长的寿命为计算期,其余方案进行若干次设备更新,并计算期末残值。

因此,对于互斥方案优选,首先将各方案化为相同的寿命期,然后,计算各方案的净现值,所有净现值大于零的方案都是可行的方案,且净现值最大的方案为最优方案。

【例 4.2】 设有两个建设方案,其现金流量见表 4.3。现计算两方案的净现值,并选择方案。

表 4.3 现金流量表 单位:万元

年数	现值系数 ($i=15\%$)	方案 Ⅰ			方案 Ⅱ		
		净现金流量	净现值	累计净现值	现金流量	净现值	累计净现值
1	0.8696	−3000	−2608.8	−2608.8	−3650	−3174.0	−3174.0
2	0.7561	1000	756.1	−1852.7	1200	907.3	−2266.7
3	0.6575	1000	657.5	−1195.2	1200	789.0	−1477.7
4	0.5718	1000	571.8	−623.4	1200	686.2	−791.5
5	0.4972	1000	497.2	−126.2	1200	596.6	−194.9
6	0.4323	1000	432.3	306.1	1200	518.8	323.9
			$NPV=306.1$			$NPV=323.9$	

注 1. 基准点选在第 1 年年初。
   2. 现金流入和流出均在年末。

解: 从表 4.3 可知,方案 Ⅱ 的净现值大于方案 Ⅰ,应选择方案 Ⅱ。

【例 4.3】 某水利建设项目共有 A、B、C 3 个方案,各方案的建设期均为 6 年 (1995—2000 年),其中包括投产期(1999—2000 年)2 年,生产期均为 50 年(2001—2050 年)。各方案的投资 K_t、年运行费 U_t 及年效益 B_t 见表 4.4。社会折现率为 7%,试用净现值法选择经济上最有利的方案。

表 4.4 某建设项目各年投资年运行费及年效益表 单位:百万元

年份	投资 K_t			年运行费 U_t			年效益 B_t		
	方案 A	方案 B	方案 C	方案 A	方案 B	方案 C	方案 A	方案 B	方案 C
1995	100	120	150						
1996	150	200	250						
1997	250	300	350						
1998	150	200	250						
1999	100	120	150	4	5	6	100	120	130
2000	50	70	100	8	9	10	150	180	200
2001				10	12	15	200	230	250
2002				10	12	15	200	230	250
⋮				⋮	⋮	⋮	⋮	⋮	⋮
2050				10	12	15	200	230	250

解：计算步骤如下：

（1）首先画出本例的资金流程图，这里仅以方案 A 为例，其余各方案类似。如图4.5所示。

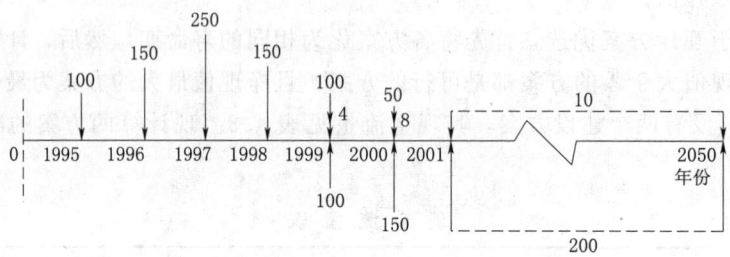

图4.5 ［例4.3］方案 A 的资金流程图

（2）以建设期初为基准年，即1995年年初（图中虚线处），据此进行投资、年运行费和效益的现值计算。对方案 A 有：

投资现值：

$$K_A = 100[P/F,7\%,1] + 150[P/F,7\%,2] + 250[P/F,7\%,3]$$
$$\quad + 150[P/F,7\%,4] + 100[P/F,7\%,5] + 50[P/F,7\%,6]$$
$$= 100 \times 0.9346 + 150 \times 0.8734 + 250 \times 0.8163 + 150 \times 0.7629 + 100 \times 0.7130$$
$$\quad + 50 \times 0.6663$$
$$= 647.60 (百万元)$$

年运行费现值：

$$U_A = 4[P/F,7\%,5] + 8[P/F,7\%,6] + 10[P/A,7\%,50][P/F,7\%,6]$$
$$= 4 \times 0.7130 + 8 \times 0.6663 + 10 \times 13.801 \times 0.6663$$
$$= 100.14 (百万元)$$

效益现值：

$$B_A = 100[P/F,7\%,5] + 150[P/F,7\%,6] + 200[P/A,7\%,50][P/F,7\%,6]$$
$$= 100 \times 0.7130 + 150 \times 0.6663 + 200 \times 13.801 \times 0.6663$$
$$= 2010.37 (百万元)$$

同理可计算出方案 B、方案 C 的投资现值、运行费现值和效益现值，为了叙述的方便，将结果列于表4.5。

表4.5　　　各方案的投资净现值、运行费净现值和效益净现值　　　单位：百万元

项　目	方案 A	方案 B	方案 C
投资现值 K	647.60	816.50	1008.55
运行费现值 U	100.14	119.91	148.88
效益现值 B	2010.37	2320.58	2524.96

（3）求各方案的净现值。

方案 A：$NPV_A = 2010.37 - 647.60 - 100.14 = 1262.63 (百万元)$

方案 B：$NPV_B = 2320.58 - 816.50 - 119.91 = 1384.17$（百万元）

方案 C：$NPV_C = 2524.96 - 1008.55 - 148.88 = 1367.53$（百万元）

从净现值的角度来看，三个方案在经济上都是可行的。由于 A、B、C 是同一建设项目的三个比较方案，因此它们形成互斥方案，按照净现值最大原则，方案 B 是最优方案。

下面对净现值做进一步讨论。由净现值的计算表达式可以看出，净现值的大小对折现率 i 比较敏感。若以纵坐标表示净现值，横坐标表示折现率 i，则净现值与折现率 i 的关系可以用图 4.6 表示。

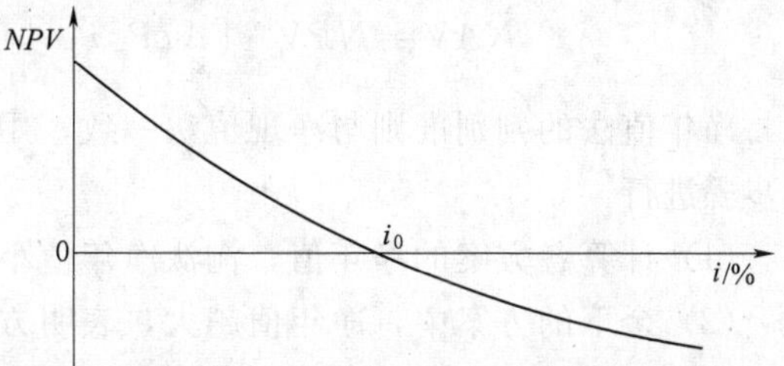

可见净现值 NPV 与折现率 i 的关系有如下特点：

(1) 净现值随折现率的增大而减小，故基准折现率 i_0 定得越高，能被接受的方案就越少。

图 4.6 净现值 NPV 与折现率 i 的关系

(2) 曲线与横轴的交点表示在该折现率 i_0 下，净现值 $NPV=0$，这个 i_0 是一个具有重要经济意义的折现率临界值，被称为内部收益率，后面还要对它做详细分析。

净现值法具有计算简便、直观明了的优点，而且无须进行增量分析，用于寿命期相同的互斥方案尤为合适。

4.4.2 净现值率 NPVR

净现值用于多方案比较时，虽然能反映每个方案的盈利水平，但是由于没有考虑各方案的投资额大小，因而不能直接反映资金的利用效率。为了弥补这方面的不足，可采用净现值率作为净现值的辅助指标。

净现值率（Net Present Value Ratio，NPVR），是项目净现值与全部投资现值之比，亦即单位投资现值的净现值。净现值率是相对指标，其经济含义是单位投资对国民经济或企业超额贡献的大小。计算公式如下：

$$NPVR = \frac{NPV}{I_P} = \frac{B-C}{I_P} = \sum_{t=0}^{n} \frac{B_t - C_t}{I_t(1+i)^t} \tag{4.6}$$

式中：I_P 为投资的现值；I_t 为第 t 年的投资额；其余符号意义同前。

净现值率小，单位投资的收益就低，净现值率大，单位投资的收益就高。

如 [例 4.3] 中，各方案的净现值率为

方案 A：$$NPVR_A = \frac{1262.63}{647.60} = 1.95$$

方案 B：$$NPVR_B = \frac{1384.17}{816.50} = 1.70$$

方案 C：$$NPVR_C = \frac{1367.53}{1008.55} = 1.36$$

由净现值率的评价准则可知，方案 A 在经济上最优。

从上例可看出，利用净现值来选择方案，往往趋于选择投资大、盈利相对多的方案；

用净现值率来选择方案，则往往会选择投资小的方案。在投资有一定限制条件下，投资小的方案更有吸引力。

4.4.3 净年值 NAV

净年值（Net Annual Value，NAV）是通过资金的等值计算将项目的净现值分摊到寿命期内各年（从第 1 年到第 n 年）的等额年值。净年值的计算公式如下：

$$NAV = NPV \cdot [A/P, i, t] = \sum_{t=0}^{n} \frac{B_t - C_t}{(1+i)^t} \frac{i(1+i)^t}{(1+i)^t - 1} \quad (4.7)$$

净年值法的判别准则与净现值法一致，用净年值指标进行多方案的比选时，可按下面的步骤进行：

(1) 计算各方案的净年值，淘汰净年值小于零的方案。

(2) 余下的方案中，净年值越大，表明方案的经济效益越好。

将净年值的计算公式和判别原则与净现值的计算公式和判别原则做一比较可知，净年值与净现值在项目评价的结论上总是一致的，是等效的评价指标。与净现值法不同的是，对于寿命期不同的比较方案，使用年值法可以使方案之间具有可比性，而不必强求经济计算期相同，这时采用净年值法比采用净现值法更为简便和易于计算，故净年值指标在经济评价指标体系中占有相当重要的地位。

【例 4.4】 原题参见 [例 4.3]，试用净年值法对各方案进行评价。

解：计算过程如下：

资金回收因子：$[A/P, i, n] = \dfrac{i(1+i)^n}{(1+i)^n - 1} = \dfrac{0.07 \times (1+0.07)^{56}}{(1+0.07)^{56} - 1} = 0.07162$

方案 A 的年值：$NAV_A = NPV_A \cdot [A/P, i, n] = 1262.63 \times 0.07162 = 90.43$（百万元）

方案 B 的年值：$NAV_B = NPV_B \cdot [A/P, i, n] = 1384.17 \times 0.07162 = 99.13$（百万元）

方案 C 的年值：$NAV_C = NPV_C \cdot [A/P, i, n] = 1367.53 \times 0.07162 = 97.94$（百万元）

由净年值法的评价准则可知，方案 B 在经济上最优。由于本例各方案的寿命期相同，所以用净年值法与用净现值法的评价结果是一致的，净年值法并不能简化计算。但是，如果各方案的寿命期不同，那么采用净年值法将会更方便。

4.4.4 费用现值 PC 与年费用 AC

在对多个方案进行比较选优时，如果各方案效益相同，或者各方案能够满足同样的需要，但其效益难以用价值形态来计量（如社会、环境、人群健康的效益），则可以通过对各方案费用现值（Present Cost，PC）法或年费用（Annual Cost，AC）法的比较进行选择。

费用现值（或费用年值）法实际上是净现值（或净年值）法的特例，当各方案的效益值相同而不必参与计算时，净现值（或净年值）法就可转换成费用现值（或年费用）法。

费用现值（或年费用）指标只能用于多个方案的比选，对于单一方案的评价，费用现值（或年费用）指标毫无意义，其判别准则是费用现值（或年费用）最小的方案为最优方案。

费用现值与年费用的关系，与净现值和净年值的关系一样，因此就评价结论而言，二者是等效评价指标。二者除了在指标含义上有所不同外，就计算的方便简易而言，不同的

4.4 净现值法

方案类型下各有所长。应用费用现值法时,备选方案应具有相同的寿命周期。

4.4.4.1 计算期相同时

计算期相同时,费用现值法与年费用法的应用与净现值法类似。

【例 4.5】 某建设项目有两个方案,其投资、经营成本及效益见表 4.6。若 $i=8\%$,试分别用净现值法、费用现值法、年费用法比较选优。

表 4.6　　　　　　　　　[例 4.5] 投资方案净现值　　　　　　　　　单位:万元

年数	方案 1				方案 2			
	投资	效益	经营成本	合计	投资	效益	经营成本	合计
1	−1000			−1000	−1000			−1000
2		650	−350	300		650	−300	350
3		700	−300	400		700	−300	400
4		750	−230	520		750	−300	450

解:(1) 净现值法。

计算净现值指标:

$$NPV_1 = -1000[P/F,8\%,1] + 300[P/F,8\%,2] + 400[P/F,8\%,3]$$
$$+ 520[P/F,8\%,4]$$
$$= -1000 \times 0.9259 + 300 \times 0.8573 + 400 \times 0.7938 + 520 \times 0.7350$$
$$= 31.01(万元)$$

$$NPV_2 = -1000[P/F,8\%,1] + 350[P/F,8\%,2] + 400[P/F,8\%,3]$$
$$+ 450[P/F,8\%,4]$$
$$= -1000 \times 0.9259 + 350 \times 0.8573 + 400 \times 0.7938 + 450 \times 0.7350$$
$$= 22.42(万元)$$

$$NPV_1 > NPV_2$$

所以方案 1 优于方案 2。

(2) 费用现值法。

两个方案效益相同,因此,可以只比较费用。

$$PC_1 = 1000[P/F,8\%,1] + 350[P/F,8\%,2] + 300[P/F,8\%,3]$$
$$+ 230[P/F,8\%,4]$$
$$= 1000 \times 0.9259 + 350 \times 0.8573 + 300 \times 0.7938 + 230 \times 0.7350$$
$$= 1633.145(万元)$$

$$PC_2 = 1000[P/F,8\%,1] + 300[P/F,8\%,3][P/F,8\%,1]$$
$$= 1000 \times 0.9259 + 300 \times 2.5771 \times 0.9259$$
$$= 1641.741(万元)$$

所以方案 1 优于方案 2。

(3) 年费用法。

方案 1:

$$AC_1 = PC_1 \times [A/P,8\%,4]$$

$$=1633.145\times0.3019$$
$$=493.05(万元)$$
$$AC_2=PC_2\times[A/P,8\%,4]$$
$$=1641.741\times0.3019$$
$$=495.64(万元)$$
$$AC_1<AC_2$$

所以方案 1 优于方案 2。

4.4.4.2 计算期不同时

以上是最简单的情况，即计算期相同、效益也相同的计算方法。但是在实际中，经常会碰到特殊情况，即投资不同、计算期不同的情况。计算期不同时宜采用年费用比较法。

【例 4.6】 一段输水道有两个比较方案，方案 A 用隧洞；方案 B 采用一段衬砌渠道和一段钢槽，其费用见表 4.7，$i=6\%$。

表 4.7　　　　　　　　　　[例 4.6]投资方案与费用　　　　　　　　　　单位：万元

方 案 A		方 案 B		
投资	45	投资	26	
年经营成本	0.4	渠道（不包括衬砌）	12	寿命期 100 年
寿命期	100 年	渠道衬砌	5	寿命期 20 年
		钢槽	9	寿命期 50 年
		年经营成本	1.05	

解： 用年费用比较法比较两方案。

$$AC_A=45[P/F,6\%,1][A/P,6\%,100]+0.4$$
$$=45\times0.943\times0.0602+0.4$$
$$=2.957(万元)$$
$$AC_B=12[P/F,6\%,1][A/P,6\%,100]+5[P/F,6\%,1][A/P,6\%,20]$$
$$+9[P/F,6\%,1][A/P,6\%,50]+1.05$$
$$=12\times0.943\times0.0602+5\times0.9434\times0.0872$$
$$+9\times0.9434\times0.0634+1.05$$
$$=2.681(万元)$$

方案 B 的年费用比方案 A 小，应选用方案 B。

当计算期不同时，若采用费用现值比较法，有两种处理方法：

(1) 可按诸方案中最短的计算期计算。

其计算公式为

$$PC_1=\sum_{t=1}^{n_1}(I_1+C_1-S_{V1}-W_1)_t[P/F,i,t] \tag{4.8}$$

$$PC_2=\left\{\sum_{t=1}^{n_2}(I_2+C_2-S_{V2}-W_2)_t[P/F,i,t]\right\}[A/P,i,n_2][P/A,i,n_1] \tag{4.9}$$

式中：I_1、I_2 为方案 1、方案 2 的投资费用；C_1、C_2 为方案 1、方案 2 的年经营成本；

S_{V1}、S_{V2}为方案1、方案2回收的固定资产残值；W_1、W_2为方案1、方案2回收的全部流动资金；n_1、n_2为方案1、方案2计算n期，$n_2>n_1$；$[P/A,i,n_1]$为分期等付现值系数。

【例 4.7】 拟建项目有两个方案，其投资和年经营成本如表4.8所示，$i=7\%$。试比较两方案。

表 4.8　　　　　　　　　　　　[例 4.7] 投资方案与费用　　　　　　　　　　　　单位：元

年末	方案1	方案2	年末	方案1	方案2
1	20000	15000	4	2000	7000
2	2000	7000	5		7000
3	2000	7000	6		7000

解：由式（4.8）得

$$PC_1 = 20000[P/F,7\%,1] + 2000[P/A,7\%,3][P/F,7\%,1]$$
$$= 20000 \times 0.9346 + 2000 \times 2.6243 \times 0.9346$$
$$= 23597.34(元)$$

由式（4.9）得

$$PC_2 = \{15000[P/F,7\%,1] + 7000[P/A,7\%,5][P/F,7\%,1]\}$$
$$\times [A/P,7\%,6][P/A,7\%,4]$$
$$= (15000 \times 0.9346 + 7000 \times 4.1002 \times 0.9346) \times 0.2098 \times 3.3872$$
$$= 29024.68(元)$$

$$PW_2 > PW_1$$

在前四年中方案1的费用现值比方案2小，故方案1优于方案2。

（2）也可以采用方案计算期最小公倍数计算。

【例 4.8】 试以8%利率，比较下列两个方案。这是一个在寿命期末有余值，而且计算期不等的方案比较问题。表4.9为两个方案的费用，图4.7为资金流程图。

表 4.9　　　　　　　　　　　　[例 4.8] 投资方案与费用　　　　　　　　　　　　单位：元

项目	投资	年经营成本	余值	寿命期
方案1	50000	9000	10000	8
方案2	120000	6000	20000	12

解：（1）用现值法比较。

方案1：按各方案中最短的计算期计算：

$$PC_1 = I_1[P/F,8\%,1] - S_{V1}[P/F,8\%,9] + C_1[P/A,8\%,8][P/F,8\%,1]$$
$$= 50000 \times 0.9259 - 10000 \times 0.5002 + 9000 \times 5.746 \times 0.9259$$
$$= 89179.99(元)$$

$$PC_2 = \{120000[P/F,8\%,1] - 20000[P/F,8\%,13] + 6000[P/A,8\%,12][P/F,8\%,1]\}$$
$$\times [A/P,8\%,12][P/A,8\%,8]$$
$$= (120000 \times 0.9259 - 20000 \times 0.3677 + 6000 \times 7.5361 \times 0.9259) \times 0.1327 \times 5.7466$$
$$= 111046.04(元)$$

$PC_1 < PC_2$，方案1优于方案2。

方案2：按各方案计算期最小公倍数法计算，资金流程图如图4.7所示。

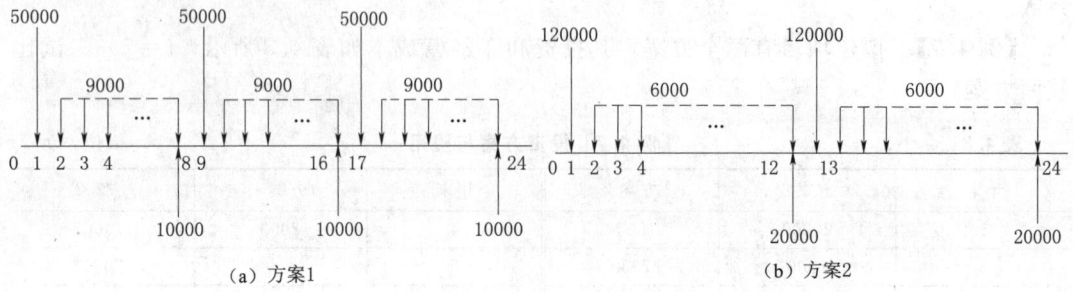

(a) 方案1   (b) 方案2

图4.7 [例4.8] 最小公倍数法计算资金流程图（单位：元）

$PC_1 = 50000[P/F,8\%,1] + 9000[P/A,8\%,7][P/F,8\%,1] - 10000[P/F,8\%,8]$
$\quad + 50000[P/F,8\%,9] + 9000[P/A,8\%,7][P/F,8\%,9] - 10000[P/F,8\%,16]$
$\quad + 50000[P/F,8\%,17] + 9000[P/A,8\%,7][P/F,8\%,17] - 10000[P/F,8\%,24]$
$= 50000 \times 0.9259 + 9000 \times 5.206 \times 0.9259 - 10000 \times 0.5403$
$\quad + 50000 \times 0.5002 + 9000 \times 5.206 \times 0.5002 - 10000 \times 0.2919$
$\quad + 50000 \times 0.2703 + 9000 \times 5.206 \times 0.2703 - 10000 \times 0.1577$
$= 154404.1 (元)$

$PC_2 = 120000[P/F,8\%,1] + 6000[P/A,8\%,11][P/F,8\%,1] - 20000[P/F,8\%,12]$
$\quad + 120000[P/F,8\%,13] + 6000[P/A,8\%,11][P/F,8\%,13] - 20000[P/F,8\%,24]$
$= 120000 \times 0.9259 + 6000 \times 7.139 \times 0.9259 - 20000 \times 0.3971$
$\quad + 120000 \times 0.3677 + 6000 \times 7.139 \times 0.3677 - 20000 \times 0.1577$
$= 698236.6 (元)$

$PC_1 < PC_2$，方案1优于方案2。

(2) 用年费用比较。

由第3章知： $\quad A = P[A/P,i,n]$

现在要考虑残值 S_V，则 $A = I[P/F,i,n][A/P,i,n] - S_V[A/F,i,n]$

而 $\quad [A/P,i,n] = i + [A/F,i,n]$

故 $\quad A = (I[P/F,i,n] - S_V)[A/P,i,n] + S_V i$

则年费用可写成：

$$AC = (I[P/F,i,n] - S_V)[A/P,i,n] + C + S_V i \quad (4.10)$$

利用式 (4.10) 计算两方案年费用分别为

$AC_1 = (50000[P/F,8\%,1] - 10000)[A/P,8\%,8] + 9000 + 10000 \times 0.08$
$\quad = 36295 \times 0.1740 + 9000 + 800$
$\quad = 16115.33 (元)$

$AC_2 = (120000[P/F,8\%,1] - 20000)[A/P,8\%,12] + 6000 + 20000 \times 0.08$
$\quad = 91108 \times 0.1327 + 6000 + 1600$
$\quad = 19690.04 (元)$

$AC_1 < AC_2$,方案 1 优于方案 2。

两种方法所得结论相同。

通过上述算例可以看出:对计算期不相等的方案进行比较时,可用现值法和年值法。用现值法可取较长计算期,也可取较短计算期。但取较长计算期时,计算期短的方案要进行再投资;取较短的计算期要回收固定资产余值。由于各种因素的影响,无论是再投资数额还是回收固定资产余值数额都是难以准确确定的。所以,在对具有不同计算期的方案进行比较时,用年值法比较简便。

4.5 内部收益率法

4.5.1 内部收益率 IRR

内部收益率(Internal Rate of Return,IRR),是指工程在经济寿命期 n 年内,总效益现值 B 与总费用现值 C 两者恰好相等时的收益率,亦即净现值为零时的 i 值。其数学表达式为

$$B - C = \sum_{t=1}^{n}(B_t - C_t)(1 + IRR)^{-t} = 0 \qquad (4.11)$$

如果所求出的收益率 IRR 大于或等于规定值时,则认为该工程项目是有利的,即投资该工程项目可以获得大于或等于规定的收益率。在进行国民经济评价时,规定的收益率值称为社会折现率 i_s。目前规定 $i_s = 12\%$;在进行财务评价时,规定的收益率称为行业基准收益率 i_c,目前规定 $i_c = 10\%$。

式(4.11)是一个 i 的高次方程,直接求解比较困难。常用的计算方法有试算法和近似计算法两种,现分别介绍如下。

4.5.1.1 试算法

(1)初选一个 i_1 值代入式(4.11),计算现金流入和流出的折算现值 B_1 和 C_1,并求出相应净现值 $NPV_1 = B_1 - C_1$,若 $NPV_1 = 0$,表示 $B_1 = C_1$ 则相应的 i_1 值即所求的 IRR。

(2)$NPV_1 > 0$,表示所选的 i_1 值偏小,应另选一个较大的值,同法代入式(4.11),并求出相应的净现值 NPV_2。若 $NPV_2 < 0$,表示所选的 i_2 值偏大,应再选一个 i_3 值(要求比 i_1 大,比 i_2 小),直至 $NPV_1 = 0$ 为止。即求得内部收益率 IRR。

4.5.1.2 近似计算法

以横坐标 i 纵坐标 NPV 建立坐标系,如图 4.8 所示。在坐标系中选两点 $A(i_1,NPV_1)$ 和 $B(i_2,NPV_2)$,要求:

(1)i_1 所对应的净现值 $NPV_1 > 0$。

(2)i_2 所对应的净现值 $NPV_2 < 0$。

连接两点 A 和 B,当 $i_2 - i_1$ 足够小时(一般要求小于 3%,最大不应大于 5%),可以将曲线段 AB 近似看成直线段 AB,直线段 AB 与横坐标轴的交点

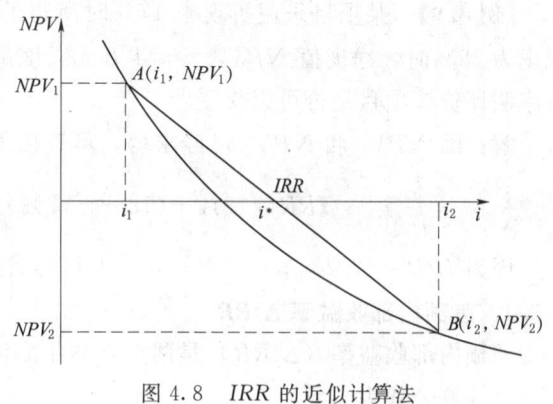

图 4.8 IRR 的近似计算法

处的折现率 i^* 即为 IRR 的近似值。根据三角形的相似性，有

$$\frac{|NPV_1|}{|NPV_2|}=\frac{i^*-i_1}{i_2-i^*}$$

从上式中解得

$$IRR=i^*=i_1+(i_2-i_1)\frac{|NPV_1|}{|NPV_1|+|NPV_2|} \qquad (4.12)$$

用内部收益率法进行工程经济分析时，内部收益率高，一般工程方案的投资效益就越好，衡量工程和方案在经济上是否有利的判别准则为：①在财务评价中 IRR 要大于等于行业基准收益率 i_c；②在国民经济评价中要大于等于社会折现率 i_s。

对于互斥方案的优选，还须进行增量分析。当各方案寿命期相同时，令对比方案增加的费用 ΔC 和增加的效益 ΔB 相等，然后求解方程的折算率 i，即为增加的 ΔIRR。设有互斥方案 A、B：

因为 $\qquad\qquad\qquad\qquad \Delta C=\Delta B$

即 $\qquad\qquad\qquad\qquad C_A-C_B=B_A-B_B$

移项得 $\qquad\qquad\qquad\qquad B_A-C_A=B_B-C_B$

所以 $\qquad\qquad\qquad\qquad NPV_A=NPV_B$

如图 4.9 所示，J 点为 A、B 两方案净现值曲线的交点，在该点 $NPV_A=NPV_B$，相应的折现率即为 ΔIRR。由图中可以看出：

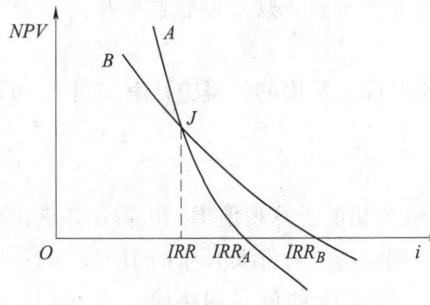

图 4.9 互斥方案内部收益率分析

当 $i<\Delta IRR$ 时，$NPV_A>NPV_B$，选方案 A；

当 $\Delta IRR<i<\Delta IRR_A$ 时，$NPV_A<NPV_B$，选方案 B；

当 $\Delta IRR_A<i<\Delta IRR_B$ 时，$NPV_A<0$，$NPV_B>0$，方案 A 不可行，选方案 B；

当 $i>\Delta IRR_B$ 时，$NPV_A<0$，$NPV_B<0$，方案 A、B 均不可行；

同理，如果各方案寿命期不同，只需将对比方案的净现值替换成净年值，令各方案净年值 NAV 相等，然后解方程得到 ΔIRR。

【例 4.9】 某项目采用折现率 17% 时所得的净现值 $NPV_1=18.7$ 万元，而当采用折现率为 18% 时，净现值 $NPV_2=-74$ 万元。该部门的基准收益率 $i_c=11\%$，试用内部收益率法评价该项目是否可以接受？

解：因 NPV_1 和 NPV_2 已经求得，可直接用式（4.9）计算该项目的 IRR，即

$$IRR=17\%+(18\%-17\%)\times\frac{18.7}{18.7+74}=17.2\%$$

因为 $IRR=17.2\%>i_c=11\%$，说明该项目是可以接受的。

4.5.2 差额内部收益率 ΔIRR

差额内部收益率（ΔIRR）是两个方案年净值现金流量差额的现值之和等于零的折现率。其计算公式为

4.5 内部收益率法

$$\sum_{t=1}^{n}[(B-C)_2]-(B-C)_1]_t(1+\Delta IRR)^{-t}=0 \qquad (4.13)$$

式中：$(B-C)_2$ 为投资大的方案的净现金流量；$(B-C)_1$ 为投资小的方案的净现金流量；ΔIRR 为差额内部收益率。

项目的差额内部收益率可用试算法或近似计算法求得。

差额内部收益率大于或等于基准收益率 i_c（财务评价）或社会折现率 i_s（国民经济评价）时，投资大的方案好。这与净现值得出的结论也是一致的。

【例 4.10】 有 4 个互相排斥的方案，其现金流量见表 4.10。现要求从中选择出最佳方案。

表 4.10　　　　　　　　　　[例 4.10] 投资方案比较　　　　　　　　　单位：元

评价指标		A_0	A_1	A_2	A_3
现金流量	第 1 年年末	0	−5000	−8000	−10000
	第 2~11 年年末	0	1400	1900	2500
净现值（NPV）（$i=15\%$）		0	2026.32	1535.72	2547.00
内部收益率（IRR）		15%	25%	19.9%	21.9%
差额内部收益率法（ΔIRR）（$i=15\%$）			25%	10.5%	17.6%

解：（1）计算各方案的内部收益率及 $i=15\%$ 时的净现值，结果见表 4.10。

净现值计算结果显示，各方案的优先顺序为 A_3、A_1、A_2、A_0。

内部收益率计算结果显示，各方案的优先顺序为 A_1、A_3、A_2、A_0。

方案 A_0 为全不投资方案，意味着资金没投在上述所考虑的互斥方案上而放在其他机会上。

（2）计算各方案的差额内部收益率，按以下步骤进行：

第 1 步：先把参加评价的各方案初始投资的递升次序排列。

第 2 步：选择初始投资最小的方案作为临时最优方案。现选 A_0 为临时最优方案。

第 3 步：选择初始投资较高的方案 A_1 作为竞赛方案，使投资差额（A_1-A_0）的净现值等于零，求其差额内部收益率，计算公式如下：

$$-5000[P/F,i^*,1]+1400[P/A,i^*,10][P/F,i^*,1]=0$$

用试算法可以得出：$i^*_{A_1-A_0}=25\%>15\%$

所以方案 A_1 变为临时最优方案，而把全不投资方案 A_0 淘汰掉。

第 4 步：方案 A_2 与方案 A_1 比较，计算差额投资（A_2-A_1）的内部收益率，计算公式如下：

$$-3000[P/F,i^*,1]+500[P/A,i^*,10][P/F,i^*,1]=0$$

得　　　　　　　　　　$i^*_{A_2-A_1}=10.5\%<15\%$

方案 A_2 被淘汰，A_1 仍为临时最优方案。

第 5 步：方案 A_3 与方案 A_1 比较，计算差额投资（A_3-A_1）的内部收益率，公式如下：

$$-5000[P/F,i^*,1]+1100[P/A,i^*,10][P/F,i^*,1]=0$$

得　　　　　　　　　　$i^*_{A_3-A_1}=17.6\%>15\%$

现在方案 A_3 成为最优方案，方案 A_1 被淘汰。

根据差额内部收益率计算结果，各方案的优先顺序为 A_3、A_1、A_2、A_0。

从以上分析评价结果可以看出，按内部收益率高低来评选方案和按基准收益率为 15％时采用其他招标来评选方案的结论不一致。这种不一致的情况可由图 4.10 来说明。

从图中可以看出，方案 A_1 的内部收益率大于方案 A_3 的内部收益率。但在基准收益率处，A_3 的净现值大于 A_1 的净现值。差额内部收益率的几何意义，就是表示折现率为 17.6％时，方案 A_3 与 A_1 的净现值相等。即 A_3 与 A_1 两条净现值函数曲线相交点对应的折现率，以 i^* 表示。这样，利用差额投资内部收益率评价就与净现值评价结果一致。

在方案比较中要注意互斥方案净现值函数之间的关系。图 4.11 中表示了互斥方案净现值函数的 3 种关系。

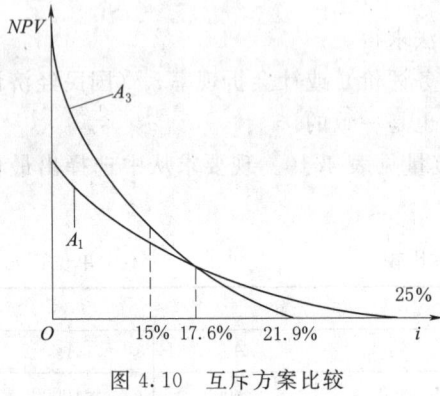

图 4.10 互斥方案比较

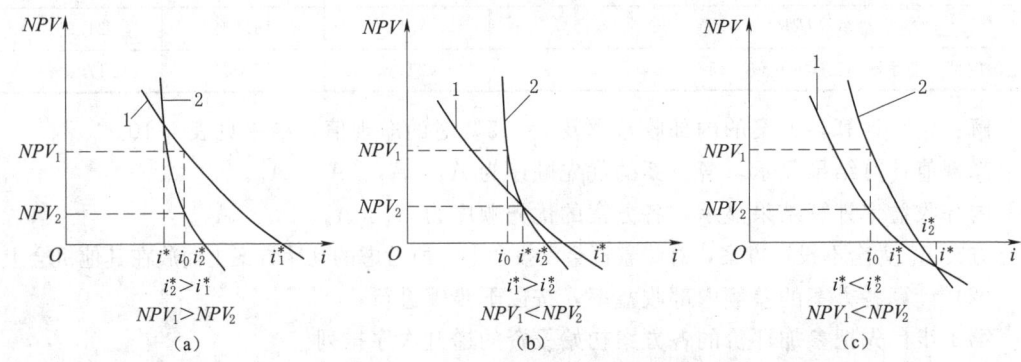

图 4.11 互斥方案净现值函数间关系

1、2—两个互斥方案

图 4.11 中，(a) 与 (c) 两种情况，内部收益率与净现值评价结果一致，(b) 则不一致。图 (b) 所反映的情况即为图 4.10 中净现值曲线的情况，曲线交点在折现率右侧，且在横线上方，该曲线交点所对应的折现率即为差额内部收益率。在这种情况下，就必须采用差额投资内部收益率来进行方案比较，其评价结果则与净现值指标一致，表 4.9 中已经表明了这个结果。

这里还应注意的是，表 4.10 中的结果是按照 $i=15％$ 计算，如果选择不同的 i 值，比较结果就会发生变化。

在采用差额内部收益率进行评价时，要注意必须用初始投资大的方案现金流量减去初始投资小的方案现金流量，这样形成典型投资情况，处理起来较方便。图 4.12 中 (a)、(b) 分别表示 A_3-A_1 和 A_1-A_3 所形成的净现值函数。虽然 $i^*_{A_3-A_1}=i^*_{A_3-A_2}=17.6％$，但判别标准不同，如果用 A_3-A_1，则 $i^*_{A_3-A_1}>i_c$ 时，A_3 优于 A_1；反之，若用 A_1-A_3，则 $i^*_{A_3-A_1}<i_c$ 时，A_1 优于 A_3。这在评价时要特别注意，以免得出相反的结论。

4.5 内部收益率法

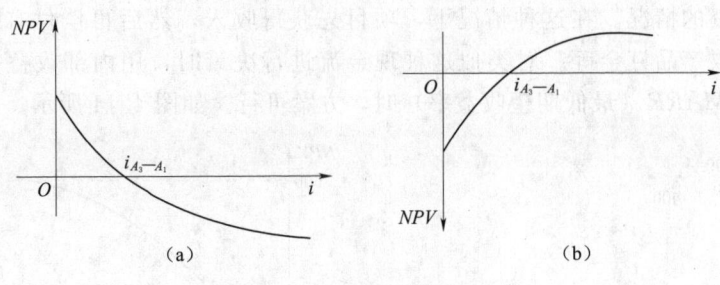

图 4.12 差额投资内部收益率

4.5.3 内部收益率法的讨论

前面所讲的内部收益率计算方法只适用于常规投资项目，即项目在寿命期内除建设期（或包括投产初期）净现金流量为负值外，均为正值，也就是这类项目的净现值函数曲线与横轴只有一个交点，且净现值函数为减函数。而非常投资项目是指项目在寿命期内，带负号的净现金流量或者只发生在带正号的净现金流量之后，或者是不仅发生在建设期（或生产初期），而且分散在带正号的净现金流量之中。此时可能发生以下 3 种情况：

（1）内部收益率不存在。这类项目的现金流量有 3 种情况，一般都不存在有明显经济意义的内部收益中，如图 4.13 所示。

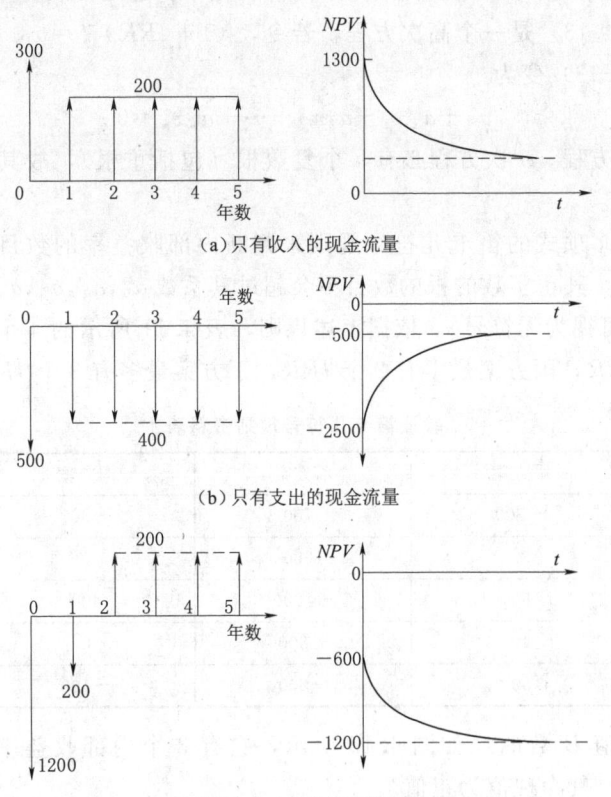

(a) 只有收入的现金流量

(b) 只有支出的现金流量

(c) 累计支出大于收入的现金流量

图 4.13 不存在内部收益率的情况

(2) 非投资的情况。在这种情况下，项目先获得收入，然后再偿付有关费用，如租赁、转让、预收产品订金等。对类似这种现金流进行决策时，用内部收益率进行评价标准，当 $IRR<MARR$（最低期望收益率）时，方案可行。如图 4.14 所示。

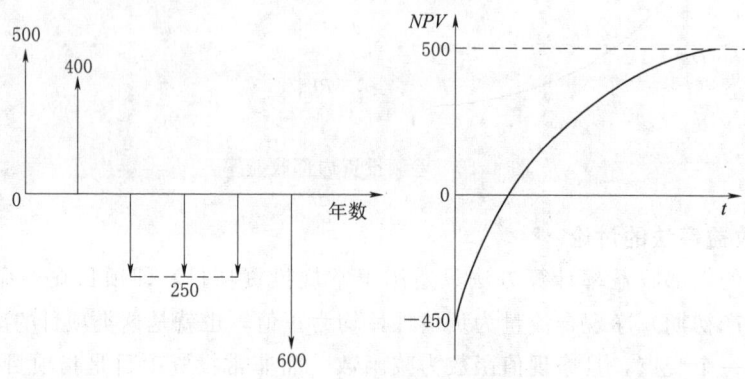

图 4.14 非投资情况

(3) 具有两个或两个以上的内部收益率。在上述情况中，不管是先产出后投入，还是先投入后产出，它们的收支都只交换了一次，即在现金流量中只出现一次"反号"。如果在现金流量中出现多次反号，则会得到多个内部收益率。这是由收益率计算公式的数学特性所决定的。式（4.13）是一个高次方程，若令，$(1+IRR)^{-t}=x$，$B_t-C_t=a_t(t=0,1,\cdots,n)$，则式（4.13）变为

$$a_0+a_1x_1+a_2x_2+\cdots+a_nx_n=0 \tag{4.14}$$

这是一个 n 次方程，n 次方程必有 n 个复数根（包括重根），故其正数根的个数可能不止一个。

可以根据 n 次多项式的笛卡儿符号规则来判断内部收益率的数目。规则为：系数为实数的 n 次多项式，其正实数的根的数目不会超过其系数 $a_0,a_1,a_2,a_{n-1},\cdots,a_n$ 系列中符号变更的次数（0 可视为无符号）。依据上述规则，表 4.11 所示的 4 个方案中，甲、乙方案最多只有 1 个 IRR，丙方案最多有 2 个 IRR，丁方案最多有 3 个 IRR。

表 4.11　　　　　　　　　　验证笛卡儿符号规则资料表

时间节点	甲方案	乙方案	丙方案	丁方案
第1年年末	−200	1700	−300	−100
第2年年末	30	1600	0	470
第3年年末	60	−1000	400	−720
第4年年末	40	−800	0	360
第5年年末	90	−500	−100	0

丁方案的净现值 B 数曲线如图 4.15 所示，它有 3 个内部收益率，且当 $i<20\%$ 或 $50\%<i<100\%$ 时，其净现值为正值。

通过求解式（4.14）所得的上述 3 个正实数解是否都是内部收益率呢？需要用内部收益率的基本含义进行检验：即在该利率下，项目寿命期内是否始终存在未被回收的投资且

只在寿命期末才完全回收。以 $i=20\%$ 为例,回收投资的资金流程如图 4.16 所示。

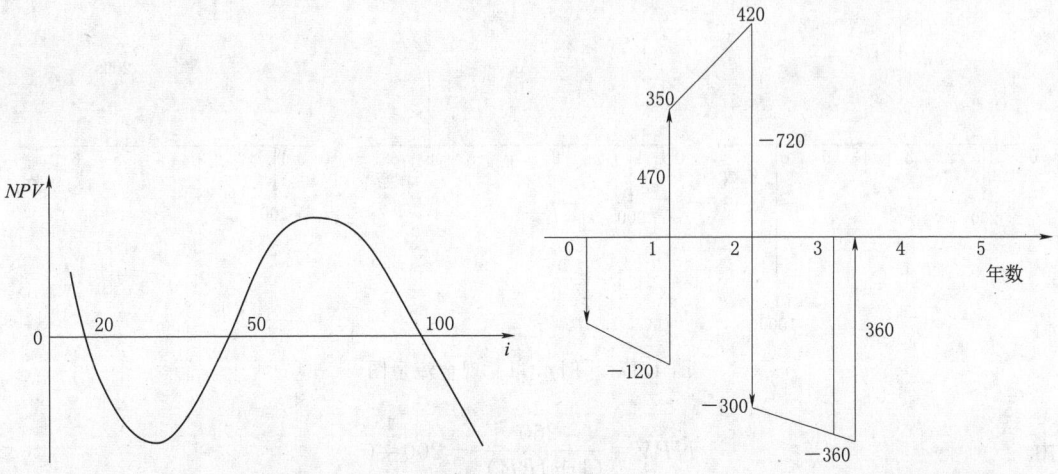

图 4.15　表 4.11 中丁方案的净现值函数曲线　　图 4.16　$i=20\%$ 回收投资的资金流程图

在图 4.16 中,第 1 年年末投资(100 万元)在第 2 年年末完全回收,且项目有净盈余 350 万元,第 3 年年末又有未收回的投资(300 万元),第 4 年即寿命期末又全部回收。根据内部收益率的经济含义可知,第 3 年年初的 350 万元净盈余,其 20% 的盈利率不是在项目之内,而是在项目之外获得的,故这 20% 不是项目的内部收益率。同理,对 $i=50\%$,$i=100\%$ 作类似计算,就会发现寿命期内(第 1 年)都存在初始投资不但全部回收且有盈余的情况,故它们也不是项目的内部收益率,而只是虚假的计算值,并无实际经济意义。

由上述分析可知,当出现两个或两个以上的收益率时,其计算值往往均不是真正的内部收益率,因此要对其现金流量进行调整,使其符号改变限制在一次。调整是通过基准收益率 $MARR$ 来进行的。

【例 4.11】　某项目的现金流量见表 4.12,基准收益率为 8%,计算其内部收益率并判断本项目是否可行。

表 4.12　　　　　　　　　　[例 4.11] 项目现金流量表

年数	1	2	3	4	5	6
净现金流量/万元	-200	0	1000	0	0	-1000

解:从表中的现金流量看出,其符号改变了两次,则项目至多有两个内部收益率的解。若不考虑 $MARR$,计算出两个内部回收率 $i_1=9.8\%$,$i_2=11.5\%$。通过检验,这两个值均不是真正的内部收益率,因此需要进行调整。其办法是将第 3 年年末的现金流量折算到第 6 年年末,并与该年的现金流量合并,得到一个新的只有一次变号的现金流量,如图 4.13 所示。

用 $i=MARR=8\%$,求得

$$F=1000(1+i)^3=1000\times(1+8\%)^3=1260(元)$$

则　　　　　　　　　　$-1000+1260=260(万元)$

第4章 工程经济评价方法

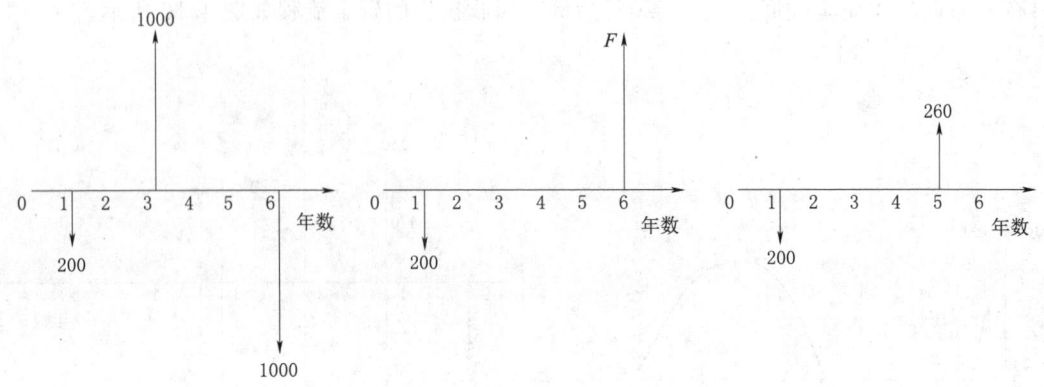

图 4.17 [例 4.11] 现金流量图

由
$$NPV = \frac{260}{(1+IRR)^5} - 200 = 0$$
解出
$$IRR = 5.4\%$$

因此该项目实际内部收益率是 5.4%。因为 $IRR=5.4\%<MARR=8\%$，所以，项目不可取。

内部收益率法无须事先确定一个折现率，它可以直接求出收益率来与基准收益率比较，从而判断项目是否可行，在一定程度上反映了投资项目的经济性、合理性。但是它的计算较为烦琐。当投资项目具有多个内部收益率时，还需进行调整。内部收益率法只能判断单个方案是否可行，进行多方案比选时，还得计算增量投资内部收益率。

4.6 投资回收期法

投资回收期（Payback Period），指工程建成后，用其自身的收益收回全部投资所需的年数，亦即各年累计现金流入和累计现金流出相等所需的时间。投资回收期是反映技术方案投资回收速度的重要指标。

投资回收期的基本原理时：如果一个工程项目的投资回收期不大于期望的投资回收期时，可以考虑接手这个项目；否则，可以考虑不接受这个项目。假定一个投资项目的方案 A 投资回收期为 6 年，而类似项目和方案的投资回收期为 7 年，那么方案 A 就可行；若这个投资项目方案 A 的投资回收期为 8 年，那么这个方案就不可行。

根据是否考虑资金的时间价值，投资回收期分为静态投资回收期和动态投资回收期。

4.6.1 静态投资回收期 P_t

静态投资回收期 P_t 是指不考虑资金的时间价值，以项目净收益来回收项目全部投资所需要的时间。根据定义，静态投资回收期 P_t 的计算公式为

$$\sum_{t=1}^{P_t}(B_t - C_t) = 0 \tag{4.15}$$

式中：P_t 为静态投资回收期；B_t 为现金流入；C_t 为现金流出。

在实际工作中，累计净现金流量等于 0 的时间点往往不是某一自然年份。这是可以采

4.6 投资回收期法

用财务现金流量表累计净现金流量来求 P_t，计算公式如下：

$$P_t = [累计净现金流量开始出现正值的年份数] - 1 + \frac{|上年累计净现金流量|}{当年净现金流量} \quad (4.16)$$

利用静态投资回收期进行方案评价时需要和基准投资回收期（P_{t0}）进行比较，对单方案进行评价时，当 P_t 小于基准投资回收期（$P_t < P_{t0}$）时，该技术方案可行，当对多方案进行评价时，投资回收期最短的方案最优。

【例 4.12】 某投资方案的净现金流量见表 4.13，求该技术方案的静态投资回收期。若该行业类似规模项目的投资回收期一般为 6 年，请问这个项目可行不可行？

表 4.13　　　　　[例 4.12] 累计净现金流量计算表　　　　　单位：万元

年数	0	1	2	3	4	5	6	7
净现金流量	−100	−40	50	40	40	40	50	40
累计净现金流量	−100	−140	−90	−50	−10	30	80	120

解：累计净现金流量计算结果如上表所示，根据式（4.16）有

$$P_t = [累计净现金流量出现正值的年份] - 1 + \frac{|上年累计净现金流量|}{当年净现金流量}$$

$$= 5 - 1 + \frac{|-10|}{40}$$

$$= 4.25(年)$$

由于 4.25 年小于 5 年，该投资方案可行。

【例 4.13】 投资者面临两个投资方案，其净现金流量见表 4.14，基准静态投资回收期为 5 年，问在此情况下投资者该选择何种方案？

表 4.14　　　　　[例 4.13] 两方案的净现金流量　　　　　单位：万元

年数	0	1	2	3	4	5
方案 A	−1000	200	150	300	350	400
方案 B	−1000	150	300	300	400	400

解：根据式（4.16），首先需要编制累计净现金流量表，见表 4.15。

表 4.15　　　　　[例 4.13] 两个方案的累计净现金流量表　　　　　单位：万元

年数	0	1	2	3	4	5
方案 A	−1000	−800	−550	−250	100	500
方案 B	−1000	−850	−550	−250	150	600

$$P_{tA} = 4 - 1 + \frac{|-250|}{350} = 3.71(年)$$

$$P_{tB} = 4 - 1 + \frac{|-250|}{400} = 3.625(年)$$

由于两个方案的投资回收期均小于基准投资回收期（5 年），故两个方案均可行。因为 $P_{tB} < P_{tA}$，所以应该选择方案 B。

4.6.2 动态投资回收期 P_{td}

动态投资回收期（P_{td}）是指考虑资金的时间价值，在给定的基准收益率下，用项目各年净收益来回收全部投资的现值所需要的时间。动态投资回收期一般从投资开始年算起。根据定义，动态投资回收期的计算公式如下：

$$\sum_{t=1}^{P_t}(B_t-C_t)(1+i)^{-t}=0 \tag{4.17}$$

在实际计算中，由于各年净现金流量常常不是等额的，因此，采用的计算方法仍然是与求静态投资回收期相似的通过现金流量表求解，其计算公式为

$$P_t=[累计净现值开始出现正值的年份]-1+\frac{|上年累计净现值|}{当年净现值} \tag{4.18}$$

采用动态投资回收期法计算出来的动态投资回收期仍需要和基准投资回收期进行比较，其评判准则和静态投资回收期基本相同。即对单方案进行评价时，当 P_{td} 小于基准投资回收期时，该技术方案可行；对多方案进行评价时，投资回收期最短的方案最优。

【例 4.14】 某项目现金流量如表 4.16 所示，$i=10\%$，试计算项目的静态、动态投资回收期。

表 4.16　　　　　　　　　[例 4.14] 项目现金流量表　　　　　　　　　单位：万元

年数	0	1	2	3	4~7	8~12
投资	200	500	200			
经营费用				300	450	400
收入				350	700	700

解：编制项目现金流量计算表，见表 4.17。

表 4.17　　　　　　　　　[例 4.14] 项目现金流量计算表　　　　　　　　　单位：万元

年数	净现金流量	累计净现金流量	净现金流量现值	累计净现值
0	−200	−200	−200	−200
1	−500	−700	−454.55	−654.55
2	−200	−900	−165.28	−819.83
3	50	−850	37.57	−782.27
4	250	−600	170.75	−611.52
5	250	−350	155.23	−456.29
6	250	−100	141.13	−315.17
7	250	150	128.30	−186.87
8	300	450	139.95	−46.92
9	300	750	127.23	80.32
10	300	1050	115.65	195.97
11	300	1350	105.15	301.12
12	300	1650	95.58	396.70

静态投资回收期为

$$P_t = 7-1+\frac{100}{250} = 6.67(年)$$

动态投资回收期为

$$P_{td} = 9-1+\frac{46.92}{127.23} = 8.37(年)$$

4.7 评价方法的讨论

(1) 效益费用比法与内部收益率法，实质上都是效益与费用的比较。国外采用效益费用比公式时，i 常采用基准收益率 $MARR$ 值（具有吸引力的最低利润率，当然比银行贷款利率高），我国水利水电工程进行国民经济评价时，i 应采用社会折现率（$i_s=12\%$）；当进行财务评价时，i 应采用行业基准收益率（例如电力行业 $i_c=10\%$），但均不应采用银行贷款利率。尤其我国在目前情况下银行对水利工程基建贷款的利率较低，原来国家对水利工程基本建设无偿贷款，容易导致资金大量积压，后来改为低利贷款和贴息贷款。

(2) 如采用内部收益率法进行方案比较时，对试算求出的 IRR 值，如为国民经济评价，应与社会折现率 i_s 比较，当 $IRR>i_s$ 时认为经济上有利，如为财务评价，应与行业基准收益率 i_c 比较，当 $IRR>i_c$ 时认为财务上有利。如果 $IRR<i_s$ 或 i_c 时，即认为经济上不利或财务上不可行。

(3) 如采用净现值法或净年值法进行经济比较时，往往选择净现值 NPV 或净年值 NAV 最大的方案，相当于 $(B-C)\max$ 的情况，即被认为在经济上最为有利。在一般情况下，各个方案的效益并不相同，但在某种情况下，可能各个方案（例如水电站与火电站可以相互替代的方案）的效益是相同的，则年费用最小者即被认为是经济上最有利的方案。如果电站是直接向用户供电（例如远离电网的偏僻边远地区），则可以考虑采用净现值最小法或净年值最小法；如果电站并不"孤立"运行，而是水、火电站在电力系统内联合运行，则应采用电力工程年费用最小准则。

(4) 在进行工程经济计算和分析时，必须明确是在进行国民经济评价，还是财务评价？如果是国民经济评价，无论投资、年运行费或效益均按影子价格计算，折现率 i 采用国家规定的社会折现率 i_s（在目前情况下，规定 $i_s=12\%$）；如果是财务评价，无论投资、年运行费（又称经营成本）、效益等，均按现行价格计算，此时折现率 i 应采用国家规定的行业基准收益率 i_c（各行业的基准收益率并不相同，参阅《水利建设项目经济评价规范》）。

(5) 在年费用计算时，对水电站造价分别要考虑土建部分（例如大坝、溢洪道、输水隧洞或管道等）造价和机电部分造价（造价为净投资）经济寿命分别假定土建部分 $n_1=50$ 年，机电部分 $n_2=25$ 年；对火电站一般假设 $n_1=n_2=25$ 年。顺道说明，工程经济寿命是根据本身年费用（包括投资年回收值与年运行费）最小要求定出的，如果管理不善，使用寿命可能短于经济寿命；如果精心管理，则使用寿命可能大大超过经济寿命。我国由于资金比较紧缺，很多工程的实际使用寿命超过了规定的经济寿命，只要注意维护管理，

第 4 章 工程经济评价方法

安全上不致发生问题，只是经济性（年运行费有逐年增加趋势）差一些。

思 考 题

1. 某水电工程的建设投资为 4.2 亿元，假设建设期 1 年，建设后每年各项收入 1.2 亿元，年运行费 0.5 亿元，试计算该工程的 NPV、NAV、$NPVR$、IRR、P_t。已知 $i=10\%$，$n=50$。

2. 某一特定工程在不同投资水平下，计算出的年费用与年收入见表 4.18。

表 4.18　　　　　　　　　年费用与年收入表　　　　　　　　　单位：万元

年费用	39	83	117	155	184
年收入	100	150	175	185	190

问应选何种方案？按有资金限制和无资金限制两种情况进行讨论。

3. 根据表 4.19 中所列方案 A、B 的数据，试用作图法说明以下问题：

表 4.19　　　　　　　　　方案数据计算表

项　目	寿命/年	$NPV(i=5\%)$	IRR
方案 A	10	100000	10%
方案 B	10	110000	8%

(1) 什么条件下选择方案 A？
(2) 什么条件下选择方案 B？
(2) 什么条件下放弃方案 A 与方案 B？

4. 某水利工程投资 1000 万元。建设 1 年，第 2 年即开始正常工作，使用寿命为 30 年，运行期年效益 300 万元，年运行费用 45 万元，使用寿命结束时残值为 60 万元，基准折现率为 12%，计算工程的净现值。

5. 企业拟购买机床一台，现有两个方案供选择。两方案除投资额、运行成本与寿命不同外其余均相同。方案现金流见表 4.20，假设两方案均可行，若行业基本折现率 $i=15\%$，试用年值法优选方案。

表 4.20　　　　　　　　　方案现金流量

项目	投资/元	年运行成本/元	残值/元	寿命/年
方案 A	8000	2500	0	10
方案 B	13000	1600	2000	5

6. 在两个获益相同的投资方案间进行选择，方案 A 寿命为 5 年，初始投资为 2000 万美元，残值为 250 万美元，年维修费为 25 万美元；方案 B 寿命为 10 年，初始投资为 4000 万美元，年维修费为 30 万美元，残值为 1000 万美元。在基准收益率为 8% 时，哪个方案较为有利？

7. 某灌区总干渠如果全部采用混凝土衬砌,共需投资 270 万元,年维修费用 0.2 万元,据估算每年平均可获得增加收入 20 万元。若不衬砌,采用机械和人工清淤除草,需购置机器价值 15 万元,第 1 年用于清淤除草成本 5 万元,第 2 年 5.2 万元,以后每年增加 0.5 万元,直到 50 年后工程试用期满,试分析渠道是否值得衬砌?($i=8\%$)

8. 某企业现有固定资产 500 万元,流动资产 200 万元,若进行技术改造需投资 140 万元,改造当年生效。改造与不改造的每年收入、支出见表 4.21,假定改造、不改造的寿命期均为 8 年,折现率 $i=10\%$,问该企业是否应当进行技术改造?

表 4.21　　　　　　　某企业改造与不改造的收支预测　　　　　　单位:万元

方案	不 改 造		改 造	
年数	1~8	8	1~8	8
年销售收入	600		650	
资产回收		250		300
年支出	495		520	

9. 某供水工程项目,计算期内各年的现金流入和流出见表 4.22。设折算率 $i=5\%$,计算该项目的静态和动态投资回收期。(要求列表计算)。

表 4.22　　　　　　　　　　现 金 流 量 表　　　　　　　　　　单位:万元

年末序号	1	2	3	4	5	6	7
现金流入	0	20000	20000	20000	23000	23000	23000
现金流出	70000	5000	5000	5000	5500	5500	5500

10. 某供水工程有两个可供选择的技术方案 A 和 B,两方案的费用流量见表 4.23。假定其实现的效益相等,折算率为 10%,试比较这两个方案,并选择较经济的方案。(1) 按各方案中最短的计算期计算;(2) 按各方案计算期的最小公倍数计算。

表 4.23　　　　　　　　　供水工程现金流量表

项　目	方案 A	方案 B
投资(第 1 年年末)	60000 元	110000 元
年经营成本	8000 元	7000 元
寿命期	20 年	40 年
残值	12000 元	20000 元

11. 某水利建设项目共有 A、B、C 3 个方案,各方案的建设期均为 1995—2000 年,其中包括投产期 1999—2000 年,生产期均为 2001—2050 年,各方案的投资、年运行费及年效益见表 4.24,设社会折现率为 7%,试分别用效益费用比法、净现值法、投资回收期法进行方案比选,选择经济上最有利的方案。

12. 结合资金流程图,用效益费用比指标,分析基准点的选择对该指标的数值和用该指标得到的评价结论各有什么影响?

表 4.24　　　　水利建设项目各年投资、年运行费及年效益表　　　　单位：万元

年份	投资			年运行费			年效益		
	方案A	方案B	方案C	方案A	方案B	方案C	方案A	方案B	方案C
1995	100	120	150						
1996	150	200	250						
1997	250	300	350						
1998	150	200	250						
1999	100	120	150	4	5	6	100	120	130
2000	50	70	100	8	9	10	150	180	200
2001				10	12	15	200	230	250
2002				10	12	15	200	230	250
⋮				⋮	⋮	⋮	⋮	⋮	⋮
2050				10	12	15	200	230	250

第 5 章 工程项目风险与不确定性分析

5.1 风险与不确定性概述

工程项目经济评价的对象，除了对已建成项目的事后评价之外，绝大部分是对新建、扩建、改建项目的评价。这些新建、扩建、改建项目评价的基础数据，例如产品产量、售价、成本以及投资等因素，都来自预测或估算。尽管使用各种方法对方案进行有效的预测或估算，但都不可能与将来的实际情况相吻合。换言之，上述因素是变化着的，是不确定的。由于这些因素的不确定性，就必然引起项目经济效果评价的不确定性、风险性，甚至造成决策的失误。

随着市场经济体制的实行，以及经济外向化的发展，风险与不确定性管理必将日益成为工程项目管理的一个重要内容。风险与不确定性分析是项目风险管理的前提与基础。通过分析方案各技术经济变量（不确定因素）的变化对方案经济效益的影响，分析方案对各种不确定性因素变化的承受能力，进一步确认项目在财务和经济上的可靠性，这个过程称为风险与不确定性分析。风险与不确定性分析作为经济评价（确定性分析）的必要补充，有助于加强项目风险管理与控制，避免在变化面前束手无策。同时，在风险与不确定性分析基础上做出的决策，可在一定程度上避免决策失误导致的巨大损失，有助于决策的科学化。

风险与不确定性来源于两个方面：项目本身的风险与不确定性和项目所处环境的风险与不确定性。具体表现如下：

（1）预测和估算的误差。基本数据的误差，数据不足，统计和预测方法的局限性，未知的或受抑制的因素限制，存在不能定量表示的因素，不现实或不准确的假设等都可能引起预测和估算的误差。

（2）科技进步。当代科学技术突飞猛进，新工艺、新技术、新设备、新产品不断出现。项目建成后或建设过程中，一方面由于项目及时引进新工艺、新技术、新设备，使该项目产量增加，生产成本下降，经济效果更好；另一方面，由于市场上产品的更新换代，导致项目产品成本水平和竞争能力发生变化。

（3）经济和政治形势变化。例如，价格体系改革，国际市场变化，银行存款利率的调整等，都将给项目带来较大的不确定性。

为了评价项目能否经受各种风险（例如投资超支、建设期延长、生产能力达不到设计要求、生产成本上升、市场需求变化及产品销售价格波动等），提高经济效果评价的可靠性和经济决策的科学性，需要在对项目经济效果评价的基础上，进一步做不确定性分析。不确定性分析包括敏感性分析、概率分析（风险分析）、盈亏平衡分析。其中，敏感性分析和概率分析可同时用于财务评价和国民经济评价,盈亏平衡分析只用于财务评价。

5.2 敏感性分析

5.2.1 敏感性分析与敏感因素

敏感性分析是常用的一种评价经济效果的不确定性的方法。敏感性分析是通过测定一个或多个不确定性因素的变化所引起的项目经济效果评价指标的变化幅度,计算项目预期目标受各不确定因素变化的影响程度。分析不确定性因素对于项目预期目标的敏感程度,并根据因素的敏感程度大小制定相应的对策,使项目达到预期目标。

图 5.1 为一个敏感性分析曲线,表示某项目的某些不确定因素对经济效果的影响。图中,纵坐标右侧表示:销售收入如能增加 5%,则将影响经济效果从目标值 20% 增加到 27%;纵坐标左侧表示:如果生产能力减少 10%,则影响经济效果从目标值的 20% 下降到 14%。由图可知:任何一个不确定因素的变动,都必然影响经济效果的评价指标的变动,只是影响程度不同而已,或者说,经济效果评价值的变动对各个不确定因素变动的敏感程度是不相同的。

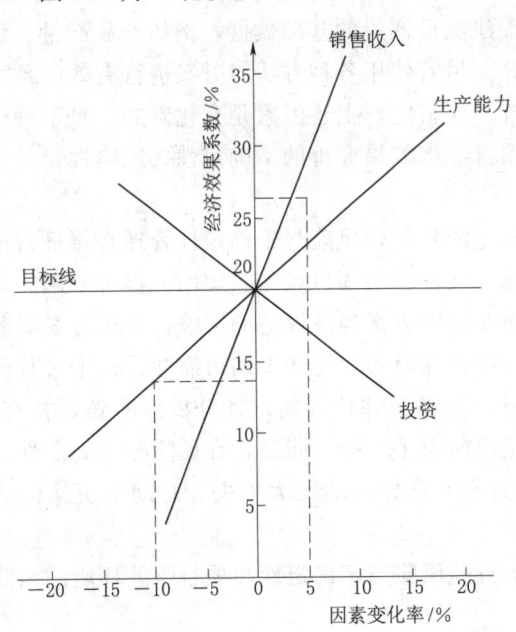

图 5.1 不确定因素对经济效果的影响

可能对方案经济效果产生影响的不确定性因素很多,一般有产品销售量、产品售价、主要原材料和动力价格、固定资产投资、经营成本、建设工期和生产期等。其中有的不确定性因素的微小变化就会引起方案经济效果发生很大的变化,对项目经济评价的可靠性产生很大的影响,则这些不确定性因素称为敏感因素;反之,称为不敏感因素。与不敏感因素相比,敏感性因素的变化给项目带来的风险更大一些,所以,敏感性分析的核心问题,是从众多不确定因素中找出影响项目经济效果的敏感因素,并提出有针对性的控制措施,为项目决策服务。

5.2.2 敏感性分析方法及步骤

(1) 确定分析指标。这里所述的分析指标,就是敏感性分析的具体分析对象。评价一个项目经济效果的指标有多个,如净现值、净年值、净现值率、内部收益率、投资回收期等,都可以作为敏感性分析指标。但是,对于某一个具体的项目而言,没有必要对所有的指标都作敏感性分析,因为不同的项目有不同的特点和要求,各个经济效果指标都有其各自特点的含义,分析、评价所反映的问题也有所不同。因此,应根据经济评价的深度和具体情况来选择敏感性分析指标。

选择原则有两点:①敏感性分析的指标应与确定性分析的指标相一致,不应超出确定

5.2 敏感性分析

性分析所用指标的范围另立指标;②确定性经济分析中所用指标比较多时,应选择最能够反映该项目经济效益、最能够反映该项目经济合理与否的一个或几个最重要的指标作为敏感性分析的对象。一般在项目的机会研究阶段,各种经济数据较为粗略,常使用简单的投资收益率和投资回收期指标;而在详细可行性研究阶段,经济指标主要采用内部收益率和净现值等动态指标,并通常附以投资回收期指标。

(2) 设定不确定因素及其变化幅度。影响方案经济效果的不确定性因素很多,如前所述,这些因素中的任何一个发生变化,都会引起方案经济效果的变动。但是在实际工作中,不可能也没有必要对影响经济效果的所有因素都进行不确定性分析,而应根据经济评价的要求和项目的特点,将发生变化的可能性比较大、对项目方案经济效果影响比较大的几个主要因素设定为不确定性因素。对于一般的项目而言,常用作敏感性分析的因素有投资额、建设期、产量或销售量、价格、经营成本、折现率等。对于具体的项目来说,还要作具体的选择和考虑。在选定了需要分析的不确定性因素后,还要结合实际情况,根据各不确定性因素可能波动的范围,设定不确定因素的变化幅度,如 5%、10%、15% 等。

(3) 寻找敏感因素。首先,计算已给定的不确定因素的变化对分析指标影响的具体数值。即固定其他因素,变动其中某一个不确定因素,逐个计算。但是这里实际上隐含着两个基本假设:第一,当计算分析其中一个不确定变化对分析指标的影响时,其他因素都不变化;第二,每个不确定因素变动的概率是相等的。其次,在逐个计算的基础上,将结果加以整理,并采用表或图的形式表示出不确定因素变动与分析指标随之变动的对应数量关系,见图 5.2、表 5.1。最后,通过对表中因素变动率或图中曲线斜率的分析,判断影响项目经济效果的敏感因素。

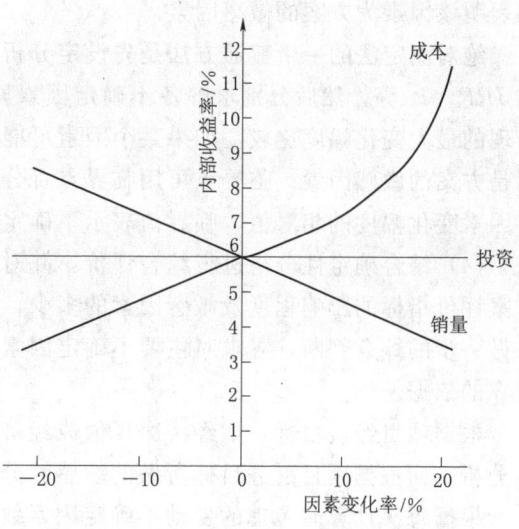

图 5.2 不确定因素对投资回收期的影响

表 5.1 敏 感 性 分 析 表

不确定因素	不同变动率的内部收益率/%						
	+20%	+10%	0	-10%	-20%	平均+1%	平均-1%
成本	10.36	7.76	6.00	7.26	8.50	+0.22	-0.13
投资	6.00	6.00	6.00	6.00	6.00	0.00	+0.00
销量	3.48	4.74	6.00	4.74	3.50	-0.13	+0.13

敏感因素是指其数值变化能显著影响分析指标的不确定因素。判别敏感因素的方法有相对测定法和绝对测定法两种。

1) 相对测定法。设各不确定性因素的变化幅度相同,比较在同一变化幅度下各因素的变动对分析指标的影响程度，影响程度大者为敏感因素。这种影响程度可以用敏感度系数表示。

敏感度系数的计算公式为

$$\beta = \frac{\Delta A}{\Delta F} \tag{5.1}$$

式中：β 为评价指标 A 对于不确定因素 F 的敏感度系数；ΔF 为不确定因素 F 的变化率，%；ΔA 为不确定因素 F 发生 ΔF 变化率时，评价指标的相应变化率，%。

相对测定法仅仅从评价指标对不确定因素变化的敏感程度来鉴别敏感因素，而没有考虑各个不确定因素本身可能变化的情况。事实上，鉴别某个因素是否为敏感因素，不仅要考虑评价指标对该因素变化的敏感程度，还要考虑该因素可能出现的最大变化幅度。

2) 绝对测定法。设备不确定因素均向对方案不利的方向变化，并取其可能出现的对方案最不利的数值，据此计算方案的经济效果指标，视其是否达到使方案无法被接受的程度，如 $NPV<0$ 或 $IRR<i_0$。如果某个因素可能出现的最不利数值使方案变得不可接受，则表明该因素为方案的敏感因素。

绝对测定法的一个变通方法是先设定分析指标将从可行转变为不可行，即 $NPV=0$，或 $IRR=i_0$ 等，然后分别求解各不确定因素所对应的变化幅度——临界点，并与其可能出现的最大变化幅度比较。如果某个因素可能出现的变化幅度超过其临界点，则表明该因素是方案的敏感因素。临界点可用临界点百分比或者临界值表示，临界点百分比表示不确定因素变化幅度的相对值，临界值表示不确定因素变化达到的绝对数值。

（4）结合确定性分析进行综合评价，并对项目的风险情况作出判断。根据敏感因素对方案评价指标的影响程度及敏感因素的多少，判断项目风险的大小，结合确定性分析的结果做一步的综合判断，寻求对主要不确定因素变化不敏感的项目，为项目决策进一步提供可靠的依据。

根据项目经济目标，如经济净现值或经济内部收益率等所做的敏感性分析为经济敏感性分析。而根据项目财务目标所做的敏感性分析为财务敏感性分析。

根据每次计算时考虑的变动不确定因素数目多少的不同，敏感性分析可以分为单因素敏感性分析和多因素敏感性分析。

【例 5.1】 企业有个技术改造项目，根据项目基本参数计算的投资回收期为 5.8 年（从建设开始年份算起），产品销售量、成本及固定资产投资等因素分别按 ±10%、±20% 的不确定性计算的不同投资回收期列于表 5.2 中。

表 5.2　　　　　　　　　［例 5.1］不确定因素对投资回收期的影响

变动因素	不同变动率的投资回收年限/年						
	+20%	+10%	0	-10%	-20%	平均+1%	平均-1%
产品成本	9.09	6.88	5.8	5.14	4.71	+0.16	-0.05
产品销售量	5.26	5.49	5.8	6.24	6.58	-0.03	+0.04
投资	5.92	5.85	5.8	5.72	5.65	+0.006	-0.008

根据表 5.2 所作的敏感性分析曲线如图 5.3 所示。

由表 5.2 或图 5.3 可见，投资回收期指标对投资及销售量不太敏感，而对产品成本因素最敏感。在其他因素不变的情况下，只要产品成本平均增加 1%（原材料涨价和提高职工工资），投资回收期平均延长 0.16 年，产品成本降低 1%，投资回收期平均缩短 0.05 年，其单位变动率都大于产品销售量和投资额因素的变动率。因此，可以认为产品成本是个敏感因素。但变动幅度不算太大，说明该技改项目适应市场变化的能力和抗风险能力较强。

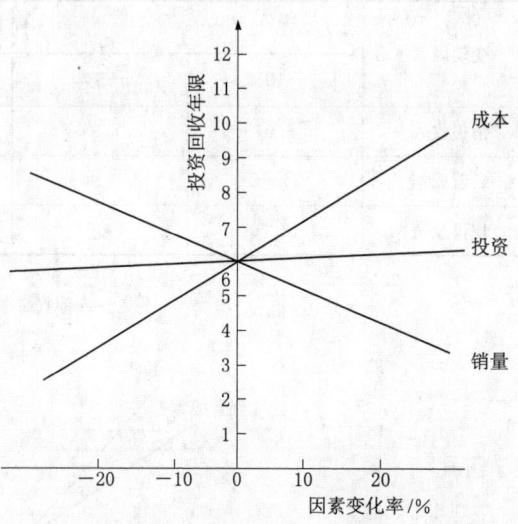

图 5.3 [例 5.1] 不确定因素敏感性分析图

【例 5.2】 某项目方案的基本数据估算值见表 5.3，试就年销售收入 B、年经营成本 C 和建设投资 I 对内部收益率进行单因素敏感分析（基准收益率 $i_c=8\%$）。

表 5.3　　　　　　　　[例 5.2] 基本方案数据表

因素	建设投资 I/万元	年销售收入 B/万元	年经营成本 C/万元	期末残值 l/万元	寿命 n/年
估算值	1500	600	250	200	6

解：(1) 以销售收入、经营成本和投资为拟分析的不确定因素。

(2) 选择项目的内部收益率为评价指标。

(3) 作方案的资金流程图（图 5.4），计算基本方案的内部收益率 IRR。

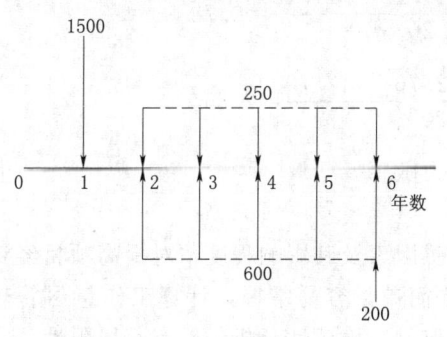

图 5.4 [例 5.2] 资金流程图

方案净现值计算式：

$$NPV = (600-250)[P/A,i,5][P/F,i,1]$$
$$-1500[P/F,i,1]+200[P/F,i,6]$$

令 $NPV=0$ 采用近似计算法得

$$NPV(i=8\%)=31.08 \text{ 万元} > 0$$
$$NPV(i=9\%)=-7.92 \text{ 万元} < 0$$
$$IRR=8\%+(9\%-8\%)\times\frac{31.08}{31.08+7.92}$$

(4) 计算销售收入、经营成本和建设投资变化对内部收益率的影响，结果见表 5.4。

内部收益率的敏感性分析图如图 5.5 所示。

(5) 计算方案对各因素的敏感度。

根据式（5.1）计算平均敏感度：

表 5.4　　　　　　　　　　[例 5.2] 因素变化对内部收益率的影响

变动因素	不同变动率的内部收益率/%				
	−10%	−5%	基本方案	+5%	+10%
销售收入	3.01	5.94	8.79	11.58	14.30
经营成本	11.12	9.96	8.79	7.61	6.42
建设投资	12.70	10.67	8.79	7.06	5.45

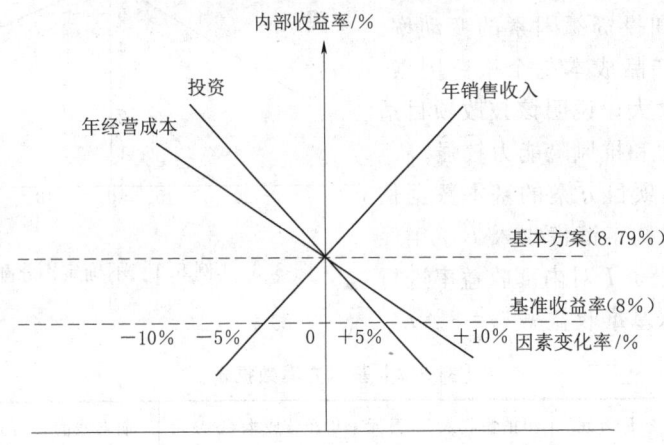

图 5.5　[例 5.2] 单因素敏感性分析图

$$年销售收入平均敏感度 = \frac{(14.30 - 3.01) \div 3.01}{20\%} = 18.75$$

$$年经营成本平均敏感度 = \frac{|6.42 - 11.12| \div 11.12}{20\%} = 0.78$$

$$建设投资平均敏感度 = \frac{|5.45 - 12.70| \div 12.70}{20\%} = 2.85$$

显然，内部收益率对年销售收入变化的反应最为敏感。

5.2.3 敏感性分析的局限性

敏感性分析有助于找出影响项目经济效果的敏感因素及其影响程度，对提高项目经济效果评价的可靠性有现实意义，而且这种分析方法简单，容易掌握，计算工作量尽管较大，但在计算机技术飞速发展的今天已不是问题。但是，敏感性分析仍然有其局限性，它只考虑了各个不确定因素对方案经济效果的影响程度，而没有考虑各不确定因素在未来发生变动的概率，这可能会影响分析结论的准确性。实际上，各个不确定因素在未来变动的概率一般是不同的，有些因素非常敏感，一旦发生变动对方案的经济效果影响很大，但它发生变动的可能性很小，以至于可以忽略不计；而另一些因素可能不是很敏感，但它发生变动的可能性很大，实际上所带来的不确定性比那些敏感因素更大。这个问题是敏感性分析所无法解决的，必须借助风险概率分析方法。

5.3 概率与风险分析

上节指出，敏感性分析只能指出项目经济评价指标对各不确定因素的敏感程度。但不能表明不确定因素的变化对评价指标的影响发生的可能性大小以及在这种可能性下对评价指标的影响程度。因此，根据项目特点和实际需要，有条件时还应进行概率分析。

概率分析又称风险分析，是运用概率理论研究不确定因素和风险因素按一定概率变动时，对项目方法经济评价指标的影响的一种定量分析方法。

概率分析的关键是确定各种不确定因素变动概率。确定事件概率的方法有客观概率和主观概率两种方法。通常把以客观统计数据为基础确定的概率称为客观概率，把以人为预测和估计为基础确定的概率称为主观概率。由于投资项目很少重复过去的模式，所以，对于大多数工程项目而言，不大可能单纯用客观概率就能完成，尚需结合主观概率进行分析。但是，确定主观概率时应十分慎重，否则会对分析结果产生不利影响。无论采用何种方法确定不确定因素变动的概率，都需要做大量的调查研究和数据处理工作。只有掌握的信息量足够时，概率分析的结论才科学可靠。

当不确定性因素的概率分布确定之后，就可以用概率分析方法寻求经济效益这个随机变量的取值范围和取这些值的概率，从而得到了对经济效益的全面认识。但在实际问题中，求经济效益这个随机变量的分布函数不是一件容易的事，在一些情况下也不需要求出它的函数，而只需知道经济效益随机变量的某些特征，这些特征就是随机变量的期望值和方差。这是概率分析采用的最基本的指标，也就是说，概率分析的核心问题是求出经济效益指标值的期望值和方差，然后利用这两个指标进行各种风险分析。

5.3.1 期望值与标准差

5.3.1.1 期望值

当变量的可能值为有限个数，这种随机变量称为离散随机变量，其概率密度为间断函数。在此分布下指标期望值可以用下式计算：

$$E(X) = \sum_{i=1}^{n} X_i P_i = X_1 P_1 + X_2 P_2 + \cdots + X_n P_n \tag{5.2}$$

式中：$E(X)$ 为随机变量 X 的数学期望值；X_i 为随机变量 X 的各种可能取值；P_i 为对应出现 X 的概率值。

一般情况下，期望值高的方案优于期望值低的方案。

【例 5.3】 某工业项目年产量为 150 万件，设产品销售价格、销售量与经营成本相互独立。投资、产品售价和年经营成本可能发生数值及概率见表 5.5。求该项目净现值的期望值。

解：(1) 求出各年净现金流量 Y_g 的期望值 $Z(Y_g)$。

$$Z(Y_1) = -1000 \times 0.8 - 1200 \times 0.2 = -1040$$

$$Z(Y_2) = -2000 \times 0.7 - 2400 \times 0.2 = -2120$$

$$Z(Y_3) = 150 \times (5 \times 0.4 + 6 \times 0.4 + 7 \times 0.2) - (150 \times 0.2 + 200 \times 0.6 + 250 \times 0.2) = 670$$

表 5.5　　　　　　　　　　　　[例 5.3] 项目数值及概率表

因素及年序	投资/万元				产品售价/(元/件)			年经营成本/万元		
	1		2		3～12			3～12		
可能发生情况	Ⅰ	Ⅱ	Ⅰ	Ⅱ	Ⅰ	Ⅱ	Ⅲ	Ⅰ	Ⅱ	Ⅲ
数值	1000	1200	2000	2400	5	6	7	150	200	250
概率	0.8	0.2	0.7	0.3	0.4	0.4	0.2	0.2	0.6	0.2

(2) 求净现值 NPVE 的期望值 [NPV] (按折现率 $i=10\%$ 计)：

$$E[NPV] = \sum_{t=1}^{12} Z[Y_1](1+i)^{-t} = 704.35$$

【例 5.4】　假定某工厂在河岸附近建立了一个废水处理厂。现在考虑建造一道堤，以保护设备不受洪水影响，有关数据列在表 5.6 中，规定设备折旧年限 15 年，基准收益率 12%，不考虑残值，求堤高应为多少时经济效益最高？

表 5.6　　　　　　　　　　　　　[例 5.4] 数据表

$R(X)$ (1)	河水超出正常水位 Xm 的年数 (2)	河水超出正常水位 Xm 的概率 (3)	河水超过堤顶 Xm 造成的损失 (4)	建造 Xm 高的堤的投资 (5)
0	24	0.48	0	0
1.5	12	0.24	100000	100000
3.0	8	0.16	150000	210000
4.5	3	0.06	200000	330000
6.0	2	0.04	300000	450000
7.5	1	0.02	400000	550000

解： 当堤高 1.5m 时，

$$资金回收 A = P[A/P, i, n]$$
$$= 100000[A/P, 12\%, 15] = 100000 \times 0.1468$$
$$= 14680(元)$$

年损失期望值 $E(X)_{1.5}$ 为

$E(X)_{1.5} = 0.16 \times 100000 + 0.06 \times 150000 + 0.04 \times 200000 + 0.02 \times 30000 = 39000(元)$

年费用期望值 $= 14680 + 39000 = 53680(元)$

当堤高 3.0m 时，

资金回收 $A = 210000 \times 0.1468 = 30828(元)$

年损失期望值 $= 0.06 \times 100000 + 150000 + 0.02 \times 200000 = 16000(元)$

年费用期望值 $= 30828 + 16000 = 46828(元)$

对堤高 4.5m、6.0m、7.5m 进行同样计算，结果见表 5.5。

由表 5.7 可看出，建造高度 3.0m 的堤最经济。

5.3.1.2　标准差

标准差反映一个随机变量实际值与其期望值偏离的程度，这种偏离程度在一定程度上反映了投资方案风险的大小。标准差可用式 (5.3) 计算：

5.3 概率与风险分析

表 5.7　　　　　　　　　　[例 5.4] 河堤高度及年费用计算表　　　　　　　　　　单位：元

堤高/m	资金回收	年损失期望值	年费用期望值
0	0	80000	80000
1.5	14680	39000	53680
3.0	30328	16000	46828
4.5	48444	7000	55444
6.0	66060	2000	68060
7.5	80740	0	80740

$$\sigma = \sqrt{\sum_{i=1}^{m} P_i (x_i - \overline{x})^2} \tag{5.3}$$

式中：$\overline{x}$ 为随机变量的平均数，即式（5.2）中的期望值；其他符号意义同前。

【例 5.5】 某工程项目的净现值为随机变量，其概率分布见表 5.8，试计算投资方案净现值的标准。

表 5.8　　　　　　　　　　[例 5.5] 方案的净现值及概率

净现值/万元	1000	1500	2000	2500
概率/%	0.1	0.5	0.25	0.15

解： 根据期望值计算公式，可得

$$E(NPV) = 1000 \times 0.1 + 1500 \times 0.5 + 2000 \times 0.25 + 2500 \times 0.15 = 1725（万元）$$

根据标准差计算公式，可得

$$\sigma = [0.1 \times (1000 - 1725)^2 + 0.5 \times (1500 - 1725)^2 + 0.25 \times (2000 - 1725)^2$$
$$+ 0.15 \times (2500 - 1725)^2]^{1/2}$$
$$= 432.39（万元）$$

5.3.1.3 期望值与标准差之间的权衡问题

1. 期望值相同的情况分析

如两个方案期望值相等，则标准差大的方案，风险也大。由于人们对风险总是持回避态度，因此标准差大的方案是不利方案。

2. 期望值不相同的情况分析

期望值不相同时，可能有下列几种情况：

(1) 方案甲期望值大，标准差小，则方案甲有利。
(2) 方案甲期望值小，标准差大，则方案乙有利。
(3) 方案期望值大，标准差大，或方案甲期望值小，标准差小，则方案取舍比较困难。偏保守的决策者常常挑选方案甲。

如果认为项目的期望值服从正态分布，则可以建立项目期望值的置信区间：

$$E(X) \pm t\sigma \tag{5.4}$$

式中：t 为概率度，可根据正态分布的概率（又称置信度）查表求得，如果置信度为 95%，则 $t = 1.96$。

【例 5.6】 某项目两个方案可供选择,计算得甲的净现值为 4000 万元,标准差为 600 万元,方案乙净现值为 2000 万元,标准差为 400 万元,试以 95％置信度(即风险率不超过 5％),选择项目。

解: 方案甲的置信区间为 (4000±1.96×600) 万元,即 (2824 万元,5176 万元)。
方案乙的置信区间为 (2000±1.96×400) 万元,即 (1216 万元,2784 万元)。
通过置信区间比较,不难看出,应该选甲方案。

3. 期望值代表性

反映期望值代表性大小的指标,可用标准差系数表示:

$$V_\sigma = \frac{\sigma}{X} \times 100\% \tag{5.5}$$

式中:σ、X 的意义同前。一般而言,V_σ 值越小,则项目风险越小。

5.3.2 概率分析基础上的风险决策

概率分析可以给出方案经济效果指标的期望值、标准差以及经济效果指标的实际值发生在某一区间的概率,这为人们在风险条件下决定方案取舍提供了依据和原则。下面依据这些原则,对风险决策问题的决策方法进行介绍。

5.3.2.1 风险决策的条件

构成一个决策问题,必须具备一定的条件,这样,才能运用科学的决策方案。现通过一个决策事例,来具体分析说明决策问题的构成。

【例 5.7】 假设有一项高空作业的施工任务,计划下月初开始施工,要求 10 天内完成。某工程队领导决定是否接受这项任务。如下月上旬 10 天内,6 级以上大风天气不超过 3 天,工程队就能如期完成任务,可收入 20000 元;如大风天气超过 3 天,工程队就不能如期完成任务,要亏损 3200 元。根据气象统计资料,下月上旬 6 级以上大风不超过 3 天的概率为 0.3,超过 3 天的概率为 0.7。若不接受这项任务,工程队因窝工及设备闲置也将亏损 2000 元。面对这种情况,为了使工程队多收入、少亏损应如何做出决策?在这个例子中,大风天气超过了 3 天或不超过 3 天,事先不能肯定,叫作自然状态。

工程队领导可能采取的行动有两种,即接受任务或不接受任务,叫作行动方案。对应不同的自然状态,如采取的行动方案得当,就会得到收益,采取的行动不得当,就会遭到损失。

在决策问题中,每个方案在各种自然状态下的收益或损失是可以定量地表示出来的。

从上面的分析可以看出,构成一个决策问题通常须具备下列五个条件:

(1) 存在着决策者希望达到的明确目标(如收益最大或损失最小)。
(2) 存在着两个或两个以上可供决策者选择的行动方案。
(3) 存在着两个或两个以上不以决策者的主观意志为转移的自然状态(如不同的市场条件和经营条件)。
(4) 可以计算出不同方案在不同自然状态下的损益值(在经济决策中即为经济效果)。
(5) 各种自然状态出现的概率可以预测或估计。

5.3.2.2 风险决策方法

(1) 风险决策的矩阵法假设对于风险决策问题,有 m 个方案 $A_1, A_2, \cdots, A_m$;有 n 个

自然状态 $\theta_1,\theta_2,\cdots,\theta_n$；每个自然状态 $\theta_j(j=1,2,\cdots,n)$ 出现的概率为 P_j；在自然状态 θ_j，发生概率 P_j 下某方案 A_i 发生的损益值为 V_{ij}，当为收益时 V_{ij} 为正值，为损失时 V_{ij} 为负值。

各方案 $A_i(i=1,2,\cdots,m)$ 在状态 $\theta_j(j=1,2,\cdots,n)$ 下的损益矩阵为 V_{mn}，表示如下：

$$V = \begin{bmatrix} V_{11} & \cdots & V_{1n} \\ \vdots & \ddots & \vdots \\ V_{m1} & \cdots & V_{mn} \end{bmatrix} \tag{5.6}$$

若以 $\boldsymbol{P}=(P_1,P_2,\cdots,P_n)^T$ 表示概率向量；$\boldsymbol{E}=(E_1,E_2,\cdots,E_M)^T$ 表示期望损益值向量，各元素 $E_k(k=1,2,\cdots,m)$ 为方案 A_k 的期望损益值。则有

$$E = VP$$

表 5.9 列出了风险决策的矩阵模型。

表 5.9 风险决策的矩阵模型

方案	θ_1	θ_2	$\cdots$	θ_n	E
	P_1	P_2		P_n	
A_1	V_{11}	V_{12}	$\cdots$	V_{1n}	E_1
A_2	V_{21}	V_{22}	$\cdots$	V_{2n}	E_2
$\vdots$	$\vdots$	$\vdots$	$\ddots$	$\vdots$	$\vdots$
A_m	V_{m1}	V_{m1}	$\cdots$	V_{mn}	E_m

根据期望值原则进行决策：当损益值为费用时，$\min\{E_i|i=1,2,\cdots,m\}$ 对应的方案为最优方案；当损益值为收益时，则 $\max\{E_i|i=1,2,\cdots,m\}$ 对应的方案为最优方案。

当出现不止一个最优方案时，这时需要考虑用方差来比较，并取方差值小的方案为最优方案。

【例 5.8】 某企业为了增产，拟对原生产过程进行技改，为此可供选择的方案有 3 个：A_1—保持原状，A_2—部分填平补齐，A_3—彻底改造。根据预测和估计，未来市场销售情况面临 3 种前景：变差的概率为 $P(\theta_1)=0.2$，保持不变的概率为 $P(\theta_2)=0.4$，改善的概率为 $P(\theta_3)=0.4$，已知 3 种方案在各状态下的净现值见表 5.10。试进行分析决策。

表 5.10 [例 5.8] 各方案在各状态下的净现值 单位：万元

状态		θ_1	θ_2	θ_3
概率		$P(\theta_1)=0.2$	$P(\theta_2)=0.4$	$P(\theta_3)=0.4$
方案	A_1	-1	0	2
	A_2	-2	1	4
	A_3	-5	1.5	5

解 由 $\boldsymbol{E}=\boldsymbol{V}\boldsymbol{P}$ 得

第5章 工程项目风险与不确定性分析

$$E(A) = \begin{bmatrix} E_1 \\ E_2 \\ E_3 \end{bmatrix} = \begin{bmatrix} -1 & 0 & 2 \\ -2 & 1 & 4 \\ -5 & 1.5 & 5 \end{bmatrix} \begin{bmatrix} 0.2 \\ 0.4 \\ 0.4 \end{bmatrix} = \begin{bmatrix} 0.6 \\ 1.6 \\ 1.6 \end{bmatrix}$$

因此，$\max = \{E_i|_i = 1,2,3\} = E_2$ 和 E_3，这时得计算方差。

$$D(E_2) \sum_{j=1}^{3}(V_{2j} - E_2)^2 P_j = 5.04$$

$$D(E_3) \sum_{j=1}^{3}(V_{3j} - E_3)^2 P_j = 10.897$$

$D(E_2) < D(E_3)$ 表示方案 A_2 风险小，因此应考虑选择方案 A_2。

（2）决策树法。决策树法是把方案的一系列因素按它们的相互关系用树状结构表示出来，再按一定程序进行优选和决策的技术方法。

决策树如图 5.6 所示，它所伸出的线条像大树的枝干，整个图形像棵树。决策树方法是把各种可供选择的方案和可能出现的自然状态，可能性的大小以及产生的后果简明地绘制在一张图上，便于研究分析。符号"□"表示的节点称为决策节点，由决策节点引出的每一分枝表示一个可供选择的方案；符号"○"表示的节点称为方案节点，从方案节点引出的每一分枝表示一种可能发生的状态，每一状态分枝的末端为结果节点，用符号"△"表示。画决策树的顺序是从左至右，决策树画完后，应对每一节点进行编号，以便分析。根据各种状态发生的概率与相应的损益值分别计算每一方案的损益期望值，计算的顺序是从右至左，并将计算的结果标在相应的节点上，就可以直观地判断出应选择哪个方案，将余下的方案剪掉。

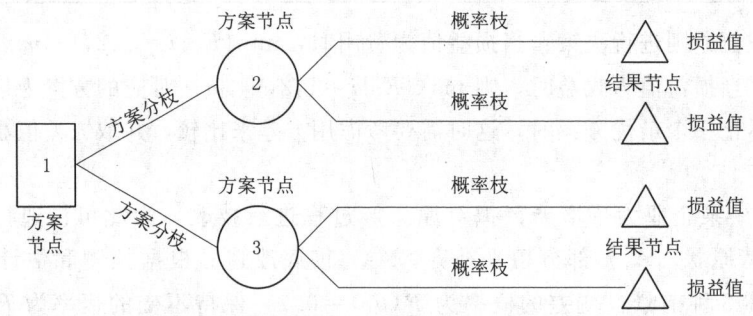

图 5.6 决策树

【例 5.9】 为了适应市场的需要，某公司提出扩大预制构件生产的两个方案。一个方案是建设大预制厂，另一个方案是建设小预制厂，两者的使用期都是 10 年。建设大预制厂需要投资 600 万元，建设小预制厂需要投资 280 万元，两个方案的每年损益情况及自然状态的概率见表 5.11，试用决策树方法选择最优方案。

表 5.11 [例 5.9]建预制厂方案损益情况表

自然状态	概率	建大预制厂/(万元/年)	建小预制厂/(万元/年)
需要量较高	0.7	200	80
需要量较低	0.3	-40	60

解：(1) 根据已知资料画出决策图。如图5.7所示。

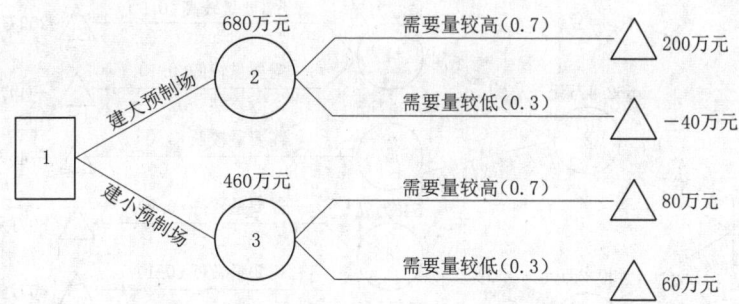

图5.7 [例5.9]建预制厂方案决策树

(2) 计算损益期望值。

节点②0.7×200×10+0.3×(-40)×10-600=680(万元)

节点③0.7×80×10+0.3×60×10-280=460(万元)

比较建大厂、建小厂的损益期望值，可知最优方案是建大预制厂。

【例5.10】 假设对[例5.9]中的问题分前3年和后7年两期考虑。根据对市场的预测，前3年预制构件需要量较高的概率为0.7，如果前3年需要量较高，则后7年需要量较高的概率为0.9。如果前3年需要量较低，则后7年的需要量肯定较低，即概率为1.0。在这种情况下，建大预制厂和建小预制厂两个方案哪个较好？

解：(1) 根据已知资料画出决策树图，如图5.8所示。

(2) 计算损益期望值。

点④0.9×200×7+0.1×(-40)×7=1232(万元)

点⑤1.0×(-40)×7=-280(万元)

点②0.7×200×3+0.7×1232+0.3×(-40)×3+0.3×(-200)-600=562.4(万元)

建大预制厂方案的期望值是562.4万元。

点⑥0.9×80×7+0.1×60×7=546(万元)

点⑦1.0×60×7=420(万元)

点③0.7×80×3+0.7×546+0.3×60×3+0.3×420-280=450.2(万元)

建小预制厂方案的期望值为450.2万元。由此可见，建大预制厂的方案是最优方案。

如果说某个方案不是一次性地从若干方案中选出最优方案，而是要先对与某一方案的形成有关联的几个方案作出择优决策，然后再进行若干方案的最终决策则称之为多级决策。多级决策的决策点多于一个。运用决策树方法解多级决策问题，也是首先画出决策树，然后由右向左一步步地计算出期望值，比较期望值的大小，一次次进行择优，最终选出最优方案。

【例5.11】 如果在[例5.10]的基础上，再增加一个考虑方案，这个方案是先建设小预制厂，若前3年对预制构件的需要量较高（其概率与上例同），3年后将小预制厂扩建。根据计算，扩建需要投资400万元，可使用7年，每年的损益值与建大预制厂相同。这个第三方案与前两个方案比较，哪个更好？

解: (1) 根据已知资料画出决策树图,如图5.8所示。

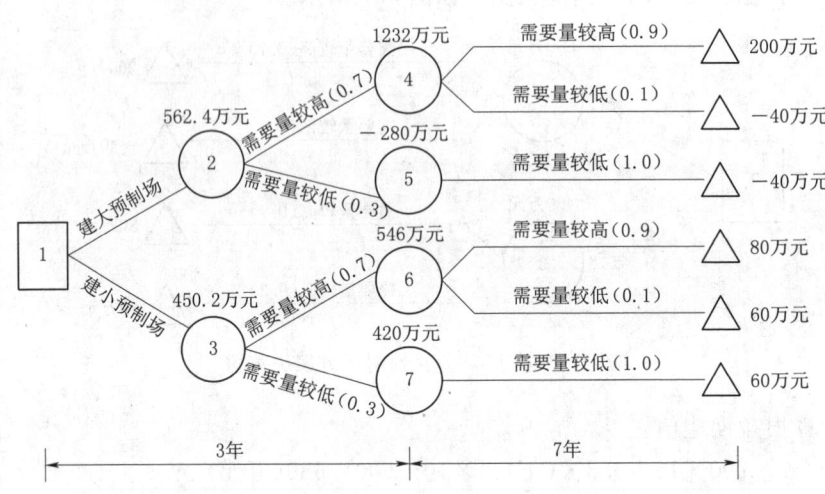

图 5.8 [例 5.11] 建预制厂方案决策树

(2) 计算损益期望值。

点②计算同上例,即建大预制厂方案的期望值是 562.4 万元。

点⑧0.9×200×7－0.1×(－40)×7－400＝832(万元)

点⑨0.9×80×7＋0.1×60×7＝546(万元) 通过点⑧与点⑨的计算,可以看出扩建的方案期望值大。决策点⑥应选择扩建的方案,舍弃不扩建的方案。所以,决策点⑥的期望值即为 832 万元。

点⑦1.0×60×7＝420(万元)

点③0.7×80×3＋0.7×832＋0.3×60×3＋0.3×420－280＝650.4(万元)

点③与点②比较,点③的期望值较大。因此,最优方案是先建小预制厂,如需要量较高,则 3 年后扩建。

5.3.2.3 风险应对

风险分析的目的是要研究如何降低工程项目的风险程度,怎样避免风险,减少风险损失。所以,在进行了风险识别和评估了风险以后,应根据不同的风险因素采取相应的应对措施,尽可能降低风险的不利影响,实现预期投资效益。

(1) 风险应对的原则。

1) 贯穿于项目可行性研究的全过程。可行性研究是一项复杂的系统工程,而经济风险来源于技术、市场、工程等各个方面,因此,应在项目实施的全过程采取规避防范风险的措施,才能防患于未然。

2) 针对性。风险对策研究应有很强的针对性,应结合行业特点,针对特定项目主要的或关键的风险因素提出必要的措施,将其影响降低到最小。

3) 可行性。可行性研究阶段所进行的风险应对研究应立足于客观现实的基础之上,提出的风险应对应在财务、技术等方面是切实可行的。

4) 经济性。规避防范风险是要付出代价的,如果提出的风险应对所花费的费用远大于可能造成的风险损失，该对策将毫无意义。在风险应对研究中应将规避防范风险措施所付出的代价与该风险可能造成的损失进行权衡，旨在寻求以最少的费用获取最大的风险效益。

(2) 决策阶段的风险应对。

1) 提出多个备选方案，通过多方案的技术、经济比较，选择最优方案。

2) 对有关重大工程技术难题潜在风险因素提出必要研究与试验课题，准确地把握有关问题，消除模糊认识。

3) 对影响投资、质量、工期和效益等有关数据，如价格、汇率和利率等风险因素，在编制投资估算、制定建设计划和分析经济效益时，应留有充分的余地，谨慎决策，并在项目执行过程中实施有效监控。

(3) 建设或运营期的风险可建议采取回避、分担、转移和自担措施。

1) 风险回避是彻底规避风险的一种做法，即断绝风险的来源。风险回避一般适用于以下两种情况：某种风险可能造成相当大的损失；风险应对防范风险代价昂贵，得不偿失。

2) 风险分担是针对风险较大，投资人无法独立承担，或是为了控制项目的风险源，而采取与其他企业合资或合作等方式，共同承担风险、共享收益的方法。

3) 风险转移是将项目业主可能面临的风险转移给他人承担，以避免风险损失的一种方法。转移风险有两种方式：一是将风险源转移出去，如将已做完前期工作的项目转给他人投资，或将其中风险大的部分转给他人承包建设或经营；二是把部分或全部风险损失转移出去，包括保险转移方式和非保险转移方式两种。

4) 风险自担就是将风险损失留给项目业主自己独立承担项目的风险。投资者已知有风险但由于可能获利而需要冒险时，同时又不愿意将获利的机会分给别人，必须保留和承担这种风险。

上述风险应对不是互斥的，实践中常常组合使用。可行性研究中应结合项目的实际情况，研究并选用相应的风险对策。

5.4 盈亏平衡分析

在市场经济或某些产品生产受到供需关系影响时，拟建项目的产品成本、售价、产量都可能发生较大变化。为了使拟建项目在投产后保持盈利，避免亏损，需要研究在一定时间内产品的成本、售价、产量和盈余的相互关系。盈亏分析就是探讨在一定的市场生产能力及经营管理条件下，成本与收益的平衡关系的方法。盈利与亏损的分界点称为盈亏平衡点 (Break Even Point, BEP)，在盈亏平衡图上表现为总成本线与销售收入线的交点。在该点上，收入等于成本，即项目既未盈利又不亏损。所以，盈亏平衡分析又称收支平衡分析或损益临界分析，是评价项目经济效果的一种常用的不确定性分析方法。

5.4.1 盈亏平衡分析概述

盈亏平衡分析又称"量-本-利"分析。它是根据产品产量或销售量、成本和利润三者之间相互依存关系进行的综合分析。其目的是通过盈亏平衡分析可以确定盈亏平衡点，正确规划企业的生产发展水平,合理安排企业的生产能力,及时了解企业的经营状况以判断不确定因素对方案经济效果的影响程度,从而选择出风险最小、经济效益较好的运行方案。

5.4.1.1 生产成本与产量关系

按成本与产量关系,成本可分为以下三类:

(1) 固定成本。即产量在一定幅度内变动,而总额始终保持不变的有关成本,如不动产税、房屋租金、保险费等。固定成本还可进一步划分为"约束性"固定成本与"酌量性"固定成本。约束性固定成本指同企业的生产经营能力的形成及正常维护相联系的有关成本,如固定成本折旧费、企业管理人员工资等,在一定时期内保持不变。酌量性固定成本指根据管理者的决策行为,来确定未来某一期间的预算额所形成的有关成本,如开发研究费、广告费等,它可伴随经营方针的改变而改变。可见,固定成本的特点是:①总量不随产量的增减而变动;②单位产品的固定成本随着产量的增加而减少。

(2) 变动成本。即随着产量的变动,成本数额也将发生同向、同比例变动的有关成本,如材料、直接人工工资等。可变成本的特点是:①总量随产量的增减而增减;②在市场管理和技术等条件不变的情况下,单位产品的变动成本为常数。

(3) 混合成本。即随着产量的变动,总数额将发生与之相应的、变动幅度不等的变动的有关成本。如设备维修费、检验人员工资等。混合成本可进一步区分为"半固定成本"和"半变动成本"。半固定成本指总额依次在不同产量水平上分别保持相对固定的有关成本,从全局考察,呈跳跃式上升态势。半变动成本指总数额的开始值一定,然后比例于产量的变动作相应变动的有关成本。

各生产成本与产量的关系如图 5.9 所示。

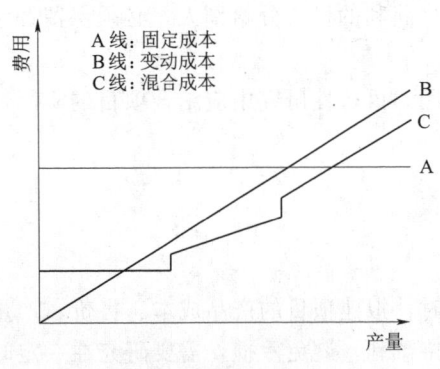

图 5.9 生产成本与产量关系

为了便于进行盈亏分析,有必要对混合成本进行分解。最常用的混合成本的分解方法的是历史成本分析法。历史成本分析法是指对项目评价时所搜集的历史成本资料进行归集、分析和计算。据以确定混合成本中的固定部分和变动部分的一种分解方法。一般有以下三种方法:

(1) 高低点法。根据资料中相关范围的数量的最高点与最低点及其所对应的混合成本数据,来分解混合成本的方法。混合成本可用方程式 $y=a+bx$ 来表示。其中 y 是混合成本,a 是固定成本份额,b 是单位变动成本,x 是产量。因此,a 与 b 可用下式表示:

$$b=\frac{\Delta y}{\Delta x}=\frac{高低点混合成本之差}{高低点产量之差} \tag{5.7}$$

$$a=\overline{y}-b\overline{x} \tag{5.8}$$

式 (5.8) 中,$\overline{y}$,$\overline{x}$ 分别为高低点相应指标的平均数。采用高低点法,必须选用正常年份的反映正常产量的成本数据。若历史资料较长,可改为两点法。即将历史资料分成前、后两段，分别求出两段的代表点 $G_1(\overline{y}_1, \overline{x}_1)$ 和 $G_2(\overline{y}_2, \overline{x}_2)$，然后由 G_1 和 G_2 建立直线方程，据此确定固定部分和变动部分。

(2) 散布图法。根据以往若干期产量和成本资料，将其绘制在坐标图上，再用目测方法划出一条回归直线，据以确定固定部分和变动部分。

(3) 最小二乘法。根据以往若干期产量和成本资料，运用最小二乘法公式分解混合成本，其求解公式为

$$b = \frac{n\sum xy - \sum x \sum y}{n\sum x^2 - (\sum x)^2} \tag{5.9}$$

$$a = \overline{y} - b\overline{x} \tag{5.10}$$

5.4.1.2 销售收入与产量关系

项目的销售收入与产量的关系有两种情况：

(1) 第一种情况，在没有竞争的市场条件下，产品售价不随销售的变化而变化，是一个固定常数。销售收入等于单位产品价格与销售量的乘积。假定以 B 表示销售收入，p 表示价格；产品销售量为 x，则有

$$B = px \tag{5.11}$$

该式表示销售收入与产量呈线性关系。

(2) 第二种情况，是有竞争的市场条件下，产品价格 p 也是一个变量，通常随生产量的增长而下降。销售收入与产量在图上的关系是一条曲线。如图 5.10 所示。

5.4.2 线性平衡点与非线性平衡点

虽然产品成本与产量的关系可以转化为线性关系，但由于销售收入与产品产量的关系存在着线性和非线性两种，因而盈亏平衡点也有两种不同形式，即线性平衡点和非线性平衡点。线性平衡点出现在销售收入与产品产量存在线性时，如图 5.11 所示。图中 BEP 所对应的产量是销售收入等于生产成本，利润等于零的产量。x_0 对应的产量称为保本产量。在销售价格和生产总成本一定的情况下这个产量必须保证在 BEP 产量以上，项目才能获利，否则，就会亏损。

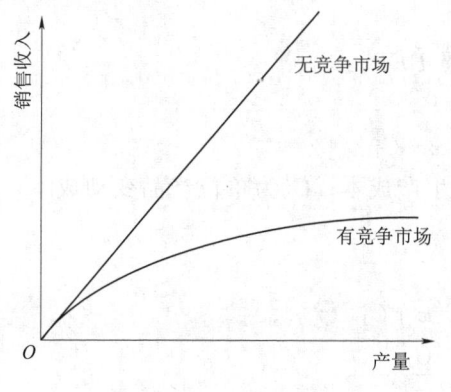

图 5.10 销售收入与产量关系

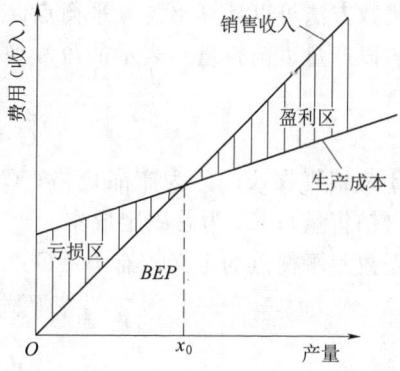

图 5.11 线性平衡点

非线性平衡点出现在销售收入与产量为非线性关系时，如图 5.12 所示。在图中 BEP_1 相对应的产量 x_1 以下，销售收入低于生产成本，项目亏损。在产量 x_1 和与 BEP_2

点相对应的产量 x_2 之间,销售收入高于生产成本,因而项目盈利。高于 x_2 的产量又出现亏损。因此,项目须在 x_1 与 x_2 之间寻求最佳生产计划安排。

5.4.3 盈亏平衡点的确定

实际工作中常常是通过求线性盈亏平衡点来进行分析。因为,对具体的项目,销售收入是产品售价与销售量的乘积。所以,在相当大的产量变化范围内,销售收入与销售量的关系是一条直线;因为半变动费用在总成本中所占的比例是比较小的,其变动所引起的总费用的变动是轻微的,一般可忽略不计。

盈亏平衡点的确定有图解法和代数方法两种。

5.4.3.1 图解法

用图解法确定线性平衡点,首先根据资料,确定所分解的某一产量 x_0 的固定成本及可变成本;其次绘制在该产量下的各项费用与收入点 A,C,B 及费用与产量、收入与产量的关系线 FA、FC、OB,见图 5.13。则总成本线 FC 与销售收入线 OB 的交点 G 即为所求的盈亏平衡点,G 点对应的 x_g 为盈亏平衡时的产量。

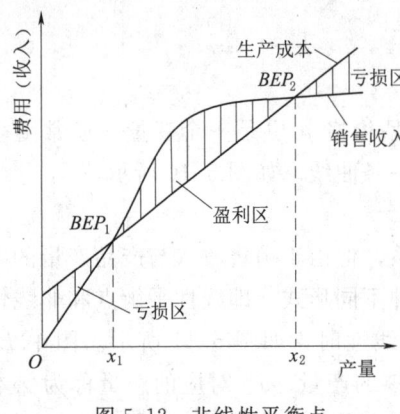

图 5.12 非线性平衡点

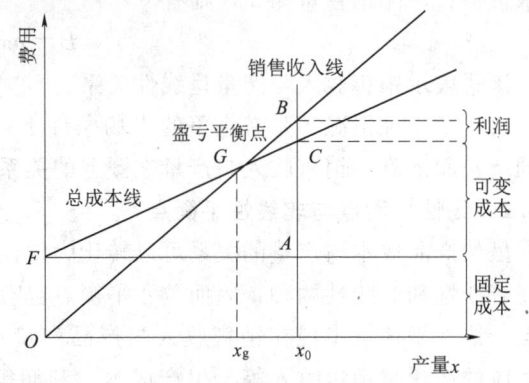

图 5.13 线性平衡点的图解法

5.4.3.2 代数方法

用代数方法可以计算出盈亏平衡点。

(1) 以产量(销售量)表示的盈亏平衡点 BEP_x:

$$B = Px$$
$$C = C'_v x + C_f$$

式中:B 为销售收入;P 为产品价格;C 为生产成本;C'_v 为单位产品变动成本;x 为产品产量(销售量);C_f 为总固定成本。

根据盈亏平衡点的定义,有 $B = C$

所以
$$PX = C'_v x + C_f$$

则
$$x_g = \frac{C_f}{P - C'_v} \tag{5.12}$$

x_g 即为以产量表示的盈亏平衡点 BEP_x。

由式(5.12)可以看出:x_g 越小,对企业越有利。同时,降低 x_g 的途径是提高价格、降低单位产品的变动成本和降低总固定成本。但做到这些,须通过合理决策和科学管理来实现。

(2) 以生产能力利用率表示的盈亏平衡点 BEP_l。

$$BEP_l = \frac{x_g}{x_0} = \frac{C_f}{P - C'_v} \frac{1}{x_0} \times 100\% \quad (5.13)$$

式中：x_0 为项目设计生产能力；其余符号意义同前。

(3) 以销售收入表示的盈亏平衡点 BEP_b。

$$BEP_b = x_g P = \frac{C_f}{P - C'_v} P \quad (5.14)$$

式中：符号意义同前。

(4) 销售单价表示的盈亏平衡点 BEP_d。

$$BEP_d = \frac{C}{x_0} = C'_v + \frac{C_f}{x_0} \quad (5.15)$$

式中：符号意义同前。

显然，销售单价与单位产品成本相等，即达到盈亏平衡。

四种不同形式的盈亏平衡点的确定，基本公式是 $x_g = \frac{C_f}{P - C'_v}$。由此可知，盈亏平衡点的高低取决于固定成本 C_f 与销售价格 P 和单位可变成本 C'_v 之差。一个项目，可供选择的不同方案，如果 P 与 C'_v 相等，则 C_f 越大的方案盈亏平衡点越高，反之则低；如果 C_f 相等，P 与 C'_v 的差越小者，盈亏平衡点越高，反之则低。盈亏平衡点的高低，有助于分析判断项目的应变能力和承受风险的水平。

【例 5.12】 某项目设计年生产能力为生产某种产品 3 万件，单位产品售价为 3000 元，生产总成本为 7800 万元，其中，固定成本为 3000 万元，变动成本为 4800 万元。试分别求出以生产能力利用率和销售价格表示的盈亏平衡点。

解：(1) 以生产能力利用率表示的盈亏平衡点。由式（5.13）得

$$BEP_l = \frac{3000 \times 10^4}{3000 - 4800/3} \times \frac{1}{3} \times 10^{-4} \times 100\% = 71.4\%$$

计算表明，该项目投产后，当实际生产能力达到设计生产能力的 71.4%，四年产量为 21420 件，项目就可以保本。以生产能力利用率表示的盈亏平衡点可以表明不发生亏损的生产能力的最低限度。盈亏平衡时的生产量与设计生产能力之间的差距越大，说明项目风险越小。

(2) 以销售价格表示的盈亏平衡点。

由式 (5.15) 可得

$$BEP_d = \frac{7800}{3} = 2600 (元/件)$$

计算表明，项目投产后，若按设计能力生产，如果产品销售价格降至 2600 元/件，项目仍可保本，不会亏损。

【例 5.13】 某企业投产后，它的年总固定成本为 60000 元，单位变动成本为 25 元，由于原材料整批购买，每多生产一件产品，单位变动成本可降低 0.001 元，单位销售价格为 55 元，销售量每增加一件产品，售价下降 0.0035 元。试求盈亏平衡点及最大利润时的

销售量。

解：单位产品的销售价为 $(55-0.0335Q)$；单位产品的变动成本为 $(25-0.001Q)$。

(1) 求盈亏平衡点的产量。

总成本：$C(Q)=60000+(25-0.001Q)\times Q=60000+25Q-0.001Q^2$

销售收入：$B(Q)=(55-0.0035Q)\times Q=55Q-0.0035Q^2$

根据盈亏平衡原理，令 $C(Q)=B(Q)$，即
$$60000+25Q-0.001Q^2=55Q-0.0035Q^2$$

解方程得：$Q_1=2536$（件），$Q_2=9464$（件）

(2) 求最大利润时的产量 Q_{max}。

利润 $R=B-C$，得

$$R=-0.0025Q^2+30Q-60000$$

根据图 5.14 可得：$Q_{max}=6000$（件）

应用盈亏平衡分析时应注意以下几点：

(1) 应根据项目具体情况，有选择地计算分析以不同形式表示的盈亏平衡点。

(2) 如果项目生产多种商品，应换算成单一商品，选择其中主要商品（不确定性较大的）进行分析。

(3) 采用达到设计生产能力的正常年份的数据。

(4) 项目财务评价中作盈亏平衡分析时，除通常意义下的成本外，还应考虑税金。

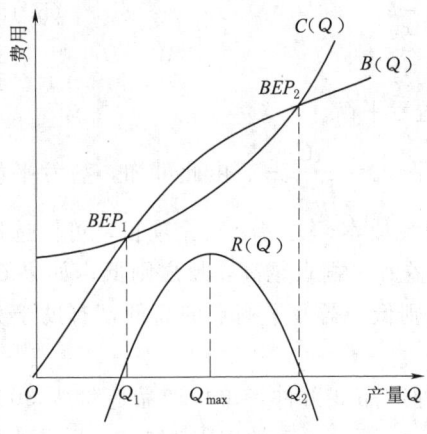

图 5.14　[例 5.13] 产量与费用关系曲线图

思 考 题

1. 某水力发电项目计算期内各年的现金流入和流出见表 5.12。设折算率 $i=5\%$，计算该项目的净现值，并判别项目的经济合理性（要求列表计算）。

表 5.12　　　　　　　　　　现 金 流 量 表　　　　　　　　　　单位：万元

年末序号	1	2	3	4	5	…	20
现金流入	0	3.0	11.0	11.0	11.0	…	11.0
现金流出	31.5	0.8	2.0	2.0	2.0	…	2.0

2. 简述选用不同参数表示的盈亏平衡点的表达式及应用。

3. 结合资金流程图，利用净现值指标分析基准点的选择对该指标的数值和用该指标得到的评价结论各有什么影响？

4. 线性盈亏平衡分析的前提假设是什么？盈亏平衡点的生产能力利用率说明什么问题？

5. 简述敏感性分析的步骤、作用及局限性。

思 考 题

6. 为什么技术经济研究要考虑不确定性的影响？什么是不确定性和风险原因？

7. 简述常用的项目不确定性分析方法并比较各种方法的优缺点。

8. 盈亏点有几种分析方法？盈亏点产量的经济含义是什么？

9. 什么是不确定性分析的概率风险分析，其作用意义，基本步骤如何？

10. 某生产工艺固定成本总额为 5 万元，每件产品的价格为 30 元。当产量小于等于 3000 件时，每件产品变动成本为 4 元。当产量大于 3000 件时，需要组织加班生产，越过 3000 件部分的单位变动成本上升为 4.5 元，税金每件 1 元。求：

(1) 盈亏平衡点的产销量；

(2) 生产 6000 件的利润额；

(3) 产品价格下降 30%，总固定成本上升 20%，其他各项费用均不交时的盈亏平衡点产销量。

11. 某厂设计能力为生产钢材 30 万 t/年，每吨钢材价格为 650 元，单位产品可变成本为 400 元，总固定成本为 3000 万元，其中折旧费为 250 万元。试做以下分析：

(1) 以生产能力利用率表示的盈亏平衡点；

(2) 当价格、固定成本和可变成本变动 10% 时，对生产能力利用率盈亏平衡点的影响，并指出敏感因索。

12. 某产品售价为 750 元/件，单位产品可变成本为 500 元/件，年固定成本为 100000 元，按销售收入征税的税率为 20%，试分析：①盈亏平衡点；②年利润为 50000 元时的产量及经营安全率；③售价降低 10% 时的盈亏平衡点。

13. 某厂生产一种配件有两种加工方法可供选择，一为手工安装，每件成本为 1.2 元，还需分摊年设备费用 300 元；一种为机械生产，需投资 4500 元购置机械，寿命为 9 年，预计残值为 150 元每个配件，每个配件需人工费 0.5 元，维护设备年成本为 180 元，如果其他费用相同，利率为 10%，试进行加工方法决策。

14. 加工某种产品有两种备选工艺，若选用工艺 A，需初始投资 40 万元，加工每件产品的费用为 16 元；若选用工艺 B 需初始投资 60 万元，加工每件产品的费用为 12 元。假定任何一年的残值均为 0。试回答下列问题：

(1) 若生产年限为 8 年，基准折现率为 12%，年产量为多少时选用工艺 B 比较有利？

(2) 若生产年限为 8 年，年产量为 13000 件，基准折现率在什么范围内选用工艺 A 比较有利？

(3) 若年产量 15000 件，基准折现率为 12%，生产年限多长时间选用工艺 B 比较有利？

第6章 综合利用水利工程的投资费用分摊

6.1 概述

我国水利工程一般具有防洪、发电、灌溉、供水、航运等综合利用效益，在过去一段时间内由于缺乏经济核算，整个综合利用水利工程的投资，系由某一水利或水电部门负担，并不在受益部门之间进行投资分摊，结果常常发生以下几种情况：

(1) 负担全部投资的部门认为，本部门的效益有限，而所需投资却较大，因而迟迟不下决心或者不愿兴办此项工程，使水利资源得不到应有的开发与利用，任其白白浪费。

(2) 主办单位由于受本部门投资额的限制，可能使综合利用水利工程的开发规模偏小，因而其综合利用就得不到充分的发展。

(3) 如果综合利用水利工程牵涉的部门较多，相互关系较为复杂，有些不承担投资的部门往往提出过高的设计标准或设计要求，使工程投资不合理的增加，工期被迫拖延，不能以较少的工程投资在较短的时间内发挥较大的综合利用效益。

在相当长时期内，某些水利工程的投资全部由水电站负担，致使水电站单位千瓦投资高于火电站较多，由于受电力部门和投资额的限制以及其他一些原因，为了尽快满足电力系统负荷日益增长的要求，较多地发展了火力发电。虽然火电厂本身的单位千瓦投资较低，但是为了提供火电所需的大宗燃料，煤炭工业部门不得不增加投资新建或扩建矿井，甚至铁道部门、环保部门亦须相应增加投资，总计折合火力发电单位千瓦的投资并不一定比水电站少，而火电站单位电能的年运行费却为水电站的3～4倍。电价是一定的，结果国家纯收入（包括税金和利润）减少，资金积累减慢，反过来又能影响水利电力部门的投资额，降低扩大再生产的速度，而水利水能资源由于得不到充分的开发利用而年复一年地大量浪费。因此综合利用水利工程的投资在各个受益部门之间进行合理分摊是势在必行，不宜延缓的。有人认为，在社会主义国家工程投资分摊是可有可无的问题，这种缺乏经济核算的观点显然是有害的，结果是国家遭受很大的损失，国民经济发展速度被迫减慢。

由上述可知，对综合利用水利工程进行投资分摊的目的，主要是：

(1) 合理分配国家资金，正确编制国民经济发展规划和建设计划，保证国民经济各部门有计划按比例协调地发展。

(2) 充分合理地开发和利用水利资源和各种能源资源，在满足国民经济各部门要求的条件下，使国家的总投资和年运行费用最少。

(3) 协调国民经济各部门对综合利用水利工程的要求，选择经济合理的开发方式和发展规模；分析比较综合利用水利工程各部门的有关参数或技术经济指标。

(4) 充分发挥投资的经济效果，只有对综合利用水利工程进行投资和年运行费分摊，才能正确计算防洪、灌溉、水电、航运等部门的效益与费用，以便加强经济核算，制定各种合理的价格，不断提高综合利用水利工程的经营和管理水平。

综合利用水利工程投资费用分摊包括固定资产投资分摊和年运行费分摊。国外对综合利用水利工程（一般称多目标水利工程）的投资分摊问题曾做过较多的研究，提出很多的计算方法，由于问题的复杂性，有些文献认为：直到现在为止，还提不出一个可以普遍采用的、能够被各方面完全同意的综合利用水利工程的投资分摊公式。我国过去对这方面问题研究较少，亦缺乏投资分摊的实践经验。下面将介绍比较通用的投资分摊方法和有关部门建议的费用分摊方法，并对各种分摊方法进行讨论。

6.2 综合利用水利工程的投资构成

综合利用水利工程一般包括水库、大坝、溢洪道、泄水建筑物、引水建筑物、电厂、船闸以及鱼道等建筑物。从费用构成来说，它是由建筑工程费、机电设备及安装工程费、金属结构设备及安装工程费、临时工程费、水库淹没处理补偿费、预备费及其他费用等部分组成。按费用的服务性质来说，可以分为只为某一受益部门（或地区）服务的专用工程费用和配套工程费用，以及为综合利用水利工程各受益部门（或其中两个以上收益部门）服务的共用工程费用，按费用的可分性质来说，又可以分为可分离费用与剩余费用两部分。

6.2.1 专用工程费用与共用工程费用

专用工程费用是指参与综合利用的某一部门为自身目的而兴建的工程（不包括配套工程）的总投入，包括投资、年运行费和设备更新费，该费用由各部门自行承担。共用工程费用是指为各受益部门共同使用的工程设施投入的投资、年运行费和更新费等，该费用应由各受益部门分摊。

各部门的专用工程费用和配套工程费用在数量上以及投入的时间上相差很大。相对来说，水库防洪工程的专用工程费用小（大坝既是防洪的主要工程措施，又为各受益部门所共用），基本上没有配套工程；发电部门的专用工程费用和配套工程费用都比较多；航运部门的专用工程费用比发电部门少，但配套设施的费用很大；灌溉部门的专用工程（主要是引水渠首工程）费用很小，配套工程费用很大。航运专用工程投资一般在水库蓄水前要全部投入；发电专用工程投资（主要是机电设备）大部分可在水库蓄水后随着装机进度逐步投入，配套工程投资可在水库蓄水后逐步投入。

共用工程费用主要包括大坝工程投资和水库淹没处理费用，其大小主要取决于坝址的地质、地形条件和水库淹没区社会经济条件，在不同自然条件和社会经济条件下建设相同规模水利工程其投资费用可能相差数倍。共用工程费用投入时间较早，全部或绝大部分要在水库蓄水前投入。

在工程的投资概算时，专用工程投资和共用工程投资是统一计算的，很多投资项目是共用投资与专用投资相互交叉在一起的。在进行综合利用水利工程费用分摊时，首先需要正确划分专用工程投资和共用工程投资，这是一项十分重要而难度大的工作，它不仅需要有合理的划分原则，还必须掌握大量资料和对综合利用水利工程有比较全面的了解。根据水利工程投资估算的方法和特点，一般可分两步进行：

第一步：按投资估算原则，将综合利用水利工程投资按大坝、电站、通航建筑物、灌溉渠首工程及其他共用工程进行初步划分，其原则和方法是：按工程量计算出的各建筑物直接投资及按此投资比例算出相应于该建筑物的临时工程投资和其他投资，一并划入该建筑物投资；其余投资则列入其他工程投资。

第二步：由于各建筑投资并不一定就是本部门的专用投资（如通航建筑物等），因此，还需在第一步划分的基础上，进一步将各建筑物的投资根据其性质和作用分为专用和共用两部分，其原则和方法是：

（1）坝后式水电站的厂房土建和机电投资费用明显属于发电部门，应全部划入发电专用投资费用。河床式电站厂房土建部分既是电站的专用工程设施，又起挡水建筑物的作用，其投资费用应在发电专用和各部门共用之间进行适当划分。

（2）灌溉部门的渠首建筑物、控制设备都明显属于灌溉部门的专用工程，其费用应列入灌溉部门的专用工程费用。从综合利用水利工程来说，灌溉引水干支渠费用均属于配套工程费用。

（3）通航建筑物（如船闸、升船机等）的投资费用，应根据不同情况区别对待：对于原不通航河流，若兴建水利工程后，使河流变为通航的河流，则所建的通航建筑物，不论其规模大小，所需投资费用均应列为航运部门的专用投资费用；对于原通航河流兴建水利工程，若所建的通航建筑物规模不超过河流原有通航能力，则所建的通航建筑物属于恢复河流原有通航能力的补偿性工程，其所需投资费用为各受益部门的共用投资费用，若其规模超过河流原有通航能力时，则其超过部分应划为航运部门的专用投资费用，等效于河流原有通过能力的部分仍划为各受益部门的共用投资费用。当初步估算其共用和专用投资费用时，可按天然河道通过能力与通航建筑物通过能力的比例估算。

（4）综合利用水利工程的大坝工程，具有防洪专用和为各收益部门共用的两重性，只将为满足防洪需要而增加的投资费用划为防洪专用投资费用，其余费用为各受益部门的共用投资费用。

（5）开发性移民的水库移民费用含有恢复移民原有生产、生活水平的补偿费用和发展水库区域经济的建设费用，应将其划分为补偿和发展两部分，前者为各受益部门的共用费用，后者另做研究处理。划为发展部分的费用应包括：扩大规模所增加的费用、提高标准所增加的费用、以新补旧中的部分折旧费。

（6）对于供水部门，其取水口和引水建筑物的投资费用应列入供水部门的专用工程投资费用。如果供水部门的取水口及引水建筑物与其他部门共用，则取水和引水建筑物的投资费用应根据各部门的引水量进行分摊。

（7）对于渔业、旅游、卫生部门而言，都需要额外的投资费用，这些部门的专用工程费用一般不计入综合利用水利工程的总投资费用，这些部门一般也不参加综合利用水利工程共用投资费用的分摊。但对于过鱼设施，由于属补偿性工程设施，其投资费用一般应列入共用工程投资费用。

【例 6.1】 某水利工程具有发电、防洪、航运等综合利用效益。枢纽工程由大坝、电站、船闸等组成，概算投资 298280 万元，其中工程投资 187670 万元，水库淹没处理补偿

6.2 综合利用水利工程的投资构成

费 110610 万元，投资项目组成见表 6.1，另有配套工程投资 116260 万元，其中输变电投资 62820 万元。试进行专用工程投资和共用工程投资划分。

表 6.1 某综合利用水利工程投资估算表

工程或费用名称	建安工程费/万元	设备购置费/万元	其他费用/万元	合计/万元	占总投资额/%
第一部分：建筑工程	53070			53070	17.8
一、主体建筑工程	45710			45710	
1. 挡水工程	20290			20290	
2. 发变电工程	7520			7520	
3. 航运工程	17900			17900	
二、交通工程	4380			4380	
三、其他建筑工程	2980			2980	
第二部分：机电设备及安装工程	4370	55710		60080	20.1
一、主要机电设备及安装	1360	41670		43030	
二、其他机电设备及安装	3010	5830		8840	
三、设备储备贷款利息		8210		8210	
第三部分：技术结构设备及安装	3730	8560		12290	4.1
一、挡水工程	250	1550		1800	
二、发电厂工程	2880	1760		4640	
三、航运工程	600	3990		4590	
四、设备储备贷款利息		1260		1260	
第四部分：临时工程	27360			27360	9.2
一、导流工程	13110			13110	
二、交通工程	3370			3370	
三、房屋建筑工程	2470			2470	
四、其他临时工程	8410			8410	
第五部分：其他费用			17810	17810	
一、建筑管理费			3170	3170	6.0
二、生产准备费			830	830	
三、科研勘测费			3910	3910	
四、其他			9900	9900	
第六部分：水库淹没处理补偿费				110610	37.1
第七部分：基本预备费				17060	5.7
总计				298280	100.0

解：(1) 将综合利用水利工程投资按大坝、电站、船闸及其他工程进行初步划分，根据表 6.1 所提供的分项目投资资料，初步求得大坝、电站、船闸工程投资见表 6.2。

表 6.2　　　　　　　　　　大坝、电站、船闸工程投资　　　　　　　　　　单位：万元

工程或费用名称	大坝	电站	通航建筑物（不包括临时船闸）
建筑工程投资	20290	7250	17900
机电设备及安装工程投资	0	60080	0
金属结构设备及安装工程投资	1800	4640	4590
设备储备贷款利息（分摊）	206	530	524
其他费用（分摊）	2629	8548	2713
基本预备费（前5项合计的10%）	2493	8105	2573
总计	27418	89153	28300

水库及其他共用工程费用：298280－(27418＋89153＋28300)＝153409(万元)。

(2) 在将综合利用工程投资按大坝、电站、通航建筑物和其他工程初步划分的基础上，根据前面所说的原则和方法，进一步划分专用工程投资和共用工程投资：

1) 发电专用工程投资：电站全部为发电部门使用，因此其专用工程投资为89153万元。

2) 航运专用工程投资：本工程建在通航河流上，所建通航建筑物有一部分是为恢复河流通航的补偿性工程，其投资应列为共用投资，只有扩大规模部分才应列入航运专用工程投资。这里简化处理为按通航建筑设计通过能力与河流原有通过能力的比例关系划分补偿性工程投资和航运专用工程投资。就调查计算，该河流经过适当整治后的通过能力为430万 t/年，本工程通航建筑物设计能力为500万 t/年，据此求得航运专用工程投资为(1－430/500)×28300＝3962(万元)。

3) 防洪专用工程投资：由于大坝工程具有防洪专用和为各受益部门共用的两重性，难以划分。这里按防洪不参加综合利用时所减少的投资作为防洪专用投资，据计算其值为18760万元。

4) 共用工程投资：共用工程投资等于综合利用水利水电工程总投资减发电、防洪、航运三部门专用工程投资之和，即

$$298280－(89153＋3962＋18760)＝186405(万元)$$

6.2.2　可分离费用与剩余费用

某部门的可分离费用是指综合利用水利工程中包括该部门与不包括该部门总费用之差（其他部门效益不变）。例如一个"三目标"（防洪、发电、航运工程）综合利用水利工程中的防洪可分离费用，就是防洪、发电、航运"三目标"的工程费用减去发电、航运双目标的工程费用。剩余费用是指综合利用水利工程总费用减去各部门可分离费用之和的差额。与专用工程费用和共用工程费用划分相比，显然这种划分把各部门的专用工程费用最大限度地划分出来，由各部门自行承担，需要分摊的剩余费用比共用工程费用小，因此可减少因分摊方法不完善所造成的不合理性。

可分离费用和剩余费用的划分一般在专用工程费用和共用工程费用划分的基础上进行，这项工作比较烦琐但又十分重要。划分时需要大量的设计资料，为了节省设计工作量，应充分利用已有资料，并做适当简化。

6.2 综合利用水利工程的投资构成

【例 6.2】 利用 [例 6.1] 资料，试计算防洪、发电、航运等部门的可分离投资和综合利用工程的剩余投资费用。

解：（1）发电可分离投资。据调查分析，若发电不参加综合利用，为满足与综合方案等效的防洪、航运要求，防洪方面需要提供防洪库容不变，航运方面为满足改善某港口条件的要求，枯水期水位应不低于165m，据此计算相应防洪限制水位为123.5m，枯水期蓄水位165m，坝顶高程175m（考虑与综合方案超高基本相同），与综合方案比较，可以减少的投资如下：

1）大坝坝顶高程由185m降低到175m，可以减少大坝投资1400万元。

2）水库正常蓄水位由175m降低到165m，可以减少水库淹没处理费27460万元。

3）由于汛末期最高水位由175m降低到165m，可以减少船闸水头，节省船闸投资750万元。

4）减少电站投资89153万元。

即发电可分离投资为 $1400+27460+750+89153=118763$（万元）。

（2）防洪可分离投资。据分析，若防洪不参加综合利用而只为满足发电、航运同等效益时修建某水利工程时，航运要求不变，水库消落水位不能降低。从不减少发电保证出力来说，调节库容也不能减少，因而正常蓄水位不能降低。但从只保证与综合方案同等电量来说，如果汛期提高防洪限制水位到155m，则正常蓄水位可降低到160m。综合考虑保证出力和发电量两方面的情况，按降低5m考虑，即正常蓄水位由175m降低到170m。与综合方案比较，可以减少的投资如下：

1）大坝坝顶高程由185m降低到180m，可以减少大坝投资700万元。

2）水库正常蓄水位由175m降低到170m，可以减少水库淹没处理费用15720万元。

3）水库正常蓄水位由175m降低到170m，可以减少船闸投资380万元。

4）简化泄洪设备，可省投资1960万元。

即防洪可分离投资为 $700+15720+380+1960=18760$（万元）。

（3）航运可分离投资。据分析，若航运不参加综合利用时，为满足与综合方案等效的防洪、发电要求，正常蓄水位约可降低到173m，防洪限制水位和枯水期消落水位均可采用140m，船闸规模可适当缩小（缩小到与天然航道的通过能力相同）。与综合方案比较，可以减少的投资如下：

1）正常蓄水位由175m降低到173m，坝高减少2m，可以减少大坝投资280万元。

2）水库正常蓄水位由175m降低到173m，可以减少水库淹没处理补偿费用4270万元。

3）通航建筑物规模缩小，可以减少投资3962万元。

即航运可分离投资为 $280+4270+3962=8512$（万元）。

（4）剩余投资（不可分离投资）。

剩余投资$=298280-(118763+18760+8512)=152245$（万元）

此法应用边际费用的原理把各部门的专用投资费用最大限度地划分出来由各部门自行承担，从而减少了由于分摊比例计算不精确而造成的误差，是一种比较合理的方法，在美国、欧洲、日本、印度等国家得到广泛采用。

6.3 费用分摊方法

6.3.1 按各部门的主次地位分摊

在综合利用水利工程中各部门所处的地位并不相同,往往某一部门占主导地位,要求水库的运行方式服从它的要求,其他次要部门的用水量及用水时间则处在从属的地位。在这种情况下,各个次要部门只负担为本身服务的专用建筑物的投资或可分投资,其余部分的投资则全部由主导部门承担。这种投资分摊方法适用于主导部门的地位十分明确,工程的主要任务是满足该部门所提出的防洪或兴利要求。

6.3.2 按各部门的用水量分摊

综合利用水利工程中的各个兴利部门,由水库引用的水量是各不相同的,但在一般情况下,某些兴利部门的用水是完全结合的或者部分结合的,但也有不结合的。例如冬季电力系统负荷较高,水电站常承担较多的峰荷,而灌溉此时并不用水,城市生活用水亦稍减少,即此时发电用水与灌溉用水是不结合的,与城市用水是部分结合的。春季灌溉用水量较多,水库泄水发电后即把尾水引入灌溉渠道内,在此情况下两者用水是完全结合的。总之,各部门用水量亦可分为两部分:一部分是共用水量(或称结合水量),另一部分是专用水量。因此,可以根据各部门所需调节水量的多少,按比例分摊共用建筑物的投资,至于专用建筑物的投资,则应由受益部门单独负担。此法似较公平,但某些部门并不消耗水量,例如防洪部门仅要求保留一定的库容,航运要求保持一定的水深,因而运用此法具有一定的局限性。

6.3.3 按各部门所需的库容分摊

与上法相似,根据各部门所需库容的大小分摊共用建筑物的投资,专用建筑物的投资则由受益部门单独负担。但防洪库容与兴利库容在一般情况下,是能部分结合的,在某些情况下完全不能结合,也有个别情况两者完全结合,视洪水预报精度及汛后来水量与用水量等具体条件而定。至于兴利库容,常为若干个兴利部门所共用,如按所需库容大小进行投资分摊,往往防洪部门所分摊的投资可能偏多,各个兴利部门所负担的投资可能偏小,实际上防洪库容也是为各个兴利部门服务的,因此这种按所需库容大小进行投资分摊也不尽合理。

【例 6.3】 利用 [例 6.1] 资料,某综合利用水利工程具有防洪、发电、航运等综合利用效益,水库正常蓄水位 175m,水库总库容 393 亿 m^3;防洪限制水位 145m,145m 以下的死库容 171.5 亿 m^3;汛末最低水位考虑航运要求提高到 155m,水位 145~155m 之间的库容为 33 亿 m^3,试用库容分摊法求各部门应分摊的费用。

解:(1)按 [例 6.2] 划分专用工程费用和共用工程费用。

(2)分析确定各部门利用库容指标。据计算,本工程从防洪限制水位 145m 到正常蓄水位 175m 之间共有库容 221.5 亿 m^3,为防洪与兴利(发电、航运)结合的库容,按各部门利用库容的时间和主次地位分摊。根据水库调度方案,防洪是用 5 个月,兴利使用 7 个月,分别分摊库容 92.3 亿 m^3 和 129.2 亿 m^3;兴利库容中从防洪限制水位 145m 提高到 155m 主要是为了满足航运的要求,对发电没有好处,其库容 33 亿 m^3 全部划为航运部门；155～175m的兴利库容为129.2－33＝96.2（亿 m³），对发电、航运都有好处，但主要是根据发电要求调度的，按主次地位原则，全部划为发电部门。同理，死库容全部由发电承担。因此，防洪、发电、航运三部门利用库容指标分别为92.3亿 m³、267.7亿 m³、33亿 m³。

（3）计算各部门分摊比例和分摊共用工程费用的份额。计算结果见表6.3。

表6.3　　　　　综合利用水利工程费用分摊计算结果表　　　　单位：万元

序号	项　　目	防洪	发电	航运	合计	说明
1	共用工程投资				186405	原值
2	专用于配套工程投资	18760	205413	57402	281575	原值
3	共用工程费用				105181	需各部门分摊
4	专用与配套工程费用	3709	40620	22610	66939	
5	各部门利用库容指标	92.3	267.7	33	393	
6	各部门分摊比例	23.49	76.426	0.084	100	(5)÷393
7	分摊共用工程费用数额	24707	80386	88	105181	(6)×(3)
8	应承担的总费用	28416	121006	22698	172120	(7)+(4)
9	分摊共用工程投资	43787	142462	156	186405	(6)×186405
10	应承担的总投资	62547	347875	57558	467980	(9)+(2)

6.3.4 可分费用剩余效益法（SCRB法）

欧美、日本等国家一般采用"可分费用剩余效益法"（The Separable Costs-Remaining Benefits Method），简称SCRB法，基本原理是：把综合利用工程多目标综合开发与单目标各自开发进行比较，所节省的费用被看作是剩余效益的体现，所有参加部门都有权分享。某部门的"剩余效益"PS_j是指某部门的效益与其合理替代方案费用两者之中的较小值减去该部门的可分离费用的差值。此法分摊比例是按各部门剩余效益占各部门剩余效益总和的比例计算。其计算表达式如下：

$$\alpha_j = \frac{PS_j}{\sum_{j=1}^{m} PS_j} \tag{6.1}$$

其要点与计算步骤如下述。

（1）计算整个水利工程的投资、年费用和年平均效益，求出各部门的可分费用及其替代工程和专用工程的投资和年费用，见表6.4。

（2）确定本部门及其替代工程的投资年回收值时，须事先定出利率或折现率i以及各部门的经济寿命n（年），见表6.4。

（3）各部门的年效益有两种表达方式：一种是本部门的直接收益（例如发电部门的电费收益），另一种是最优替代工程的年费用，例如修建水电站，可以替代相应规模的凝汽式火电站，从而后者的年费用（包括投资年回收值、年运行费及燃料费）可以节省下来，当作该水电站的年效益。

（4）在上述两者之中选择较小者作为本部门的选用年效益，见表6.5中的$1c$。

第6章 综合利用水利工程的投资费用分摊

表6.4　　　　　　　　　各部门的投资、年费用和年效益表　　　　　　　　　单位：万元

项　目		投资	年　费　用			年平均效益
			投资年回收值	年运行费用	合计	
综合水利工程		20000	1635	1000	2635	3000
可分费用	发电	10000	817	600	1417	2000
	灌溉	4000	327	150	477	1000
替代工程	发电	14000	1144	1000	2144	2000
	灌溉	8000	654	100	754	1000
专用工程	发电	7000	572	520	1092	
	灌溉	2000	164	120	284	

注　投资年回收值=投资$[A/P,i,n]$，在本表计算中，假设$n=50$年，$i=8\%$。

（5）各部门的选用年效益减去其可分年费用，即得剩余效益，然后求出分摊百分比，见表6.5中的1e和1f。

（6）整个水利工程的年费用，减去各个部门的可分年费用，即得各部门的剩余年费用，按表6.5中的1f分摊，即得1g。

（7）各部门的年运行费的分摊，亦按上述步骤求得，见表6.5中的2b和2c。

（8）按上述步骤对各部门进行投资分摊，各部门的可分投资，加上所求得的剩余投资的分摊额，即得综合利用水利工程各部门应承担的投资额，计算结果见表6.5中的3c。

表6.5　　　　　　　　　用SCRB法进行分摊计算表　　　　　　　　　单位：万元

项目	内　　容	发电	灌溉	合计	备　　注
1. 年费用分摊	a. 年平均效益	2000	1000	3000	表6.3
	b. 替代工程年费用	2144	754		表6.3
	c. 选用年效益	2000	754	2754	选用a、b中较小者
	d. 可分年费用	1417	477	1894	表6.3
	e. 剩余效益	583	277	860	$c-d$
	f. 分摊百分百	67.8%	32.2%	100%	按1e比例
	g. 剩余年费用分摊	502	239	741	（2635−1894）按1f分摊
	h. 总分摊额	1919	716	2635	$d+g$
2. 年运行费分摊	a. 可分年运行费	600	150	750	表6.3
	b. 剩余年运行费分摊	170	80	250	（1000−750）按1f分摊
	c. 总分摊额	770	230	1000	$a+b$
3. 投资分摊	a. 可分投资	10000	4000	14000	表6.3
	b. 剩余投资分摊	4068	1932	6000	按1f分摊
	c. 总分摊额	14068	5932	20000	$a+b$

6.3.5　合理替代费用分摊法

与上述SCRB法不同之处在于，本法用各部门专用工程的投资与年费用，代替上述的可分投资与可分年费用，其余计算方法与计算步骤与SCRB法基本相同。

合理替代费用分摊法与 SCRB 法的另一相似之处为：某一部门投资的最小分摊额，就是该部门的专用投资或可分投资，某一部门投资的最大分摊额，就是相应替代工程的投资。虽然合理替代费用分摊法的计算工作量较小些，但 SCRB 法用各部门的可分投资代替前者的专用投资，可以使投资分摊的误差尽可能减少至最低程度，所以欧美、日本等国家现在比较广泛采用 SCRB 法，已逐渐取代其他投资分摊方法。

6.3.6 其他费用分摊方法

6.3.6.1 按各部门最优等效替代方案费用现值的比例分摊

此方法的基本设想是：如果不兴建综合利用水利工程，则参与综合利用的各部门为满足自身需要，就得举办可以获得同等效益的工程，其所需投资费用可反映各部门为满足自身需要付出代价的大小。因此，按此比例来分摊综合利用工程的投资费用是比较合理的。此法的优点是不需要计算工程经济效益，比较适合于效益不易计算的综合利用工程。缺点是需要确定各部门的替代方案，各部门的替代方案可能有多个，要计算出各方案的投资费用，并从中选出最优方案，计算工作量是很大的。

采用此法时，一般应按替代方案在经济分析期内的总费用折现总值的比例，分摊综合利用水利工程的总费用。其分摊比例表达式如下：

$$\alpha_j = \frac{C_{j替}}{\sum_{j=1}^{m} C_{j替}} \tag{6.2}$$

式中：$C_{j替}$ 为第 j 部门等效最优替代措施折现费用；m 为参与综合利用费用分摊的部门个数。

按此分摊比例计算各部门分摊的总费用现值 PA_j，该值减去各部门配套工程费用 PP_j 后即为所分摊的枢纽工程费用 PQ_j。

第 j 部门分摊的总费用现值 PA_j：

$$PA_j = PC \cdot \alpha_j \tag{6.3}$$

第 j 部门分摊的枢纽工程费用现值 PQ_j：

$$PQ_j = PA_j - PP_j \tag{6.4}$$

式中：PC 为综合利用工程的总费用现值。

按各部门分摊的枢纽工程费用的比例，再进一步计算各部门分摊枢纽工程投资和年运行费用的数额。

【例 6.4】 利用 [例 6.1] 资料，取生产期 50 年，社会折现率 10%，以工程开工第一年为基准年。试按最优等效替代方案投资费用比例法进行枢纽工程费用分摊。

解：(1) 拟定各受益部门的替代方案，计算其投资和年运行费并折算成现值。经反复研究比较，确定本综合利用工程各部门的替代方案如下：

防洪：采用在防洪受益区进一步加固堤防、扩大并完善分蓄洪区及与上游水库联合运用为替代方案。经计算，经济分析期内该替代方案的费用现值为 63752 万元。

发电：采用建火电站为替代方案，经计算，该替代方案的费用现值为 205000 万元。

航运：采用航道整治与陆运分流相结合为替代方案。经计算，该替代方案的费用现值为 33840 万元。

(2) 对综合利用工程投资和年运行费进行折现计算。为了与替代方案费用有相同的基础，需对综合利用工程的投资和年运行费用进行折现计算。计算结果，枢纽工程折现总费用为 128080 万元；配套工程折现总费用为 44040 万元，其中发电 22990 万元，航运 21050 万元。

(3) 计算各部门分摊枢纽工程投资的比例和数额。按式 (6.2) 计算各部门分摊比例，然后按式 (6.3) 计算各部门分摊综合利用工程总费用，再按式 (6.4) 将各部门分摊的总费用减去各部门配套工程费用即为各部门分摊的枢纽工程费用，最后计算各部门分摊枢纽工程费用的比例，并以此比例分摊枢纽工程投资。按替代方案费用比例分摊，计算结果见表 6.6。

表 6.6 综合利用水利工程费用分摊计算结果表 单位：万元

序号	项目	防洪	发电	航运	合计	说明
1	枢纽工程投资				298280	原值
2	综合利用工程费用				172120	
3	枢纽工程费用				128080	
4	配套工程费用	0	22990	21050	44040	
5	替代方案费用	63752	205000	42309	311061	
6	替代方案费用比例	20.5	65.9	13.6	100	(5)÷311061
7	分摊总费用数额	35285	113427	23408	172120	(6)×(2)
8	分摊枢纽工程费用数额	35285	90437	2358	120180	(7)−(4)
9	分摊枢纽工程费用比例	27.55	70.61	1.84	100	(8)÷128080
10	分摊枢纽工程投资	82176	210616	5488	198280	(9)×(1)

6.3.6.2 按各部门可获得效益现值的比例分摊法

兴建综合利用水利工程的基本目的是获得经济效益，因此按各部门获得经济效益的大小来分摊综合利用工程的费用也是比较公平合理的，也易被接受。不过综合利用工程各部门的效益是由共用、专用、配套工程共同作用的结果，如果按各部门获得的总效益的比例分摊共用工程费用，则加大了专用和配套工程的部门分摊费用；另外综合利用工程各部门开始发挥效益和达到设计效益的时间长短不同，一般情况是防洪、发电部门开始发挥效益和达到设计效益的时间较快；灌溉部门因受配套工程建设的制约，航运部门因受货运量增长速度的影响，均要较长的时间才能达到设计效益。如果按各部门的年平均效益的比例分摊共用工程费用，将使效益发挥慢的部门分摊的费用偏多，效益发挥快的部门分摊的费用偏少。

因此，采用此法计算分摊比例较合理的做法是，按各部门效益现值减去各部门专用和配套工程费用现值之差（剩余的效益现值）占各部门剩余的效益现值总和的比例计算。其计算表达式如下：

第 j 部门分摊比例 α_j：

6.3 费用分摊方法

$$\alpha_j = \frac{PB_j - PO_j}{\sum_{j=1}^{m}(PB_j - PO_j)} \quad (6.5)$$

式中：PB_j 为第 j 部门经济效益现值；PO_j 为第 j 部门配套工程和专用工程费用现值。

第 j 部门分摊的共用工程费用现值 PP_j：

$$PP_j = \left(PC - \sum_{j=1}^{m} PO_j\right) \cdot \alpha_j \quad (6.6)$$

第 j 部门应承担的总费用现值 PA_j：

$$PA_j = PO_j + PP_j \quad (6.7)$$

【例 6.5】 利用 [例 6.1] 资料，取生产期 50 年，社会折现率 10%。以工程开工第 1 年为基准年。防洪效益采用有无综合利用工程时减少的洪灾损失值表示；发电效益按综合利用工程增加的有效电量与电量影子价格计算；航运效益按综合利用工程建成后增加的客货运量的影子运价和节省河道原通过客货运量的成本计算。试按等效最优替代方案投资费用比例法进行枢纽工程费用分摊。

解：（1）计算各部门可获得的经济效益，并折算成现值。经分析计算，防洪效益折现总值为 54600 万元；发电效益总现值为 239784 万元；航运效益折现总值 22890 万元。

（2）按费用与效益计算口径对应一致的原则，计算各部门专用与配套工程的投资和年运行费（防洪 18760 万元；发电 205413 万元；航运 57402 万元），并将共用工程（186405 万元）、专用与配套工程的投资和年运行费用折算成现值（见 [例 6.3]）。

共用工程费用＝综合利用工程总费用－专用工程费用－配套工程费用

（3）计算各部门分摊共用工程投资费用的分摊系数。

（4）计算各部门应分摊的共用工程投资费用。

（5）计算各部门应承担的总费用。

计算结果见表 6.7。

表 6.7 综合利用水利工程费用分摊计算成果表 单位：万元

序号	项 目	防洪	发电	航运	合计	说明
1	共用工程投资				186405	原值
2	专用与配套工程投资	18760	205413	57402	281575	原值
3	共用工程费用				105181	需各部门分摊
4	专用与配套工程费用	3709	40620	22610	66939	
5	各部门效益现值	54600	239784	22890	313274	
6	5－4	50891	199164	280	250335	
7	各部门分摊比例/%	20.3	79.56	0.14	100	(6)÷250335
8	分摊共用工程费用数额	21351	83682	148	105181	(6)×105181
9	应承担的总费用	25060	124302	22758	172120	(8)+(4)
10	分摊共用工程投资	37840	148304	261	186405	(7)×186405
11	应承担的总投资	56600	353717	57663	467980	(10)+(2)

6.4 费用分摊方法分析

对综合利用水利工程费用分摊的研究，一般可按以下的步骤进行：

(1) 确定参加费用分摊的部门。一个比较完整的综合利用水利工程的综合效益有防洪、发电、灌溉、工矿及城镇供水、航运、水产、旅游等，从一般原则上说，所有参加综合利用的部门都应参加费用分摊，但是由于参加综合利用的各部门在综合利用工程中所处的地位不同，如有的部门在综合利用工程中处于主导地位，对综合利用工程的建设规模和运行方式都有一定的要求；有的部门处于从属地位，对综合利用工程建设规模和运行方式都没有什么影响，主要是利用综合利用工程发挥本部门的效益；参加综合利用的各部门效益大小不同，效益发挥的快慢也不同。因此，不一定所有参加综合利用的部门都要参与费用分摊，应根据参加综合利用各部门在综合利用水利工程中的地位和效益情况，分析确定参加费用分摊的部门。

(2) 划分费用和进行费用的折现计算。根据费用分摊的需要，将综合利用水利工程的费用（包括投资和年运行费）划分为专用工程费用与共用工程费用，或可分离费用与剩余共用费用，并进行折现计算。

(3) 研究确定工程采用的费用分摊方法。目前，国内外研究提出的费用分摊方法很多，但由于费用分摊问题十分复杂，涉及面广，到目前为止，还没有一种公认的可适用于各个国家和各种综合利用水利工程情况的费用分摊方法。因此，需根据设计阶段的要求和设计工程的具体条件（包括资料条件），选择适当的费用分摊方法。有条件时，可由各受益部门根据工程的具体情况共同协商本工程采用的费用分摊方法。对特别重要的综合利用水利工程，应同时选用多种费用分摊方法进行计算，选取较合理的分摊成果。

(4) 进行费用分摊比例的计算。根据选用的费用分摊方法，计算分析采用的分摊指标，如各部门的经济效益、各部门等效替代工程的费用、各部门利用的水库库容、水量等实物指标等；再计算各部门分摊综合利用水利工程费用的比例和份额。当采用多种方法进行费用分摊计算时，还应对按几种方法计算的成果进行综合计算与分析，确定一个综合的分摊比例和份额。

(5) 对费用分摊的比例和份额进行合理性检查。但凡涉及经济利益的事件都可能引起争议，综合利用水利工程费用分摊由于涉及不确定性因素多，更容易引起争论，目前还没有一个十全十美的方法能圆满地解决各单位的矛盾，但为了使分摊的结果相对合理一些，提出若干费用分摊原则是必要的。费用分摊是否合理，不同于方案优选中的总效益最大或总费用最小，关键在于是否"公平"，即应遵守若干公平性原则，其细则如下：

1) 各部门自身需要的专用工程费用和配套工程费用，应由相应部门承担。

2) 某个部门的效能因兴建本项目而受到影响时，为恢复其原有效能而采取的补救措施所需费用，应由建设单位承担。超过原有效能而增加的工程费用，应由该部门承担。

3) 各部门共同需要的共用工程的费用，应由各部门分摊。其费用分摊应体现综合利用任务主次和效益大小，各受益部门分摊的费用，应具有合理的经济效果。

4) 各受益部门分摊的总费用，应不小于该部门的专用工程费用和配套工程费用；如果使用可分费用剩余效益法分摊时，各部门分摊的费用应不小于其可分离费用。同时，各部门分摊的费用，也不能大于相应部门替代方案的费用。

5）各受益部门分摊的总费用，应小于该部门的效益。鉴于综合利用水利工程中有些部门没有直接财务效益或其财务效益不能反映其真实效益，应采用其国民经济效益。

6）任意若干部门分摊的费用之和都应小于或等于这几个部门联合兴建这项综合利用工程的费用。

7）计算费用分摊比例和数额时所采用的费用和经济效益指标要口径对应，避免犯逻辑上的错误。

8）鉴于费用分摊问题的复杂性和综合利用水利工程各部门的效益具有不确定性，对重要工程，应采用多种方法进行计算，分析各部门费用分摊比例和数额的变化范围，再由各部门协商确定。

9）由于综合利用水利水电工程各部门效益的稳定程度不同，财务效益不同，在确定各部门分摊费用的比例和数额时，还应考虑各部门的经济承受能力。

(6) 分析确定各部门分摊的费用在建设期内年度分配数额。为了满足动态经济分析的需要，费用分摊时除研究各部门分摊综合利用水利工程费用总的数额外，还应研究各部门分摊费用在建设期内的年度分配数额，即费用流程。由于共用工程费用与各部门专用工程费用和配套工程费用的投入时间和年度分配情况都不相同。因此，不能按同一分摊比例估算各部门在建设期内各年度的费用，而应分别计算，其方法是：首先按各部门分摊比例乘以共用费用在建设期内各年度的费用数额，即得各部门各年度的共用费用数额，再加上本部门专用和配套工程费用在对应年度的费用数额，即为某部门分摊的费用在建设期各年度的数额。

思 考 题

1. 大型多目标综合利用水利工程一般均为国家投资，在规划设计阶段是否有必要进行投资费用分摊？当工程建成后，在运行管理阶段是否有必要进行年收益与年运行费（年经营成本费）分摊？两者效益、费用分摊方法有何区别？

2. 以地方为主的中小型综合利用水利工程，其投资费用分摊方法，与上述大型综合利用水利工程有何区别？现行投资费用分摊方法有很多，如按主次地位分摊，按各部门用水量分摊，按所需库容分摊，按各部门效益分摊等，试述不同分摊方法的应用条件？

3. 我国有关部门建议的费用分摊方法与国际上一般采用的 SCRB 法有何相同与不同之处？

4. 对大型综合利用水利工程，是否有必要采用多种投资费用分摊方法？当采用不同方法计算结果差别较大时，应如何协调使各有关部门都能接受？

5. 如果综合利用水利工程某一部门（例如水力发电）效益较大，某一部门（例如航运）效益有得有失，得失相当，某一部门有负效益，某一部门占有专用库容较大或专用水量较多（例如灌溉），但效益相对较小，对上述各部门如何进行投资费用分摊？

第7章 工程项目财务评价

7.1 财务评价概述

1. 财务评价的概念

建设项目的财务评价又称企业经济评价,是在国家现行财税制度和市场价格体系下,从企业角度分析预测项目直接发生的财务效益和费用,编制财务报表,计算财务评价指标考察拟建项目的获利能力、偿债能力,据以判断项目的财务可行性,为投资决策提供依据。

财务评价应在初步确定的建设方案、投资估算和融资方案的基础上进行,财务评价的结果又可反馈到方案的设计中,用于方案的比选,优化方案的设计。因此财务评价与项目方案的选择是一个反复进行对比的过程。财务评价是经济评价的核心内容,又为国民经济评价提供了基础。

2. 财务评价的内容、目的与任务

项目在财务上的生存能力取决于项目财务效益和费用的大小及其在时间上的分布情况,项目的合理性是通过编制财务报表及计算相应的评价指标来进行判断的。因此,项目财务评价的内容主要包括:财务效益和费用的识别与计量、资金筹措、财务报表的编制、财务评价指标的计算与分析等。

财务评价的目的与任务主要是:①评价拟建项目的获利能力;②评价拟建项目对投资和贷款的偿还能力;③为企业制定资金规划,合理地筹措和使用资金服务;④评价项目承受风险的能力;⑤为协调企业利益和国家利益提供依据。

3. 财务评价的作用

财务评价对企业投资决策、银行提供贷款及有关部门审批项目具有十分重要的作用。

(1) 财务评价是项目评价决策的重要组成部分。对投资项目的评价应从多角度、多方面进行,无论是对投资项目的前评价、中评价和后评价,财务评价都是必不可少的重要内容。在对投资项目的前评价——决策分析与评价的各个阶段中,无论是机会研究、项目建议书、初步可行性研究、还是详细可行性研究,财务评价都是其中的重要组成部分。

(2) 财务评价是投资决策的重要依据。项目决策所涉及的范围中,财务评价虽然不是唯一的决策依据,但却是重要的决策依据。在市场经济条件下绝大部分项目的有关各方根据财务评价结果做出相应的决策:项目发起人决策是否发起或进一步推进该项目;投资人决策是否投资于该项目;债权人决策是否贷款给该项目;各级项目审批部门在做出是否批准该项目的决策时,财务评价结论也是重要的决策依据之一。具体来说财务评价的盈利能力分析结论是投资决策的基本依据,其中项目资本金盈利能力分析结论同时也是融资决策的依据；偿债能力分析结论不仅是债权人决策贷款与否的依据，也是投资人确定融资方案的重要依据。因此，通过财务评价，可以科学地做出是否进行投资的决策。

（3）财务评价在项目或方案比选中起着重要作用。项目决策分析与评价的精髓是方案比选，无论是在规模、技术、工程等方面都必须通过方案比选予以优化，使项目整体更趋于合理，此时项目财务数据和指标往往是重要的比选依据。在投资机会不止一个的情况下，如何从多个备选项目中择优，往往是项目发起人、投资者、甚至政府有关部门关心的事情，财务评价的结果在项目或方案比选中起着重要的作用。

（4）财务评价可以有效地支持投资各方谈判，促进平等合作。投资主体多元化已成为项目融资的主流，投资者之间存在着多种形式的合作，主要有国内合资或合作、中外合资或合作等，在酝酿合资、合作的过程中，财务评价结果起着促使投资各方平等合作的重要作用。

4. 财务评价的步骤

（1）选取财务评价基础数据与参数。包括：主要投入品和产出品财务价格、税率、利率、汇率、计算期、固定资产折旧率、无形资产及其他资产摊销年限，生产负荷及基准收益率等基础数据与参数。

（2）计算销售（营业）收入，估算成本费用。

（3）编制财务评价基本报表。将投资、费用、效益等基础数据汇总，分别编制反映项目财务盈利能力、清偿能力和项目生存能力的基本报表。

（4）计算财务评价指标并进行分析评价。根据编制的基本财务报表，直接计算一系列反映项目盈利能力、偿债能力和财务生存能力指标，分别与对应的评价标准进行对比，对财务状况做出评价。反映项目财务盈利能力的指标包括静态（总投资收益率、资本金净利润率和静态投资回收期等）和动态指标（财务内部收益率、财务净现值和动态投资回收期等）；反映项目偿债能力的指标包括借款偿还期、利息备付率和偿债备付率等。反映财务生存能力的指标主要是累计盈余资金指标。

（5）进行不确定性与风险分析。通过盈亏平衡分析、敏感性分析、概率分析等不确定性分析方法，分析项目可能面临的风险，及在不确定条件下适应市场变化的能力和抗风险的能力，得出不确定情况下项目财务评价的结论。

（6）最终结论，编写财务评价报告。由以上项目的确定性分析和不确定性分析的结果，对项目可行性做出判断，并从多种方案中选择最优方案。

5. 水利工程财务评价的特点

水利工程具有防洪（防凌）、治涝、发电、航运、城镇供水、灌溉、水产养殖、旅游等多种功能。因此，水利工程的财务评价，应根据不同功能的财务收益特点区别对待：

（1）对水力发电、供水等盈利型的水利项目，应根据国家现行财税制度和价格体系在计算项目财务费用和财务效益的基础上，全面分析项目的清偿能力和盈利能力。

（2）对灌溉等保本型的水利项目，应重点核算水利项目的灌溉供水成本和水费标准；对使用贷款或部分贷款建设的项目还需做项目清偿能力的分析，主要是计算和分析项目的借款偿还期。在某些情况下，可将水利项目与农业项目捆在一起，以灌溉区为单位进行财务分析与评价。

(3) 对防洪、防凌、治涝等社会公益型水利项目，主要是研究提出维持项目正常运行需由国家补贴的资金数额和需采取的经济优惠措施及有关政策。

(4) 对具有综合利用功能的水利建设项目，除把项目作为整体进行财务评价外，还应进行费用分摊计算，各功能分摊的费用计算出来后，再按（1）~（3）的要求分别进行财务评价。

7.2 财务评价基础数据与参数选取

7.2.1 价格体系

7.2.1.1 财务分析涉及的价格体系

财务分析涉及的价格体系有三种，即固定价格体系，时价体系和实价体系。相应的，涉及三种价格，即基价、时价和实价。

(1) 基价。是指以基年价格水平表示的，不考虑其后价格变动的价格，也称固定价格。如果采用基价，项目计算期内各年的价格都是相同的，就形成了财务分析的固定价格体系。一般选择评价工作进行的年份为基年，也有选择预计开始建设年份的。如某项财务分析在 2007 年进行，则一般选择 2007 年为其基年，若某货物 A 在 2007 年的价格为 100 元，那么其基价为 100 元，是以 2007 年价格水平表示的。基价是确定项目涉及的各种货物预测价格的基础，也是估算建设投资的基础。

(2) 时价。是指某一时期当时的市场价格。它包含了相对价格变动和绝对价格变动的影响，以当时的价格水平表示。以基价为基础，按照预计的各种货物的不同价格上涨率（可称为时价上涨率）分别求出它们在计算期内任何一年的时价。假定货物 A 的时价上涨率为 2%，在 2006 年基价 100 元的基础上，2007 年的时价应为 $100\times(1+2\%)=102$ 元。若 2008 年货物 A 的时价上涨率为 3%，则 2008 年货物 A 的时价为 $100\times(1+2\%)\times(1+3\%)=105.06$（元）。设基价为 P_b，时价为 P_c，各年的时价上涨率为 c_i（$i=1,2,\cdots,n$），c_i 可以各年相同，也可以各年不同，则第 n 年的时价为

$$P_{cn}=[P_b(1+c_1)(1+c_2)\cdots(1+c_n)] \tag{7.1}$$

若各年 c_i 相同，则有

$$P_{cn}=[P_b(1+c_i)^n] \tag{7.2}$$

(3) 实价。是以基年价格水平表示的，只反映相对价格变动因素影响的价格。可以由时价中扣除通货膨胀因素影响来求得实价。若通货膨胀率（确切地说，只有当物价总水平超过某个幅度时，才称为通货膨胀，故称物价总水平上涨率更合适）为 3.5714%。则 2007 年货物 A 的实价为 $[102/(1+3.5714\%)]=98.5$（元）。这可以说明，虽然看起来 2007 年 A 的价格比 2006 年上涨了 2%，但扣除通货膨胀影响后，货物 A 的实际价格反而比 2006 年降低了，这有可能是由于某种原因使得其相对价格发生了变动。如果把实际价格的变化率称为实价上涨率，那么货物 A 的实价上涨率为

$$[(1+2\%)/(1+3.5714\%)]-1=-1.5\% \tag{7.3}$$

只有当时价上涨率大于通货膨胀率时,该货物的实价上涨率才会大于 0,此时说明该货物价格上涨超过物价总水平的上涨。设第 i 年的实价上涨率为 r_i,通货膨胀率为 f_i,各年的时价上涨率 c_i 和通货膨胀率 f_i 都不变,则有

$$r_i = [(1+c_i)^i/(1+f_i)^i] - 1 \tag{7.4}$$

如果货物间的相对价格保证不变,即实价上涨率为 0,那么实价就等于基价,同时意味着各种货物的时价上涨率相同,也即各种货物的时价上涨率等于通货膨胀率。

7.2.1.2 财务分析的取价原则

1. 财务分析应采用预测价格

财务分析是基于对拟建项目未来数年或更长年份的效益与费用的估算,而无论投入还是产出的未来价格都会发生各种各样的变化,为了合理反映项目的效益和财务状况,财务分析应采用预测价格。预测价格应是在选定的基年价格基础上,一般选择评价当年为基年。至于采用何种价格体系,要视具体情况决定。

2. 现金流量分析原则上采用实价体系

采用实价计算净现值和内部收益率,进行现金流量分析是国际上通行的做法。这样做便于投资者考察投资的实际盈利能力。因为实价排除了通货膨胀因素的影响,消除了因通货膨胀(物价总水平上涨)带来的"浮肿利润",能够相对真实地反映投资的盈利能力。为投资决策提供愈加可靠的依据。如果采用含通货膨胀因素的时价进行盈利能力分析,特别是当对投入和产出采用同一时价上涨率时,就有可能使未来收益大大增加,因此形成"浮肿利润",夸大了项目的盈利能力。

3. 偿债能力分析原则上采用时价体系

用时价进行财务预测,编制利润与利润分配表、财务计划现金流量表及资产负债表,有利于描述项目计算期内各年当时的财务状况,相对合理地进行偿债能力分析。这是国际上通行的做法。

为了满足实际投资的需要,在投资估算中必须包含通货膨胀因素引起投资增长的部分,一般通过计算涨价预备费来体现。同样,在融资计划中也应包括这部分费用,在投入运营后的还款计划中自然包括该部分费用的偿还。因此,只有采取既包含相对价格变化,又包含通货膨胀影响在内的时价表示投资费用和融资数额,并在其基础上进行计算,才能真实反映项目的偿债能力。

7.2.1.3 对财务分析采用价格体系的简化

在实践中,并不要求对所有项目,或在所有情况下,都必须全部采用上述价格体系进行财务分析,多数情况下允许根据具体情况适当简化,可以考虑采用以下几种简化方法:

(1) 在建设期间,既考虑通货膨胀因素,又考虑相对价格变化,包括对投资费用的估算和对经营期投入产出价格的预测。

(2) 在项目经营期,盈利能力分析和偿债能力分析可以采用同一套价格,即预测的经营期的价格。

(3) 在项目经营期内,可根据项目产出的具体情况,选用固定价格(项目经营期内各

年价格不变）或考虑相对价格变化的变动价格（项目经营期内各年价格不同，或某些年份价格不同）。

（4）当有明确要求或通货膨胀严重时，项目偿债能力分析要采用时价体系。

7.2.2 税费、利率及汇率

财务评价中合理计算各种税费，是正确计算项目效益与费用的重要基础。财务评价涉及的税费主要有增值税、营业税、资源税、消费税、所得税、城市维护建设税和教育费附加等。进行评价时应说明税种、税基、税率、计税额等。如有减免税费优惠，应说明政策依据以及减免方式和减免金额。计税方法参见第 3 章有关内容。

借款利率是项目财务评价的重要基础数据，用以计算借款利息。采用固定利率的借款项目，财务评价直接采用约定的利率计算利息。采用浮动利率的借款项目，财务评价时应对借款期内的平均利率进行预测，采用预测的平均利率计算利息。

财务评价汇率的取值，一般采用国家外汇管理部门公布的当期外汇牌价的卖出、买入的中间价。

7.2.3 项目计算期选取

财务评价计算期包括建设期和生产运营期。生产运营期，应根据产品寿命期（矿产资源项目的设计开采年限）、主要设施和设备的使用寿命期、主要技术的寿命期等因素确定，财务评价的计算期一般不超过 20 年。

有些项目的运营寿命很长，如水利枢纽，其主体工程是永久性工程，其计算期应根据评价要求确定。对设定计算期短于运营寿命期较多的项目，计算内部收益率、净现值等指标时，为避免计算误差，可采用年金折现、未来值折现等方法，将计算期结束以后年份的现金流入和现金流出折现至计算期末。

7.2.4 财务基准收益率设定

财务基准收益率（i_c）是项目财务内部收益率指标的基准和判据，也是项目在财务上是否可行的最低要求，也是计算财务净现值的折现率。如果有行业发布的本行业基准收益率，即以其作为项目的基准收益率；如果没有行业规定，则由项目评价人员设定。设定方法：一是参考本行业一定时期的平均收益水平并考虑项目的风险因素确定；二是按项目占用的资金成本加一定的风险系数确定。设定财务基准收益率时应与财务评价采用的价格相一致，如果财务评价采用变动价格，设定基准收益率则应考虑通货膨胀因素。资本金净利润率可采用投资者的最低期望收益率作为判据。《方法与参数》（第 3 版）发布了测算出的行业建设项目融资前税前财务基准收益率取值和建设项目资本金税后财务基准收益率取值，可供分析时参考。

7.3 财务评价方法

建设项目财务评价的主要内容，是在编制财务报表的基础上，进行盈利能力分析、偿债能力分析和财务生存能力分析。建设项目财务评价通过编制财务报表，计算财务评价指标来进行。

7.3 财务评价方法

7.3.1 编制财务评价报表

财务报表主要有财务现金流量表、利润和利润分配表、财务计划现金流量表、资产负债表和借款还本付息计划表等。

1. 财务现金流量表

（1）现金流量表的概念与作用。现金流量是现金流入与现金流出的统称，它是以项目作为一个独立系统，反映项目在计算期内实际发生的流入和流出的现金活动及其流动数量。现金流量表是指反映项目在计算期内各年的现金流入、现金流出和净现金流量的计算表格。按照《方法与参数》（第3版）规定，项目现金流量分析分为三个层次：第一层次为项目投资现金流量分析；第二层次为项目资本金现金流量分析；第三层次为投资各方的现金流量分析。因此，现金流量表也可分为项目投资现金流量表、项目资本金现金流量表和投资各方现金流量表。编制现金流量表的主要作用是计算不同层次的财务内部收益率、财务净现值和投资回收期等分析指标。

此外，现金流量表只反映项目在计算期内各年实际发生的现金收支，不反映非现金收支（如折旧费、摊销费、应收及应付款等）。

（2）现金流量表的结构。现金流量表的设计原理是现金流入减去现金流出等于净现金流量这一等式，因此，现金流量表的基本结构是现金流入、现金流出和净现金流量三个部分。为了分析的需要增设了如调整所得税等栏目。具体的格式因分析的层次不同而不同。

1）项目投资现金流量表。项目投资现金流量表是指反映项目融资前，投资项目现金流入和现金流出情况，用以计算投资项目所得税前税后的财务内部收益率、财务净现值及投资回收期等财务分析指标的表格。由于项目各个融资方案不同，所采用的利率也是不同的，所以编制项目投资现金流量表时，不考虑融资即利息因素对项目的影响。此外，由于项目的建设性质和建设内容不同，项目的所得税率和享受的国家优惠政策也是不相同的，因此，在编制项目投资现金流量表时，一般要计算所得税前税后的财务内部收益率、财务净现值和投资回收期等指标。计算息税前的财务内部收益率、财务净现值和静态投资回收期的目的是考察项目方案设计本身的财务盈利能力，反映项目的可行性，因其不受融资方案和所得税的影响，可以供决策者对项目的可行性做出基本判断。由于不考虑资金来源和所得税的高低，从而也为各个投资方案的比较建立了共同基础。

项目投资现金流量表分现金流入、现金流出、所得税前净现金流量、累计所得税前净现金流量、调整所得税、所得税后净现金流量和累计所得税后净现金流量七大部分组成，见表7.1。

表7.1　　　　　　　　　　项目投资现金流量表　　　　　　　　　　单位：万元

序号	项目	合计	计算期					
			1	2	3	4	…	n
1	现金流入							
1.1	营业收入							
1.2	补贴收入							

续表

序号	项 目	合计	计算期					
			1	2	3	4	…	n
1.3	回收固定资产余额							
1.4	回收流动金							
2	现金流出							
2.1	建设投资							
2.2	流动资金							
2.3	经营成本							
2.4	营业税金及附加							
2.5	维持运营投资							
3	所得税前净现金流量（1−2）							
4	累计所得税前净现金流量							
5	调整所得税							
6	所得税后净现金流量（3−5）							
7	累计所得税后净现金流量							

计算指标：
项目投资财务内部收益率/%（所得税前）
项目投资财务内部收益率/%（所得税后）
项目投资财务净现值（所得税前）（$i_c=$ %）
项目投资财务净现值（所得税后）（$i_c=$ %）
项目投资回收期/年（所得税前）
项目投资回收期/年（所得税后）

注　1. 本表适用于有现金流量项目的分析。
　　2. 调整所得税为以息税前利润为基数计算的所得税，区别于"利润与利润分配表"、"项目资本金现金流量表"和"财务计划现金流量表"中的所得税。

项目投资现金流量表的现金流入包括营业（产品销售）收入、补贴收入、回收固定资产余值、回收流动资金。现金流出包括建设投资（不含建设期利息）、流动资金、经营成本、营业税金及附加、维持运营投资等。

维持运营投资是指运营期发生的设备或设施的更新费用以及矿山、石油开采项目的拓展费用，也作为资金流出。调整所得税是以息税前利润为基数乘以所得税率计算的。净现金流量视扣减所得税与否，分税前净现金流量和税后净现金流量。

2）项目资本金现金流量表。为了全面考察项目的盈利能力，除了对融资前的项目现金流量进行分析外，还需要进行项目资本金现金流量分析，其实质是进行项目融资后的财务分析。项目资本金现金流量表的净现金流量是项目在缴税和还本付息后所剩余的收益（含投资应分得的利润），也即项目的净利润，又是投资者的权益性收益。通过项目资本金现金流量表，可以计算资本金的财务内部收益率，通过资本金财务内部收益率能够从投资者整体角度考察项目的盈利能力。

7.3 财务评价方法

项目资本金现金流量表与项目投资现金流量表的现金流入内容相同。现金流出包括项目投入的资本金、借款本金偿还、借款利息支付、经营成本、营业税金及附加、所得税和维持运营投资。项目资本金现金流量表见表7.2。

表 7.2　　　　　　　　　　　　项目资本金现金流量表　　　　　　　　　　单位：万元

序号	项目	合计	计算期					
			1	2	3	4	…	n
1	现金流入							
1.1	营业收入							
1.2	补贴收入							
1.3	回收固定资产余值							
1.4	回收流动资金							
2	现金流出							
2.1	项目资本金							
2.2	借款本金偿还							
2.3	借款利息支付							
2.4	经营成本							
2.5	营业税金及附加							
2.6	所得税							
2.7	维持运营投资							
3	净现金流量（1－2）							

计算指标：
资本金财务内部收益率/%

注　1. 项目资本金包括用于建设投资、建设期利息和流动资金的资金。
　　2. 对外商投资项目，现金流出中应增加职工奖励及福利基金科目。
　　3. 本表适用于有现金流量项目的分析。

3) 投资各方财务现金流量表。对于某些项目，为了考察投资各方的具体收益情况，还需要编制从投资各方角度出发的现金流量表，即投资各方现金流量表。

通过投资各方现金流量表可以计算投资各方财务内部收益率，考察投资各方的盈利情况。投资各方的财务内部收益率，实际上是相对次要的财务效益评价指标。因为在按普通股本比例分配利润和分担亏损与风险的原则下，投资各方的利益一般是均等的，只有在投资者中的各方有股权之外的不对等的利益分配时，投资各方的收益率才会有差异。此外，不按比例出资和分配的合作经营项目，投资各方的收益率也可能会有差异。计算投资各方的内部收益率，可以看出投资各方收益的不均衡性是否在合理水平上，有助于促成投资各方达成平等互利的投资方案，从而确定是否值得投资。

投资各方现金流量表（表7.3）的现金流入包括实际分配利润、资产处置收益分配、租赁费收入、技术转让或使用收入和其他现金流入；现金流出包括实缴资本、租赁资产支出和其他现金流出。

表7.3　　　　　　　　　　投资各方现金流量表　　　　　　　　　　单位：万元

序号	项目	合计	计算期					
			1	2	3	4	…	n
1	现金流入							
1.1	实际分配利润							
1.2	资产处置收益分配							
1.3	租赁费收入							
1.4	技术转让或使用收入							
1.5	其他现金流入							
2	现金流出							
2.1	实缴资本							
2.2	租赁资产支出							
2.3	其他现金流出							
3	净现金流量（1－2）							

计算指标：
投资各方财务内部收益率/%

投资各方现金流量表可按不同投资方分别编制。投资各方现金流量表中现金流入是指出资方因该项目的实施将实际获得的各种收入；现金流出是指资方因该项目的实施将实际投入的各种支出。表中科目应根据项目具体情况调整。实际分配利润是指投资者由项目获取的利润。资产处置收益分配是指对有明确的合营期限或合资期限的项目，在期满时对资产余值按股比或约定比例的分配。租赁费用收入是指出资方将自己的资产租赁给项目使用所获得的收入，此时应将资产价值作为现金流出，列为租赁资产支出科目。技术转让或使用收入是指出资方将专利或专有技术转让或允许该项目使用所获得的收入。

2. 利润及利润分配表

（1）利润及利润分配表的概念与作用。利润及利润分配表是反映项目计算期内各年的利润总额、所得税及税后利润的分配情况，用以计算投资情况盈利的表格。

（2）利润及利润分配表的结构。

1）利润总额。利润总额是项目在一定时期内实现盈亏总额，即营业（产品销售）收入扣除营业税金及附加和总成本费用之后的数额。用公式表示为

利润总额＝营业（产品销售）收入＋补贴收入－营业税金及附加－总成本费用　　（7.5）

营业（产品销售）收入和营业税金及附加和增值税依据"营业（产品销售）收入和营业（销售）税金及附加和增值税估算表"填列，总成本费用依据"总成本费用估算表"填列。

2）项目亏损及亏损弥补的处理。项目在上一个年度发生亏损，可用当年获得的所得税前利润弥补；当年所得税前利润不足弥补的，可以在5年内用所得税前利润延续弥补；延续5年未弥补的亏损，用缴纳所得税后的利润弥补。

3) 所得税的计算。利润总额按照现行财务制度规定进行调整(如弥补上年的亏损)后,作为计算项目应缴纳所得税税额的计税基数。用公式表示为

$$应纳税所得额 = 利润总额 - 弥补以前年度亏损 \tag{7.6}$$

4) 可供分配的利润。所得税后利润即净利润,与期初未分配利润之和,构成可供分配的利润。计算如下式:

$$可供分配利润 = 净利润 + 期初未分配利润 \tag{7.7}$$

5) 提取法定盈余公积金。法定盈余公积金按当年税后净利润的10%提取,其累计额达到项目法人注册资本的50%以上可不再提取。法定盈余公积金可用于弥补亏损或按照国家规定转增资本金等。

6) 可供投资者分配的利润。提取法定盈余公积金后的净利润,向投资者分配,这部分可分配利润称为可供投资者分配的利润。

可供投资者分配利润按照下列分配顺序分配:

第一,应付优先股利(如有优先股),是按照利润分配方案分配给优先股股东的现金股利。

第二,提取任意盈余公积金。除按法律、法规规定提取法定盈余公积金之外,企业按照公司章程规定或投资者会议决议,还可以提取任意盈余公积金,提取比例由企业自定。

第三,应付普通股股利。按照利润分配方案分配给普通股股东的现金股利。项目当年无盈利,不得向投资者分配利润;企业上年度未分配的利润,可以并入当年向投资者分配。

第四,经过上述分配后的剩余部分为未分配利润。未分配利润主要偿还长期借款。按照国家现行财务制度规定,可供分配利润应首先用于偿还长期借款,借款偿还完毕,才可向投资者进行利润分配。税后利润及其分配顺序,用公式可表示为

$$税后利润 = 应纳税所得额 - 所得税 \tag{7.8}$$

$$\begin{aligned}可供分配利润 &= 税后利润 - 盈余公积金(含法定盈余公积金、任意盈余公积金和公益金)\\ &= 应付股利 + 任意公积金 + 未分配利润\end{aligned} \tag{7.9}$$

利润及利润分配表见表7.4。

表7.4　　　　　　　　　利润及利润分配表　　　　　　　　　单位:万元

序号	项目	合计	计算期					
			1	2	3	4	…	n
1	营业收入							
2	营业税金及附加							
3	总成本费用							
4	补贴收入							
5	利润总额(1-2-3+4)							
6	弥补以前年亏损							

续表

序号	项 目	合计	计 算 期					
			1	2	3	4	…	n
7	应纳税所得额（5－6）							
8	所得税							
9	净利润（5－8）							
10	期初未分配利润							
11	可供分配利润（9＋10）							
12	提取法定盈余公积金							
13	可供投资者分配的利润（11－12）							
14	应付优先股股利							
15	提取任意盈余公积金							
16	应付普通股股利（13－14－15）							
17	各投资方利润分配 其中：××方 　　　××方							
18	未分配利润（13－14－15－17）							
19	息税前利润（利润总额＋利息支出）							
20	息税折旧摊销前利润（息税前利润＋折扣＋摊销）							

注 1. 对于外商出资项目由第 11 项减去储备基金、职工奖励与福利基金和企业发展基金后，得出可供投资者分配的利润。
　　2. 第 14～16 项根据企业性质和具体情况选择填列。
　　3. 法定盈余公积金按净利润计提。

3. 财务计划现金流量表

(1) 财务计划现金流量表概念。财务计划现金流量表是反映项目计算期内各年的投资、融资及经营活动的现金流入和流出，用于计算累计盈余资金，考察资金平衡和余缺情况，分析项目财务生存能力的报表。

(2) 财务计划现金流量表结构。财务计划现金流量表主要按照不同类别的现金流量来分类、分项列示，其报表结构（主体部分）也是与现金流量的分类相联系的。

企业的财务现金流量分为三类：经营活动产生的现金流量、投资活动产生的现金流量和筹资活动产生的现金流量。财务计划净现金流量为三者净现金流量之和。

$$财务计划净现金流量＝经营活动净现金流量＋投资活动净现金流量＋筹资活动净现金流量 \tag{7.10}$$

1) 经营活动产生的现金流量。经营活动是指企业投资活动和筹资活动以外的所有交易和事项。就工商企业来说，经营活动主要包括：销售商品、提供劳务、经营租赁、购买商品、接受劳务、广告宣传、推销商品、缴纳税款等。各类企业由于行业特点不同，对经营活动的认定存在一定差异，在编制财务计划现金流量表时，应根据企业的实际情况，对现金流量进行合理的归类。

经营活动现金流入主要包括：营业收入，即销售商品、提供劳务收到的现金；增值税销项税额；补贴收入；其他流入，收到的其他与经营活动有关的现金。

经营活动现金流出主要包括：经营成本，即购买商品、接受劳务支付的现金，支付给职工以及为职工支付的现金；支付的各项税费，包括增值税进项税额、营业税金及附加、增值税、所得税；流出的其他与经营活动有关的现金。

2) 投资活动产生的现金流量。投资活动是指企业长期资产的购建和不包括在现金等价物范围内的投资及其处置活动。其中的长期资产是指固定资产、在建工程、无形资产、其他资产等持有期限在一年或一个营业周期以上的资产。由于已经包括在现金等价物范围内的投资视同现金，所以将之排除在外。投资活动主要包括：取得和收回投资、购建和处置固定资产、无形资产和其他长期资产等。

投资活动流入的现金主要包括：收回投资所收到的现金；取得投资收益所收到的现金；处置固定资产、无形资产和其他长期资产所收回的现金净额；收到的其他与投资活动有关的现金。

投资活动流出的现金主要包括：购建固定资产、无形资产和其他长期资产所支付的现金；投资所支付的现金；支付的其他与投资活动有关的现金。

3) 筹资活动产生的现金流量。筹资活动是指导致企业资本及债务规模和构成发生变化的活动。其中的资本，包括实收资本（股本）、资本溢价（股本溢价）。与资本有关的现金流入和流出项目，包括吸收投资、发行股票、分配利润等。其中的债务是指企业对外举债所借入的款项，如发行债券、向金融企业借入款项以及偿还债务等。

筹资活动流入的现金主要包括：项目资本金投入所收到的现金；建设投资借款所收到的现金；流动资金借款收到的现金；收到的其他与筹资活动有关的现金，是发行债券、短期借款等。

筹资活动流出的现金主要包括：偿还债务所支付的现金，主要是利息和本金；分配股利、利润或偿付利息所支付的现金；支付的其他与筹资活动有关的现金。

财务计划现金流量表（见表 7.5）的编制基础是财务分析辅助报表和利润与利润分配表。

表 7.5　　　　　　　　　　财务计划现金流量表　　　　　　　　　单位：万元

序号	项　　目	合计	计算期					
			1	2	3	4	…	n
1	经营活动净现金流量（1.1－1.2）							
1.1	现金流入							
1.1.1	营业收入							
1.1.2	增值税销项税额							
1.1.3	补贴收入							
1.1.4	其他流入							
1.2	现金流出							
1.2.1	经营成本							

续表

序号	项目	合计	计算期					
			1	2	3	4	…	n
1.2.2	增值税进项税额							
1.2.3	营业税金及附加							
1.2.4	增值税							
1.2.5	所得税							
1.2.6	其他流出							
2	投资活动净现金流量（2.1－2.2）							
2.1	现金流入							
2.2	现金流出							
2.2.1	建设投资							
2.2.2	维持运营投资							
2.2.3	流动资金							
2.2.4	其他流出							
3	筹资活动净现金流量（3.1－3.2）							
3.1	现金流入							
3.1.1	项目资本金投入							
3.1.2	建设投资借款							
3.1.3	流动资金借款							
3.1.4	债券							
3.1.5	短期借款							
3.1.6	其他流入							
3.2	现金流出							
3.2.1	各种利息支出							
3.2.2	偿还债务本金							
3.2.3	应付利润（股利分配）							
3.2.4	其他流出							
4	净现金流量（1＋2＋3）							
5	累计盈余资金							

注 1. 对于新设法人项目，本表投资活动的现金流入为零。
2. 对于既有法人项目，可适当增加科目。
3. 必要时，现金流出中可增加应付优先股股利科目。
4. 对外商投资项目应将职工奖励与福利基金作为经营活动现金流出。

4. 资产负债表

(1) 资产负债表的概念。资产负债表是反映计算期内各年末资产、负债和所有者权益的增减变化及对应关系，以考察项目资产、负债和所有者权益的结构是否合理，用以计算资产负债率，进行偿债能力分析的报表。

(2) 资产负债表的结构。资产负债表是根据会计恒等式进行设计和编制的，会计恒等式为

$$资产＝负债＋所有者权益 \tag{7.11}$$

7.3 财务评价方法

根据会计制度，资产和负债均从易流动向固定排列，并将资产排列在前，负债和所有者权益排列在后。资产主要包括：流动资产（货币资金、应收账款、预付账款、存货、其他）在建工程、固定资产净值、无形及其他资产净值；负债主要有：流动负债（短期借款、应付账款、预收账款、其他）、建设投资借款、流动资金借款；所有者权益主要是资本金、盈余公积金、未分配利润。

该表根据建设期利息估算表、流动资金估算表、总成本费用估算表、固定资产折旧费估算表、无形资产和其他资产摊销估算表等计算填写。具体格式见表 7.6。

表 7.6 资 产 负 债 表 单位：万元

序号	项 目	合计	计算期					
			1	2	3	4	…	n
1	资产							
1.1	流动资产总额							
1.1.1	货币资金							
1.1.2	应收账款							
1.1.3	预付账款							
1.1.4	存货							
1.1.5	其他							
1.2	在建工程							
1.3	固定资产净值							
1.4	无形及其他资产净值							
2	负债及所有者权益（2.4+2.5）							
2.1	流动负债总额							
2.1.1	短期借款							
2.1.2	应付账款							
2.1.3	预收账款							
2.1.4	其他							
2.2	建设投资借款							
2.3	流动资金借款							
2.4	负债小计（2.1+2.2+2.3）							
2.5	所有者权益							
2.5.1	资本金							
2.5.2	资本公积							
2.5.3	累计盈余公积金							
2.5.4	累计未分配利润							

计算指标：
资产负债率/%

5. 借款还本付息计划表

（1）借款还本付息计划表的概念与作用。借款还本付息计划表是反映项目借款偿还期内借款本金偿还和利息支付情况，用于计算偿债备付率和利息备付率指标，进行偿债能力分析的表格。

按现行财务制度规定,归还建设投资借款的资金来源主要是当年可用于还本的折旧费和摊销费、当年可用于还本的未分配利润、以前年度结余可用于还本资金和可用于还本的其他资金等。由于流动资金借款本金在项目计算期末一次性回收,因此不必考虑流动资金的偿还问题。

(2)借款还本付息计划表的结构。借款还本付息计划表的结构包括两大部分(表7.7),即借款和债券。每一部分又分期初余额、当期还本付息和期末余额三项内容。

表 7.7   借款还本付息计划表   单位:万元

序号	项目	合计	计算期					
			1	2	3	4	…	n
1	借款1							
1.1	期初借款余额							
1.2	当期还本付息							
	其中:还本							
	付息							
1.3	期末借款余额							
2	借款2							
2.1	期初借款余额							
2.2	当期还本付息							
	其中:还本							
	付息							
2.3	期末借款余额							
3	债券							
3.1	期初债务余额							
3.2	当期还本付息							
	其中:还本							
3.3	付息							
4	借款和债券合计							
4.1	期初余额							
4.2	当期还本付息							
	其中:还本							
	付息							
4.3	期末余额							
计算指标	利息备付率/%							
	偿债备付率/%							

7.3 财务评价方法

1) 借款。在项目的建设期，年初借款本息累计等于上年借款本金和建设期利息之和；在项目的生产期，年初借款本息累计等于上年尚未还清的借款本金。本年借款和建设期本年应计利息应根据"建设期利息估算表"，"项目总投资使用计划与资金筹措表"填列；生产期本年应计利息为当年的年初借款本息累计与借款年利率的乘积；本年还本可以根据当年偿还借款本金的资金来源填列；年末本息余额为年初本息余额与本年还本付息数额的差。

2) 债券。债券是指通过发行债券来筹措建设资金，因此债券的性质应当等同借款。两者的区别是，通过债券筹集建设资金的项目，项目是向债权人支付利息和偿还本金，而不是向贷款的金融机构支付利息和偿还本金。

7.3.2 财务评价指标计算与分析

1. 财务评价指标体系

投资项目财务评价的结果，一方面取决于基础数据的可靠性，另一方面取决于所选取的指标体系的合理性。只有选取正确的指标体系，项目的财务分析结果才能与客观实际情况相吻合，才具有实际意义。一般来讲，投资人的投资目标不止一个，因此，项目财务指标体系也不是唯一的。根据不同的评价深度要求和可获得资料的多少，以及项目本身所处条件与性质的不同，可选用不同指标。财务评价指标体系根据不同的分类标准，可有不同的分类。

(1) 按是否考虑资金时间价值因素进行分类。按是否考虑资金时间价值因素进行的分类，财务评价指标可分为静态指标和动态指标，见表 7.8。

表 7.8　　　　　　　　　　静态指标和动态指标体系表

分类	指标
静态指标	总投资收益率
	资本金净利润率
	静态投资回收期
	借款偿还期
	利息备付率
	偿债备付率
动态指标	项目投资财务内部收益率
	资本金内部收益率
	财务净现值
	动态投资回收期

(2) 按指标的性质进行分类。按指标的性质进行分类，财务分析指标可分为比率性指标、价值性指标和时间性指标，见表 7.9。

(3) 按财务评价的目标进行分类。按财务评价的目标进行分类，财务评价指标可分为盈利能力的指标、清偿能力和财务生存能力的指标，见表 7.10。

表 7.9　　　　　　　　　　　　按性质分类的指标体系表

比率性指标	项目投资财务内部收益率
	资本金内部收益率
	总投资收益率
	资本金净利润率
	利息备付率
	偿债备付率
	流动比率
	速动比率
价值性指标	财务净现值
时间性指标	静态投资回收期
	借款偿还期
	动态投资回收期

表 7.10　　　　　　　　　　　　财务分析指标与基本报表的关系

评价内容		基本报表	财务评价指标	
			静态指标	动态指标
融资前分析	盈利能力分析	项目投资现金流量表	项目投资静态投资回收期	项目投资财务内部收益率 项目投资财务净现值 项目投资动态回收期
融资后分析	盈利能力分析	资本金现金流量表		资本金财务内部收益率
		投资各方现金流量表		投资各方财务内部收益率
		利润及利润分配表	总投资收益率	
			资本金净利润率	
	清偿能力分析	资产负债表	资产负债率	
			流动比率	
			速动比率	
		借款还本付息计划表	利息备付率	
			偿债备付率	
			借款偿还期	
	生存能力分析	财务计划现金流量表	净现金流量	
			累计盈余资金	
不确定性分析	盈亏平衡分析	总成本费用表	盈亏平衡点产量、单价、固定成本、可变成本、平衡点生产能力利用率	财务内部收益率 财务净现值
	敏感性分析	现金流量表	总投资收益率 资本金利润率 敏感度系数、临界点	

(4) 按融资与否分类。指标可分为融资前财务分析指标和融资后财务分析指标,见表 7.10。

上述指标可通过相应的财务报表直接或间接求得,这些财务评价指标同财务报表的关系见表 7.10。

2. 财务评价指标计算与分析

(1) 反映盈利能力的评价指标计算与分析。盈利能力是反映项目财务效益的主要标志,在财务分析中,应当考察拟建项目建成投资后是否盈利,盈利能力是否足以使项目可行。根据项目融资与否,财务分析分为融资前分析和融资后分析,一般宜先进行融资前分析,在融资前分析结论满足要求的情况下,初步设定融资方案,再进行融资后分析。在项目建议书阶段,可只进行融资前分析。

融资前分析应以动态分析为主,静态分析为辅。融资前动态分析应以营业收入、建设投资、经营成本和流动资金的估算为基础,考察整个计算期内现金流入和现金流出,编制项目投资现金流量表,计算项目投资内部收益率和净现值等指标。融资前分析排除了融资方案变化的影响,从项目投资总获利能力的角度,考察项目方案设计的合理性。融资前分析计算的相关指标,应作为初步投资决策与融资方案研究的依据和基础。

根据分析角度的不同,融资前分析可选择计算所得税前指标和(或)所得税后指标。

融资前分析也可计算静态投资回收期(P_t)指标,用以反映收回项目投资所需要的时间。

融资后分析应以融资前分析和初步的融资方案为基础,考察项目在拟定融资条件下的盈利能力、偿债能力和财务生存能力,判断项目方案在融资条件下的可行性。融资后分析用于比选融资方案,帮助投资者做出融资决策。

融资后的盈利能力分析应包括动态分析和静态分析两种。动态分析包括下列两个层次:一是项目资本金现金流量分析,应在拟定的融资方案下,从项目资本金出资者整体的角度,确定其现金流入和现金流出,编制项目资本金流量表,计算项目资本金财务内部收益率指标,考察项目资本金可获得的收益水平。二是投资各方现金流量分析,应从投资各方实际收入和支出的角度,确定其现金流入和现金流出,分别编制投资各方现金流量表,计算投资各方的财务内部收益率指标,考察投资各方可能获得的收益水平。具体指标计算如下:

1) 项目投资财务净现值($FNPV$)。项目投资财务净现值是指按设定的折现率 i_c 计算的项目计算期内各年净现金流量的现值之和。计算公式为

$$FNPV = \sum_{t=1}^{n}(CI-CO)_t(1+i_c)^{-t} \qquad (7.12)$$

式中: CI 为现金流入; CO 为现金流出; $(CI-CO)_t$ 为第 t 年的净现金流量; n 为计算期年数; i_c 为设定的折现率。

项目投资财务净现值是考察项目取得能力的绝对指标,它反映项目在满足按设定折现率要求的盈利之外所能获得的超额盈利现值。所以,从财务净现值指标判断项目可行与不可行的标准是: $NVFP \geqslant 0$。表明项目的盈利能力达到或超过了设定折现率所要求的盈利水平,项目在财务上是可行的。

2) 项目投资财务内部收益率。项目投资财务内部收益率（FIRR）是指能使项目在整个计算期内各年净现金流量现值累计等于 0 时的折现率。它是考察项目盈利能力的相对指标。其表达式为

$$\sum_{t=1}^{n}(CI-CO)_t(1+FIRR)^{-t}=0 \tag{7.13}$$

式中：FIRR 为项目内部收益率；其他符号意义同前。

采用项目投资财务内部收益率指标判断项目可行与否的标准通常是：$FIRR \geqslant i_c$，一般情况下，项目投资财务内部收益率大于等于基准折现率或设定折现率，项目则是可行的。如水泥制造业融资前税前财务基准收益率为 11%，房地产开发项目融资前税前财务基准收益率 12%〔见《方法与参数》（第 3 版）〕。

3) 项目投资回收期（P_t）。项目投资回收期是指以项目的净收益回收项目投资所需要的时间，一般以年为单位，并从项目建设开始年算起，若从项目投产开始年算起的，应予以特别注明。投资回收期有动态和静态两个，静态回收期的计算方法与动态相同，只是每年的净现金流量不需要贴现。其表达式为

$$\sum_{t=1}^{P_t}(CI-CO)_t(1+i_c)^{-t}=0 \quad 动态 \tag{7.14}$$

$$\sum_{t=1}^{P_t}(CI-CO)_t=0 \quad 静态 \tag{7.15}$$

从上式可以看到，将项目各年财务净现金流量的现值累计，累计到 P_t 年时，现金流入的现值之和等于现金流出的现值之和，此时的年份即为动态投资回收期。由于各年的净现金流量的现值是一个一定数额的量，累计到某一年时正好为 0 的情况很少。所以，在实际工作中，通常是利用列表的方法计算，使用公式为

$$P_t = T - 1 + \frac{\left|\sum_{t=1}^{T-1}(CI-CO)_t\right|}{(CI-CO)_T} \tag{7.16}$$

式中：T 为各年累计净现金流量首次为正值或 0 的年份。

投资回收期越短，表明项目的盈利能力和抗风险能力越好。投资回收期的判别标准是小于等于基准投资回收期，其取值可根据行业水平或者投资者的要求设定，越短越好。

特别说明：

以上财务净现值指标（FNPV）、财务内部收益率（FIRR）和投资回收期指标（P_t）在计算时，如果净现金流量不扣除所得税，即为税前财务净现值指标、税前财务内部收益率指标和税前投资回收期；如果净现金流量扣除所得税，即为税后财务净现值指标、税后财务内部收益率指标和税后投资回收期，要与对应的税前基准收益率、税后基准收益率和税后的标准投资回收期进行比较判别。

以上的项目财务净现值、项目财务内部收益率、项目投资回收期属于融资前的项目盈利能力分析，反映项目设计本身的盈利性和可行性，这一分析不受融资因素的影响，以便

为投资决策提供可靠的信息。

由于不考虑融资的影响，投资机会研究、初步可行性研究和项目建议书阶段，多使用这些指标。

4）资本金财务内部收益率。为了全面考察盈利能力，除进行投资项目现金流量分析，考核项目融资前的盈利能力之外，还要考核项目融资后的盈利能力，即进行项目资本金现金流量分析，分析资本金的盈利能力，为融资决策提供依据。

在市场经济条件下，项目资本金盈利能力指标是投资者最终决策的最重要的指标，是比较和取舍融资方案的重要依据。

项目资本金现金流量分析是在编制项目资本金现金流量表的基础上进行的，该表净现金流量包括了项目在缴纳所得税和还本付息之后所剩余的收益，也即企业的净收益（不是利润，因为没扣除折旧、摊销项目），又是投资者权益性收益。根据这种净现金流量计算得到的资本金内部收益率指标，反映从投资整体角度考察盈利能力的要求，即从企业角度对盈利能力进行判断的要求。因为企业只是一个经营实体，而所有权是属于全部投资者的。

依据该表要求计算的指标只有资本金内部收益率，其表达式和计算方法同项目投资财务内部收益率，只是所依据的表格和净现金流量的内涵不同。

资本金财务内部收益率的判别基准应体现项目发起人（代表项目所有投资者）对投资获利的最低期望值。当资本金内部收益率大于或等于该最低可接受收益率时，说明资本金获利水平大于或达到了要求，是可以接受的。如《方法与参数》（第3版）测算的项目资本金税后财务基准收益率水泥制造业为12%，房地产开发项目为13%。

5）投资各方财务内部收益率。对于某些项目，为了考察投资各方的具体收益，根据从投资各方角度出发编制的现金流量表，计算投资各方的内部收益率指标，该指标为融资后税后盈利能力分析指标。

依据投资各方现金流量表计算的投资各方财务内部收益率指标，其表达式和计算方法同项目投资财务内部收益率，只是所依据的表格和净现金流量内涵不同。

以上指标多为动态指标，还可以根据项目具体情况进行静态分析，选择计算一些静态指标。

6）总投资收益率（ROI）。总投资收益率（ROI）是指建设项目达到设计生产能力后的一个正常生产年份的年息税前利润总额或运营期内年平均息税前利润（EBIT）与项目总投资额（TI）的比率，它是考察项目融资后单位投资盈利能力的静态指标。

对于生产期内各年的利润总额变化幅度较大的项目应计算生产期年平均息税前利润总额，并通过年平均息税前利润总额与总投资额比来求得投资总益率。计算公式为

$$总投资收益率(ROI)=\frac{年息税前利润总额或年均息税前利润总额(EBIT)}{项目总投资(TI)}\times 100\%$$

(7.17)

其中 年息税前利润总额(EBIT)＝年营业收入－年总成本费用－年营业税金及附加

＝利润总额＋计入总成本费用的利息费用

项目投资总额＝建设投资＋建设期利息＋流动资金

总投资收益率在可根据利润与利润分配表和投资估算表中的有关数据计算求得。在财务评价中将总投资收益率与同行业的基准投资收益率对比，以判别项目单位投资盈利能力是否达到本行业的平均水平，只有大于等于行业的基准投资收益率，项目才是可以接受的，而且越大越好。

7) 项目资本金净利润率（ROE）。项目资本金净利润率是指项目达到设计生产能力后的一个正常生产年份的年净利润或项目运营期内年平均净利润（NP）与项目资本金（EC）的比率，它反映投入项目的资本金的盈利能力。该指标反映的是融资后资本金的盈利情况。其计算公式为

$$项目资本金净利润率(ROE)=\frac{年净利润或平均净利润(NP)}{项目资本金(EC)}\times 100\% \quad (7.18)$$

式中：项目资本金为投入项目的全部注册资本金。

总投资收益率、资本金净利润率两个静态指标主要是根据利润与利润分配表，借助现金流量表相关数据计算，其计算方法比较简单，经济意义比较直观，但它们没有考虑资金的时间价值，取值比较粗糙；只考虑了年总收益、年净利润和投资的影响，忽视了其他经济数据。而且正常生产年份的选择比较困难，其确定带有一定的不确定性和人为因素。因此，在项目盈利能力分析中，它们只作为辅助指标，主要用在工程建设方案制订的早期阶段或研究过程，且计算期较短、不具备综合分析所需详细资料的方案，尤其适用于工艺简单而生产情况变化不大的工程建设方案的选择和投资经济效果的评价。

【**例 7.1**】 已知某拟建项目资金投入和利润见表 7.11，计算该项目总投资利润率和资本金利润率。

表 7.11　　　　　［例 7.1］建设项目资金投入和利润表　　　　　单位：万元

序号	项　目	年　数						
		1	2	3	4	5	6	7～10
1	建设投资							
1.1	自有资金部分	1200	340					
1.2	贷款本金		2000					
1.3	贷款利息（年利率6%，投产后前4年等本金偿还，利息照付）		60	123.6	92.7	61.8	30.9	
2	流动资金							
2.1	自有资金部分			300				
2.2	贷款			100	400			
2.3	贷款利息（年利率4%）			4	20	20	20	20
3	所得税前利润			−50	550	590	620	650
4	所得税后利润（所得税率为33%）			−50	385	395.3	415.4	435.5

解：计算总投资收益率（ROI）：

①项目总投资（TI）＝建设投资＋建设期贷款利息＋全部流动资金
$$=1200+340+2000+60+300+100+400=4400(万元)$$

②年平均息税前利润（EBIT）
$$\begin{aligned}EBIT&=[(123.6+92.7+61.8+30.9+4+20\times7)\\&\quad+(-50+550+590+620+650\times4)]\div8\\&=(453+4310)\div8=595.4(万元)\end{aligned}$$

③总投资收益率（ROI）
$$ROI=\frac{EBIT}{TI}\times100\%=\frac{595.4}{4400}\times100\%=13.5\%$$

计算资本金净利润率（ROE）：

①项目资本金（EC）＝1200＋340＋300＝1840（万元）

②资本金净利润率（ROE）
$$ROE=\frac{NP}{EC}\times100\%=\frac{360.96}{1840}\times100\%=19.62\%$$

（2）偿债能力分析。偿债能力分析主要是通过编制借款还本付息计划表，计划相关指标，考察项目的偿债能力。反映项目偿债能力的指标包括借款偿还期、利息备付率和偿债备付率等。

1）利息备付率（ICR）。利息备付率是指项目在借款偿还期内，各年用于支付利息的息税前利润（EBIT）与当期应付利息费用（PI）的比值，即

$$利息备付率(ICR)=\frac{息税前利润(EBIT)}{当期应付利息(PI)} \tag{7.19}$$

当期应付利息指计入总成本费用的全部利息费用。

利息备付率应分年计算，也可以按整个借款期计算。利息备付率表示项目的息税前利润偿付利息的保证倍率，利息备付率应大于1，并结合债权人的要求确定。利息备付率高，说明利息偿付的保证度大，偿债风险小；利息备付率小于1，表示付息能力保障程度不足，没有足够资金支付利息，偿债风险大。对于正常运营的企业，一般要求利息备付率不宜低于2。

2）偿债备付率（DSCR）。偿债备付率是指项目在借款偿还期内，各年可用于还本付息资金（$EBITDA-T_{AX}$）与当期应还本付息（PD）的比值，即

$$偿债备付率(DSCR)=\frac{可用于还本付息资金(EBITDA-T_{AX})}{当期应还本付息额(PD)} \tag{7.20}$$

可用于还本付息的资金（EBITDA），包括可用于还款的折旧和摊销、在成本中列支的利息费用、可用于还款的利润等，要扣除所得税（T_{AX}）。当期应还本付息金额（PD）包括当期应还贷款本金及计入成本的利息。融资租赁费用可视同借款偿还。运营期内的短

期借本息也应纳入计算。如果项目运行期内有维持运营的投资，可用于还本付息的资金应扣除维持运营的投资。

偿债备付率分年计算。偿债备付率表示可用于还本付息的资金偿还借款本息的保证倍率。偿债备付率在正常情况应当大于1，且越高越好，但应结合债权人的要求确定。根据我国历史数据统计分析，不宜低于1：3。当指标小于1时，表示当年资金来源不足以偿付当期债务，需要通过短期借款偿付已到期债务。

根据借款还本付息计划表计算利息备付率、偿债备付率或借款偿还期指标。实践中可根据具体情况在备付率指标和借款偿还期指标中两者择其一。偿债备付率和利息备付率指标适用于预先设定借款偿还期，按等额还本付息或等额还本付息照付方式计算借款次还本付息的项目；对那些要求按最大偿还能力计算借款偿还期的项目，再计算备付率指标就失去了意义。这时要计算借款偿还期指标。

【例7.2】 已知某企业借款偿还期为10年，其前4年各年有关数据见表7.12，计算该项目前4年的利息备付率和偿债备付率。

表7.12　　　　　　　［例7.2］企业相关数据表　　　　　　　单位：万元

序号	项目	1	2	3	4
1	息税前利润（EBIT）	3440	19850	34690	40210
2	付息（PI）	24740	21640	18330	14600
3	税前利润（1－2）	－21300	－1790	18160	25610
4	所得税 TAX（税率33%）	0	0	0	6824
5	税后利润（3－4）	－21300	－1790	18160	18786
6	折旧	34100	34100	34100	34100
7	摊销	14180	14180	14180	14180
8	还本	47460	50710	54200	57920
9	还本付息总额（PD=2+8）	72200	72350	72530	72520
10	还本付息资金来源（EBITDA=1+6+7）	51720	68130	84770	88490
11	利息备付率	0.14	0.92	1.99	2.75
12	偿债备付率(10－4)/9	0.72	0.94	1.17	1.13

从计算可知，前两年的利息备付率均低于1，偿债备付率低于1，企业在前两年具有很大的还本付息压力，但到第3年后这种状况将得到好转。

3）借款偿还期。借款偿还期是指在有关财税规定及项目具体财务条件下，项目投产后以可用作还款的利润、折旧、摊销及其他收益偿还建设投资借款本金（含未付建设期利息）所需要的时间，一般以年为单位表示。该指标可由借款还本付息计划表推算。不足整年的部分可用线性插值法计算。计算出的借款偿还期指标越短，说明偿债能力越强。

借款偿还期的计算需要与各年借款还本付息的计算相结合，通过借款还本付息计划表、总成本费用以及利润和利润分配表三表的循环计算完成。

借款偿还期的计算公式如下式：

$$借款偿还期 = \begin{bmatrix} 借款偿还后开始出 \\ 现盈余的年份数 \end{bmatrix} - \begin{bmatrix} 开始借 \\ 款年份 \end{bmatrix}$$
$$+ \frac{开始盈余当年应还借款额}{开始盈余当年可用于还款的资金额} \quad (7.21)$$

借款偿还期指标适用于那些不预先给定借款偿还期限，而是按项目的最大偿还能力和尽快还款原则还款的项目。对于可能预先设定还款期限的项目，应采用利息备付率和偿债备付率指标评价项目的偿债能力。

4) 资产负债率（$LOAR$）。资产负债率是指各期末负债总额（TL）同资产总额（TA）的比率，应按下式计算式：

$$资产负债率(LOAR) = \frac{期末负债总额(TL)}{期末资产总额(TA)} \times 100\% \quad (7.22)$$

适度的资产负债率，表明企业经营安全、稳健，具有较强的筹资能力，也表明企业和债权人的风险较小。对该指标的分析，应结合国家宏观经济状况、行业发展趋势、企业所处竞争环境等具体条件判定。项目财务分析中，在长期债务还清后，可不再计算资产负债率。

一般认为，资产负债率的适宜水平在40%～60%。对于经营风险较高的企业，为减少财务风险应选择比较低的资产负债率；对于经营风险低的企业，资产负债率可以较高。我国交通、电力、运输等基础行业，资产负债率平均为50%，加工业为65%，商贸业为80%。而英国、美国资产负债率很少超过50%，亚洲和欧盟则明显高于50%，有的企业达70%。

5) 流动比率。流动比率是流动资产总额与流动负债总额的比，反映项目各年偿付流动负债能力的评价指标。计算公式为

$$流动比率 = \frac{流动资产总额}{流动负债总额} \times 100\% \quad (7.23)$$

流动比率表明项目每一元钱流动负债有多少流动资产作为支付的保障。项目的流动资产在偿还流动负债后应该还有余力去应付日常经营活动中其他资金需要。对债权人来说，此项比率越高，债权越有保障。根据经验判定，一般这项指标要求在200%以上。理由是变现能力差的存货通常占流动资产总额的一半左右。但到20世纪90年代以后，由于采用新的经营方式，平均值已降为1.5:1左右。如美国平均为1.4左右，日本为1.2左右，达到或超过2的企业较少。

6) 速动比率。速动比率是速动资产总额与流动负债总额的比，反映企业快速偿付流动负债能力的指标。计算公式为

$$速动比率 = \frac{速动资产总额}{流动负债总额} \times 100\% = \frac{流动资产总额 - 存货}{流动负债总额} \times 100\% \quad (7.24)$$

式中，流动资产减存货叫速动资产，它包括流动资产中的现金、短期投资（有价证券）、应收票据及应收账款等项目，它们的流动性较好，变现时间短。速动比率是对流动比率的补充，如果流动资产比率高，而流动资产的流动性低，则企业的偿债能力仍然不

高。一般要求速动比率在100%以上，但是不同的行业应该有所差别。20世纪90年代以来已降为0.8:1。

在项目评价中，通过资产负债表可逐年计算项目的资产负债率、流动比率和速动比率。一般情况下，生产期的资产负债率将逐年下降、流动比率和速动比率将逐年上升，根据这三率达到基本要求所需要的时间来综合判定项目的贷款偿还风险程度。

(3) 财务生存能力分析。在项目运营期间，确保从各项经济活动中得到足够的净现金流量是项目能够持续生存的条件。财务分析中应根据财务计划现金流量表，综合考察项目计算期内各年的投资活动、融资活动和经营活动所产生的各项现金流入和流出，计算净现金流量和累计盈余资金，分析项目是否有足够的净现金流量维持正常运营。为此，财务生存能力分析亦可称为资金平衡分析。

财务生存能力分析应结合偿债能力分析进行，如果拟安排的还款期过短，致使还本付息负担过重，导致为维持资金平衡必须筹借的短期借款过多，可以调整还款期，减轻各年还款负担。

通常因运营期前期的还本付息负担较重，故应特别注重运营期前期的财务生存能力分析。

财务生存能力可通过以下相辅相成的两个方面具体判断：

1) 拥有足够的经营净现金流量是财务可持续的基本条件，特别是在运营初期。一个项目具有较大的经营净现金流量，说明项目方案比较合理，实现自身资金平衡的可能性大，不会过分依赖短期融资来维持运营；反之，一个项目不能产生足够的经营净现金流量，或经营净现金流量为负值，说明维持项目正常运行会遇到财务上的困难，项目方案缺乏合理性，实现自身资金平衡的可能性小，有可能要靠短期融资来维持运营；或者是此经营项目本身无能力实现自身资金平衡，提示要靠政府补贴。

2) 各年累计盈余资金不出现负值是财务生存的必要条件，即各年的累计盈余资金不小于0。在整个运营期间，允许个别年份的净现金流量出现负值，但不能容许任一年份的累计盈余资金出现负值。一旦出现负值时应适时进行短期融资，该短期融资应体现在财务计划现金流量表中，同时短期融资的利息也应纳入成本费用和其后的计算。较大的或较频繁的短期融资，有可能导致以后的累计盈余无法实现正值，致使项目难以持续运营。为维持项目正常运营，还应分析短期借款的可靠性。

7.4 财务评价案例

【例7.3】 某一建设项目有关资料如下：

(1) 项目计算期10年，其中建设期2年。项目第3年投产，第5年开始达到100%的设计生产能力。

(2) 项目建设投资8500万元，预计500万元形成无形资产，其余形成固定资产。固定资产年折旧费为673万元，固定资产余值在项目运营期末收回。

(3) 无形资产在运营期8年中，均匀摊入成本。

(4) 流动资金为1000万元，在项目计算期末收回。

(5) 项目的设计生产能力为年产量 1.1 万 t，预计每吨售价为 6000 元，年营业税金及附加按营业收入的 5% 计取，所得税率为 33%。

(6) 项目的资金投入、销量及经营成本等基础数据，见表 7.13。

(7) 还款方式：在项目运营期间（即从第 3 年至第 10 年）按等额本金法偿还，流动资金贷款每年付息，运营期末还本。长期贷款利率为 6.22%（按年计息），流动资金贷款利率为 3%。

(8) 产品固定成本占年总成本的 40%。

根据下列问题，完成各部分的测算，并对项目进行分析评价：

1) 计算无形资产摊销费。
2) 编制借款还本付息计划表。
3) 编制总成本费用估算表。
4) 编制项目利润与利润分配表。盈余公积金提取比例为 10%。
5) 计算项目总投资收益率、资本金净利润率、第 8 年利息备付率和偿债备付率。

表 7.13　建设项目资金投入、销售及经营成本表　　　　单位：万元

序号	项目		年数				
			0	1	2	3	4
1	建设投资	自有资金部分	3000	1000			
		贷款（不含贷款利息）		4500			
2	流动资金	自有资金部分			400		
		贷款（不含贷款利息）			100	500	
3	年销售量/万 t				0.8	1.0	1.1
4	年经营成本				4200	4600	5000

解：(1) 计算无形资产摊销费为：$500 \div 8 = 62.5$（万元）

(2) 编制项目借款还本付息计划表见表 7.14。

表 7.14　项目借款还本付息计划表　　　　单位：万元

序号	项目	年数								
		1	2	3	4	5	6	7	8	9	10
1	年初累计借款			4640	4046	3480	2900	2320	1740	1160	580
2	本年新增借款		4500								
3	本年应计利息	140	289	253	216	180	144	108	72	36	
4	本年应还本金			580	580	580	580	580	580	580	580
5	本年应还利息			289	253	216	180	144	108	72	36

建设期贷款利息 $= 1/2 \times 4500 \times 6.22\% = 140$（万元）

每年应还本金 $= (4500 + 140) \div 8 = 580$（万元）

(3) 编制总成本费用估算表，见表 7.15。

(4) 编制项目利润与利润分配表，表 7.16。

(5) 计算总投资收益率、资本金净利润率和第8年利息备付率和偿债备付率。

1) 总投资收益率＝年均息税前利润÷项目总投资
$$= (-376+364+534+534+534+534+534+534)$$
$$\div 8/(8500+140+1000)$$
$$= 399/9640 = 4.14\%$$

2) 资本金净利润率＝年平均净利润/项目资本金
$$= (-668+93+300+316+249+273+297+322)$$
$$\div 8/(4000+400)$$
$$= 147.75/4400 = 3.36\%$$

3) 第8年的利息备付率＝当期息税前利润/当期应付利息
$$= 534/126 = 4.24$$

4) 第8年的偿债备付率＝可用于还本付息资金/当期还本付息额
$$=（折旧＋摊销＋息税前利润－所得税）/当期还本付息额$$
$$=(1270-135)/(580+108+18)$$
$$=1.61$$

利息备付率大于2，偿债备付率大于1，表明项目是偿债能力强，风险较小。

第3年应计利息＝年初累计借款×借款年利率＝4640×6.22%＝289(万元)

等额本金偿还：本年应还本金＝还款年年初本息和÷借款还期
$$=(4500+140)/8 = 580(万元)$$

第4年年初累计借款＝第3年年初累计借款－第3年偿还本金
$$=4540-580=3960(万元)$$

表 7.15　　　　　　　　　总成本费用估算表　　　　　　　　　单位：万元

序号	项目	年数							
		3	4	5	6	7	8	9	10
1	经营成本	4200	4600	5000	5000	5000	5000	5000	5000
2	折旧费	673	673	673	673	673	673	673	673
3	摊销费	63	63	63	63	63	63	63	63
4	财务费	292	271	234	198	162	126	90	54
4.1	长期借款费	289	253	216	180	144	108	72	36
4.2	流动资金借款利息	3	18	18	18	18	18	18	18
5	总成本费用	5228	5607	5970	5934	5898	5862	5826	5790

注　总成本费用＝经营成本＋折旧费＋摊销费＋维修费＋利息支出＝固定成本＋可变成本。

表7.16中应纳税所得额＝本年营业收入－本年总成本费用－本年营业税金及附加－弥补以前年度亏损＝6000－5607－300－668＝－575(万元)

本年应纳所得税＝应纳税所得额×所得税率＝61×33%＝20(万元)

7.4 财务评价案例

表 7.16　　　　　项目利润与利润分配表　　　　　单位：万元

序号	项 目	年 数							
		3	4	5	6	7	8	9	10
1	营业收入	4800	6000	6600	6600	6600	6600	6600	6600
2	营业税金及附加	240	300	330	330	330	330	330	330
3	总成本费用	5228	5607	5970	5934	5898	5862	5826	5790
4	利润总额	−668	93	300	336	372	408	444	480
5	弥补以前年度亏损		93	300	275	0	0	0	0
6	应纳税所得额	0	0	0	61	372	408	444	480
7	所得税	0	0	0	20	123	135	147	158
8	净利润	−668	93	300	316	249	273	297	322
9	期初末未分配利润	−668	−575	−275					
10	可供分配利润	−668	−575	−275	41	249	273	297	322
11	提取盈余公积金	0	0	0	4	25	27	30	32
12	可供投资者分配的利润	0	0	0	37	224	246	267	290
13	息税前利润	−376	364	534	534	534	534	534	534
14	息税折旧摊销前利润	360	1100	1270	1270	1270	1270	1270	1270

【例 7.4】 某项目建设期为 2 年，生产期为 8 年，项目建设投资 3100 万元，预计 90% 形成固定资产，10% 形成无形资产。固定资产折旧年限为 8 年，按直线折旧法计算折旧，预计净残值率为 5%，在生产期末回收固定资产残值；无形资产按 8 年期平均摊销。

建设项目发生的资金投入、收益及成本情况见表 7.17。建设投资贷款年利率为 7%，建设期只计利息不还款。银行要求建设单位从生产期开始的 6 年间，按照每年等额本金偿还法进行偿还，同时偿还当年发生的利息。流动资金贷款年利率为 3%，每年付息，计算期最末一年年末还本。

表 7.17　　　　　建设项目资金投入、收益及成本表　　　　　单位：万元

序号	项 目		年 数				
			1	2	3	4	5
1	建设投资	自有资金	930	620			
		贷款	930	620			
2	流动资金贷款				300		
3	年营业收入				3800	4320	5400
4	年经营成本				2600	2600	2600

若营业税金及附加税率为 6%，所得税率为 33%，投资者可接受最低收益率为 20%。

问题：

(1) 编制借款还本付息计划表。

(2) 计算各年固定资产折旧额。

(3) 编制项目资本金现金流量表。

计算资本金财务内部收益率，并对项目进行评价。

解：（1）编制借款还本付息计划表，见表7.18。

表 7.18　　　　　　　　　　借款还本付息计划表　　　　　　　　　　单位：万元

序号	项　目	年　数							
		1	2	3	4	5	6	7	8
1	年初累计借款		962.55	1671.63	1393.02	1114.41	835.80	557.19	278.58
2	本年新增借款	930	620						
3	本年应计利息	32.55	89.08	117.01	97.51	78.01	58.51	39.00	19.50
4	本年应还本金			278.61	278.61	278.61	278.61	278.61	178.58
5	本年应还利息			117.01	97.51	78.01	58.51	39.40	19.50

（2）计算各年的固定资产折旧额。

固定资产原值：$3100 \times 90\% + 32.55 + 89.08 = 2911.63$（万元）

残值：$2911.63 \times 5\% = 145.58$（万元）

各年固定资产折旧费：$(2911.63 - 145.58) \div 8 = 345.76$（万元）

无形资产摊销额：$3100 \times 10\% \div 8 = 38.75$（万元）

（3）编制项目资本金现金流量表，见表7.19。

各年所得税的计算，用应税所得额乘以所得税率。如第3年的所得税。

$(3800 - 228 - 2600 - 345.76 - 38.75 - 126.01) \times 33\% = 461.48 \times 33\% = 152.29$（万元）

表 7.19　　　　　　　　　　项目资本金现金流量表　　　　　　　　　　单位：万元

序号	项　目	建设期		生　产　期							
		1	2	3	4	5	6	7	8	9	10
1	现金流入			3800	4320	5400	5400	5400	5400	5400	5845.58
1.1	营业收入	3800	4320	5400	5400	5400	5400	5400	5400		
1.2	回收固定资产余值										145.58
1.3	回收流动资金										300
2	现金流出	930	620	3384.91	3564.35	3951.1	3938.03	3924.96	3911.87	3620.22	3920.22
2.1	项目资本金	930	620								
2.2	借款本金偿还			278.61	278.61	278.61	278.61	278.61	278.58	300	
2.3	借款利息支出			126.01	106.51	87.01	67.51	48	28.5	9	9
2.4	经营成本			2600	2600	2600	2600	2600	2600	2600	2600
2.5	营业税金及附加			228	259.2	324	324	324	324	324	324
2.6	所得税			152.29	320.03	661.48	667.91	674.35	680.79	687.22	687.22
3	净现金流量(1-2)	-930	-620	415.09	755.65	1448.9	1461.97	1478.04	1488.13	1779.78	1925.36

续表

序号	项目	建设期		生 产 期							
		1	2	3	4	5	6	7	8	9	10
3.1	折现系数 ($i_c=46\%$)	0.6849	0.4691	0.3213	0.2201	0.1507	0.1032	0.0707	0.0484	0.0332	0.0227
3.2	折现净现金流量	−636.99	−290.86	133.38	166.31	218.40	150.95	104.31	72.08	59.05	43.75
3.3	累积折现净现金流量										20.38
4	折现系数 ($i_c=47\%$)	0.6803	0.4628	0.3148	0.2142	0.1457	0.0991	0.0674	0.0459	0.0312	0.0212
5	折现净现金流量	−632.66	−286.92	130.67	161.83	211.08	144.89	99.44	68.25	55.53	40.86
6	累积折现净现金流量										−7.0118

(4) 资本金财务内部收益率计算。

利用内插法计算，设 $i_1=46\%$，$NPV_1=20.38$

$$i_2=47\%, \quad NPV_2=-7.0118$$

$$IRR=i_1+\frac{|NPV_1|}{|NPV_1|+|NPV_2|}+(i_2-i_1)=46\%+\frac{|20.38|}{|20.38|+|-7.0118|}\times100\%=46.74\%$$

项目息税前资金内部收益达到 46.74%，是比较高的盈利水平，大于投资者最低可接受的收益率，说明项目是可行的。

思 考 题

1. 投资项目财务评价的内容、方法和基本财务报表是什么？
2. 项目财务盈利能力分析的内容是什么，运用哪些主要指标，如何运用这些指标进行投资决策？
3. 试分析项目财务评价税前与税后的评价指标在计算与评价标准上的差异。
4. 如何进行项目清偿能力的分析？
5. 如何进行项目财务生存能力的分析？
6. 某拟建项目固定资产投资估算总额为 3600 万元，其中，预计形成固定资产 3060 万元（含建设期贷款利息为 60 万元），无形资产 540 万元。固定资产使用年限为 10 年，残值率为 4%，固定资产余值在项目运营期末收回。该项目的建设期为 2 年，运营期为 6 年。项目的资金投入、收益、成本等基础数据，见表 7.20。

固定资产借款合同规定的还款方式为：投产后的前 4 年等额本金偿还。借款利率为 6%（按年计息）；流动资产借款利率为 4%（按年计息）。无形资产在运营期 6 年中，均匀摊入成本。

流动资金为 800 万元，在项目的运营期末全部收回。

设计生产能力为年产量 120 万件某种产品，产品售价为 38 元/件，销售税金及附加税率为6%，所得税率为33%，行业基准收益率为8%。

行业融资前税前财务基准收益率为10%，资本金税后基准收益率为15%。

问题：

(1) 编制还本付息表、总成本费用表和利润表及利润分配表。

(2) 计算总投资收益率和资本金净利润率。

(3) 编制项目自有资金现金流量表。计算项目静态、动态投资回收期和财务净现值。

(4) 从财务角度评价项目的可行性。

表7.20　　　　　某建设项目资金投入、收益及成本表　　　　　单位：万元

序号	项目		年数				
			1	2	3	4	5～8
1	建设投资	自有资金	1200	340			
		贷款（不含贷款利息）		2000			
2	流动资金	自有资金部分			300		
		贷款部分			100	400	
3	年销售量/万件				60	120	120
4	年经营成本				1682	3230	3230

第8章 工程项目国民经济评价

8.1 国民经济评价概述

工程项目的经济评价最早可以追溯到资本主义社会初期,其产生的主要动力来自对最大利益的追求。但在20世纪30年代经济大萧条之前,对工程项目的评价主要是财务评价。为了摆脱经济危机,美国政府采取了"罗斯福新政",开始干预调控国家经济事务,上马众多的公共工程项目,而这些项目是以宏观经济效益和社会效益为主,单纯采用财务评价已无法反映项目的实际效益,故此国民经济评价得以运用。第二次世界大战后,随各国政府管理公共事务经验的积累,国民经济评价得到了进一步的推广和应用。自20世纪60年代开始,许多学者致力于发展中国家的项目评价研究,进一步丰富和发展了国民经济评价的理论和方法。联合国工业发展组织(United Nations Industrial Development Organization,UNIDO)制定了《项目评价手册》。

随着我国经济改革的不断深入,国民经济评价工作不断取得新的进展。为了适应社会主义市场经济的发展,进一步加强建设项目经济评价工作,根据《国务院关于投资体制改革的决定》精神,国家发改委和建设部于2006年7月3日批准发布了《关于建设项目经济评价工作的若干规定》《建设项目评价方法》和《建设项目经济评价参数》三个文件,要求在开展投资建设项目经济评价工作中使用。

1. 国民经济评价的概念

建设项目国民经济评价是指在合理配置社会资源的前提下,从国家经济整体利益的角度出发,根据建设项目经济评价方法,应用建设项目经济评价参数,计算建设项目对国民经济的贡献,分析建设项目的经济效率、经济效果和对社会的影响,评价建设项目在宏观经济上的合理性。

2. 国民经济评价的作用

(1) 建设项目国民经济评价是真实反映建设项目对国民经济净贡献的需要。在许多国家,特别是发展中国家,由于产业结构不合理、市场体系不健全以及过度保护民族工业等原因,导致国内的价格体系产生较为严重的扭曲和失真,不少商品的价格不能反映其价值,也不能反映其供求关系。在这种情况下,按现行价格计算项目的投入和产出,无法正确反映出项目对国民经济的影响。只有通过国民经济评价,运用能反映商品真实价值的价格来计算项目的费用和效益,才能真实反映建设项目对国民经济的净贡献,从而判断该项目的建设是否对国民经济总目标有利。

任何项目的费用和效益不仅体现在它的直接投入物和产出物中,还会体现在国民经济相邻部门及整个社会中,这就是项目的间接费用和间接效益,通常称为"外部效果"。因此，只有通过国民经济评价，才能全面权衡项目的"内部效果"和"外部效果"，即项目对国民经济整体的净贡献。

（2）建设项目国民经济评价是宏观上合理配置有限资源的需要。对于一个国家来说，用于发展的资源（资金、劳动力、土地及其他自然资源）都是有限的，资源的稀缺与需要的增长存在着较大的矛盾。只有通过优化资源配置，使资源得到最佳利用，才能有效促进国民经济发展。而仅仅通过财务评价，无法正确反映资源的有效利用，只有通过国民经济评价，才能从宏观上引导国家对有限的资源进行合理配置，鼓励和促进那些对国民经济有正面影响的项目的发展，抑制和淘汰那些对国民经济有负面影响的项目。

（3）建设项目国民经济评价是投资决策科学化的需要。通过国民经济评价，合理运用评价指标和评价参数，可以有效地引导投资方向，控制投资规模，避免不必要的投资，提高计划质量，实现企业利益、地区利益与全社会及国家整体利益的有机结合和平衡。这些是财务评价所不具备的，因此，投资必须在财务评价的基础上，再进行国民经济评价，保证投资决策科学化。

3．国民经济评价的内容

（1）国民经济评价费用与效益的识别与处理。国民经济评价中的费用与效益，与财务评价中的划分范围是不同的。国民经济评价以工程项目耗费资源的多少，以及项目给国民经济带来的收益来界定项目的费用与效益，无论最终由谁支付和获取，都视为该项目的费用与效益，而不仅仅是考察项目账面上直接显现的收支。因此，在国民经济评价中，需要对这些直接或间接的费用与效益，逐一加以识别、归类和处理。

（2）影子价格的确定和基础数据的调整。在绝大多数发展中国家，现行价格体系一般都存在着较为严重的扭曲和失真现象，使用现行市场价格无法进行国民经济评价。只有采用那些通过现行市场价格调整计算而获得，并能够反映资源真实价值和市场供求关系的价格，称之为影子价格，来进行国民经济评价，才能保证评价的科学性。这是因为与项目有关的各项基础数据，都必须以影子价格为基础进行调整，才能正确计算出项目的各项国民经济费用与效益。

（3）国民经济效果分析。根据所确定的各项国民经济费用与效益，综合相关经济参数，计算建设项目的国民经济评价指标并进行方案比选，编制国民经济评价报表，对建设项目的国民经济效果进行分析，做出建设项目在经济上是否合理的结论。

4．国民经济评价的方法

由于经济评价的目的在于保证决策的正确性，减小投资的风险性，最大限度提高项目的经济效益，因此，正确选择经济评价方法是十分重要的。其评价的方法有如下一些类型。

根据是否考虑不确定性因素划分为：确定性评价方法和不确定性评价方法。对于同一个项目，必须同时进行确定性评价和不确定性评价。

根据是否考虑时间因素划分为：静态评价方法和动态评价方法。

建设项目国民经济评价，要坚持以定量分析为主，定量分析与定性分析相结合；以动态分析为主，动态分析与静态分析相结合的原则。应充分利用信息技术，开发和完善评价软件和项目信息数据库，提高建设项目国民经济评价工作的效率和评价的质量。

8.1 国民经济评价概述

5. 国民经济评价的步骤

建设项目的国民经济评价既可以在财务评价的基础上进行,也可以直接进行。

一般建设项目,国民经济评价的主要步骤:

(1) 效益和费用范围的调整。剔除已记入财务评价的效益和费用中的国民经济内部转移支付,识别项目的间接效益和间接费用,尽量对其进行定量计算,对不能进行定量计算的做出定性说明。

(2) 效益和费用值的调整。主要是对固定资产投资、流动资金、经营费用、销售收入和外汇借款等各项数据进行调整。

(3) 分析项目的国民经济盈利能力。编制国民经济效益和费用流量表,并据此计算全部投资的经济内部收益率和经济净现值等指标。对于使用国外贷款的项目,还应编制国内投资国民经济效益费用表,并据此计算国内投资的经济内部收益率和经济净现值等指标。

(4) 分析项目的外汇效果。对于产出物出口或替代进口的建设项目,编制经济外汇流量表,并据此计算经济外汇净现值、经济换汇成本或经济节汇成本等指标。

社会公益筹建设项目国民经济评价的主要步骤:

(1) 识别和估算项目的直接效益。
(2) 运用相关参数直接估算项目的投资。
(3) 估算流动资金。
(4) 依据相关参数估算经营费用。
(5) 识别项目的间接效益和间接费用。
(6) 编制有关报表,计算相应的评价指标。

6. 国民经济评价与财务评价的关系

建设项目经济评价由财务评价和国民经济评价两部分组成,评价所得到的结论是项目决策的主要依据。财务评价是国民经济评价的基础,国民经济评价则是财务评价的深化。二者既有相同点,又有区别。

国民经济评价与财务评价的相同点:

(1) 评价目的相同:二者都以寻求经济效益最好的项目为目的,追求以最小的投入获得最大的产出。

(2) 评价基础相同:二者都是在完成项目的市场预测、方案构思、投资估算、资金筹措等可行性研究的基础上进行评价的。

(3) 评价计算期相同:二者都使用相同的计算寿命期。

(4) 评价方法相似:二者都采用现金流量法,通过基本报表来计算相关指标的。

(5) 评价指标相似:二者都采用净现值和内部收益率来评价项目的经济效果。

国民经济评价与财务评价的区别:

(1) 评价角度不同。财务评价是站在企业的立场上,从项目的微观角度,按照现行的财税制度去分析项目的盈利能力和贷款偿还能力,以判断项目是否有财务上的生存能力;国民经济评价是站在国家的立场上,从国民经济综合平衡的角度,分析项目对国民经济发展和国家资源配置等方面的影响,以考察投资行为的经济合理性。

(2) 跟踪对象不同。财务评价跟踪的是与项目直接相关的货币流动，由项目之外流入到项目之内的货币为财务收益，由项目之内流出到项目之外的货币为财务费用；国民经济评价跟踪的是围绕项目发生的资源流动，减少社会资源的项目投入为国民经济费用，增加社会资源的项目产出为国民经济收益。

(3) 费用与效益的划分不同。财务评价根据项目的实际收支来计算项目的效益与费用，凡是项目的收入都计为效益，凡是项目的支出均计为费用；国民经济评价根据项目实际消耗的有用社会资源以及项目向社会贡献的有用产品或服务来计算项目的效益和费用。在财务评价中作为费用或效益的税金、国内借款利息和财政补贴等，在国民经济评价中被视为国民经济内部转移支付，不作为项目的费用或效益；在财务评价中环境污染和降低劳动强度等不计为费用或效益，在国民经济评价中则需计为费用或效益。

(4) 采用的价格体系不同。财务评价要求评价结果反映投资项目实际发生的情况，采用的是以现行市场价格体系为基础的预算价格；国民经济评价要考虑国内市场价格的失真情况，采用的是对现行市场价格进行调整所得到的影子价格。

(5) 采用的评价参数不同。在进行项目的外币折算时，财务评价采用的是特定时期的官方汇率，而国民经济评价采用的是国家统一测定的相对稳定的影子汇率；在计算净现值等指标或用内部收益率进行评价时，财务评价采用行业财务基准收益率，而国民经济评价则采用国家统一测定的社会折现率。

(6) 评价的内容不同。财务评价的主要内容是盈利能力分析和清偿能力分析，必要时还应进行外汇平衡分析；国民经济评价的主要内容是盈利能力分析和外汇效果分析，不必进行清偿能力分析。

对于费用与效益计算比较简单，建设期和运营期比较短，不涉及进出口平衡等一般项目，如果财务评价的结论能够满足投资决策需要，可不进行国民经济评价；对于关系公共利益、国家安全以及市场不能有效配置资源的经济和社会发展项目，除应进行财务评价外，还应进行国民经济评价；对于特别重大的建设项目，还应辅以区域经济与宏观经济影响分析方法进行国民经济评价。

依据国民经济评价结论和财务评价结论，对一项建设项目的取舍原则如下：
(1) 两项评价的结论均认为可行的项目，应予以通过。
(2) 两项评价的结论均认为不可行的项目，应予以否定。
(3) 财务评价的结论认为可行，而国民经济评价的结论认为不可行的项目，应予以否定，或者重新考虑方案，进行"再设计"。
(4) 对某些国计民生急需的项目，财务评价的结论认为不可行，而国民经济评价的结论认为可行的项目，应予以通过，但国家和主管部门应采取相应的优惠政策，如财政补贴、减免税等，使项目在财务上具有生命力。

8.2 国民经济评价基础数据与参数选取

8.2.1 效益与费用

效益与费用分析起源于1844年法国人杜波伊特（Jules Dupuit）撰写的《论公共工程

效益的衡量》一文，起初是作为评价公共事业部门投资的一种方法而发展起来的。后来被广泛应用于评价各种工程项目方案，并扩展到对发展计划和重大政策的评价。现在，效益费用分析是发达国家广泛采用的用于对建设项目进行国民经济评价的方法，也是联合国向发展中国家推荐的国民经济评价方法。它是从国家和社会的宏观利益出发，通过对工程项目的经济效益和经济费用进行系统、全面地识别和分析，求得项目的经济净收益，并以此来评价工程项目可行性的一种方法。

效益与费用分析的核心是通过比较各种备选方案的全部预期效益和全部预计费用的现值来评价这些备选方案，并以此作为决策的参考依据。

8.2.1.1 效益与费用的识别

在项目的财务评价中，项目可视为一个相对独立的封闭系统，货币在这一系统的流入和流出容易识别，且大都可以从相应的会计核算科目中找到答案；在项目的国民经济评价中，效益和费用的划分与财务评价相比有了质的变化，通常识别起来是比较困难的。

正确地识别效益与费用，是保证国民经济评价正确性的重要前提条件。其识别的基本原则是：凡是项目对国民经济所做的贡献，均计为项目的收益；凡是国民经济为项目所付出的代价，均计为项目的费用。

项目的国民经济收益，包括项目的直接效益和间接效益；项目的国民经济费用，包括项目的直接费用和间接费用。

通常将项目对国民经济产生的影响视为效果，分为直接效果（也叫内部效果）和间接效果（也叫外部效果）。内部效果是项目的直接效益和直接费用的统称；外部效果是项目的间接效益和间接费用的统称。

8.2.1.2 直接效益与直接费用

（1）直接效益。直接效益是由项目产出物直接产生，并在项目范围内计算的经济效益。一般包括以下内容：

1）增加项目产出物（或服务）的数量，以增加国内市场的供应量，其效益就是满足国内需求。

2）项目产出物（或服务）代替相同或类似企业的产出物（或服务），使被替代企业减产，从而减少国家有用资源的耗用（或损失），其效益就是被替代企业释放出来的资源。

3）项目产出物（或服务）减少了进口量，即替代了进口货物，其效益为所节约的外汇支出。

（2）直接费用。直接费用是指项目使用投入物所产生的，并在项目范围内计算的经济费用。一般包括以下内容：

1）国内其他部门为本部门项目提供投入物，而扩大了该部门的生产规模，其费用为该部门增加生产所消耗的资源。

2）项目投入物本该用于其他项目，由于用于拟建项目而减少了对其他项目（或最终消费）投入物的供应，其费用为其他项目（或最终消费）因此而放弃的消费。

3）项目的投入物来自国外，即增加进口，其费用为增加的外汇支出。

4) 项目的投入物本来首先用于出口,为了满足项目需求而减少了出口,其费用为减少出口所减少的外汇收入。

8.2.1.3 间接效益与间接费用

(1) 间接效益与间接费用的概念。

1) 间接效益。间接效益是指由项目引起而在直接效益中没有得到反映的效益。

2) 间接费用。间接费用是指由项目引起而在直接费用中没有得到反映的费用。

(2) 间接效益与间接费用应具备的条件。在进行项目评价时,只有同时具备以下两个条件的效益或费用,才能被称作间接效益或间接费用。

1) 项目将对其无直接关联的其他项目或消费者产生影响。

2) 该效益或费用在财务报表中并没有得到反映,或者没有将其量化。

(3) 间接效益与间接费用所涉及的内容。

1) 环境影响效果。项目对自然环境造成的污染和对生态平衡产生的破坏,是一种间接费用,这种费用一般较难定量计算,可按同类项目所造成的损失或按恢复环境质量所需的费用来近似估算,无法定量计算应作定性说明;某些建设项目属于环境治理项目,或含有环境治理工程,对环境会产生好的影响,在国民经济评价中应估算其间接效益。

2) 价格影响效果。若项目的产出物品是增加了国内市场的供应量,导致产品的市场价格下跌,使消费者受益,这种益处只是将生产商减少的收益转移给了产品的消费者,对整个国民经济而言,效益并未改变,因此消费者得到的收益不能计为该项目的间接效益;若项目的产出物大量出口,导致国内同类产品出口价格下跌,由此造成的外汇收入减少,应计为该项目的间接费用。

3) 技术扩散效果。一个技术先进项目的实施,会培养和造就大量的工程技术人员、管理人员或技术较强的操作人员,也会产生或发明一些先进技术,由于人员的流动和技术外流,使整个社会经济的发展受益,这种效益通常是隐蔽的、滞后的,难以识别和计量,一般只作定性描述。

4) 产业关联效果。这一效果包括纵向的相邻效果和横向的相乘效果(也叫乘数效果)。

相邻效果,是指由于项目的实施而给"上游"企业和"下游"企业带来的辐射效果。上游企业是指为该项目提供原材料或半成品的企业。项目的实施可能会刺激这些上游企业得到发展,使新增加的生产能力或原有的生产能力得到充分的利用。下游企业是指使用项目的产出物作为原材料或半成品的企业。项目的产品可能对下游企业的经济效益产生影响,使其闲置的生产能力得到充分利用,或使其在生产上节约成本。在大多数情况下,项目的相邻效果可以在项目的投入物和产出物的影子价格中得到体现,不应再计算间接效果。在某些特殊情况下,间接影响难于在影子价格中反映时,需要作为项目的外部效果计算。

乘数效果,是指由于项目的实施而使与该项目相关的产业部门的闲置资源得到有效利用,进而产生一系列的连锁反应,带动某一行业、地区或全国的经济发展,所带来的外部效果。一般情况下乘数效果不能连续扩展计算,只需计算一次相关效果。

8.2.1.4 转移支付

在项目效益与费用识别过程中，经常会遇到项目与各种社会实体之间的货币转移，如税金、补贴、利息、折旧等问题的处理。这些都是财务评价中的实际支出，从国民经济角度来看，它们并不影响社会最终产品的增减，都未造成资源的实际耗用和增加，仅仅是资源的使用权在不同的社会实体之间的一种转移。这种并不伴随着资源增减的纯粹货币性质的转移称为转移支付。在国民经济评价中，转移支付不能计入项目的效益或费用，但关键是对转移支付的识别和处理。如果以项目的财务评价为基础进行国民经济评价时，应从财务效益与费用中剔除在国民经济评价中计作转移支付的部分。常见的转移支付有以下内容：

（1）税金。税金在财务评价中显然是建设项目的一种费用。但在国民经济评价中，从国民经济整体来看，税金作为国家财政收入的主要来源，是国家进入国民收入二次分配的重要手段。缴税只不过表明税收代表的那部分资源的使用权从纳税人那里转移到了国家手里。也就是说税金只是一种转移支付，不能计为国民经济评价中的效益或费用。

（2）补贴。补贴是一种货币流动方向与税收相反的转移支付，包括价格补贴和出口补贴等。补贴虽然使工程项目的财务收益在增加，但同时也使国家财政收入减少，实质上仍然是国民经济中不同实体之间的货币转移，整个国民经济并没有因此发生变化。因此，国家给予的各种形式的补贴都不用计入国民经济评价中的效益或费用。

（3）国内贷款利息。国内贷款利息在企业财务评价中的资本金财务现金流量表中是一项费用。对国民经济评价来说，它表示项目对国民经济的贡献有一部分转移到了政府或国内贷款机构。项目对国民经济所作贡献的大小，与所支付的国内贷款利息的多少无关。因此，它也不是国民经济评价中的效益或费用。

（4）国外贷款与还本付息。在国民经济评价中，国外贷款和还本付息，根据分析角度不同，有两种不同的处理原则。

1）在全部投资国民经济评价中的处理：全部投资国民经济评价，把国外贷款也看作国内投资，此项目的全部投资作为计算基础，对拟建设项目使用的全部资源的使用效果进行评价。随着国外贷款的发放，国外相应的实际资源的支配权利也同时转移到了国内。因此，国外贷款资源与国内资源一样，也存在着合理配置的问题。在全部投资国民经济评价中，国外贷款和还本付息与国内贷款和还本付息一样，不能作为效益或费用。

2）在国内投资国民经济评价中的处理：全部投资国民经济评价效果好的项目，并不一定是国内受益。为考察项目对本国国民经济的实际贡献，应以国内投资作为计算基础，进行国内投资国民经济评价，把国外贷款还本付息视为费用。

（5）折旧。折旧是会计意义上的生产费用要素，是从收益中提取的部分资金，与实际资源的耗用无关。因为在经济分析时，已将固定资产投资所耗用的资源视为项目的投资费用，而折旧无非是投资形成的固定资产在再生产过程中价值转移的一种方式而已。因此，不能将折旧作为国民经济评价中的效益或费用，否则就是重复计算。

8.2.2 国民经济评价参数

建设项目决策需要经过技术、经济、环境、社会等方面的分析论证，需要大量数据的支持，科学、合理、可用的参数是建设项目经济评价过程中不可缺少的工具之一。

为适应社会主义市场经济发展，加强和规范建设项目经济评价工作，满足政府和其他各投资主体投资决策的需要，保证经济评价的质量，引导和促进各类资源的合理有效配置，发挥投资效益，提高项目决策的科学化水平，应制订取值合理的参数。

经济评价参数由国家有关部门统一组织测定，并实行阶段性调整。1987年，国家计委发布《建设项目经济评价方法与参数》（第1版），对我国建设项目的科学决策起了巨大的推动作用，举世瞩目的长江三峡工程就是照此进行了详细的经济评价；1993年，国家计委和建设部联合批准发布了《建设项目经济评价方法与参数》（第2版），推动了我国投资决策科学化进程；2006年7月3日，国家发改委和建设部发布了《建设项目经济评价方法与参数》（第3版），包括《建设项目经济评价工作的若干规定》《建设项目经济评价方法》和《建设项目经济评价参数》三个部分，要求在开展投资项目经济评价工作时借鉴和使用。这对于加强固定资产投资宏观调控，提高投资决策的科学化水平，引导和促进各类资源合理配置，优化投资结构，减少和规避投资风险充分发挥投资效益，具有重要作用。

国家有关行政主管部门根据国家与行业的发展战略与发展规划、国家的经济状况、资源供给状况、市场需求状况、各行业投资经济效益、投资风险、资金成本及项目投资者的实际需要，组织测定和发布的建设项目评价参数有利于促进社会资源的合理配置，有利于实现政府利用信息引导经济，有利于社会信息资源的共享，有利于充分利用各行业专家资源，有利于避免参数测算中的盲目、主观、片面、局部、狭隘、短视、静止等弊端。

建设项目评价结论是在大量计算分析的基础上得出的，结论正确与否直接影响项目决策，而在评价中采用的参数是否合理、准确，决定了评价结论的正确与否，因此必须重视项目评价采用参数的质量。在选用项目评价参数时，要注意以下一些特点：

(1) 周期性：在项目评价时，对不同种类参数均使用同一时段的数据，以保证计算结论的合理性与可比性。

(2) 有效性：项目评价时要使用在有效期内的参数。每个参数均有其自身的有效期，都需要适当进行调整。使用过期的参数不能得出合理的评价结论，而且很可能对项目决策者产生误导。

(3) 稳妥性：建设项目经济评价工作要在大量预测的基础上进行，存在着各种不确定性。在不能准确估计项目效益时，宁可低估效益；在不能准确估计项目成本时，宁可高估成本。

(4) 时效性：由于社会经济状况处于不断的发展变化中，不同时期的参数反映不同时期的社会经济状况，因此项目经济评价参数在使用过程中一定要注意其时效性。综合考虑我国目前参数使用与测算两方面的基本情况，国家有关部门规定最终确定通常参数的测算发布周期为一年。社会有关方面每年都有必要进行参数的适应性检查，借助参数定期更新的机会，落实国家及行业规划，落实国家有关政策。

建设项目经济评价参数，按照使用范围分为财务评价参数和国民经济评价参数。国民经济评价参数包括计算、衡量项目的经济费用效益的各类计算参数和判定项目经济合理性的判据参数。常用的建设项目国民经济评价参数有社会折现率、影子汇率、影子工资、土地影子价格等。

8.2.2.1 社会折现率

1. 社会折现率的概念

建设项目的国民经济评价，采用费用效益分析方法或者费用效果分析方法。在费用效益分析方法中，主要采用动态计算方法，计算经济净现值或者经济内部收益率指标。计算经济净现值指标时，需要使用一个事先确定的折现率。在使用经济内部收益率指标时，需要与一个事先确定的基准收益率作对比，以判定项目的经济效益是否达到了标准。通常将经济净现值计算中的折现率和作为经济内部收益率判据的基准收益率统一起来，规定为社会折现率。社会折现率也叫影子利率或计算利率，规定为社会折现率，它是建设项目国民经济评价中衡量经济内部收益率的基准值，也是从社会经济整体出发评价项目经济合理性用之计算经济净现值的折现率。社会折现率表示从国家角度对资金机会成本和资金时间价值的估量。社会折现率在项目国民经济评价中具有双重职能。

（1）作为项目费用效益不同时间价值之间的折算率。社会折现率作为项目费用效益不同时间价值之间的折算率，它反映了对于社会费用效益价值的时间偏好。社会费用或效益的时间偏好，代表人们对于现在的社会价值与未来价值之间的权衡。社会费用效益的时间偏好在一定程度上受到社会经济增长的影响，但并非完全由经济增长所决定，而经济增长也并不是完全由社会投资所带来的。

（2）作为项目经济效益要求的最低经济收益率。社会折现率作为项目经济效益要求的最低经济收益率，代表着社会投资所要求的最低收益率，代表着社会投资所要求的最低收益率水平。项目投资产生的社会收益率如果还不到这一最低水平，项目不应当被接受。社会投资所要求的最低收益率，理论上认为应当由社会投资的机会成本决定，也就是社会投资的边际收益率决定。

在上述两种职能中，由社会资本投资的机会成本所决定的社会折现率，并不一定会等于由社会时间偏好所决定的社会折现率。一般认为，社会时间偏好率应当低于社会资本投资的机会成本。由于这种偏差的存在，以及由于社会折现率在项目国民经济评价中的双重职能，使得评价结果不可避免地存在一定的偏差。

2. 社会折现率的作用

（1）社会折现率是项目经济可行性的主要判据。社会折现率作为基准收益率，其取值高低直接影响项目经济可行性的判断结果。社会折现率的取值，实质上反映的是国家希望投资项目获得的最低期望收益率，一个项目是否可行，首先要看其是否能达到或超过这一期望收益水平。社会折现率如果取值过低，将会使得一些经济效益不好的项目投资得以通过，经济评价起不到应有的作用。社会折现率取值提高，会使一部分本来可以通过评价的项目因达不到判别标准而被舍弃，从而间接起到调控投资规模的作用。

（2）社会折现率是项目方案比选的主要判据。社会折现率在项目方案比选中，其取值高低会影响比选的结果。取值较高会使远期收益在折算为现值时发生较高的折减，因此有利于社会效益产生在近期并有比较高的社会成本产生在远期的方案和项目入选，而社会效益产生在远期的项目被淘汰。这可能会导致对评价结果的误导。

国家根据宏观调控意图和现实经济状况，制订发布统一的社会折现率，有利于统一评价标准，避免参数选择的随意性。采用适当的社会折现率进行项目评价，有利于正确引导投资，控制建设规模，调节资金供求平衡，促进资金在短期与长期项目之间的合理配置。

3. 社会折现率的测定

社会折现率是根据国家的社会经济发展目标、发展战略、发展优先顺序、发展水平、宏观调控意图，社会成员的费用效益时间偏好、社会投资收益水平、资金供给状况、资金机会成本等因素进行综合分析，由国家相关部门统一测定和发布。2006年7月3日，国家发改委和建设部公布的社会折现率取值是以资金的机会成本与费用效益的时间偏好率为基础进行测算的结果。在项目评价中，社会折现率既代表了资金的机会成本，也是不同年份之间费用效益的折算率。在理论上，如果社会资源供求在最优状态平衡，资金的机会成本应当等于不同年份之间的折算率；在实际中，社会投资资金总是表现出一定的短缺，资金的机会成本总是高于不同年份之间的费用效益折算率。同时，由于投资风险的存在，资本投资所要求的收益率总是高于不同年份折算率。因此，按照资金机会成本原则确定的社会折现率总是高于按照费用效益的时间偏好率原则确定的数值。

4. 社会折现率的取值

我国相关部门根据数量经济学原理，依据经济发展统计数据，在不同时期确定了不同的社会折现率数值。1987年国家计委发布的《建设项目经济评价方案与参数》（第1版）规定，社会折现率为10%；1993年国家计委和建设部联合批准发布的《建设项目经济评价方法与参数》（第2版）中规定社会折现率为12%；2006年国家发展改革委和建设部联合批准和发布的《建设项目经济评价方法与参数》（第3版）对社会折现率又做了新的规定。

《建设项目经济评价方法与参数》（第3版）根据影响社会折现率的各主要因素，结合当前经济发展的实际情况规定社会折现率为8%，并对一些具体情况做出了相应规定和说明。对于一些特殊的项目，主要是水利工程、环境改良工程、某些稀缺资源的开发利用项目，采取较低的社会折现率，可能会有利于项目的优选和方案的优化。对于受益期长的建设项目，如果远期效益较大，效益实现的风险较小，社会折现率可适当降低，但不应低于6%。对于永久性工程或者受益期超长的项目，如水利设施等大型基础设施和具有长远环境保护效益的工程项目，宜采用低于8%的社会折现率。对于超长期项目，社会折现率可按时间分段递减的方法取值。

8.2.2.2 影子价格

影子价格最早来源于数学规划，它是20世纪30年代末40年代初由荷兰数理经济学家、计量经济学创始人之一詹恩·丁伯根，及苏联数学家、经济学家、诺贝尔经济学奖获得者列·维·康托罗维奇分别提出来的。在西方最初称为预测价格或计算价格，在苏联称为最优计划价格。后来，美籍荷兰经济学家库普曼主张统一称为影子价格，这一提法为理论界所普遍接受。影子价格是目标函数对某一约束条件的一阶偏导数，表现为线性规划中的对偶解，非线性规划中的拉格朗日乘数，以及最优控制问题中的哈密尔顿乘数。在不同的经济问题中，由于目标函数不一致，而显现出多变的状况；在以最少费用为目标时，它表现为增加单位产品所耗费的边际成本；在以最大收益为目标时，它表现为增加单位资源投入所获得的边际收益;在以消费者最大效用为目标时,它表现为增加单位物品供应所需增加的边际效用,或者表现为消费者为获取效用所愿意支付的价格。

在实际工作中,由于各种条件的限制,往往不能及时准确地获得建立数学模型所需要的各类数据,影子价格难以用数学模型来计算,而需要采用一些实用的方法来确定。国际上通常采用的方法主要有:由利特尔(L. M. D. Little)和米尔里斯(J. Mirrless)提出的,并被经济合作发展组织和世界银行采用的利特尔-米尔里斯法(简称 L-M 法);联合国工业发展组织推荐的 UNIDO 法等。

在国外,以 L-M 法或 UNIDO 法确定影子价格时,首先把货物区分为贸易货物和非贸易货物两大类,然后根据项目的各种投入和产出对国民经济的影响分别进行处理;在我国,考虑到我国仍然是发展中国家,整个经济体系还没有完成工业化过程,国内市场和国际市场的完全融合仍需要一定时间等具体情况,将投入物和产出物区分为外贸货物、非外贸货物和特殊投入物,分别进行处理,采用不同的思路确定其影子价格。2006 年 7 月国家发改委和建设部联合发布的《建设项目经济评价方法与参数》(第 3 版)对不同情况影子价格的确定做了规定。

1. 项目的产出效果具有市场价格的影子价格计算

(1) 可外贸货物的影子价格。

1) 产出物影子价格的确定。可外贸货物通常称外贸货物,是指其生产和使用将对国家进出口产生直接或间接影响的货物,它分为投入物和产出物两大类,其影子价格的确定是以口岸价格为基础,按项目各项产出和投入对国民经济的影响,根据口岸、项目所在地、投入物的国内产地、产出物的主要市场所在地以及交通运输条件等方面的差异对流通领域的费用支出进行调整而分别确定的。对于项目产出物,确定的是出厂影子价格;对于项目投入物,确定的是到厂影子价格。

直接出口产品影子价格的计算公式为

$$SP = FOB \cdot SER - (T_1 + T_{R1}) \tag{8.1}$$

式中:SP(Shadow Price)为影子价格;FOB(Free on Board)为离岸价,以外汇计价;SER(Shadow Exchange Rate)为影子汇率;T_1 为出口产品出厂到口岸的运费;T_{R1} 为出口产品的贸易费用。

间接出口产品的影子价格:所谓间接出口是指项目的产品在国内销售,顶替其他同类货物,使其他的货物增加出口。间接出口产品影子价格的计算公式为

$$SP = FOB \cdot SER - (T_2 + T_{R2}) + (T_3 + T_{R3}) - (T_4 + T_{R4}) \tag{8.2}$$

式中:SP(Shadow Price)为影子价格;FOB(Free on Board)为离岸价,以外汇计价;SER(Shadow Exchange Rate)为影子汇率;T_2、T_{R2} 为原供应厂到口岸的运费及贸易费用;T_3、T_{R3} 为原供应厂到用户的运费及贸易费用;T_4、T_{R4} 为项目产出厂到用户的运费及贸易费用。

替代进口产品的影子价格:所谓替代进口是指项目的产品在国内销售,以产顶进,减少进口。替代进口产品影子价格的计算公式为

$$SP = CIF \cdot SER - (T_4 + T_{R4}) + (T_5 + T_{R5}) \tag{8.3}$$

式中：SP（Shadow Price）为影子价格；CIF（Cost，Insurance and Freight）为到岸价；SER（Shadow Exchange Rate）为影子汇率；T_4、T_{R4}为项目产出厂到用户的运费及贸易费用；T_5、T_{R5}为被替代进口货物从口岸到用户的运费及贸易费用。

2) 投入物影子价格的确定。直接进口投入物的影子价格：

$$SP = CIF \cdot SER + (T_1 + T_{R1}) \tag{8.4}$$

式中：SP（Shadow Price）为影子价格；CIF（Cost，Insurance and Freight）为到岸价；SER（Shadow Exchange Rate）为影子汇率；T_1、T_{R1}为直接进口投入物从我国口岸到项目地点的运费及贸易费用。

间接进口投入物的影子价格：所谓间接进口是指项目使用国内产品，但挤占其他用户，使得国家的进口增加，间接进口投入物影子价格的计算公式为

$$SP = CIF \cdot SER + (T_5 + T_{R5}) - (T_3 + T_{R3}) + (T_6 + T_{R6}) \tag{8.5}$$

式中：SP（Shadow Price）为影子价格；CIF（Cost，Insurance and Freight）为到岸价；SER（Shadow Exchange Rate）为影子汇率；T_5、T_{R5}为间接进口投入物从口岸到原用户的运费及贸易费用；T_3、T_{R3}为国内生产供应厂到原用户的运费及贸易费用；T_6、T_{R6}为国内生产供应厂到项目地点的运费及贸易费用。

减少出口投入物的影子价格：所谓减少出口是指项目的投入物是国内生产的，但用于项目的使用而使国家减少了该种产品的出口。减少出口投入物影子价格的计算公式为

$$SP = FOB \cdot SER - (T_2 + T_{R2}) + (T_6 + T_{R6}) \tag{8.6}$$

式中：SP（Shadow Price）为影子价格；FOB（Free on Board）为离岸价，以外汇计价；SER（Shadow Exchange Rate）为影子汇率；T_2、T_{R2}为投入物原来出口由生产厂到口岸的运费及贸易费用；T_6、T_{R6}为投入物由生产厂到项目地点的运费及贸易费用。

如果可贸易货物以财务成本或价格为基础调整计算经济费用和效益，应注意：如果不存在关税、增值税、消费税、补贴等转移支付因素，则项目的投入物或产出物价值直接采用口岸价格进行调整计算；如果在货物的进出口环节存在转移支付因素，应区分不同情况处理。

(2) 非贸易货物的影子价格。非贸易货物是指其生产和使用对国家进出口不产生影响的货物。它包括：天然非贸易货物，如国内建筑物、国内运输等基础设施产品和服务，非天然非贸易货物，如受到国内外政策限制及经济上不合理等因素约束而不能进行外贸的货物。

非贸易货物影子价格确定的原则如下：若具有市场价格的货物或服务，处于竞争性市场环境中，市场价格能够反映支付意愿或机会成本，应采用市场价格作为计算项目投入物或产出物影子价格的依据；若项目的投入物或产出物的规模很大，项目的实施将足以影响其市场价格，导致"有项目"和"无项目"两种情况下市场价格不一致，在项目评价实践中，取二者的平均值作为测算影子价格的依据。

非贸易货物影子价格确定的方法如下：

1) 产出物影子价格。增加供应量，满足国内消费的项目产出物的影子价格，若国内市场供求均衡，应采用市场价格定价；若国内市场供不应求，应参照国内市场价格并考虑价格变化的趋势定价，但不应高于质量相同的同类产品的进口价格；对于无法判断供求情

8.2 国民经济评价基础数据与参数选取

况的，应按稳妥原则取上述价格较低者。

不增加国内市场供应数量，只是替代其他生产企业的产品，使被替代产品的企业减产或停产的产出物的影子价格，若产品质量与被替代产品相同，应按被替代产品的可变分解成本定价，其中可变分解成本是指某种产品已有一定的富余生产能力，要增加产量，只需要增加投入物和少量的辅助费用，不需要增加固定资产、流动资金、人工费和管理费等固定成本。若产品质量较被替代产品有所提高，应按被替代产品的可变成本再加上因产品质量提高而带来的国民经济效益定价，其中因提高质量而带来的国民经济效益，可近似地按国际市场价格与被替代产品的国内市场价格之差确定。

占国内市场份额较大，项目建成后会导致市场价格下跌的产出物的影子价格，可按照项目建成前的市场价格和项目建成后的市场价格的平均值定价。

2) 投入物影子价格。项目所需的某种投入物能通过原有企业生产能力挖潜即可满足供应，不必增加新的投资。这说明此种货物原有生产能力过剩属于长线物资。确定其影子价格时，对其可变成本进行分解，得到货物的出厂影子价格，再加上运输费用和贸易费用，就是该项目投入物的影子价格。

项目所需的某种投入物必须通过投资，扩大生产规模，才能满足拟建项目的需要，说明此种货物的生产能力已充分利用，不属于长线物资。确定其影子价格时，需对其全部成本进行分解，得到货物的出厂影子价格，再加上运输费用和贸易费用，就是该项目投入物的影子价格。

项目所需的某种投入物，在项目计算期内，其原有生产能力无法得到满足，又不可能新增生产能力，只有通过减少对原有用户的供应量才能得到。确定其影子价格时，应参照国内市场价格、国家统一价格加补贴（若有补贴）和协议价格。这三者之中的最高者，再加上运输费用和贸易费用，即得到该项目投入物的影子价格。

2. 项目的产出效果不具有市场价格的影子价格计算

项目的产出效果不具有市场价格，应遵循消费者支付意愿和（或）接受补偿意愿的原则按下列方法测算其影子价格。

采用"显示偏好"的方法，通过其他相关市场价格信号，寻求揭示这些影响的隐含价值，间接估算产出效果的影子价格。

利用"陈述偏好"的意愿调查方法，分析调查对象的支付意愿或接受补偿的意愿，推断出项目影响效果的影子价格。调查评估中应注意以下可能出现的偏差：

(1) 调查对象相信他们的回答能影响决策，从而使他们实际支付的私人成本低于正常条件下的预期值时，调查结果可能产出的策略性偏倚。

(2) 调查者对各种备选方案介绍得不完全或使人误解时，调查结果可能产生的资料性偏倚。

(3) 问卷假设的收款或付款方式不当，调查结果可能产生的手段性偏倚。

(4) 调查对象长期免费享受环境和生态资源等所形成的"免费搭车"心理，导致调查对象将这种享受看作是天赋的权利而反对为此付款，从而导致调查结果的假想性偏倚。

3. 特殊投入物的影子价格

这里所提及的特殊投入物是指项目在建设和生产经营中所使用的特殊资源。在社会资源方面主要是人力资源；在自然资源方面主要是土地、矿产、森林、水等资源，但由于土地资源在建设项目中的重要性、特殊性和复杂性，对其单独介绍。

(1) 人力资源影子价格的确定。项目要占用人力资源，因使用劳动力要支付工资，这就是项目实施所付出的代价。如果财务工资与人力资源的影子价格之间存在差异，应对财务工资进行调整计算，以反映其真实经济价值。人力资源的影子价格就是影子工资。有关影子工资的概念，组成和测算等方面的内容将在下面小节中进行叙述。

(2) 土地影子价格的确定。土地是一种重要的经济资源，项目占用的土地无论是否需要实际支付财务成本，均应根据土地用途的机会成本原则或消费者支付意愿的原则计算其影子价格。土地的影子价格是指建设项目使用土地资源而使得社会付出的代价。在建设项目国民经济评价中以土地影子价格计算土地费用。项目所占用的农业、林业、牧业、渔业及其他生产性用地，其影子价格应按照其未来对社会可提供的消费产品的支付意愿及因改变土地用途而发生的新增资源消耗进行计算。项目所占用的住宅、休闲等非生产性用地，市场完善的，应根据市场交易价格估算其影子价格；无市场交易价格或市场机制不完善的，应根据支付意愿价格估算其影子价格。有关土地影子价格的概念和组成等，将在下一节叙述，下面仅介绍土地影子价格的确定。

1) 城市土地影子价格的确定。国家实行土地出让制度，建设项目从国家取得出让土地使用权。出让土地采取协议出让、公开招标和拍卖三种方式，这三种方式相应地形成了三种土地价格，即协议价格、招标价格和拍卖价格。依法取得的出让土地使用权，在法律许可的范围内，可以在市场上转让。以土地转让方式取得的土地使用权，其影子价格可能等于转让价格，也可能不等于其转让价格。

国家在城镇土地出让中，逐步引入市场机制，逐步建立由市场机制决定土地价格。土地影子价格应根据项目占用土地所处地理位置、项目情况以及取得方式的不同分别确定。土地影子价格确定应符合如下规定：

通过招标、拍卖和挂牌出让方式取得使用权的国有土地，其影子价格应按财务价格计算；通过划拨或双方协议方式取得使用权的土地，应分析价格优惠或扭曲情况，参照公开市场交易价格，对价格进行调整；经济开发区优惠出让使用权的国有土地，其影子价格应参照当地土地市场交易价类比确定；当难以用市场交易价格类比方法确定土地影子价格时，可采用收益现值法确定，或以开发投资应得收益加土地开发成本确定；当采用收益现值法确定土地影子价格时，应以社会折现率对土地的未来收益及费用进行折现。

2) 农村土地影子价格的确定。项目使用的农村土地，一般是来自政府征用的农村农民集体所有的土地。政府征用农民的土地，被征用土地的农民失去了土地，需要由政府重新安置，安置新的居住房屋，安排新的就业，使农民获得新的生活资料来源。政府征用农民土地，要向农民支付征地补偿费用，包括：耕地补偿费、青苗补偿费、地上建筑物补偿费、安置补助费等。这些征地补偿费，通常全部或者部分由项目建设方来向政府交付。除此之外，项目建设方还要向政府缴纳征地管理费、耕地占用税、耕地开垦费、土地管理费、土地开发费等其他费用。

建设项目占用农村土地，以土地征用费调整计算土地影子价格。具体规定如下：

项目征用农村土地，土地征用费中的耕地补偿费及青苗补偿费应视为土地机会成本；

地上建筑物补偿费及安置补助费应视为新增资源消耗；征地管理费、征地占用税、耕地开垦费、土地管理费、土地开发费等其他费用应视为转移支付，不列为费用。

项目所支付的征地费中，耕地补偿费、青苗补偿费、安置补助费等的确定，如果与农民进行了充分的协商，能够充分保证农民的应得利益，则土地影子价格可按土地征地费中的相关费用确定；如果没有与农民进行充分协商，导致相应的补偿和安置补助费低于市场定价，不能充分保证农民利益，则土地影子价格应参照当地正常征地补助标准进行调整；如果项目建设方支付给政府的耕地补偿费、青苗补偿费、安置补助费等没有全部覆盖政府实际支付的补偿费用，政府另外以货币或非货币形式对农民进行补偿，则相应的土地影子价格应当根据政府的额外补偿进行调整。

8.2.2.3 影子汇率

1. 影子汇率的概念

一般发展中国家都存在着外汇短缺的问题，政府在不同程度上实行外汇管制和外贸管制，外汇不允许自由兑换，在这种情况下，官方汇率往往不能真实地反映外汇的价值。因此在建设项目的国民经济评价中，为了消除用官方汇率度量外汇价值所导致的误差，有必要采用一种更合理的汇率，即影子汇率，使外贸品和非外贸品之间建立一种合理的价格转换关系，使二者具有统一的度量标准。

影子汇率是指能正确反映国家外汇经济价值的汇率。影子汇率是项目国民经济评价的重要参数，它体现了从国民经济角度对外汇价值的估量。在项目国民经济评价中使用影子汇率，是为了正确计算外汇的真实经济价值。影子汇率在项目的国民经济评价中，除了用于外汇与本国货币之间的换算外，还是经济换汇和经济节汇成本的判据。国家可以利用影子汇率作为经济杠杆来影响项目方案的选择和项目的取舍。比如某项目的投入物既可以使用国产设备也可以使用进口设备，当影子汇率较高时，就有利于前一种方案。

2. 影子汇率的测定

影子汇率由国家统一测定发布，并定期调整，其发布的形式有两种。一种是直接发布影子汇率；另一种则是将影子汇率与国家外汇牌价挂钩，发布影子汇率换算系数。

世界上对影子汇率的研究很多，存在着多种理论上和实践中产生的影子汇率测定方法，这里仅介绍几种最常用的方法。

(1) 基于外汇影子价格理论的计算方法：

$$SER = \sum_{i=1}^{n} f_i \frac{PD_i}{PC_i} + \sum_{i=1}^{m} X_i \frac{PD_i}{PF_i} \tag{8.7}$$

式中：SER (Shadow Exchange Rate) 为影子汇率；f_i 为边际上增加单位外汇是将用于进口货物的那部分外汇；X_i 为边际上增加单位外汇是将导致减少出口货物的那部分外汇；PD_i 为 i 货物的国内市场价格（人民币计价）；PC_i 为 i 货物的进口到岸价格（人民币计价）；PF_i 为 i 货物的出口离岸价格（人民币计价）。

f_i 与 X_i 代表边际上单位外汇适用于各种进出口货物的分配权重，其总和为1。

(2) 基于均衡汇率理论的计算方法：

$$SER = W_s \cdot BER \cdot (1+T_o) + W_d \cdot BER \cdot (1+T_i) \tag{8.8}$$

$$W_s + W_d = 1$$

外汇需求权重 $\quad W_s = \dfrac{-U_i(Q_i/Q_o)}{U_o - [U_i(Q_i/Q_o)]}$

外汇供给权重 $\quad W_s = \dfrac{U_o(Q_i/Q_o)}{U_o - [U_i(Q_i/Q_o)]}$

式中：SER 为影子汇率；BER 为均衡汇率；T_o 为出口补贴率；T_i 为进口税率；U_i 为进口价格弹性；U_o 为出口价格弹性；Q_i 为进口总额；Q_o 为出口总额。

（3）基于关税和补贴的计算方法（加权平均关税率法）：

$$SER = \dfrac{\sum_i X_i(1+S_i) + \sum_i M_i(1+t_i)}{\sum_i X_i + \sum_i M_i} \cdot OER \qquad (8.9)$$

式中：SER 为影子汇率；OER 为官方汇率；X_i 为第 i 种出口货物用外汇表示的离岸价格总额；M_i 为第 i 种进口货物用外汇表示的到岸价格总额；S_i 为第 i 种出口货物的补贴率，如果对出口货物征关税则 S_i 为负数；t_i 为第 i 种进口货物的关税率。

（4）基于影子汇率稀疏的计算方法：

$$SER = FEQ \cdot SERF \qquad (8.10)$$

式中：SER 为影子汇率；FEQ（Foreign Exchange Quotation）为外汇牌价；$SERF$（Shadow Exchange Rate Factor）为影子汇率换算系数。

3. 影子汇率换算系数的取值

影子汇率是项目国民经济评价的重要参数，它的取值对于项目决策有着重要的影响。影子汇率可以影响项目进出口的抉择，项目投资中使用进口设备或原材料，与国产设备或原材料比较时，如果影子汇率取值较高，进口设备或原材料的社会成本较高，国产设备或原材料的社会成本相对较低，有利于方案选择中选用国产设备或原材料。影子汇率取值较高，反映外汇的影子价格较高，表明项目使用外汇时的社会成本较高，而项目为国家创造外汇收入时的社会评价较高。对于那些主要产出物是外贸货物的项目，影子汇率较高，将使项目收入的外汇经济价值较高。对于投入物中有较大进口货物的项目，外汇影子价格较高，使得项目投入外汇的社会成本较高。

影子汇率换算系数是国家相关部门根据国家现阶段的外汇收支、外汇供求、进出口结构、进出口关税、进出口增值税及出口退税补贴等综合因素统一测算和发布的。通过对我国近年的历史均衡汇率及进出口关税和补贴导致贸易扭曲对影子汇率造成的影响进行定量分析。考虑到我国进出口关税和补贴，影子汇率转换系数取值应当为 1.04，再考虑到进口增值税税率一般为 17%、出口产品通常免征增值税，还考虑到非贸易外汇收支不征收增值税，而非贸易外汇收支又占我国外汇收支一定比例，2006 年国家发展改革委和建设部发布的《建设项目经济评价参数》中的影子汇率换算系数取值确定为 1.080。

目前存在人民币升值的呼声，有人认为我国的外汇牌价低估了人民币的币值，均衡汇率数量模型的分析也得出了类似的结论。但是，外汇牌价与影子汇率的作用是不同的，其价值含义也不相同。外汇牌价用于实际经济活动的货币兑换是在有进出口关税、增值税的环境下进行的，关税、增值税对于外汇收支均衡及其价格存在作用，在有关税、增值税条件下的外汇均衡价格应当低于无关税、增值税条件下的价格;影子汇率用于估算建设项目未来进出口货物的影子价格,应考虑关税、增值税的影响,考虑进出口货物的口岸价与国内市场价的差异。如果采用有关税、增值税条件下的外汇均衡汇率作为项目评价的影子汇率,汇率中没有包含关税、增值税的影响,外汇价值估计偏低,项目进口货物的影子价格将会低于国内市场价格,评价中将会产生扩大选择进口的误导。

8.2.2.4 影子工资

1. 影子工资的概念

在大多数国家中,由于经济的、社会的和传统的原因,劳动者的货币工资常常偏离竞争性劳动市场所决定的工资水平,不能真实地反映单位劳动的边际产品价值,因而产生了劳动市场供求失衡问题。在这种情况下,对建设项目进行国民经济评价,就不能简单地把项目中的货币工资支付直接视为该项目的劳动成本,而是要通过所谓的影子工资来对此劳动成本进行必要的调整,影子工资是指建设项目使用劳动力资源而使社会付出的代价。建设项目国民经济评价中以影子工资计算劳动力费用。

在项目的财务评价中,职工工资作为成本的构成内容被看作财务费用。在项目的国民经济评价中,职工工资作为新创造的价值,而被看作经济效益,只是在考虑项目招收职工对国民经济其余部分带来的损失时,才使用影子工资这一费用概念。

2. 影子工资的构成

影子工资即劳力的影子价格,是指由于建设项目使用劳动力而使国民经济所付出的真实代价。影子工资由劳动力机会成本和新增资源消耗两部分组成。可按下式计算:

$$影子工资 = 劳动力机会成本 + 新增资源消耗 \tag{8.11}$$

劳动力机会成本,系指劳动力在本项目被使用,而不能在其他项目中使用而被迫放弃的劳动收益。或者说,是指劳动力如果不就业于该项目而从事于其他生产经营活动所能创造的最大效益。劳动力的机会成本与劳动力的技术熟练程度和供求状况有关,技术越熟练,需求程度就会越高,其机会成本越高,反之越低。它是影子工资的主要组成部分。

新增资源消耗,系指劳动力在本项目或由其他就业岗位转移来本项目而发生的社会资源消耗,这些资源消耗并没有提高劳动力的生活水平。在分析中应根据劳动力就业的转移成本测算。

3. 影子工资的测算

影子工资可通过影子工资换算系数得到,按下式计算:

$$影子工资 = 财务工资 \times 影子工资换算系数 \tag{8.12}$$

影子工资的确定,应符合下列规定:

(1) 影子工资应根据项目所在的劳动力就业状况,劳动力就业或转移成本测定,具体原则是:过去受雇于别处,由于本项目的实施而转移过来的人员,其影子工资应是其放弃过去就业机会的工资(含工资性福利)及支付的税金之和;对于自愿失业人员,影子工资应等于本项目使用所支付的税后净工资额,以反映边际工人投入到劳动力市场所必须支付的金额;非自愿失业劳动力的影子工资应反映他们为了工作而放弃休闲愿意接受的最低工资金额，其数值应低于本项目使用所支付的税后净工资并大于支付的最低生活保障收入。当缺少信息，可以按非自愿失业人员接受的最低生活保障收入和税后净工资率的平均值近似测算。

（2）技术劳动力的工资报酬一般可由市场供求决定，即影子工资一般可用财务实际支付工资计算。

（3）对于非技术劳动力，其影子工资根据我国非技术劳动力就业状况确定，具体可根据当地的非技术劳动力供求状况确定。

4. 影子工资换算系数的取值

1993年，国家计委和建设部联合发布的《建设项目经济评价方法与参数》（第2版）中，规定对一般建设项目评价时，影子工资换算系数推荐取值为1。考虑到建设项目坐落地区的劳动力供求状况对影子工资换算系数的影响，一般情况下在那些劳动资源丰富、就业压力大的地区，对于占用大量熟练劳动力的项目，其影子工资换算系数可小于1；而在那些劳动力供给不足的地区，对于需要占用大量短缺的专业技术人员的项目，其影子工资换算系数可以大于1。

2006年，国家发展改革委和建设部联合发布的《建设项目经济评价方法与参数》（第3版），在对影子工资测算的分类方式上做了改动。采用了技术与非技术劳动力的分类方式来分别测算劳动力影子价格的推荐取值。对于技术劳动力采取影子工资等于财务工资，即影子换算系数为1。对于非技术劳动力，推荐在一般情况下采取财务工资的0.25~0.8倍作为影子工资，即其影子工资换算系数为0.25~0.8。考虑到我国现阶段各地经济发展不平衡，劳动的供求关系有一定差别，规定应按当地非劳动力资源供给的富余程度调整影子工资换算系数。对于非技术劳动较为富余地区的影子工资系数可取较低值，非技术劳动力不太富余的地区可取较高值，中间状况可取0.5。

8.3 国民经济评价指标

国民经济评价和财务评价相似，也是通过评价指标的计算，编制相关报表来反映项目的国民经济效果。国民经济评价指标计算和财务评价指标的计算在形式上相同，为明确起见，在国民经济评价指标前冠以"经济"二字，如经济内部收益率、经济外汇净现值等。项目的国民经济评价包括国民经济盈利能力分析和外汇效果分析，因此其评价指标相应的包括国民经济盈利能力分析指标和外汇效果分析指标两大类。

8.3.1 国民经济盈利能力分析指标

项目国民经济盈利能力分析的主要指标有经济净现值、经济内部收益率、经济效益费用比等。

1. 经济净现值

经济净现值（Economic Net Present Value，ENPV）是指项目按照社会折现率将计算期内各年的经济净效益流量折现到建设初期的现值之和。其计算表达式为

$$ENPV = \sum_{t=0}^{n}(B_t - C_t)(1+i_s)^{-t} \tag{8.13}$$

式中：B_t 为第 t 年的效益；C_t 为第 t 年的费用；i_s 为社会折算率；n 为项目计算期。

在项目国民经济评价中，如果经济净现值等于或大于 0，则表明项目可以达到符合社会折现率的效益水平，认为该项目从经济资源配置的角度可以被接受。

2. 经济内部收益率

经济内部收益率（Economic Internal Rate of Return，EIRR）是指项目在计算期内经济净效益流量的现值累计等于零时的折现率。其计算表达式为

$$\sum_{t=1}^{n}(B_t - C_t)(1 + EIRR)^{-t} = 0 \tag{8.14}$$

式中：B_t 为第 t 年的效益；C_t 为第 t 年的费用；n 为项目计算期；$EIRR$ 为经济内部收益率。

如果经济内部收益率等于或者大于社会折现率，则表明项目资源配置的经济效率达到了可以被接受的水平。

3. 经济效益费用比

经济效益费用比是指项目在计算期内效益流量的现值费用流量的现值之比。其计算表达式为

$$R_{BC} = \frac{\sum_{t=1}^{n} B_t (1 + i_s)^{-t}}{\sum_{t=1}^{n} C_t (1 + i_s)^{-t}} \tag{8.15}$$

式中：R_{BC} 为效益费用比；B_t 为第 t 年的效益；C_t 为第 t 年的费用；n 为项目计算期；i_s 为社会折算率。

如果经济效益费用的比大于 1，则表明项目资源配置的经济效率达到可以被接受的水平。

8.3.2 外汇效果分析指标

外汇作为一种重要的经济资源，对国民经济的发展具有特殊的价值，外汇平衡又对一个国家的经济形势有着特殊的影响。因此，对产品出口创汇及替代进口节汇的项目，应进行外汇效果分析。项目的外汇效果指标主要有经济外汇净现值、经济换汇成本和经济节汇成本。

1. 经济外汇净现值

经济外汇净现值是反映项目实施后对国家外汇收支直接或间接影响的重要指标，用来衡量项目对国家外汇的净贡献（创汇）或净消耗（用汇）。经济外汇净现值是项目计算期内各年的净外汇流量用社会折现率折算到建设期初的现值之和。其计算表达式为

$$ENPV_F = \sum_{t=0}^{n}(FI - FO)_t (1 + i_s)^{-t} \tag{8.16}$$

式中：$ENPV_F$ 为经济外汇净现值；FI 为外汇流入量；FO 为外汇流出量；$(FO-FO)_t$ 为第 t 年的净外汇流量；n 为项目的计算期，年；i_s 为社会折现率。

经济外汇净现值一般应按项目的实际外汇净收支来计算，但折现率应使用社会折现率，而不应使用外汇借款利率。当项目有较大产量的产品替代进口时，也可按净外汇

效果来计算其经济外汇净现值。所谓外汇净效果，是指净外汇流量再加上产品替代进口所得到节汇额（国家节约的用于进口的外汇支出）。如果项目的经济外汇净现值等于0，则表明项目对国家的外汇收支没有消耗；如果项目的经济外汇净现值大于0，则表明项目对国家的外汇收支有净贡献。从外汇获取或节约的角度看，这两种情况的项目是可以接受的。

2. 经济换汇成本

当项目有产品直接出口时，应计算经济换汇成本，以分析这种产品出口对于国民经济是否真正有益。经济换汇成本是指用货物的影子价格、影子工资和社会折算率计算的为生产出口产品而投入的国内资源现值（以人民币表示）与生产出口产品的经济外汇净现值（通常以美元表示）的比值，即换取一美元外汇（现值）所要投入多少价值的国内资源（现值）。其计算表达式为

$$经济换汇成本 = \frac{\sum_{t=1}^{n} DR_t (1+i_s)^{-t}}{\sum_{t=1}^{n} (FI' - FO')_t (1+i_s)^{-t}} \quad (8.17)$$

式中：DR_t 为项目在第 t 年生产出口产品投入的国内资源价值，人民币，包括应分摊的投资、原材料、劳动力影子工资及其他投入；FI' 为生产出口产品的外汇流入，美元；FO' 为生产出口产品的外汇流出，美元，包括进口原材料、零部件以及应有出口产品分摊的建设投资及经营费用中的外汇流出；$(FI'-FO')_t$ 为 t 年的净外汇流量；n 为项目的计算期，年；i_s 为社会折现率。

经济换汇成本是分析项目产品出口的国际竞争能力，判断项目产品是否应当出口的指标。当经济换汇成本小于或等于影子汇率时，表明项目生产出口品是有利的；当经济换汇成本大于影子汇率时，则是不利的。

当项目产出只有部分为外贸品时，应将生产外贸品部分所耗费的国内资源价值从国内资源总生产耗费中分离出来，然后采用式（8.17）来计算经济换汇成本。

3. 经济节汇成本

对于有产品替代进口的项目，应计算其经济节汇成本。所谓经济节汇成本，是指项目计算期内生产替代进口产品所投入的国内资源的现值与生产替代进口品的经济外汇净现值的比值，即节约 1 美元外汇所需投入的国内资源。其计算表达式为

$$经济节汇成本 = \frac{\sum_{t=1}^{n} DR''_t (1+i_s)^{-t}}{\sum_{t=1}^{n} (FI'' - FQ'')_t (1+i_s)^{-t}} \quad (8.18)$$

式中：DR''_t 为项目在第 t 年生产替代进口产品投入的国内资源价值，人民币，包括应分摊的投资、原材料、劳动力影子工资及其他投入；FI'' 为生产替代进口产品所节约的外汇，美元；FQ'' 为生产替代进口产品的外汇流出，美元；$(FI''-FQ'')_t$ 为第 t 年的净外汇流量；n 为项目的计算期，年；i_s 为社会折现率。

经济节汇成本指标可以反映项目产品以产代进时，在经济上是否合理。如果经济节汇

成本小于或等于影子汇率，则表明项目的产品替代进口是有利的。否则，替代进口是不利的。

8.4 国民经济评价报表

建设项目进行国民经济评价，需要编制国民经济评价报表，这是一项基础工作。国民经济评价报表包括基本报表和辅助报表。

8.4.1 国民经济评价基本报表

国民经济评价基本报表包括国民经济效益费用流量表、经济外汇流量表、国内资源流量表等。

8.4.1.1 国民经济效益费用流量表

国民经济效益费用流量表用于分析国民经济盈利能力，它是国民经济评价的主要基本报表，包括项目国民经济效益费用流量表和国内投资国民经济效益费用流量表两种。项目国民经济效益费用流量表以全部投资（包括国内投资和国外投资）作为分析对象，计算项目全部投资的经济内部收益率和经济净现值，考察项目全部投资的盈利能力，以此判别项目的经济合理性；国内投资国民经济效益费用流量表以国内投资作为分析对象，将国外借款本金和利息作为费用流出，计算国内投资的经济内部收益率和经济净现值，考察国内投资的盈利能力，以此作为利用外资项目经济评价和方案比较的依据。

1. 项目国民经济效益费用流量表

项目国民经济效益费用流量表（表 8.1）可在财务评价基础上进行调整编制，也可直接编制。

表 8.1　　　　　　　　　项目国民经济效益费用流量表　　　　　　　　单位：万元

序号	项　　目	合计	计算期/年					
			1	2	3	4	…	n
1	效益流量							
1.1	产品销售（营业）收入							
1.2	回收固定资金余值							
1.3	回收流动资金							
1.4	项目间接效益							
2	费用流量							
2.1	建设投资（不含建设期利息）							
2.2	流动资金							
2.3	经营费用							
2.4	项目间接费用							
3	净效益流量（1－2）							

计算指标：经济内部收益率
　　　　　　经济净现值（$i=i_s$）

（1）在财务评价基础上编制国民经济费用流量表。以财务评价为基础编制国民经济效益费用流量表，应该依据项目的具体情况，合理调整项目的费用与效益的范围和数值。其调整内容如下：

1）剔除转移支付：将财务现金流量表中列支的销售税金及附加、增值税、国内借款利息作为转移支付剔除。

2）计算外部效益与外部费用：根据项目的具体情况，确定可以量化的项目外部效益和外部费用。分析确定哪些是项目重要的外部效果，需要采用什么方法估算，并保持效益费用的计算口径一致。

3）整理建设投资：用影子价格、影子汇率逐项调整构成投资的各项费用，剔除涨价预备费、税金、国内借款建设期利息等转移支付项目。进口设备价格调整通常要剔除进口关税、增值税等转移支付。建筑工程费和安装工程费按材料费、劳动力的影子价格进行调整；土地费用按土地影子价格进行调整。

4）调整流动资金：财务账目中的应收、应付款项及现金并没有实际耗用国民经济资源，在国民经济评价中应将其从流动资金中剔除。如果财务评价中的流动资金是采用扩大指标法进行估算的，国民经济评价仍应按扩大指标法，以调整后的销售收入、经营费用等乘以相应的流动资金指标系数进行估算；如果财务评价中的流动资金是采用分项详细估算法进行估算的，则应用影子价格重新分项估算。

5）调整经营费用：用影子价格调整各项经营费用，对主要原材料、燃料及动力费用用影子价格进行调整；对劳动工资及福利费用影子工资进行调整。

6）调整销售收入：用影子价格调整计算项目产出物的销售收入。

7）调整外汇价值：对于国民经济评价各项销售收入和费用支出中的外汇部分，应用影子汇率进行调整，计算外汇价值。从国外引入的资金和向国外支付的投资收益、贷款本息，也应用影子汇率进行调整。

（2）直接编制国民经济效益费用流量表。在有些行业中，其建设项目可能需要直接进行国民经济评价来判断该项目的经济合理性。在此情况下，可直接编制国民经济效益费用流量表。其编制步骤如下：

1）国民经济效益费用的计算范围：包括直接效益与间接效益，直接费用与间接费用。

2）估算国民经济效益费用：对各种主要投入物的影子价格和产出物的影子价格进行测算，并在此基础上对各项国民经济效益费用进行估算。

3）编制国民经济效益费用流量表。

2. 国内投资国民经济效益费用流量表

国内投资国民经济效益费用流量表（表8.2），以国内投资作为分析对象，将国外借款本金和利息偿付作为费用流出，计算国内投资的经济内部收益率和经济净现值，以考察国内投资的盈利能力。

8.4 国民经济评价报表

表8.2　　　　　　　　　国内投资国民经济效益费用流量表　　　　　　　单位：万元

序号	项目	建设期		投产期		达到设计能力生产期				合计
		1	2	3	4	5	6	…	n	
	生产负荷/%									
1	效益流量									
1.1	产品销售（营业）收入									
1.2	回收固定资产余值									
1.3	回收流动资金									
1.4	项目间接效益									
2	费用流量									
2.1	建设投资中国内资金									
2.2	流动资金中国内资金									
2.3	经营费用									
2.4	流至国外的资金									
2.4.1	国外借款本金偿还									
2.4.2	国外借款利息支付									
2.4.3	其他									
2.5	项目间接费用									
3	净效益流量（1-2）									

计算指标：经济内部收益率（国内投资）

经济净现值（$i=i_s$）

8.4.1.2 经济外汇流量表

设计产品出口及替代进口的项目，需要编制经济外汇流量表（表8.3），用以计算外汇效果指标。

表8.3　　　　　　　　　　　经济外汇流量表　　　　　　　　　　单位：万美元

序号	项目	建设期		投产期		达到设计能力生产期				合计
		1	2	3	4	5	6	…	n	
	生产负荷/%									
1	外汇流入									
1.1	产品销售外汇收入									
1.2	外汇借款									
1.3	其他外汇收入									
2	外汇流出									
2.1	建设投资中外汇支出									
2.2	进口原材料									
2.3	进口零部件									

续表

序号	项 目	建设期		投产期		达到设计能力生产期				合计
		1	2	3	4	5	6	…	n	
2.4	技术转让费									
2.5	偿付外汇借款本息									
2.6	其他外汇支出									
3	净外汇流量（1-2）									
4	产品替代进口收入									
5	净外汇效果（3+4）									

计算指标：经济外汇净现值（$i=i_s$）万元

经济换汇成本或经济节汇成本

经济外汇流量表集中显示项目建设期内每年各项外汇收入和支出流量及产品替代进口使国家节汇的数量，显示项目对国民经济的净外汇效果，反映项目对国家外汇收支的直接和间接影响。

对于有产品替代进口的项目，产品替代进口在国内销售吸取外汇的收入或因国家减少进口而节约的外汇支出还应填入表中的产品替代进口收入项中，作为项目的一种外汇收入效果。

8.4.1.3 国内资源流量表

涉及产品出口创汇或替代进口节汇的项目，除了要编制经济外汇流量表之外，还要编制出口（进口替代）产品国内资源流量表（简称国内资源流量表，表8.4），供计算国内资源流量现值和出口产品中国内投入现值指标时使用。

表8.4　　　　　　　　出口（进口替代）产品国内资源流量表　　　　　　　　单位：万美元

序号	项 目	建设期		投产期		达到设计能力生产期				合计
		1	2	3	4	5	6	…	n	
	生产负荷%									
1	建设投资中国内资金									
2	流动资金中国内资金									
3	经营费用中国内资金									
4	其他国内收入									
5	国内资源流量合计									

计算指标：国内资源流量现值（$i=i_s$）

出口产品中国内投入现值

8.4.2 国民经济评价辅助报表

8.4.2.1 国民经济评价投资调整表

国民经济评价投资调整表（表8.5）是在财务评价基础上，采用影子价格、影子汇率等参数对项目投入总资金进行调整，以计算出国民经济评价项目投入的总资金。

8.4 国民经济评价报表

表 8.5 国民经济评价投资调整计算表

序号	项目	财务评价			国民经济评价			国民经济评价比财务评价增减（±）
		外币/万美元	人民币/万元	合计/万元	外币/万美元	人民币/万元	合计/万元	
1	建设投资							
1.1	建筑工程费							
1.2	设备购置费							
1.2.1	进口设备费							
1.2.2	国内设备费							
1.3	安装工程费							
1.4	工器具购置费							
1.5	工程建设其他费用							
1.5.1	土地费用							
1.5.2	专利及专有技术							
1.6	基本预备费							
1.7	涨价预备费							
1.8	建设期利息							
2	流动资金							
3	项目投入总资金（1+2）							

8.4.2.2 国民经济评价经营费用调整表

国民经济评价经营费用调整表（表8.6）是在财务评价基础上，采用影子价格等参数对经营费用进行调整，以计算出国民经济评价不同负荷下项目的经营费用。

表 8.6 国民经济评价经营费用调整计算表

序号	项目	单位	年耗量	财务评价		国民经济评价	
				单价/元	年费用/万元	单价（或调整系数）/元	年费用/万元
1	外购原材料						
1.1	原材料 A						
1.2	原材料 B						
1.3	原材料 C						
2	外购燃料及动力						
2.1	煤						
2.2	水						
2.3	电						
2.4	汽						
2.5	重油						
2.6	……						

续表

序号	项目	单位	年耗量	财务评价		国民经济评价	
				单价/元	年费用/万元	单价（或调整系数）/元	年费用/万元
3	工资及福利费						
4	修理费						
5	其他费用						
6	合计						

8.4.2.3 国民经济评价销售收入调整表

国民经济评价销售收入调整表（表 8.7）是在财务评价基础上，采用影子价格、影子汇率等参数对销售收入进行调整，以计算出国民经济评价不同负荷下项目的销售收入。

表 8.7　　　　　　　　　国民经济评价销售收入调整计算表

序号	产品名称	年销售量				财务评价					国民经济评价							合计
		单位	内销	替代进口	外销	合计	内销		外销		合计	内销		替代进口		外销		
							单价/元	销售收入/万元	单价/美元	销售收入/万美元		单价/元	销售收入/万元	单价/元	销售收入/万元	单价/美元	销售收入/万美元	
1	投产第一年负荷/% A 产品 B 产品 小计																	
2	投产第二年负荷/% A 产品 B 产品 小计																	
3	正常生产年份/% A 产品 B 产品																	

思 考 题

1. 建设项目国民经济评价的作用是什么？
2. 简述国民经济评价与财务评价的关系。
3. 什么是直接效益、间接效益、直接费用、间接费用？
4. 国民经济评价中费用与效益的识别原则是什么？
5. 国民经济评价为什么要采用影子价格来度量建设项目的费用与效益？
6. 国民经济评价主要参数的含义各是什么？
7. 已知某项目产出物所在地最近的口岸的离岸价格为 60 美元/t，影子汇率换算系数为1.08元人民币/美元，项目所在地距口岸250km，国内运费为每公里0.1元/t，贸易费用率按离岸价格的6%计算，试求该项目产出物出厂价的影子价格。

8. 已知某出口产品的国内现行市场价格为1000元/t，其价格换算系数为1.08，国内运费和贸易费用为100元/t，影子汇率为1美元＝7.6元人民币，试求该进口产品的到岸价格。

9. 项目的某种产品出口离岸价为160美元/t，国内运费为人民币30元/t，贸易用人民币50元/t，国家外汇牌价1美元＝7.6元人民币，试求该产品出厂的影子价格。

10. 项目使用的一种投入物直接进口，到岸价500美元/t，口岸到项目地点的运费为30元/t，贸易费用率为6%，国家外汇牌价1美元＝7.6元人民币，影子汇率换算系数为1.08元人民币/美元，试计算该投入物的影子价格。

11. 某建设单位拟以有偿方式取得某地区一宗土地的使用权。该宗土地面积33000m²，土地使用权出让金标准为5000元/m²。据调查，目前该区域尚有平房住户80户，建筑面积总计4480m²，试对该土地费用进行估计。该地区征地拆迁补偿费约1500元/m²。

第 9 章 水利建设项目经济评价

9.1 水利建设项目经济评价概述

水利建设项目经济评价的目的是：根据国民经济发展的要求，在工程技术可行的基础上，分析与计算建设项目投入的费用和产出的效益，然后进行经济评价，这是对建设项目进行投资决策的主要依据，也是水利工程项目可行性研究报告和初步设计的重要内容。

水利建设项目的经济评价，一般包括国民经济评价和财务评价两部分。国民经济评价时从全社会国民经济的发展出发，采用影子价格分析计算建设项目的净效益，据以判别水利建设项目的经济合理性。财务评价时从项目财务核算单位出发，在现行财税制度和现行价格的条件下，计算项目所需的财务支出和可以获得的财务收入，据以评价水利建设项目的财务可行性。

水利建设项目评价应以国民经济评价为主。当国民经济评价合理，财务评价可行时，该项目才能成立。当国民经济评价与财务评价的结果有矛盾时，应以国民经济评价的结果作为项目取舍的主要依据。某些以发展农业为主的水利建设项目（例如灌排工程等），国民经济评价认为合理，而财务评价认为不可行时（虽有一定水费等收入，但不能维持简单再生产），则可向主管部门提出要求，给予某些优惠措施，使该项目在财务上具有生存能力。某些公益性水利建设项目（例如防洪、治涝工程），当国民经济评价认为合理，但没有或者很少有财务收入（例如征收一些防洪费、排涝费）时，可向地方政府申请补贴（包括投资与年运行费），使项目在财务上得以自我维持。在规划阶段，某些非营利性工程项目，由于资料不充分，研究深度较浅，也可以不进行财务评价。

对于具有综合利用任务的水利建设项目，一般可先就项目所需的投资和年运行费在各部门之间进行合理分摊，以便选择经济合理的开发方式和建设规模，但项目的国民经济评价和财务评价均应以整体评价为主，必要时亦可进行分项评价。国民经济评价原则上应考虑项目的全部效益与全部费用，财务评价只计算项目的实际收入和支出，对间接的即外部的效益与费用不予计入。

水利建设项目经济评价的计算分析期（简称计算期，下同），已如前述，包括建设期和生产期。计算期的基准年点一般建议定在建设期的第一年年初。费用投入和效益产出，按实际情况确定在年初、年中或者在年末，但应注意在第 3 章中所介绍的许多基本计算公式，极大部分是根据收入和支出都发生在年末推导出来的。

水利建设项目经济评价所采用的计算方法，主要采用动态经济分析，即在核算中要考虑资金的时间价值。对于某些小型水利工程，由于投资流程较短，在进行初步估算时也有采用静态经济评价指标的。

水利建设项目一般包括防洪工程、治涝工程、灌溉工程、水力发电工程和城镇供水工程等。与工业项目相比，水利工程一般都具有投资大、影响范围广、建设周期长等特点。水利工程的投资应包括主体工程、附属工程、配套工程、移民安置、设备购置、占地及淹没赔偿等投资费用。

水利工程多具有综合利用功能，对综合利用的水利枢纽工程项目应作为一个系统进行总体评价，计算其总效益和总费用。同时还应按其中各项目分别计算效益和费用，亦应避免效益的重复计算。

水利建设项目以国民经济评价为主，也应重视财务评价。以下分别介绍各类水利建设项目经济评价的特点。

9.2 防洪工程经济评价

9.2.1 洪灾损失及其特点

洪水灾害主要是指河流洪水泛滥成灾，淹没广大平原和城市；或者山区山洪暴发，冲毁和淹没土地村镇和矿山；或者由洪水引起的泥石流压田毁地以及冰凌灾害等，均属洪水灾害的范畴。在我国，比较广泛而又影响重大的是平原地区的洪灾，对我国经济发展影响极大，是防护的重点。

洪水灾害的最大特点，是在出现时间上具有随机分布的特性。年际间不同频率洪水的差别很大，相应的灾情变化亦很大。在大多数情况下，一般性的或较小的洪水虽然经常出现，但并不产生危害或危害很小；稀遇特大洪水虽出现频率很小，但危害甚大，甚至影响本区域或全国的经济发展计划。

洪灾损失又分直接损失和间接损失两方面，有的能用实物和货币表达，有的则不易用货币表达，在能用实物或货币表达的损失中，不少也难以准确估计。因此，洪灾损失的计算结果，由于考虑的深度和广度不同，可能有很大差别。

在受洪水威胁的范围内，不论农、工、商业和其他各种企业的动产与不动产，无论是社会的，还是个人的、集体的和国家的财产，均在逐年递增，其数量和质量均在不断变化，因此即使同一频率的洪水，发生在不同年份其损失也不一样，有随时间变化的特性。

洪水灾害的大小与暴雨大小、雨型分布、工程标准等因素有关。在洪灾损失中，有些可以直接估算出来，而另有一些损失，如人民生命安全、对社会经济发展的影响等，一般难以用实物或货币直接估算。

能用实物或货币计量的损失，按受灾对象的特点和计算上的方便，一般可以考虑以下几个方面：

(1) 农产品损失。洪水泛滥成灾，影响作物收成，农作物遭受自然灾害的面积称为受灾面积，减产30%以上的称为成灾面积。一般可将灾害程度分为四级：毁灭性灾害，作物荡然无存，损失100%；特重灾害，减产大于80%；重灾害，减产50%～80%；轻灾害，减产30%～50%。

在估算农作物损失时，为了反映其价值的损失，可采用当地市场交易的年平均价格计算；亦有人提出用国际市场价格，再加上运输费用及管理消耗等费用。在计算农作物损失时，其副产品的价值应考虑在内，可以农作物损失的某一百分数表示。

(2) 房屋倒塌及牲畜损失。在计算这些损失时，要考虑到随着社会的发展，房屋数量增多，质量提高，倒塌率降低，倒塌后残余值回收率增大等因素。

(3) 人民财产损失。城乡人民群众的生产设施（例如机具、肥料、农药、种子、林木等），以及个人生活资料（例如用具、粮食、衣物、染料等）因水淹所造成的损失，一般可按某一损失率估算。20世纪50年代在淮河流域规划时，曾拟定损失率：长期浸水为25%～50%，短期浸水为5%～25%。

(4) 工矿、城市的财产损失。包括城市、工矿的厂房、设备、住宅、办公楼、社会福利设施等不动产以及家具、衣物、商店百货、交通工具、可移动设备等动产损失。在考虑损失时，对城市、工矿区的洪水位、水深、淹没历时等要详细调查核定，并要考虑设备的更新程度、原有质量、洪水来临时转移的可能性、水毁后复建性质等因素，以确定损失的数量及其相应的损失率，不能笼统地全部按原价或新建价折算成为洪灾损失。城市、工矿企业因水灾而停工停产的损失，亦不应单纯按产值计算，一般只估算停工期间工资、管理、维修以及利润和税金等损失，而不计原料、动力、燃料等消耗。

(5) 工程损失。洪水冲毁水利工程，如水库、水电站、堤防、涵洞、桥梁、码头、护岸、渠道、水井、排灌站等；冲毁交通运输工程，如公路、铁路、通信线路、航道船闸等；冲毁公用工程，如输电高压线、变电站、电视塔、自来水设施、排水设施，淤积下水道等。所有上述各项工程损失，可用工程修复专款来估算。

(6) 交通运输中断损失。包括铁路、公路、航运、电信等因水毁中断，客、货运被迫停止所遭受的损失。特别是铁路中断，对国民经济影响甚大，主要包括：

1) 线路中断修复费。在遭遇各种频率洪水时，可按不同工程情况，估算铁路损坏长度，再以单位长度铁路造价的扩大指标进行估算。

2) 中断期间客、货运费的损失。估算不同频率洪水时运输中断的天数、设计水平年或计算基准年的客、货运量、加权运距等，再按运价、票价、运输成本等计算运输损失值。

3) 间接损失。关于铁路中断引起的间接损失，有一种考虑是工矿企业的原材料、产品不能及时运进、运出，对生产和消费产生一系列的连锁反应，但这样考虑的范围很广，任意性很大。另一种考虑是工矿企业和其他行业所需的原材料、物资等商品，一般均有储备，当铁路中断时，可动用储备。目前国外一般是用绕道运输的办法来完成同样的运输任务，以绕道增加的费用计算铁路中断损失。也可以考虑按停掉那些运输量大、产值利润小的企业损失来计算。

(7) 其他损失。水灾后国家支付的生产救灾、医疗救护、病伤等经费，洪水袭击时抗洪抢险费用，堤防决口、洪水泛滥、泥沙毁田、淤积河道及排灌设施和土地地力恢复等损失费用。

9.2.2 防洪工程经济分析的内容和计算步骤

防洪是指用一定的工程措施或其他综合治理措施，防止或减轻洪水的灾害。人类在与自然的斗争中，早已掌握若干不同的防洪措施。但随着人类社会的发展和进步，这些工程措施现在更趋于完善和先进，效益更为显著，并由单纯除害发展为除害与兴利相结合的综合利用工程措施。防洪所减少的灾害损失就是防洪工程的效益。

对一条河流或一个区域而言，防止或减少洪灾的措施，常常有很多可能的方案可供选择。它们的投资、淹没占地、防洪能力、综合效益以及对环境的影响均不尽相同。在一定的条件下，需要比较分析不同方案的经济合理性。防洪工程经济分析的内容和任务，就是对技术上可能的各种措施方案及其规模，进行投资、年运行费、效益等的经济分析计算，并综合考虑其他因素，确定最优防洪工程方案及其相应的技术经济参数和有关指标。不同的防洪标准，不同的工程规模，不同的技术参数，均可视为经济分析计算中的不同方案。

防洪工程经济分析的计算步骤是：

(1) 根据国民经济发展的需要与可能，结合当地的具体条件，拟定技术上可能的各种方案，并确定相应的工程指标。

(2) 调查分析并计算各个方案的投资、年运行费、效益等基本经济数据。

(3) 分析计算各个方案的主要经济效果指标及其他辅助指标，对各个方案进行经济分析和综合评价，确定经济上合理的可行方案。

9.2.3 防洪工程的投资和年运行费

1. 防洪工程的基本投资

主要包括主体工程、附属工程、配套工程、移民安置费用以及环境保护、维护生态平衡的投资费用。

分洪滞洪工程淹没耕地和迁移居民，如果若干年才遇到一次，且持续时间不长，则可根据实际损失情况给予补偿，可不列入基建投资，而作为洪灾损失考虑。

2. 防洪工程的年运行费

为工程实施后每年须负担的岁修费、大修费、防汛费等项。一般可按固定资产原值的百分比计算。

防汛费用主要包括防汛器材及人工费，是防洪工程一项特有的费用。防汛费用与洪水位有直接关系，与工程标准、堤长、高度、质量和防汛措施亦有关系，因此较为复杂，一般随防洪工程的规模和防洪标准的提高而减少。

9.2.4 防洪工程效益分析

防洪工程的效益，与城镇供水或发电工程等的效益不同，它不是直接创造财富，而是把因修建防洪工程而减少的洪灾损失作为效益。因此，防洪工程效益只有当遇到原来不能防御的洪水时才能体现出来。如果遇不上这类洪水，效益就体现不出来，有人称这种效益为"潜在效益"或"影子效益"。

防洪工程从防御常遇洪水提高到防御稀遇洪水所需的工程规模和投资年运行费等，均要相应地大幅度增加，虽然遇上稀遇洪水时一次防洪效益很大，但因其出现机会稀少，因此若按多年平均值计算，比起防御常遇洪水所增加的效益可能并不大。工程修建后，若很快遇上一次稀遇大洪水，其防洪效益可能比工程本身的投资大若干倍；若在很长时间内，甚至在工程有效使用期内遇不到这种稀遇洪水，则长期得不到较大的防洪效益，就形成投资积压，每年还得支付运行管理费等。因此防洪效益分析是一个随机问题，具有不确定性和不准确性。

洪灾损失与淹没的范围、淹没深度、历时和淹没对象有关，还与决口流量、行洪流速有关,这些因素是估计洪灾的基本资料。

不同频率洪水的损失不同,在经济分析中要求用年平均损失值衡量,因此需要计算工程修建前后不同频率洪水的灾害损失,求出工程修建前后的多年平均损失差值。

洪灾损失一般可通过系列法或频率法计算确定,具体计算步骤和内容如下。

1. 确定洪水淹没范围

根据历史上几次典型洪水资料,通过水文水利计算,求出拟建防洪工程兴建前后河道、分蓄洪区、淹没区的水位和流量,由地形图和有关的淹没资料查出防洪工程兴建前后的淹没范围、耕地面积、人口以及淹没对象的数量。

在进行水文水利计算时,要考虑防护地区的具体条件、河道、地形特点,拟定防洪工程(水库、分蓄洪工程等)的控制运用方式,堤防决口、分蓄洪区行洪的水力学条件等作为计算依据。

这种方法已经被广泛应用,优点是能进行不同方案各种典型洪水的计算,同时能考虑各种具体条件;缺点是工作量太大,有些假定可能与实际有较大的出入。

2. 分析洪灾损失率

洪灾损失率指单位面积上的水灾损失价值。目前此值都是通过在本地区或经济和地形地貌相似的地区,对若干次已经发生过的大洪水进行典型调查分析后确定的。以下是调查实例,见表9.1、表9.2。

表9.1　　　　　　　　　　　　洪灾损失率典型调查表

地区及洪水		损失率	备 注
调查单位	洪水灾情	/(元/亩[①])	
河南	某地区 1975 年 8 月洪水	475	受灾面积 297 万亩
河南	某县 1982 年洪水	263	受灾面积 51 万亩
安徽	某地区 1979 年洪水	560	受灾面积 85.3 万亩
广东	某县 1979 年洪水、某县 1968 年洪水	600	
黄委	某地区 1975 年 8 月洪水	340	受灾面积 1000 万亩
	某滞洪区(1979 年调查)	450	
长江委	长江流域几个分洪区调查	905~986	

① 1 亩≈666.67m²。

表9.2　　　　某省某地区 1975 年 8 月洪水淹没损失统计表(成灾面积 297 万亩)

项　目	单位	数量	单价	总值/万元
一、直接损失				
1. 农业				31991
粮食作物	万亩	178.84	100 元/亩	17884
经济作物	万亩	117.56	120 元/亩	14107
2. 粮食储备	万斤	54000	0.2 元/斤	10800
3. 水利工程				2461

9.2 防洪工程经济评价

续表

项 目	单位	数量	单价	总值/万元
堤防				2075
小型水库	座	8		386
4. 群众财产				64507
房屋	万间	107.8	500 元/亩	53900
家庭日用品				10394
牛、骡、马	头	2070		137
猪、羊	头	12930		76
5. 冲毁铁路路基、道砟、钢轨、桥涵，损失机车、货车等				175
6. 其他（通信、仓库等）				7416
二、间接损失				23733
1. 生产救灾				13900
2. 工厂停产（仓库受淹、停产一个月）				7600
3. 京广路运输（中断一个月）				2233
三、总计				141083
平均每亩损失/(元/亩)				475

3. 直接洪灾损失计算

直接损失主要包括以下五个方面：人口伤亡损失；城乡房屋、设施和物资损坏造成的损失；工矿企业停产、商业停业，交通、电力、通信中断等所造成的损失；农、林、牧、副、渔各业减产造成的损失；防洪、抢险、救灾等费用支出。

洪灾损失的大小与洪水淹没的范围、淹没的深度、淹没的对象、历时以及决口流量、流速有关，通常根据受淹地区典型调查资料，确定淹没损失指标，一般用每亩（1亩≈ 0.067hm²）综合损失值表示，然后根据每亩综合损失率指标和淹没面积，确定洪灾损失值。

由于调查的是各种典型年的洪灾损失，防洪的年平均效益则为防洪措施实施前的年平均损失，减去防洪措施实施后的年平均损失，可以采用频率曲线法、实际年系列平均法求出。通常多采用频率曲线法。

(1) 频率曲线法。洪水成灾面积及其损失，与暴雨洪水等频率有关，因此必须对不同频率的洪水进行调查计算，以便制作洪灾损失频率曲线，求算年平均损失值，其计算步骤如下。

1) 对修建防洪工程前和修建防洪工程后分别计算不同频率洪水时受灾面积及其相应的洪灾损失，由此即可绘制修建工程前后的洪灾损失频率曲线，如图 9.1 所示。

2) 曲线与两坐标轴所包围的面积，即为修建工程前、后各自的多年洪灾损失（Oac，Obc），并求出相应整个横坐标轴（0~100%）上的平均值，其纵坐标即为各自的年平均洪灾损失值。如图 9.1 中的 Oe 即为修建工程前的年平均值，而 Og 为修建该工程后的年平均值。二者之差值 ge 即为工程实施前后的年平均洪灾损失的差值，此即为工程的防洪效益。

根据洪灾损失频率曲线，可用下式计算年平均损失值 S_0。

图 9.2 中 S_0 以下的阴影面积，即为多年平均洪灾损失值，即

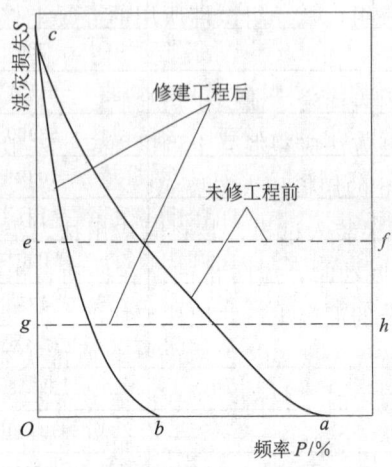

图 9.1　洪灾损失频率曲线图 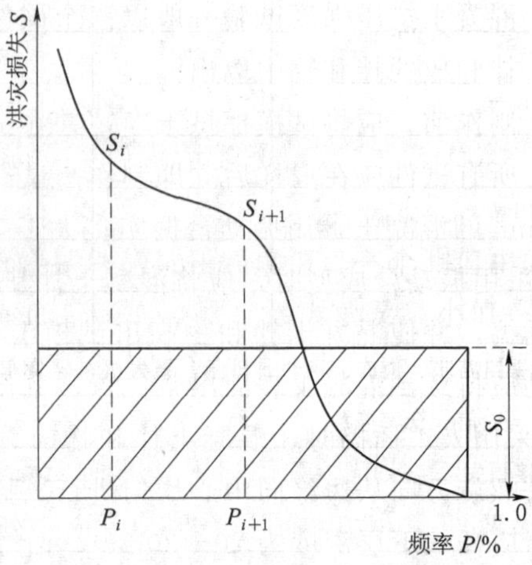　　　图 9.2　多年平均洪灾损失计算

$$S_0 = \sum_{P=0}^{1}(P_{i+1}-P_i)(S_i+S_{i+1})/2 = \sum_{P=0}^{1}\Delta P \overline{S} \tag{9.1}$$

式中：P_i、P_{i+1} 为两相邻频率；S_i、S_{i+1} 为两相邻频率的洪灾损失；ΔP 为频率差，$\Delta P = P_{i+1} - P_i$；$\overline{S}$ 为平均经济损失，$\overline{S} = (S_i + S_{i+1})/2$。

【例 9.1】 某江现状能防御 100 年一遇洪水，建立防洪工程后能防御 1000 年一遇洪水，其不同频率的洪灾损失见表 9.3。试用频率法计算多年平均防洪效益。

表 9.3　　　　　　　　　　[例 9.1] 洪灾损失表

频率 P	频率差 ΔP	无防洪工程			有防洪工程		
		洪灾损失 S	$(S_{i+1}+S_i)/2$	$\Delta P \overline{S}$	洪灾损失 S	$(S_{i+1}+S_i)/2$	$\Delta P \overline{S}$
1		0					
0.7	0.3	15000					
0.5	0.2	30000	22500	4500			
0.2	0.3	60000	45000	13500			
0.1	0.1	100000	80000	8000	0		
0.06	0.04	200000	150000	6000	15000		
0.03	0.03	300000	250000	75000	30000	22500	675
0.01	0.02	400000	350000	7000	60000	45000	900
可能最大	0.01	500000	450000	4500	100000	80000	800
小计				51000			2375

解： 根据表 9.3 所列数据，由式（9.1）可知，无防洪工程年平均损失为 51000 万元，有防洪工程年平均损失为 2375 万元，则该工程的多年平均防洪效益为

$$51000 - 2375 = 48625 \text{（万元）}$$

(2) 实际年系列法。从历史资料中选择一段洪水灾害资料比较齐全的实际年系列，逐年计算洪灾损失，取其平均值作为年平均洪灾损失。这种方法所选用的计算时段，对实际洪水的代表性和计算成果有较大影响。

【例 9.2】 某水库 1950 年建成后对下游地区发挥了较大的防洪效益。据调查，在 1951—1990 年共发生四次较大洪水（1954 年、1956 年、1958 年、1981 年），由于修建了水库，这四年该地区均未发生洪水灾害；假若未修建该水库，估计受灾面积及受灾损失见表 9.4。

表 9.4　　　　　　　　　[例 9.2] 无水库情况下受灾损失估计

受灾情况	1954 年	1956 年	1958 年	1981 年
受灾面积/万亩	10	84	17	15
受灾损失/万元	3000	25200	5100	4500

解：在这 40 年内，若未修建水库，总计受灾损失共达 37800 万元，相应年平均防洪效益为 945 万元/年。

(3) 等效替代法。该法的基本出发点是从水利工程和替代措施的比较入手，研究满足防洪要求（防洪标准相同）的最优等效替代措施所需费用，并以此作为水利工程的防洪效益。可能作为水利工程防洪替代方案的措施有：建立专门的防洪水库或其他综合利用水库；加高加固堤防；开辟分洪道；建立分蓄洪区；整治河道；从洪泛区迁出受洪水威胁的居民和财产；开垦其他土地以补偿因洪灾而减少的农业产品；以上单项替代措施的不同组合的综合替代措施等。

(4) 保险费法。由于采用多年平均概念来衡量洪水灾害，可能冲淡毁灭性大洪水灾害的严重性，因此 20 世纪 50 年代在做长江流域综合利用规划时，有专家曾介绍了保险费计算法。此法的基本含义是为补偿洪灾损失，在每年国家预算中，需提取一定数额的洪灾保险费，以扩大保险基金，作为补偿洪灾损失的预备费。防洪工程兴建后，由于洪灾减轻，每年需要的保险费相应减少，所减少的保险费，就是该防洪工程的多年平均效益。保险费为保险额（年平均损失）与风险费之和，其计算公式为

$$保险费 = M + \sigma = M + \sqrt{\sum(S_i - M)^2/(n-1)} \tag{9.2}$$

式中：M 为保险额；σ 为年平均洪灾损失；S_i 为各年洪灾损失；n 为统计年限。

4. 间接洪灾损失计算

防洪工程所减免的间接经济损失称为间接防洪效益。间接洪灾损失是指在洪水淹没区内外没有与洪水直接接触，但受到洪水危害、同直接受灾的对象或其他方面联系的事物所受到的经济损失。主要表现在淹没区内因洪水淹没造成工业停产、农业减产、交通运输受阻中断，致使其他地区因原材料供应不足而造成的经济损失，亦称为洪水影响的"地域性波及损失"。洪水期后，原淹没区内外因洪灾损失影响，使生产、生活水平下降，工农业产值减少所造成的损失，亦称为"时间后效性波及损失"。间接洪灾损失的大小与洪水大小和直接淹没对象有关，一般情况是：洪水越大，破坏作用越大，间接经济损失也越大。并且，直接洪灾损失中工矿企业、交通运输损失比重大的地区，其间接经济损失大于农

业、住宅损失比重大的地区。

如何计算间接洪灾损失，目前国内外还没有成熟的方法。国外一般是通过对已发生的洪水引起的间接损失作大量调查分析，估算不同行业和部门的间接损失量，推算它们与直接损失的关系，用百分数 K 值表示。我国对洪水间接损失研究起步较晚，调查研究工作也做得比较少。在三峡工程论证和"七五"国家科技攻关中，曾对这个问题做过初步调查研究。据对"75·8"河南驻马店地区间接损失的调查和计算分析，农业间接损失量占"75·8"洪水直接损失总值的 26.2%；又据对荆江地区 1954 年洪水灾情调查及洪灾后农业生产发展水平的分析计算，农村间接损失为直接损失的 28%。

为了合理计算和正确评价水利工程的防洪效益，在重视和加强间接防洪效益调查研究的同时，如果短期内难以取得本项目间接防洪效益资料，可暂先根据本项目直接洪灾损失构成，参照国内外有关资料初步计算本项目间接防洪效益。具体计算时可将直接洪灾损失分为四类：①农业损失（包括农、林、牧、副、渔五业）；②工商业损失；③交通运输业损失；④住宅损失（包括公私房屋和其他财产）；然后分别乘以相应的 K 值即为各类的间接洪灾损失，各类的间接洪灾损失之和即为间接防洪效益。例如三峡工程大洪水的防洪间接效益按直接防洪效益的 25% 计算。

5. 增加土地开发利用价值的计算

防洪项目建成后，由于防洪标准提高，可使部分荒芜的土地变为耕地，使原来只能季节性使用的土地变为全年使用，使原来只能种低产作物的耕地变为种高产作物，使原来作农业种植的耕地改为城镇和工业用地，从而增加了土地的开发利用价值。由于增加的土地开发利用价值主要体现在土地不同用途所创造的净收益的差值方面，因此，增加的土地开发利用价值按有、无项目情况下土地净收益的差值计算。农业土地增值效益等于由低值作物改种高值作物纯收入的增加，城镇土地增值效益等于工程对城镇地价影响的净变化。当防洪受益区土地开发利用价值增加而使其他地区的土地开发利用价值受到影响时（如一项工程可使城市发展转移到工程受益地区，致使替代地点地价跌落），其损失应从受益地区收益中扣除。具体计算方法举例说明如下。

【例 9.3】 某水利项目建成后，由于防洪标准提高，使本项目防洪受益地区内原有（无本项目情况下）受洪水淹没的土地中的 14.5 万亩土地可由种植低产农作物（年净收益为 62 元/亩）改为种植高产农作物（年净收益为 511 元/亩）；4.40 万亩土地可由农业用地（年净收益为 500 元/亩）改为工业和城镇建设用地（年净收益为 2500 元/亩）。

解：考虑农业种植周期短，当年可以见效，和农业用地改为工业和城镇建设用地后有一个建设、发展过程，故计算其增加效益时，前者按 100% 考虑，后者打一个折扣，只按 70% 考虑。据此计算求得本项目建成后可增加的土地开发利用价值为

$$(511-62)\times 14.5+(2500-500)\times 4.4\times 70\%=6510.5+6160=12671(万元)$$

9.2.5 防洪工程经济评价示例

【例 9.4】 设某水库的主要任务为防洪。该工程于 1988 年建成，总投资 $K=26327$ 万元，年运行费 $u=380$ 万元。经调查，在未建水库前，下游地区遇 5 年一遇洪水（$P=20\%$）时即发生洪灾损失。为了计算水库的防洪效益，就需分别计算修建水库前和修建水

9.2 防洪工程经济评价

库后当发生不同频率洪水时的洪灾损失，两者的差值即为水库的防洪效益。现将根据1982年生产水平所求出的无水库和有水库两种情况下的洪灾损失值，分别列于表9.5。

表9.5　　　　　　　　不同频率洪水情况下有、无水库时洪灾损失

洪水频率 $P/\%$	33	20	10	1	0.1	0.01
无水库时损失 $S_1/$万元	0	3699	7212	16135	19248	20766
有水库时损失 $S_2/$万元	0	0	0	6432	16210	19248

根据表9.5及式（9.1），计算出水库的年平均防洪效益 $b_0=1617$ 万元。假设水库下游地区防洪效益年增长率 $j=3\%$，折现率 $i=7\%$，则水库开始发挥防洪效益的1988年末年效益 $b=b_0(1+j)^m=1617\times(1+0.03)^6=1931$（万元）。现将该水库的投资、年费用及年效益等计算结果列于表9.6。

表9.6　　某水库防洪效益及费用现值计算（以1988年末为计算基准）　　　单位：万元

年份	投资	年运行费	费用	年效益
1984	2500			
1985	4000			
1986	4200			
1987	6000			
1988	5200			
1989		380		1931×1.03
1990		380		1931×1.03^2
...		...		...
2038		380		1931×1.03^{50}
现值	26327	5244	31571	42328
年值	1909	380	2289	3069

注　1. 投资在年初，年运行费及年效益发生在年末，经济寿命 $n=50$ 年。
　　2. 年值＝现值$[A/P,i,n]$＝现值$\times0.0725$。
　　3. 防洪效益现值＝$b[P/A,i=7\%,j=3\%,n=50]=1931\times21.92=42328$（万元）。

防洪工程国民经济评价可采用经济内部收益率 $EIRR$、经济净现值 $ENPV$、经济效益费用比等评价指标。

（1）经济净现值 $ENPV$ 及经济净年值 $ENAV$。由表9.6计算结果，可知效益现值 $B=42328$ 万元，费用现值 $C=26327+5244=31571$（万元），故经济净现值 $ENPV=B-C=10757$ 万元，经济净年值 $ENAV=ENPV[P/A,i,n]=10757\times0.0725=780$（万元），或者 $ENAV=3069-2289=780$（万元）（>0）。

（2）经济效益费用比 $EBCR$：
$$EBCR=B/C=42328/31571=1.34(>1.0)$$

（3）敏感性分析。以效益和费用单项指标分别浮动和两项指标同时浮动进行测算，计算结果见表9.7。

表9.7 敏感性分析 单位：万元

敏感性因素	费用现值 C	效益年值 B	效益费用比 B/C	净效益年值 $B-C$
基本方案	2289	3069	1.34	780
费用增加+10%	2518	3069	1.22	551
效益减少-15%	2289	2609	1.14	320
费用+10%，效益-15%	2518	2609	1.04	91
费用-10%，效益-15%	2059	2609	1.27	550

根据表9.7计算结果，基本方案的 $B/C=1.34(>1.0)$，$B-C=780$ 万元(>0)；在费用增加10%，效益减少15%的情况下，$B/C=1.04(>1.0)$，$B-C=91$ 万元(>0)，说明在费用和效益两项主要因素同时浮动情况下，其经济评价指标仍然是稳定的，因此认为本工程在经济上是有利的。

9.3 治涝工程经济评价

9.3.1 治涝工程经济分析的特点

治涝工程具有除害的性质，工程效益主要表现在涝灾的减免程度上，即与工程修建前比较，修建工程后减少的那部分涝灾损失，即为治涝工程效益。

在一般情况下，涝灾损失主要表现在农田减产方面，仅当遇到大涝年份涝区大量积水时，才有可能发生房屋倒塌、工程或财产损毁等情况。涝灾的大小，与暴雨发生的季节、雨量、强度、积涝水深、历时、作物耐淹能力等许多因素有关。计算治涝工程效益或估计工程实施后灾情减免程度时，均须做些假定并采用简化方法，根据不同的假定和不同的计算方法，其计算结果可能差别很大，因此在进行治涝经济分析时，应根据不同地区的涝灾成因、排水措施等具体条件，选择比较合理的计算分析方法。

治涝工程效益的大小，与涝区的自然条件、生产水平关系甚大。自然条件好、生产水平高的地区，农产品产值大，受灾时损失亦大，但治涝后效益也大；反之，原来条件比较差的地区，如治涝后生产仍然上不去，相应的工程效益也就比较小。此外，规划治涝工程时，应统筹考虑除涝、排渍、治碱、防旱诸问题，只有综合治理，才能获得较大的综合效益。

9.3.2 治涝工程经济分析的任务与步骤

(1) 治涝工程经济分析的任务，就是对治涝规划区选择合理的治涝标准、工程规模和治涝措施。对于已建的治涝工程，亦可提出进一步提高经济效果的建议。

(2) 治涝工程经济分析的步骤。

1) 根据治涝任务，拟定技术上可行的、经济上合理的若干个比较方案。
2) 收集历年的雨情、水情、灾情等基本资料，分析治涝区涝灾的原因。
3) 计算各个方案的投资、年运行费和年效益以及其他经济指标。
4) 分析各个方案的经济效果指标、辅助指标及其他非经济因素。经济效果指标有效益费用比、内部收益率、投资回收期等；辅助指标有年平均减涝面积、工程占地面积、盐碱化地区的治碱面积等。

5) 进行敏感性分析，对各个比较方案进行经济评价。进行经济评价时，注意各个方案的条件应具有可比性，基本资料、计算原则、研究深度应具有一致性，并以国家有关的方针、政策、规程或规范作为依据。

9.3.3 治涝工程的投资和年运行费

(1) 投资计算。治涝工程的投资，应包括使工程能够发挥全部效益的主体工程和配套工程所需的投资。主体工程一般为国家基建工程，例如输水渠、骨干河道、容泄区以及有关的工程设施和建筑物等；配套工程包括各级排水沟渠及田间工程等。一般为集体筹资，群众出劳务，应分别计算投资。对于支渠以下及田间配套工程的投资，一般有两种计算方法：①根据主体工程设计资料及施工记载，对附属工程进行投资估算；当有较详细项目的基建投资或各乡村的用工、用料记载的，则可进行统计分析计算；②通过典型区资料，按扩大指标估算投资。

(2) 年运行费计算。治涝工程的年运行费，是指保证工程正常运行每年所需的经费开支，其中包括定期大修费、河道清淤维修费、燃料动力费、管理费和工作人员工资等。

9.3.4 治涝工程效益计算

治涝工程的经济效益，一般是以修建工程措施前后减少的涝灾损失值来表示。涝灾损失主要指农、林、牧、副、渔各业减产造成的损失和抢排涝水及救灾等费用支出。可通过内涝损失频率曲线法来估算。

治涝效益可以用实物量或货币量来表达，其中所减免农作物损失的实物量的表达方式有以下几种：

(1) 减产率是指农田受涝以后，与正常年景比较减产的百分数。这是一个相对指标。有一季作物减产率（指一季作物减产百分数），或单位面积减产率等不同定义。

减产率乘以正常年景的作物平均产出，即作物减产损失。在灾情过后，还要进行田间整理，清理淤积物等，或许还要增加投入。所以，减产损失要加上这一部分费用才是农田的灾害损失值。

(2) 绝产率是指不同减产程度受涝（渍）面积折算为颗粒无收面积占涝渍区面积的百分数。这也是一个相对指标。用这一百分率乘以淹没面积再乘以年均单产便可估计农作物受淹损失。

(3) 绝产面积是指涝（渍）区颗粒无收的面积。这是一个绝对指标，由于涝（渍）实有轻重之分，在实际工程中常用减免的农作物绝产面积来表示排水工程的效益。

除减免的农作物损失外，对于排水工程所减免的其他损失，可根据减免的受灾面积上的具体情况进行调查估算，将估算结果以实物量或货币量表示。其中实物量可以按受损失的财产、设施类别进行统计。例如，损失房屋（间）、牲畜（头）、公路（km）、铁路（km）等，并将所有的损失值（包括农作物损失）按影子价格折算为货币值（价值量）。

农作物减产的程度与积水深度、积水历时、地下水位变化等多种因素有关。为简化计算，一般以内涝积水量 S（或称余水量）作为一个综合性指标，建立内涝受灾面积与余水量的关系。目前常用的计算方法有涝灾频率曲线法、内涝积水量法、合轴相关分析法、暴雨频率曲线法。

9.3.4.1 涝灾频率曲线法

这种方法可用于计算已建工程的除涝效益。计算时应收集下述资料：

(1) 治涝区的长系列暴雨资料。

(2) 治涝工程兴建前，历年治涝区受灾面积及其相应实情调查资料。

(3) 治涝工程修建后，涝灾发生情况的统计资料。

在此基础上，可按如下步骤计算除涝效益：

(1) 对治涝区的成灾暴雨进行频率分析。

(2) 根据治涝区受灾面积及其相应的灾情调查资料，用式 (9.3) 计算治涝工程兴建前历年的绝产面积。

$$A_d = \sum_{i=1}^{m} A_i \times \gamma_i + A_c \tag{9.3}$$

式中：A_d 为绝产面积；A_i 为减产 γ_i（%）的受灾面积；m 为减产等级数；A_c 为调查的完全绝产面积。

减产成灾程度一般分为轻、中、重三个等级。如有的地方规定减产 20%～40% 为轻灾，40%～60% 为中灾，60%～80% 为重灾。

根据换算的绝产面积，即可求出减产率 β，即

$$\beta = \frac{A_d}{A} \times 100\% \tag{9.4}$$

式中：β 为减产率；A 为治涝区总播种面积。

(3) 以暴雨频率为横坐标，相应年份的绝产面积为纵坐标，绘制治涝区在工程兴建前历年的绝产面积频率曲线，如图 9.3 所示。

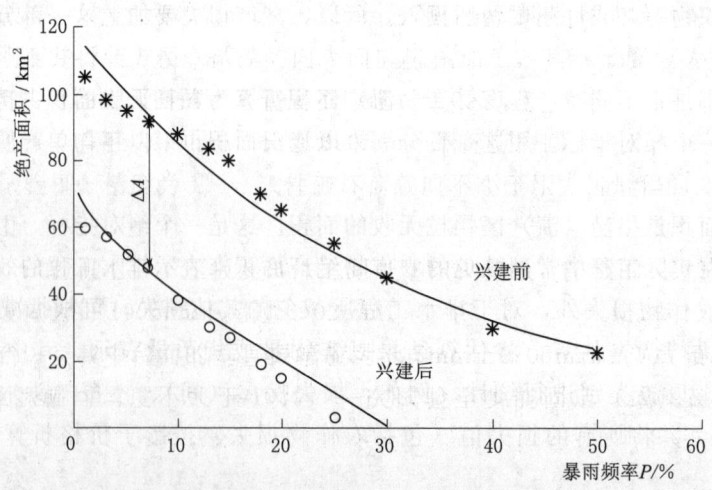

图 9.3 治涝工程修建前后暴雨频率-绝产面积相关图

(4) 根据工程兴建后历年的暴雨频率，查出相应的未建工程时的涝灾绝产面积，并与工程兴建后实际调查及统计资料的绝产面积相比较，其差值即为当年由于治涝工程兴建而减少的绝产面积 ΔA，如图 9.3 所示。

(5) 以当年减少的绝产面积 ΔA 乘以当年治涝区的正常产量，即为治涝工程兴建后效益的实物量，再与单位产量的价格相乘即可得工程兴建后，该年所获治涝效益的价值量。

(6) 对各年的治涝效益价值量求多年平均值，作为治涝工程的效益。

此法适用于治涝地区在工程兴建前后都有长系列的多年受灾面积和相应的暴雨资料。经过实际资料分析验证，治涝区绝产面积与成灾暴雨频率之间相关密切，其相关系数为 0.85 左右。

9.3.4.2 内涝积水量法

造成作物减产的因素十分复杂，不仅与暴雨量有关，而且与涝水淹没历时、淹没深度、作物种类、生长季节等有密切关系。为了计算治涝工程减免的内涝损失，特此作出如下几点假定：

(1) 绝产面积随内涝积水量 V 而变化，即 $A=f(V)$。

(2) 内涝积水量 V 是排水区出口控制点水位区的函数，即 $V=f(X)$，并假设内涝积水量仅随控制点水位而变，不受河槽断面大小的影响。

(3) 假定灾情频率与降水频率和控制点的流量频率是一致的。

治涝工程效益的具体计算步骤如下：

(1) 根据水文测站记录资料绘制治涝工程前排水区出口控制站的历年实测流量过程线，如图 9.4 的实际流量过程线。

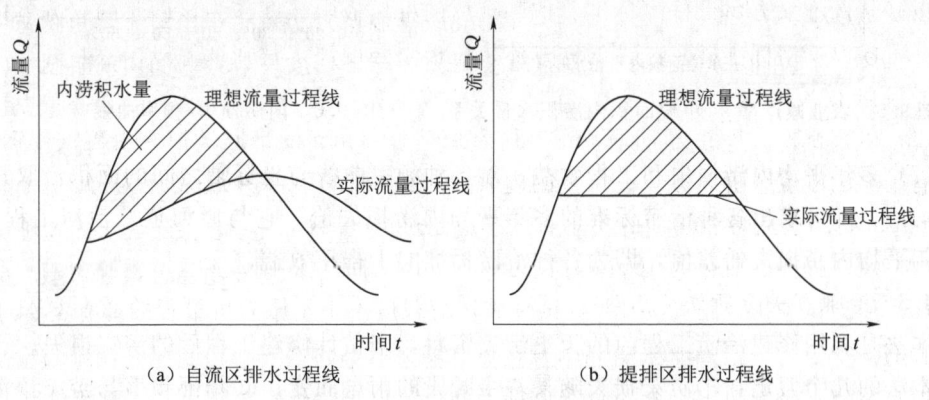

图 9.4 自流区及提排区排水过程线

(2) 假设不发生内涝积水，绘制无工程时涝区出口控制站的历年理想流量过程线。理想流量过程线是指假定不发生内涝积水，所有排水系统畅通时的流量过程线，一般用小流域径流公式或用排水模数公式计算洪峰流量，再结合当地地形地貌条件，用概化公式分析求得理想流量过程线。

(3) 推求单位面积的内涝积水量 V/A。把历年实测流量过程线及其相应的历年理想流量过程线对比，即可求出历年内涝积水量 V，如图 9.4 (a) 所示，除以该站以上的积

水面积 A，即得出单位面积的内涝积水量 V/A。对于堤排区，可用平均排除法作为实际排涝流量过程线，如图 9.4（b）所示。

（4）求单位面积内涝积水量 V/A 和农业减产率 β 的关系曲线。根据内涝调查资料，求出历年农业减产率 β，把历年单位面积内涝积水量 V/A 和相应的历年农业减产率 β 的关系曲线绘制在图 9.5 上。该曲线即为内涝损失计算的基本曲线，可用于计算各种不同治理标准的内涝损失值。

（5）求不同治理标准的各种频率单位面积的内涝积水量。根据各种频率的理想流量过程线，运用调蓄演算，即可求出不同治理标准（例如不同河道开挖断面）情况下，各种频率的单位面积内涝积水量。

（6）求内涝损失频率曲线。有了各种频率的单位面积内涝积水量 V/A 及 β-V/A 关系曲线后，即可求得农业减产率 β。乘以计划产值，即可求得在不同治理标准下各种频率内涝农业损失值。求出农业损失值后，再加上房屋、居民财产等其他损失，就可绘出原河道（治涝工程之前）和各种治涝开挖标准的内涝损失频率曲线，如图 9.6 所示。

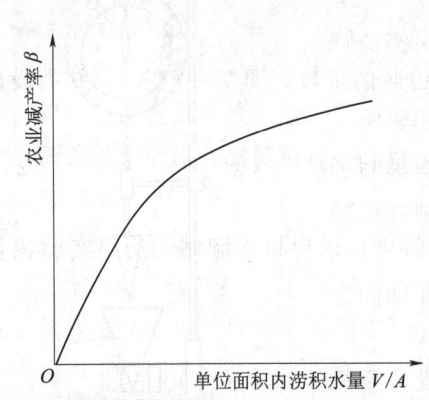
图 9.5　农业减产率 β-单位面积内涝积水量关系

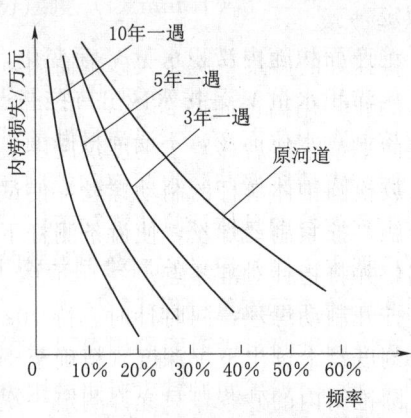
图 9.6　内涝损失-频率曲线

（7）多年平均内涝损失和工程效益。对各种频率曲线与坐标轴之间的面积，取其纵坐标平均值，即可求出各种治涝标准的多年平均内涝损失值，它与原河道（治涝工程之前）的多年平均内涝损失的差值，即为各种治涝标准的工程年效益。

9.3.4.3　合轴相关分析法

本法是利用修建治涝工程前的历史涝灾资料，来估计修建工程后的涝灾损失。

本法的几个假定：①涝灾损失随某一个时段的雨量而变；②降雨频率与涝灾频率相对应；③小于和等于工程治理标准的降雨不产生涝灾，超过治理标准所增加的灾情（或涝灾减产率）与增加的雨量相对应。

本法的计算步骤：

（1）选择不同雨期（例如 1 天、3 天、7 天、…、60 天）的雨量，与相应涝灾面积（或涝灾损失率）进行分析比较，选出与涝灾关系较好的降雨时段作为计算雨期，绘制计算雨期的雨量频率曲线，如图 9.7 所示。

（2）绘制治理前计算雨期的降雨量 P 和前期影响雨量 P_a 之和，$P+P_a$ 与相应年的涝灾损失（涝灾减产率 β）关系曲线，如图 9.8 所示。

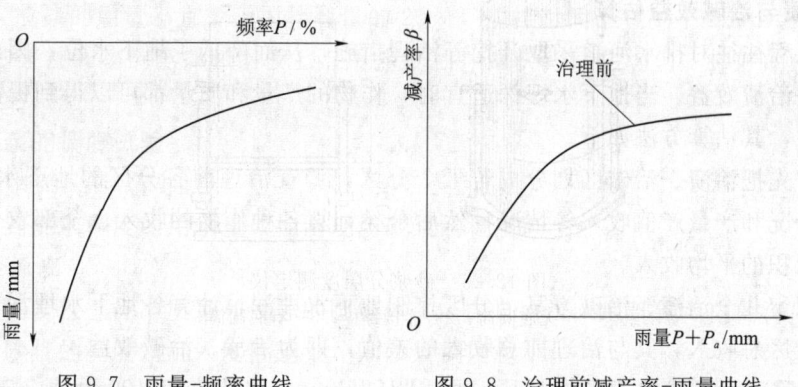

图 9.7 雨量-频率曲线　　图 9.8 治理前减产率-雨量曲线

(3) 根据雨量频率曲线、雨量 $(P+P_a)$-涝灾减产率曲线，用合轴相关图解法，求得治理前涝灾减产率频率曲线，如图 9.9 中的第 1 象限所示。

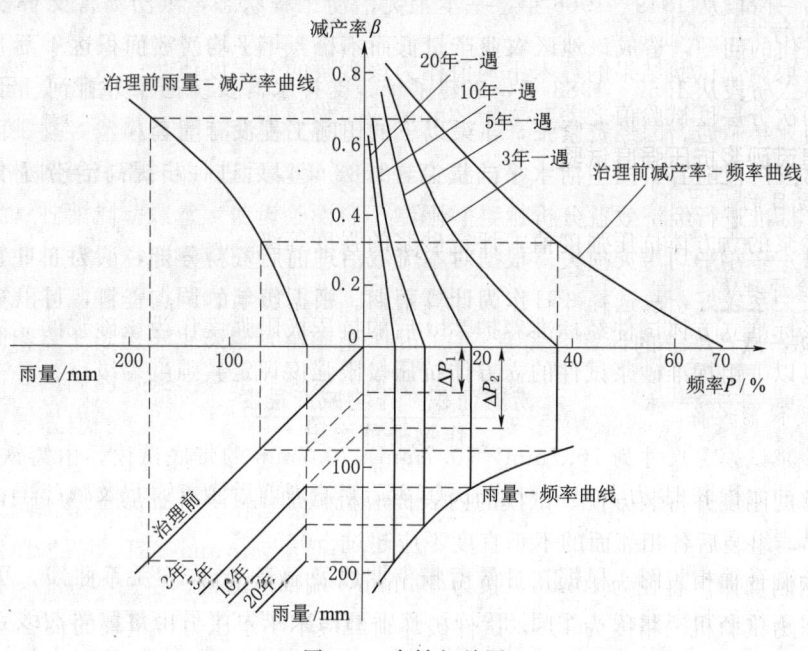

图 9.9 合轴相关图

(4) 按治涝标准修建工程后，降雨量大于治涝标准的雨量 $(P+P_a)$ 时才会成灾，例如治涝标准 3 年一遇或 5 年一遇的成灾降雨量比治理前成灾降雨量各增加 ΔP_1 和 ΔP_2，则 3 年一遇或 5 年一遇治涝标准所减少的灾害即由 ΔP_1 或 ΔP_2 造成的，因此在图 9.9 的第 3 象限作 3 年一遇和 5 年一遇两条平行线，其与纵坐标的截距各为 ΔP_1 和 ΔP_2 即可。对其他治涝标准，作图方法相同。

(5) 按照图 9.9 中的箭头所示方向，可以求得治涝标准 3 年一遇和 5 年一遇的减产率频率曲线。

(6) 量算减产率频率曲线和两坐标轴之间的面积，便可求出治理前和治理标准 3 年一遇、5年一遇的年平均涝灾减产率的差值，由此算出治涝的年平均效益。

9.3.5 治渍与治碱效益估算

治涝工程往往对排水河道采取开挖等治理措施，从而降低了地下水位，因此，同时带来了治碱、治渍效益。当地下水埋深适宜时，作物的产量和质量都可以得到提高，从而达到增产效果，其估算方法如下。

（1）首先把治渍、治碱区划分成若干个分区，调查治理前各分区的地下水埋深情况、作物种植情况和产量产值收入等情况，然后分类计算各种作物的收入、全部农作物的总收入和单位面积的平均收入。

（2）拟定几个治渍、治碱方案，分区控制地下水埋深，计算各地下水埋深方案的农作物收入、全区总收入，其与治理前总收入的差值，即为治渍、治碱效益。

【例 9.5】 某流域位于平原地区，面积 1888km²，农业人口 100 万人，耕地约 10.5 万 hm²。该地区地势平坦，低洼易涝，土质黏重，盐碱地分布较广。该流域的治涝工程大致分为三个阶段：

（1）第一阶段从 1949—1966 年，基本上无治涝工程状态，洪涝灾害交替发生，伴随着渍害和碱化的问题，造成该地区农业产量低而不稳，年平均涝渍面积达 4 万 hm²。

（2）第二阶段从 1967—1983 年，兴建了干、支排水沟及疏通了外排河。干、支排水沟的标准为 3 年一遇。因经费紧张，斗渠以下的田间工程没有配套。

（3）第三阶段随着人民生活水平的提高，1983 年以后进一步提高治涝标准，对不同治涝（碱）标准进行经济效益分析。

解：（1）多年平均涝灾损失。根据对本流域治理前后资料分析，认为3日暴雨量与涝灾面积相关关系较好，故选择3日作为计算雨期。根据历年的调查资料，可以算出减产率 β，见表 9.8，减产率 β 的计算公式为

$$\beta = \frac{涝灾面积 \times 作物减产程度}{作物播种面积} \tag{9.5}$$

式中作物播种面积取 10 万 hm²，对该流域 1967 年治理前后涝灾面积及减产率 β 等进行计算，结果见表 9.8。

（2）绘制合轴相关图。根据3日暴雨频率曲线及雨量-减产率关系曲线，可用合轴相关图法求的减产率频率曲线，参阅图 9.9。图中第四象限为3日雨量频率曲线，第一象限为3日雨量减产率频率曲线，第三象限为一簇与45°对角线相互平行的斜直线，其在纵坐标的距离分别为 ΔP_1，ΔP_2，…，分别表示相应不同治涝标准（3年一遇、5年一遇、…）的成灾雨量较治理前成灾雨量的增加值。利用这一簇平行线进行转换，可以绘出不同治涝标准的减产率频率曲线，如图 9.9 中第一象限所示。

由减产率频率曲线，用求积法可以求出其与坐标轴所包围的面积及其不同治涝标准的多年平均减产率，由此可计算相应减少的受灾面积，见表 9.9。

（3）治涝效益。在国民经济评价中暂采用市场价格作为农产品的影子价格。考虑到今后本地区的经济发展水平，以近期农业中等水平的年产值 b_0 作为基数，另考虑年增长率 j，则治涝工程在生产期 n 年内每公顷平均年效益 b 为

9.3 治涝工程经济评价

表9.8 治理前后涝灾面积与减产率分析

治理前（1950—1966年）						治理后（1967—1983年）					
年份	3日面雨量/mm	涝灾面积/万hm²	减产程度	绝产面积/万hm²	减产率/%	年份	3日面雨量/mm	涝灾面积/万hm²	减产程度	绝产面积/万hm²	减产率/%
1950	99	3.15	0.75	2.37	23.7	1967	103	0.31	0.64	0.20	2.0
1951	73	1.06	0.70	2.14	21.4	1968	43	0.06	0.60	0.03	0.3
1952	54	1.01	0.60	0.61	6.1	1969	116	1.19	0.66	0.79	7.9
1953	118	9.46	0.78	7.38	73.8	1970	84	0.35	0.65	0.23	2.3
1954	118	9.50	0.75	7.12	71.2	1971	90	2.59	0.65	1.69	16.9
1955	74	1.34	0.59	0.79	7.9	1972	94	2.11	0.69	1.46	14.6
1956						1973	79	0	0	0	0
1957	33	0.87	0.60	0.53	5.3	1974	122	0.35	0.64	2.14	21.4
1958	95	3.10	0.70	2.17	21.7	1975	54	0	0	0	0
1959	72	2.06	0.70	1.44	14.4	1976	68	0.01	0.70	0.01	0.1
1960	104	6.44	0.70	4.51	45.1	1977	158	9.45	0.81	7.66	76.5
1961	103	6.18	0.87	5.44	54.4	1978	73	0	0	0	0
1962	82	4.34	0.81	3.52	35.1	1979	82	0.06	0.60	0.03	0.3
1963						1980	130	3.44	0.67	2.30	23.0
1964	173	9.43	0.85	8.02	80.1	1981	103	2.73	0.60	1.63	16.3
1965	32					1982	76	0	0	0	0
1966	83	2.51	0.64	1.61	16.1	1983	30	0	0	0	0
平均	87.5	4.16		3.18	31.7			1.51		1.07	10.7

表9.9 不同治理标准的年平均涝灾面积税减少值

项 目	治理前	治 理 标 准			
		3年一遇	5年一遇	10年一遇	20年一遇
平均减产率/%	30.3	12.5	6.7	3.4	1.8
减产率差值		11.8	5.8	3.3	1.6
涝灾面积减少值/万hm²		1.18	0.58	0.33	0.16

注 涝灾面积减少值=作物播种面积(10万hm²)×减产率差值。

$$b=b_0\frac{1+j}{i-j}\left[1-\left(\frac{1+j}{1+i}\right)^n\right]\left[\frac{i(1+i)^n}{(1+i)^n-1}\right] \tag{9.6}$$

式中：b_0 为基准年每公顷产值，假设 $b_0=2625$ 元/hm²；j 为农业年增长率，假设 $j=2.5\%$；i 为社会折现率，假设 $i=6\%$ 及 $i=12\%$ 两种情况；n 为生产期，采用 $n=30$ 年。

当 $i=6\%$，$b=2625\times\dfrac{1+0.025}{0.06-0.025}\times\left[1-\left(\dfrac{1.025}{1.06}\right)^{30}\right]\times\left[\dfrac{0.06\times1.06^{30}}{1.06^{30}-1}\right]=3474$（元/hm²）

当 $i=12\%$，$b=2625\times\dfrac{1+0.025}{0.12-0.025}\times\left[1-\left(\dfrac{1.025}{1.12}\right)^{30}\right]\times\left[\dfrac{0.12\times1.12^{30}}{1.12^{30}-1}\right]=3204$（元/hm²）

由此可求出不同治涝标准的年平均效益，见表9.10。

表9.10　　　　　　　　　　　　　不同标准的治涝年效益

治涝标准	i=6%			i=12%		
	减涝面积/万 hm²	每公顷效益/(元/hm²)	年效益/万元	减涝面积/万 hm²	每公顷效益/(元/hm²)	年效益/万元
治理前→3年一遇	1.18	3474	4099	1.18	3204	3781
3年一遇→5年一遇	0.58	3474	2015	0.58	3204	1858
5年一遇→10年一遇	0.33	3474	1158	0.33	3204	1068
10年一遇→20年一遇	0.16	3474	556	0.16	3204	513

注　表中3年一遇→5年一遇表示治涝标准由3年一遇提高到5年一遇，余同。

（4）治碱效益。据调查，1967年本流域未治理前盐碱地面积达2.76万 hm²，1985年经治理后（3年一遇标准）盐碱地为0.92万 hm²。表9.11中不同治涝标准的盐碱地改良面积，是根据渠沟排水断面的不断加深和田间配套工程的不断完善后求出的。盐碱地改良一般以水利措施为主，辅以农业、生物等综合措施，则增产效果更为明显。假设水利工程分摊的增产值秋作物为450元/hm²，夏作物为810元/hm²。现将盐碱地改良效益列于表9.11。

表9.11　　　　　　　　　　　　　　盐 碱 地 改 良 效 益

治碱标准	秋 作 物		夏 作 物		年增产值/万元
	改良碱地/万 hm²	增产值/万元	改良碱地/万 hm²	增产值/万元	
治理前→3年一遇	1.81	813	0.92	745.2	1558
3年一遇→5年一遇	0.45	204	0.32	259.2	463
5年一遇→10年一遇	0.29	129	0.21	167.4	296
10年一遇→20年一遇	0.17	75	0.11	91.8	167

由表9.11可以看出，低标准的盐碱地改良效果比较显著，较高标准的盐碱地增产效果不大。

（5）总效益。本流域遇大涝年份，尚有房屋倒塌、水利和公路等建筑物损坏以及居民财产等损失。骨干河道、干支渠占地，在投资中已作了赔偿，而未给赔偿的群众举办的田间工程占地，应计算其负效益从治涝效益中扣除。现将各种治涝标准的治涝效益、治碱效益、减少的财产损失值及田间工程占地负效益，一并列于表9.12。

表9.12　　　　　　　　　　治涝工程年效益汇总　　　　　　　　　　单位：万元

治涝标准	治涝效益		治碱效益	财产损失减少值	负效益	总效益	
	i=6%	i=12%				i=6%	i=12%
治理前→3年一遇	4099	3781	1558	148	−51.8	5753.2	5435.2
3年一遇→5年一遇	2015	1858	463	216	−59.2	2634.8	2477.8
5年一遇→10年一遇	1158	1068	296	179	−34.6	1598.4	1508.4
10年一遇→20年一遇	556	513	167	136	−32.1	826.9	783.9

9.4 灌溉工程经济评价

9.4.1 灌溉工程经济分析的任务

灌溉工程经济分析的任务，就是对技术上可能的各种灌溉工程方案及其规模进行效益、投资、年运行费等因素的综合分析，结合政治、社会、生态环境等非经济因素，确定灌溉工程的最优开发方案，其中包括灌溉标准、灌区范围、灌溉面积、灌水方法等各种问题。

灌溉工程的经济效果，主要反映在灌溉前后或者现有灌溉土地经过改造后农作物产量和质量的提高以及产值的增加。由于农业生产有其自身的特点，因而进行灌溉工程经济分析时应注意下列几个问题：

(1) 农作物产量与质量的提高是水、肥料、种子、土壤改良以及其他农业技术措施综合作用的结果，因此不能把农业增产的效益全部算在灌溉的账上，应在水利部门与农业部门之间进行合理的分摊，对综合措施或综合利用工程的费用，也应在有关受益部门之间进行分摊。

(2) 农作物对灌溉水量和灌水时间的要求以及灌溉水源本身，均直接受气候等因素变化的影响，由于水文气象因素每年均不相同，因此灌溉效益各年亦有差异，故不能用某一代表年来估算效益。例如在干旱年份，农作物缺乏灌溉，收成就会大大降低，因此在干旱年份的灌溉效益很大；在风调雨顺年份，即使没有灌溉也可获得丰收，这一年的灌溉效益就很小；在丰水多雨年份，某些作物根本不需要灌溉，因而这一年可能没有灌溉效益。因此，估算灌溉效益时，不能采用某一保证率的代表年作为灌溉工程的年效益，必须用某一代表时段（例如15年以上，其中包括各种不同典型水文年）逐年估算灌溉效益，求出其多年平均值作为灌溉的年效益。

(3) 过去有些单位只计算灌溉骨干工程的投资，不考虑配套工程所需的投资，这样就少算了投资项目，结果夸大了灌溉投资的效益。不管国家所投资的骨干工程，还是集体和群众出工出料的配套工程，都是整个灌溉系统不可缺少的组成部分，只有考虑这两部分所需的投资与年运行费后，才能与灌溉效益比较。此外，群众所出的材料和劳务支出，必须按规定的价格和标准工资计算，使各部分投资与年运行费均在相同的基础上进行核算。

(4) 要考虑投资和效益的时间因素，尤其大型灌溉工程，投资大、工期长，为了减少资金积压损失，应考虑分期投资，分期配套，施工一片，完成一片，生效一片，尽量提前发挥工程效益。

9.4.2 灌溉工程的投资与年运行费

上面已提到，灌溉工程的投资与年运行费，是指全部工程费用的总和，其中包括渠首工程、渠系建筑物和设备、各级固定渠道以及田间工程等部分。进行投资估算时，应分别计算各部分的工程量、材料量以及用工量，然后根据各种工程的单价及工资、施工设备租用费、施工管理费、土地征收费、移民费以及其他不可预见费，确定灌溉工程的总投资。在规划阶段，由于尚未进行详细的工程设计，常用扩大指标进行投资估算。

灌溉工程的投资构成，一般包括国家及地方的基本建设投资、农田水利事业补助费、群众自筹资金和劳务投资。在大中型灌溉工程规划设计中，国家及地方的基建投资，一般只包括斗渠口以上部分，进行灌溉工程经济分析时，应考虑以下几个部分的费用：

（1）斗渠口以下配套工程（包括渠道及建筑物）的全部费用：通常按面积大小及工程难易程度，由国家适当补助一些农田水利事业费，实际上远远不足配套工程所需，群众投资及投工都很大，应通过典型调查，求得每亩实际折款数。

（2）土地平整费用：灌区开发后，第一种情况是把旱作物改为水稻，土地平整要求高，工作量大；第二种情况是原为旱作物，为适应畦灌、沟灌及节水灌溉方式，需要平整地形，平整要求低一些，因而工作量最小。平整土地所需的单位投资，亦可通过典型调查确定。

（3）工程占地补偿费用：通过典型调查，求出工程占地亩数。补偿费用有两种计算方式，一是造田，按所需费用赔偿；二是按工程使用年限内农作物产值扣除农业成本费后求出赔偿费。

关于灌溉工程的年运行费用，主要包括：①大修费，一般以投资的百分数计；②经营管理费，包括建筑物和设备的经常维修费、工资、管理费以及灌区作物的种子、肥料等，可通过调查确定为投资的某一百分比；③燃料动力费，当灌区采用提水灌溉或喷灌等方法时，必须计入该项费用，该值随灌溉用水量的多少与扬程的高低等因素而变化。

9.4.3 灌溉工程的效益

灌溉工程的经济效益，是指灌溉和未灌溉相比所增加的农、林、牧产品的产值，若自然条件和农业技术条件基本相同，则可根据灌溉和不灌溉的调查试验资料对比确定。前面已经提到，农业增产效益通常是水利、肥料、种子、水保、土壤改良、病虫鼠防治等共同作用的结果，目前一般采用某一折扣系数将增产效益分摊给灌溉部分。

由于我国幅员辽阔，各地气象、水文、土壤、作物构成及其他农业生产条件相差甚大，因此灌溉效益也不尽相同。我国南方及沿海地区，雨量充沛，平均年降雨量一般在1200mm以上，旱作物一般不需要进行灌溉，这类地区灌溉工程的效益主要表现在：①提高灌区原有水稻种植面积的灌溉保证率；②作物的改制，如旱地改水田、冬季蓄水的灌水田改种两季作物等；③由于水利条件的改善或灌溉水源得到保证以及农业技术措施的提高，可能引起作物品种（例如杂交水稻）的推广等。

在西北地区，由于雨量少，蒸发量大，平均年降雨量一般仅为200mm左右。干旱是这类地区的主要威胁，因此灌溉工程的效益主要表现在农作物的稳产、高产方面。华北地区基本上亦属于这一类型。

9.4.3.1 分摊系数法

此法适用于有、无灌溉项目对比，农业技术措施明显提高的项目。

$$B = \varepsilon \Big[\sum_{i=1}^{n} A_i (Y_i - Y_{0i}) V_i + \sum_{i=1}^{n} A_i (Y_i' - Y_{0i}') V_i' \Big] \tag{9.7}$$

式中：B 为灌区水利工程措施分摊的多年平均年灌溉效益，元；A_i 为第 i 种作物的种植面积，hm^2；Y_i 为采取灌溉措施后第 i 种作物单位面积多年平均年产量，kg/hm^2，可根据相似灌区、灌溉试验站、历史资料确定；Y_{0i} 为无灌溉措施时第 i 种作物单位面积的多年平均年产量，kg/hm^2，可根据无灌溉措施地区的调查资料分析确定；V_i 为相应于第 i

种农作物产品的价格，元/kg；V_i' 为相应于第 i 种农作物副产品的价格，元/kg；i 为农作物种类的序号；n 为农作物种类的总数目；ε 为灌溉工程水利效益分摊系数，应根据各地农业生产对灌溉的依赖程度、灌溉以后耕作技术、良种推广、病虫害防治以及施肥条件的变化等情况进行具体分析确定。在灌溉前后，农业技术措施基本相同的情况下，分摊系数 ε 可取为 1.0。

现将灌溉效益分摊系数的计算方法简要介绍如下。

(1) 根据历史调查和统计资料确定分摊系数。对具有长期灌溉资料的灌区，进行深入细致地分析研究后，常常可以把这种长系列的资料划分为三个阶段：

1) 在无灌溉工程的若干年中，农作物的年平均单位面积产量，以 $Y_{前}$ 表示。

2) 在有灌溉工程后的最初几年，农业技术措施还没有来得及大面积展开，其年平均单位面积的产量，以 $Y_{水}$ 表示。

3) 农业技术有了很大的提高，而水利条件在没有改变的情况下年平均单位面积产量，以 $Y_{农}$ 表示。

4) 农业技术措施和灌溉工程同时发挥综合作用后，其年平均单位面积产量，以 $Y_{水+农}$ 表示。

则灌溉工程的效益分摊系数：

$$\beta = \frac{(Y_{水} - Y_{前}) + (Y_{水+农} - Y_{农})}{2(Y_{水+农} - Y_{前})} \tag{9.8}$$

(2) 根据试验资料确定分摊系数。设某灌溉试验站，对相同的试验田块进行下述试验：

1) 不进行灌溉，但采取与当地农民基本相同的旱地农业技术措施，结果单位面积产量为 $Y_{前}$ （kg/hm²）。

2) 进行充分灌溉，即完全满足农作物生长对水的需求，但农业技术措施与上述基本相同，结果单位面积产量为 $Y_{水}$ （kg/hm²）。

3) 不进行灌溉，但完全满足农作物生长对肥料、植保、耕作等农业技术措施的要求，结果单位面积产量为 $Y_{农}$ （kg/hm²）。

4) 使作物处在水、肥、植保、耕作等灌溉和农业技术措施都是良好的条件下生长，结果单位面积产量为 $Y_{水+农}$ （kg/hm²）。

灌溉工程的效益分摊系数：

$$\beta_{\omega 1} = \frac{Y_{水} - Y_{前}}{Y_{水+农} - Y_{前}} \text{ 或 } \beta_{\omega 2} = \frac{Y_{水+农} - Y_{农}}{Y_{水+农} - Y_{前}} \tag{9.9}$$

农业措施的效益分摊系数：

$$\beta_{f1} = \frac{Y_{水+农} - Y_{水}}{Y_{水+农} - Y_{前}} \text{ 或 } \beta_{f2} = \frac{Y_{农} - Y_{前}}{Y_{水+农} - Y_{前}} \tag{9.10}$$

两套表达式得出的 β_{ω}、β_f 相差会很大，这主要是由于投入增幅大，存在二阶近似项处理问题。可采用求平均值的方法来处理，即

$$\beta_{\omega} = \frac{\beta_{\omega 1} + \beta_{\omega 2}}{2}, \beta_f = \frac{\beta_{f1} + \beta_{f2}}{2} \tag{9.11}$$

且
$$\beta_w + \beta_f = 1$$

我国东部半湿润半干旱实行补水灌溉的地区，灌溉项目兴建前后作物组成基本没有变化时，灌溉效益分摊系数大致在 0.2~0.6 之间，平均为 0.4~0.45。丰、平水年和农业生产水平较高的地区取较低值，反之取较高值；我国西北、北方地区取较高值，南方、东南地区取较低值。在年际间亦有变化，丰水年份水利灌溉作用减少，而干旱年份则水利灌溉作用明显增加。在实际确定灌溉工程的效益分摊系数时，应结合当地情况，尽可能选用与当地情况相近的试验研究数据。

9.4.3.2 影子水价法

水的影子价格反映了单位水量给国民经济提供的效益，因而灌溉水的影子价格可以作为度量单位水量灌溉效益的标准。某年的灌溉效益可根据以下公式计算：

$$B = W \times SP \tag{9.12}$$

式中：B 为灌溉效益；W 为灌溉水量；SP 为灌溉水资源的影子评价。

由于不同地区以及同一地区不同年份灌溉水资源量及其分布都是不相同的，此外，各地水资源的供求状况，稀缺程度各异，使得确定灌溉水的影子价格有一定的难度。因此，该方法适用于已进行灌溉水影子价格研究并取得合理成果的地区。

9.4.3.3 缺水损失法

此法按有、无灌溉项目条件下，农作物减产系数的差值乘以灌溉面积及单位面积的正常产值计算灌溉效益。其计算公式为

$$B = (d_1 - d_2) \times A \times Y \times SP \tag{9.13}$$

式中：B 为多年平均灌溉效益，万元；$d_1 - d_2$ 为无灌溉项目和有灌溉项目时多年平均减产系数；A 为项目控制的灌溉面积，万亩；Y 为单位面积上农作物的产量，kg/亩；SP 为单位产量的影子价格，元/kg。

如果需要求出计算期内逐年的灌溉效益，则减产系数 d_1、d_2 应按各年降雨、水资源状况，分别予以确定。有灌溉项目条件下，灌溉得到满足（即保证）的年份，农作物不缺水，减产系数 d_2 应等于零。

9.4.3.4 其他方法

在计算灌溉工程效益时，如果没有调查资料或试验资料，也可采用如下其他方法。

(1) 最优替代费用法。以最优等效替代工程的费用作为灌溉工程的效益，最优等效替代工程要保证替代方案是除了拟建工程方案之外的最优方案。

(2) 缺水损失法。以减免缺水损失的费用作为灌溉工程效益。

(3) 综合效益计算法。将灌溉效益与治碱治渍等效益结合起来进行综合效益计算，减少分摊计算和避免重算或漏算。

(4) 扣除农业生产费用法。本法是从农业增产的产值中，扣除农业技术措施所增加的生产费用（包括种子、肥料、植保、管理等所需的费用）后求得农业增产的净产值作为水利灌溉效益；或者从有、无灌溉的农业产值中，各自扣除相应的农业生产费用，分别求出有、无灌溉的农业净产值，其差值即为水利灌溉效益。这种扣除农业生产费用的方法，目前为美国、印度等国家所采用。

9.4.3.5 灌溉工程效益计算示例

【例 9.6】 某灌溉为主兼顾防洪、发电、供水的水库于 1991 年开工，计划五年内建成。按影子价格调整后投资为 13.5 亿元。1996 年起工程投产。水库总库容 $V_{总}=28$ 亿 m^3，其中灌溉库容 $V_{灌}=16$ 亿 m^3，防洪库容 $V_{洪}=7.7$ 亿 m^3，发电库容 $V_{电}=3.3$ 亿 m^3，供水（包括工业和生活用水）库容 $V_{供}=3.0$ 亿 m^3，发电、灌溉、供水共用库容 $V_{共}=3.8$ 亿 m^3，死库容 1.8 亿 m^3，估计水库的平均年运行费为 2000 万元。

位于水库下游的灌溉工程，计算灌溉面积 26.68 万 hm^2，工程于 1994 年开工，7 年内建成。按影子价格调整后投资为 1.9 亿元，计划于 1996 年开始灌溉。灌溉面积逐年增加，至 2001 年达到设计水平，每年灌溉 26.68 万 hm^2。灌溉工程年运行费估计为 380 万元。灌溉工程的生产期为 40 年（2001—2040 年）。

本灌溉区的主要作物为冬小麦、棉花和玉米，单产及价格指标见表 9.13。在计算农作物的产值时，尚应计入 15% 的副产品的产值。经调查和对实际资料分析，取灌溉效益分摊系数 $\varepsilon=0.55$。

表 9.13　　　　　　　　　灌区作物的单产及价格指标

项　目	作　物			
	冬小麦	棉花	春玉米	夏玉米
种植面积比/%	70	20	10	70
无灌溉工程时年产量/(kg/hm²)	2925	390	2437.5	2190
有灌溉工程时设计年产量/(kg/hm²)	5250	900	4500	4275
作物影子价格/(元/kg)	1.5	7.6	1.0	1.0

注 冬小麦收获后即种植夏玉米。

(1) 水库投资分摊计算。

1) 水库投资分摊，可按各部门使用的库容比例进行分摊。死库容可从总库容中先予以扣除，共用库容从兴利库容中扣除，则灌溉工程应分摊的水库投资比例为 $\beta_{灌}$，即

$$\beta_{\omega}=\frac{(V_{\omega 1}+V_{\omega 2}+V)-V}{V-V} \times \frac{V}{V+V+V}$$

$$=\frac{V-\dfrac{V}{V+V+V}V}{V-V}$$

$$=\frac{16-\dfrac{16}{16+3.3+3.0} \times 3.8}{28.0-1.8}$$

$$=0.507$$

2) 1991—1995 年各年灌溉部门应分摊的投资见表 9.14。

(2) 灌溉工程年运行费计算。

1) 水库年运行费分摊，根据上述原则按各部门使用的库容比例进行分摊。已知水库的年运行费为 2000 万元，则灌溉应分摊水库的年运行费为 $2000 \times 0.507=1014$（万元）。

表 9.14　　　　　　　　　灌溉部门各年应分摊的建库投资　　　　　　　　单位：亿元

项　目	年　份					
	1991	1992	1993	1994	1995	合计
水库总投资	1.8	4.2	4.8	1.8	0.9	13.5
灌溉部门应分摊投资	0.9126	2.1294	2.4336	0.9126	0.4563	6.8445

2) 灌区达到设计水平年后年运行费为380万元。在投产期（1996—2000年）内，灌区年运行费按各年灌溉面积占设计水平年灌溉面积的比例进行分配，再加上灌溉分摊水库部分的年运行费后即为灌溉工程的年运行费，见表9.15。

表 9.15　　　　　　　　　灌溉部门各年应分摊的运行投资

年份	1996	1997	1998	1999	2000	2001	2002	2003
灌溉面积/万 hm²	4.67	9.34	14.01	18.68	23.35	26.68	26.68	26.68
年运行费/万元	1080.5	1147	1213.5	1280.0	1346.5	1394.0	1394.0	1394.0

(3) 灌溉工程国民经济效益计算。

1) 根据灌区各种作物的种植面积比例，计算设计水平年的灌溉效益为

$$B = \varepsilon \left[\sum_{i=1}^{n} A_i (Y_i - Y_{0i}) V_i + \sum_{i=1}^{n} A_i (Y_i' - Y_{0i}') V_i' \right]$$
$$= 0.55 \times [26.68 \times 70\% \times (5250 - 2925) \times 1.5 + 26.68 \times 20\% \times (900 - 390) \times 7.6 + 26.68 \times 10\% \times (4500 - 2437.5) \times 1.0 + 26.68 \times 70\% \times (4275 - 2190) \times 1.0] \times (1 + 15\%)$$
$$= 82346 (万元)$$

2) 灌区投产后达到设计水平前的各年灌溉效益分别见表9.16。

表 9.16　　　　　　　　　灌区各年灌溉面积及灌溉效益

年份	1996	1997	1998	1999	2000	2001
灌溉面积/万 hm²	4.67	9.34	14.01	18.68	23.35	26.68
灌溉效益/万元	14410	28821	43232	57642	72053	82346

9.5　水力发电工程经济评价

电力资源有水电、火电、核电、风力发电、太阳能发电等，但在今后一定时期内我国能源工业还是以水电和火电为主。因此，在水力发电经济评价中一般以火电作为其替代方案。为了合理计算水力发电效益，必须对水电和火电的生产特性和经济特性有较全面的了解。

9.5.1　水电与火电的生产特性和经济特性

1. 水电与火电投资的差别

首先，水电是一次能源开发与一次能源向二次能源转换同时完成的，从系统分析的观点看，火电也应将一次能源建设和二次能源建设作为一个整体考虑，因此，相当于火电（以煤电为代表）的煤矿建设、运煤铁路建设和火电厂本身的建设3个环节。不过水电

站建设受自然条件的限制，一般远离负荷中心，而火电站则可建在负荷中心，这样可节省输变电工程费用；若将火电建在煤矿附近（一般称为坑口电厂），则可节省铁路运输费用。其次，水电是清洁的再生能源，较少污染环境，处理得好，水库还能美化和改善环境；而火电对环境的影响大，火电的排尘、硫、氮化合物和放射性物质的防护处理费用，随着环境保护要求的不断提高而大幅度增加。据国外资料介绍，火电增加的环保费约占火电站总投资的30%左右。因此，为了满足环保上的要求一致，火电投资还应计入投入的环保费用。

2. 水电与火电生产上的差别

水电机组启动、停机、增减负荷快，能灵活适应和改善电力系统的运行，在电力系统中调峰、调频、调相和担负事故备用的作用显著。水电机组运行简单，事故率低，检修时间短，自动化程度高。因此，水电站的厂用电率比火电站少，大致是1kW水电有效容量要顶$1.1\sim1.3$kW火电有效容量，1kW·h水电电量要顶$1.05\sim1.07$kW·h的火电电量。

3. 水电与火电年运行费上的差别

水电前期投资大，建设期长，但水电建成后，年运行费很小；相比之下，火电则相反。火电的年运行费包括固定年运行费和燃料费，固定年运行费主要与装机容量有关，燃料费则与发电量的大小有关。必须说明，如果火电投资包括了煤矿建设、运煤铁路建设所分摊的费用，则燃料费应该只计算到电厂的燃煤所分摊的费用；若火电投资仅计算火电站本身的投资，则燃料费应该按照当地影子煤价（国民经济评价时）或现行煤价（财务评价时）计算。

9.5.2 水力发电效益计算方法

水力发电的经济效益主要是向电网或用户提供的电力和电量获得的效益；同时，水电站一般担任电网的调峰、调频（维持电网规定的周波水平）和事故备用等，可提高电网生产运行的经济性、安全性和可靠性，取得电网安全与联网错峰等附加经济效益。

由于水力发电有售电收入，因此水力发电效益有国民经济效益，也有财务效益。其国民经济效益常采用最优等效替代法或影子电价法计算，财务效益则按售电收入计算。

9.5.2.1 最优等效替代法

最优等效替代法是按最优等效替代方案所需的年费用作为水电建设项目的年发电效益。在满足同等电力、电量条件下选择技术可行的若干替代方案，取年费用最小的方案为替代方案中最优方案，即最优等效替代方案。实际工作中一般是依据拟建工程供电范围的能源条件选择其他水电站、火电站、核电站等，或上述几种不同形式电站的组合方案作为拟建水电站的替代方案，在保证替代方案和拟建水电站电力电量基本相同的前提下，计算出替代方案的费用，其值即为水利工程的发电效益；亦可通过电源优化，比较有无拟建水电站时整个电力系统的费用节省来计算发电效益。

【例9.7】 某水电站装机容量1768万kW，多年平均发电量840亿kW·h，建设期20年，正常运行期50年。根据该电站供电范围内的能源条件分析，拟定燃煤凝汽式火电站作为替代方案，火电替代方案由燃煤火电站及相应的煤矿、运输线路组成。试用最优等效替代法计算该水电站发电的国民经济效益。

解：（1）替代方案规模的确定。

1) 火电站：考虑水、火电站在电力电量的差别，替代火电站的装机规模为 1768×1.1=1945（万 kW），平均每千瓦投资 3120 元/kW（影子价格）。火电站建设工期 5 年，第 6 年开始发电，投资在 5 年内平均投入。年运行费（不包括燃料费）按火电站投资的 3% 计算。替代火电站的年发电量为 840×1.05=882（亿 kW·h）。

2) 煤矿：由于替代火电站的规模很大，需建设专用煤矿。据分析，相应拟定煤矿建设规模为 $5×10^7$ t。吨煤投资 450 元/t。煤矿建设工期 8 年，投资在 8 年内平均投入。煤炭生产阶段成本 63 元/t。

3) 铁路：需新建两条共长 1000km 的单线铁路。线路建设 1000 万元/km；铁路机车车辆造价 125 元/km；铁路建设工期 10 年，投资 10 年内平均投入；铁路运输成本 69 元/(t·10^3km)。

(2) 计算参数。

1) 计算期：按满足被替代水电站的装机容量和年发电量同等要求，根据火电站、煤矿、铁路的建设工期反推算开工建设时间，分别是第 16 年、第 13 年、第 11 年。

2) 基准点：选定在计算期的第 1 年年初。根据国家规定，社会折现率采用 12%。

3) 替代项目的经济使用年限：均按 50 年考虑。

(3) 替代火电方案费用计算。

根据上述替代方案和计算参数，替代方案各项投资与年运行费如下：

火电站年平均投资为：1945 万 kW×3120 元/kW÷5 年=1213680 万元/年。

年运行费为：1945 万 kW×3120 元/kW×3%=182052 万元/年。

煤矿年平均投资为：$5×10^7$ t×450 元/t÷8 年=281250 万元/年。

年运行费为：$5×10^7$ t×63 元/t=315000 万元/年。

铁路年平均投资为：1000km×(1000 万元/km+125 元/km)÷10 年=100001.25 万元/年。

年运行费为：$5×10^7$ t×$1×10^3$ km×69 元/(t·10^3km)=345000 万元/年。

资金流程如表 9.17 及图 9.10 所示。

表 9.17　　　　　　　　　　　[例 9.7] 现金流量表　　　　　　　　　　单位：万元

项目	年数				
	0~10	11~12	13~15	16~20	21~70
年投资	0	100001.25	3181250.25	1594931.25	0
年运行费	0	0	0	0	842052

计算时，首先将现金流折算到第 20 年时点，然后再折算到 0 年时点，则替代方案费用总现值的计算如下：

替代方案费用总值
$$=[1213680×(F/A,i,5)+281250×(F/A,i,8)+100001.25\\×(F/A,i,10)+842052×(P/A,i,50)]×(P/F,i,20)$$
$$=2060413（万元）$$

即水电站在计算期内的发电总效益现值为 2060413 万元。

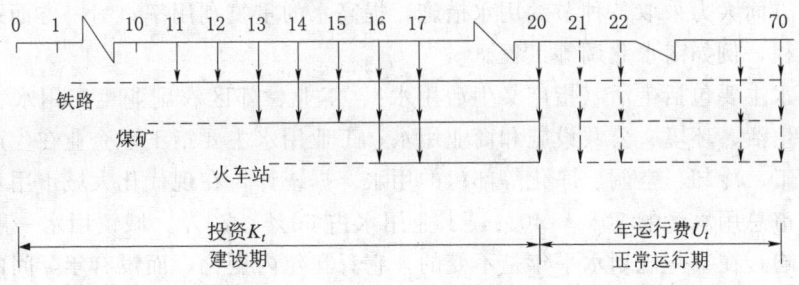

图 9.10 [例 9.7] 现金流程图

9.5.2.2 影子电价法

即按水电建设项目向电网或用户提供的有效电量乘电价计算。其计算表达式为

$$B_e = \sum_{t=1}^{n} Q_t(1-r)p(1+i_s)^{-t} + \sum_{t=1}^{n} Q'_t(1-r)(p-p')(1+i_s)^{-t} \quad (9.14)$$

式中：B_e 为发电经济效益（计算期总现值）；Q_t 为第 t 年期望多年平均发电量，按预计可被电网吸收的电量计算；r 为厂用电率或输电损失率；p 为计算电价（按影子价格计算）；Q'_t 为由于设计电站兴建使电力系统内其他电站在第 t 年由季节性电能变为保证电能的电量；p' 为季节性电能电价（按影子价格计算）；i_s 为社会折现率；n 为计算期。

本法的关键是合理确定影子电价。各电网的影子电价应由主管部门根据电力发展的长期计划进行预测，并定期公布。缺乏资料时，可按成本分解法，计算该项目和最优等效替代方案在计算期内电量的平均边际成本，作为该项目的影子电价；也可按电力规划部门对该项目所在电网制定的电力发展的中长期计划，确定规划期内电网将兴建的全部电源点，输电设施及增加的电量，计算规划期内电量的平均边际成本，作为该项目的影子电价。

9.5.2.3 水电站财务效益的计算

水电站财务效益包括电量效益和容量效益。

电量效益＝上网电量×上网电价

容量效益＝装机容量×容量电价

在进行财务评价时，其发电的财务效益一般为售电收入，按下列两种情况进行计算：对独立核算的水电建设项目，到输电：

售电收入＝上网电量×上网电价 (9.15)

其中，上网电量＝多年平均发电量×(1－厂用电率)×(1－配套输电损率)；对电网统一核算的水电建设项目，水电站将发电量送到用户输电、变电、配电变压器之前：

售电收入＝多年平均发电量×(1－厂用电率)×(1－网损率)×售电电价 (9.16)

9.6 城镇供水工程经济评价

新中国成立以来，随着工业的迅速发展和城市人口的大量增加，近几年全国有 100 多个城市先后发生了较为严重的缺水，北京、天津以及滨海城市大连、青岛等大城市均曾出现过供水十分紧张的局面，主要原因是我国北方地区水资源比较缺乏。解决途径不外乎开源节流，一方面大力采取各种节约用水措施，提高水的重复利用率；另一方面逐步建设跨流域调水工程，例如南水北调等工程。

城镇用水主要包括生活（指广义生活用水）、工业、郊区农副业生产用水。生活用水主要指家庭生活、环境、公共设施和商业用水；工业用水主要指工矿企业在生产过程中用于制造、加工、冷却、空调、净化等部门的用水。据统计，在现代化大城市用水中，生活用水约占城市总用水量的30%～40%，工业用水占60%～70%。城镇用水一般不考虑气候变化的影响，在某一规划水平年是不变的，它只在年内变化，而没有年际间的变化。

水利建设项目的城镇供水效益按该项目向城镇工矿企业和居民提供生产、生活用水可获得的效益计算，以多年平均效益、设计年效益和特大干旱年效益表示。

城镇供水财务效益按销售水价计算，而国民经济效益计算较复杂。比如城镇生活用水的重要性和保证率均高于工矿企业用水，因此其国民经济效益应大于工业用水；但由于生活用水的经济价值难以准确定量，因此在供水项目经济评价时，可按与工业用水效益相同来计算；亦可在工业用水效益计算的基础上乘一个权重系数求得，此权重系数应不小于城镇生活用水保证率与工矿企业用水保证率的比值。

在进行城镇供水效益计算时，应注意与经济费用计算口径对应一致。城镇供水建设，通常包括水源建设和水厂、管网建设，城镇供水经济效益的层次应与供水工程建设费用计算的层次相同。例如，采用最优等效替代法时，若替代措施与拟建工程的供水点不同时，应将替代工程的供水点建设到拟建工程的供水点；采用水价法和分摊系数法时，若采用的水价和工业产值是到用户的水价和工业的全部产值时，则供水费用计算应包括水源建设和水厂、管网建设的全部费用，否则，其供水经济效益应按相应工程设施费占供水总费用的比例进行分摊，经济评价中只计入与费用计算口径相对应的那一部分经济效益。

另外要注意的是，在进行城镇供水效益计算时，其计算参数应采用预测值。对拟建供水工程来说，其目标是满足今后社会经济发展需要。某一供水区今后社会经济发展固然与这个地区的现况有联系，但也会有很大的差别，例如新建工业企业行业及各行业工业产值占城市总工业产值的比例与现状不会完全相同，而不同行业工业万元产值用水量是不同的，同时，随着新技术、新工艺的采用，同一行业万元产值用水量也会减少。与已建工程相比，新建工程的供水工程建设和节水措施将会越来越困难，取得相同供水量需要付出的代价（费用）将越来越大。水源工程建设也有类似的情况。因此，计算新建城镇供水工程经济效益采用的经济参数应是在现状基础上的预测值，而不能简单地采用《统计年鉴》上的统计资料。

比较常用的城镇供水效益的计算方法有最优等效替代法、缺水损失法、分摊系数法、影子水价法。

9.6.1 最优等效替代法

一般来说，可作为城镇供水替代方案的有：开发本地地面水资源；开发本地地下水资源；跨流域调水；海水淡化；采用节水措施；挤占农业用水或其他一些耗水量大的工矿企业（包括将某些耗水量大的工矿企业迁移到水资源丰富的地区）。以上是几项替代措施不同的组合替代方案（各项替代措施替代多少供水量需根据拟建供水工程供水区的具体条件研究确定，必要时可研究几种不同的组合方案进行比较，选择最优方案作为综合替代方案的代表方案)。节水措施是指节水工程或技术措施,如提高水的重复利用率、污水净化、减少输水损失及改进生产工艺、降低用水定额等。由于各地区的水资源条件千差万别,必须根据各地区的具体情况,对替代方案开展大量的设计研究。

对可以找到等效替代方案替代该项目向城镇供水的,可按最优等效替代工程或节水措施所需的年费用计算该项目的城镇供水年效益。最优等效替代法在国外应用较广泛,但对我国水资源严重缺乏地区,难以找到合理的可行的替代方案,此法在应用上受到限制。

【例 9.8】 某拟建供水工程设计向 G 城供给 $8\times 10^8 \mathrm{m}^3$ 的城镇工业和生活用水,根据对该城市附近地区水资源状况的调查研究,找不到一项措施能替代拟建供水工程,因此拟采用综合替代措施。综合替代措施根据"最优等效"的原则,首先开发经济指标较好的 H 供水工程,可供水 $3.5\times 10^8 \mathrm{m}^3$;其次采用节水措施,据调查研究,可节水 $3.0\times 10^8 \mathrm{m}^3$;再不能满足时采用造价较贵的海水淡化措施,计 $1.5\times 10^8 \mathrm{m}^3$。按最优等效替代法计算其供水效益。

解:(1) 计算各项替代措施的费用。

对三项措施进行设计研究,计算出各项措施的投资和年运行费,并按 12% 的社会折现率计算其每立方米水的年费用现值如下:

H 供水工程:3 元/m^3;

节水措施:3.8 元/m^3;

海水淡化措施:11.4 元/m^3。

(2) 计算拟建供水工程的城镇供水效益。

拟建供水工程的城镇年供水效益等于综合替代措施年费用,即

城镇供水效益 $=3.5\times 10^8\times 3+3\times 10^8\times 3.8+1.5\times 10^8\times 11.4=39$(亿元)

该供水工程每立方米水供水效益 $=39\times 10^8\div 8\times 10^8=4.88$(元/$\mathrm{m}^3$)

9.6.2 缺水损失法

缺水损失法是按缺水使城镇工矿企业停产、减产等造成的损失计算该项目的城镇供水年效益。本法适用于现有供水工程不能满足城镇工矿企业用水或居民生活用水需要,导致工矿企业停产、减产或严重影响居民正常生活的缺水地区。

采用本法时,应进行水资源优化分配,按缺水造成的最小损失计算。一般按限制一些耗水量大、效益低的工矿企业用水造成的多年平均损失计算,或按挤占农业用水所造成的农业损失计算。工业缺水损失,可根据缺水情况,按工矿企业停产、减产造成的减产值,扣除其耗用的原材料、能源等费用计算;如果停产时间较长,还应计入设备闲置的费用。农业缺水损失(此时假定城市供水是调用灌溉水),可根据缺水量和农作物的灌溉定额,推求影响面积,以缺水造成的农业减产值,扣除相应减少的农业生产成本计算。

与缺水损失法相类似的另一种方法是缺水影响法,即在缺水地区,当供水成为工矿企业发展的制约因素,不解决供水问题,工矿企业就不能在本地兴建,需要迁移厂址(如迁到水资源丰富的地区兴建)时可以采用缺水影响法。该法认为:缺水地区兴建工矿企业新增的产值扣除工业生产成本和建厂资金的合理利润(一般可采用反映社会平均利润率的社会折现率)后的效益均为供水的效益。与计算农业灌溉效益的扣除农业成本法不同的是,工业供水效益除扣除工业生产成本外,还要扣除建厂投资的合理利润,因为这笔建厂资

金，如果投在缺水地区得不到合理利润，它就会转移到其他可获得合理利润的地区去。

缺水影响法的表达式如下：

$$B_水 = B_工 - C_工 - \sum_{t=1}^{n'} I_{1i}(1+i_s)^t i_s - I_2 i_s \tag{9.17}$$

式中：$B_水$ 为工业供水经济效益；$B_工$ 为有供水项目时的工业增产值；$C_工$ 为工业生产中不包括水的生产成本费用；I_{1i} 为新建工业企业第 i 年的投资；n' 为工业企业建设期，年；I_2 为流动资金；i_s 为社会折现率。

【例 9.9】 某供水工程规划向 A 市供水，根据 A 市 2010 年国民经济发展规划资料计算分析，该市 2010 年万元产值取水量为 $35m^3$（1995 年价格水平，下同），每立方米水影响工业产值 286 元，工业固定资产投资 520 元，流动资金 52 元，不包括用水费用的工业产品成本费用 198 元，按工矿企业平均建设期 3 年，社会折现率 12%。试按缺水影响法测算该工程向 A 市供水的影子价格（作为产出物）。

解：
$$\begin{aligned}B_水 &= B_工 - C_工 - \sum_{t=1}^{n'} I_{1i}(1+i_s)^t i_s - I_2 i_s \\ &= 286 - 198 - \sum_{t=1}^{3}(520/3) \times (1+12\%)^3 \times 12\% - 52 \times 12\% \\ &= 11.9(元/m^3)\end{aligned}$$

所以 A 市（规划水平年）2010 年供水的影子价格为 $11.9 元/m^3$。

9.6.3 分摊系数法

本法是按有该项目时工矿企业的增产值乘以供水效益的分摊系数近似估算。适用于方案优选后的供水项目。

采用分摊系数法关键是如何确定分摊系数，把供水效益从工业总效益中分出来。目前确定分摊系数的方法有投资比法、固定资产比法、占用资金比法、成本比法、折现年费用比法等多种方法；分摊媒介有分摊工业净产值和分摊工业毛产值两种情况。采用不同的计算方法，计算结果相差较大。过去一般是根据供水工程在工业生产中所占投资的比例分摊供水后工矿企业增加的净产值，再加上工业供水成本费用作为工业供水的经济效益。

【例 9.10】 某市拟建一供水工程。该城市现有供水工程投资占该市工业总投资的 6.2%，该市的工业万元总产值的用水量为 $180m^3$，设工业净产值为工业总产值的 30%。试计算供水效益。

解： 按"投资比法"确定分摊系数为 6.2%。

每立方米供水的效益为：$10000 \div 180 \times 30\% \times 6.2\% = 1.03(元)$

分摊系数法是目前在计算城镇供水经济效益中使用最多，又是争论最大的一种方法，存在供水项目投资越大，供水效益越大的不合理现象。在采用本法时，应同时采用其他方法进行验证。

9.6.4 影子水价法

按项目城镇供水量乘以该地区的影子水价计算。本法适用于已经进行水资源影子水价分析研究的地区。这里的影子水价是指水作为产出物的影子价格，应以整个地区多种供水工程的分解成本计算。

随着我国工业化和城市化水平不断提高,城镇用水量占整个用水量的比重越来越大,合理计算城镇供水效益对正确评价供水工程的经济效益具有重要作用。但目前计算城镇供水效益的方法还不够完善,有些方法(如最优等效替代法)在理论上比较合理,但实际计算起来难度较大,特别是在我国水资源短缺的地区就找不到等效替代工程;有些方法(如分摊系数法)可以操作计算,但在理论上又存在一些不尽完善、不尽合理的地方。因此,在分析计算城镇供水效益时应采用多种方法进行计算,互相验证;通过综合分析,确定合理的城镇供水效益。

9.7 航运工程经济评价

兴修水库、渠化天然河道,是改善航道、发展水运的重要工程措施之一。因此,一般来说,水利工程建成后对航运的影响,有利的方面是主要的,但由于水利工程建成后改变了河道的天然状况,也将产生一些新的矛盾和问题。

水利工程建成后,可以改善枢纽上下游的航道条件,例如,枢纽上游,由于水位抬高,滩险被淹没,库区形成优良的深水航道;枢纽下游,由于水库调节,枯水期流量加大,相应可增加枯水期航深;在汛期可削平洪水期的洪峰,减少洪水流速,对航运有利的中水期持续时间增长,从而为促进航运现代化,降低航运成本,增加水运的竞争能力创造条件。不过,水利工程建成后,隔断了原航道,改变了枢纽上下游的水流条件,也将给航运带来一些不利影响和可能产生一些新问题,主要有以下几个方面:

(1) 增加船舶过坝的环节和时间。在天然情况下,船舶往来不受过坝限制,水利工程建成后,船舶往来受过坝的限制,在同时建好通航建筑物的情况下,每过一次坝,一般需要增加几十分钟的时间(如葛洲坝船闸每过一次需要 40~60min,如果调度和管理不当,还需要增加更多的时间等待过闸)。如不同时建好通航建筑物,还将形成闸坝碍航。

(2) 水库变动回水区泥沙淤积对航运的影响。水利工程建成后,由于水库蓄水改变了天然河道的"洪淤枯冲"规律,使汛期淤积的泥沙来不及随"走沙水"全部冲走,其中一部分可能形成累积性淤积,在遇到枯水年上游来水量小而水库水位又低时出现局部航深不足的情况,造成对航运的不利影响。同时,库尾泥沙淤积还可能对位于库尾的港口码头带来一些不利影响,例如,三峡工程建成后,重庆港港口水域扩宽,水流条件变好,但若干年后,随着库尾淤积增加,港区边滩增宽,码头将发生淤塞,如不采取措施,将给船舶航行和到港作业带来严重影响。

(3) 电站日调节所产生的不稳定流对航运的影响。一般具有调节性能的水电站都担负电力系统的尖峰负荷,在进行日调节时下泄流量时多时少,使坝下水位时高时低,这种由于水电站日调节所产生的不稳定流对航行安全十分不利,需采取措施(如在下游修反调节水库等)予以解决。

(4) 清水下泄对下游航运的影响。水利工程建成后,初期下泄水流中的含沙量显著减少,下游河床将发生长距离冲刷,引起同流量下水位降低(例如,葛洲坝水库蓄水后,坝下水位降低约 0.5m;据预测,三峡工程建成后,下游水位将降低 1.5~2.0m),对航运产生一定影响,需研究措施予以解决。

(5) 工程建设期间对航运的临时影响。在通航河流上修建水利工程,施工期间(主要是截流后至通航建筑物投入运行前这段时间)将影响船舶正常运行,甚至临时断航或减少客货运量。

因此,分析与计算水利工程的航运效益时需从有利和不利两个方面全面加以考虑。

9.7.1 航运效益的特点

水利工程航运效益是指项目提供或改善通航条件所获得的效益。和其他部门的效益相比,航运效益有以下一些特点:

(1) 既有正效益(有利影响),又有负效益(不利影响),从部门效益来说,水利工程效益中航运部门的负效益的比例要比其他部门的负效益大。

(2) 航运效益发挥的过程比较长,一般要经过几十年的时间才能达到设计水平。航运设计规范规定:航运建筑物的设计水平年为航运建筑物建成投入运行后的15~25年(水电站设计水平年一般为第一台机组投入后的5年)。据三峡工程规划设计资料,三峡船闸建成投入30年以后才能达到5000万t的设计能力(因为运量的增长有一个过程)。

(3) 航运部门为实现水利工程的航运效益的配套工程量大。航运效益主要由航道、船舶、港口三部分组成,而航道效益又是通过船舶效益体现出来的,兴建水利工程后改善了枢纽上下游的航道条件,为发展航运创造了有利条件,但要实现这个效益,还需要有相应的船舶和港口码头的建设,其所需要的投资费用远大于航运部门应承担的水利枢纽工程的投资费用。

(4) 社会效益是航运效益的主要方面,而这部分效益的数量化计算还比较困难,因此,目前计算的航运直接效益只是水利工程航运效益中的一小部分。例如:据三峡工程论证航运专家组分析,三峡工程航运直接效益表现为改善河流的航运条件,减少船舶运行费用等;三峡工程的航运社会效益则是改善长江航运,为加强我国西南地区与中部地区、沿海地区及其他地区的经济联系创造了极为有利的条件,对于加强西南的经济发展具有积极的促进作用。又据"七五"国家重点科技攻关成果,三峡工程航运间接效益为航运直接效益的176%(社会折现率12%时)~187%(社会折现率10%时)。

航运是一个系统,一般来说,通航里程越长,航运网络越发达,航运经济效益越好,因此,水利工程航运效益的发挥情况(程度)还与河道梯级渠化的程度有关。为此,应加快河流的梯级开发,特别是对改善和发展河流有重大影响的水利工程(例如位于调节水电站下游的反调节水库)应提前建设。

根据航运效益的特点,航运经济效益的评价应重视系统观点,按整个航运系统和运输全过程考虑。

9.7.2 航运效益计算方法

航运效益的计算一般采用最优等效替代方案法和对比法两种。

9.7.2.1 最优等效替代方案法

可作为水利工程航运作用替代措施方案的有:疏浚、整治天然航道;修建铁路、公路分流;或采用整治天然航道和修建铁路或公路分流相结合的方案。一般情况是:在运量较小的中小型河流上,航运替代方案可采用修建公路(原为不通航的中小河流)或整治天然

9.7 航运工程经济评价

河道结合公路分流（原为通航的中小河流）；在运量较大的大江大河上，航运替代方案可采用整治天然河道结合铁路分流的方案。例如：三峡工程航运替代方案经反复研究比较后，选用了"以整治川江航道扩大通过能力的水运为主，辅以出川铁路分流的方案"。

替代方案规模的确定一般按水利工程建成后，水库航道的通过能力与水利工程建成前天然河道通过能力之差来确定。考虑水库航道（特别是湖泊型水库）的通过能力很大（例如：三峡工程建成后据测算水库通过能力在1亿t以上），充分利用需要相当长的时间，因此，在作经济分析时一般可按水利工程通航建筑物的设计通过能力与天然航道通过能力之差来计算。例如，不建三峡工程时，航运替代方案规模即是按三峡工程通航建筑物设计通过能力5000万t/年，与三峡工程投入前川江经过整治后的通过能力1550万t/年之差确定，即：5000－1550＝3450（万t/年）。

由于计算航运效益的客货运量的增长是随着国民经济发展逐步增加的，因此，水利工程建成后扩大的航道通过能力，大部分要在水利工程建成后相当长的一段时间才能发挥作用，相应替代这一部分航运效益的工程措施亦应安排在这一时期内建成投产（要考虑相应的施工建设期），不需与水利工程同时兴建，以免造成投资积压。

【例9.11】 三峡工程的航运作用主要表现在根本改善重庆至宜昌600多km川江航道的条件，从而可以扩大通航能力，降低航运成本。同时，由于三峡水库调节，增加下游枯水期流量，对荆江航道亦有一定改善。经计算，三峡工程建成后，万吨级船队一年有一半的时间可从武汉直达重庆，川江通航能力（下水，单向）可从目前的1000万t/年左右提高到5000万t/年，航运成本可降低35%以上；荆江航道的枯水航深可提高0.5m左右。同时，三峡工程建设过程中和建成以后，也将给航运带来某些不利影响，如施工期减航，建成若干年后可能出现的库尾泥沙淤积等。试计算三峡工程的航运效益。

解：（1）三峡工程航运替代方案。若不建三峡工程，为满足同等运输目标，需采用其他的运输工程措施，经多方案比较后，拟采用合理整治川江（从下水通过能力1000万t/年提高到3000万t/年）和铁路分流（2000万t/年）相结合的方案，出川铁路采用从重庆至枝城转长江水运的方案。

（2）替代方案（整治航道结合铁路分流）的投资费用如下：

航道整治投资（172660万元，10年平均投入）及航道运行维护费用（622万元）；

新增船舶投资（186593万元，一次投入）及船舶运行费用（65046万元）；

新增川江港口码头及枝城铁路转水运港口码头的建设投资（157714万元，10年平均投入）；

分流铁路工程建设投资（524784万元，10年平均投入）及其工程维护费用（7347万元）；

铁路机车、车辆购置费用（70819万元，一次投入）及车辆运行费用（81100万元）。

（3）将替代方案的投资费用折现计算，现金流量见表9.18。

表9.18　　　　　　　　　　　［例9.11］现金流量表　　　　　　　　　　单位：万元

项目	0～30	31～39	40	41～60
年投资	0	85515.8	342927.8	0
年运行费	0	0	0	154114

替代方案费用总现值为

$$342927.8\times[P/F,i,40]+85515.8\times[P/A,i,9]\times[P/F,i,30]$$
$$+154114\times[F/A,i,20]\times[P/F,i,60]=64878(万元)$$

折现计算结果表明，三峡工程航运效益现值为 64878 万元。

9.7.2.2 对比法

所谓对比法就是按有、无水利工程项目对比节省运输费用、提高运输效率和提高航运质量可获得的效益计算。采用对比法时，航运效益主要表现：①替代公路或铁路运输所能节省的运费；②提高和改善港口靠泊条件和通航条件所能节省的运输、中转及装卸等费用；③缩短旅客和货物在途时间，缩短船舶停港时间等所带来的效益；④提高航运质量，减少海损事故所带来的效益。一般以计算期的总折现效益或年折现效益表示。

如上所述，水利工程的航运效益包括水利工程建成后扩大航道通过能力，增加客货运量所带来的效益，以及在河道原有通过能力范围内降低航运成本和节省航道维护费所带来的效益，同时，水利工程建成后也可能给航运带来一些不利影响（负效益），因此，水利工程比较完整的航运效益可用下式表达：

$$B=B_1+B_2-B_3 \tag{9.18}$$

式中：B 为航运经济效益；B_1 为扩大航道通过能力，增加客货运量的效益；B_2 为节省原航道通过能力范围内的成本和费用的效益；B_3 为航运负效益。

【例 9.12】 某河流 H 河段的航道在天然情况下通过能力为 300 万 t/年，A 水利工程建成后，改善该河段 350km 航道条件，航道通过能力提高到 1000 万 t。处理和补偿给航运带来不利影响需支出的费用（负效益）。按增加航运收益和节省航运费用的方法计算 A 工程的航运效益如下：

解：(1) 分析测算影子价格。测算结果，水运影子价格为：94.15 元/(kt·km)。

(2) 调查分析和预测有无 A 工程的航运成本（包括航道维护费）。调查分析和测算结果：无 A 工程的航运成本：46.16 元/(kt·km)；有 A 工程的航运成本：20.66 元/(kt·km)。

(3) 计算航运效益。300 万 t 以下按节省航运费用计算，301 万～1000 万 t 按增加航运收益计算，则计算水平年航运效益为

$$[(1000-300)]\times 94.5\times 10\times 350+300\times(46.16-20.66)\times 10\times 350=28530(万元)$$

9.8 其他水利工程经济评价

水利工程除有以上主要效益外，还有旅游效益、水产效益、水土保持效益、水质改善效益等。

9.8.1 旅游效益

水利工程建成后，水利工程和水库及其周围地区环境得到美化，旅游景点增加，提高了该地区的旅游价值。水利旅游的主要活动内容有：游览观光、度假、避暑、疗养、游

泳、划船、钓鱼等水上娱乐及体育活动等。

旅游经济效益主要包括两方面：一是直接增加的旅游经济收入；二是间接促进地区交通、商业、服务业、工艺手工业等的发展。旅游经济效益按该项目提供的旅游场所，结合其他配套设施可得的效益，采用平均旅游人次乘每人次的旅游费用估算。每人次的旅游费用，可根据该项目旅游条件、旅客情况，参照类似工程拟定。

旅游社会效益主要表现在提供游览、娱乐、休息和体育活动的良好场所，丰富人民的精神生活，增进身心健康以及提供就业机会等。

旅游环境效益主要有：为旅游目的对水域及周围山川、道路、村庄等环境进行改善；因旅游引起对水域的污染，这是一种负效益，应当引起注意，特别是对生活供水水源，有时应禁止进行旅游。

9.8.2 水产效益

水利工程建成后，水库的水域宽广，水源充沛，水质良好，饵料丰富，可以放养鱼、蟹等水生动物，库边可种植苇、藕、菱等水生植物并饲养鸭、鹅、水獭等。水库养殖所获得的经济效益主要是：直接增加水产品的产量和产值并间接促进水产品加工业的发展，其水产效益按利用该项目提供的水域，结合其他措施进行水产养殖所获得的效益计算。主要计算方法有增加收益法和最优等效替代法。增加收益法是按水利工程建成后增加的水产品的产量乘以价格计算。最优等效替代法是以替代方案的费用（目前一般选择精养鱼作为替代方案）作为水库的水产效益。水库养殖的社会效益，主要是丰富人民的生活，增加当地的就业机会等。

9.8.3 水土保持效益

为了防治水土流失，保护、改良与开发、利用水土资源，在土地利用规划基础上，对各项水土保持措施作出综合配置，对实施的进度和所需的劳力、经费作出合理安排的总体计划。

水土保持效益有3个方面：

(1) 经济效益。直接经济效益如梯田、坝地增产粮食，造林种草，增产果品、牧草、枝条等。

(2) 社会效益。首先是水土保持实施区对下游的削洪减沙作用；其次为河道洪水淹没面积减小，通航里程增加，以及水库淤泥减少、有效库容增加等；再次，由于梯田、坝地高产，促进了陡坡退耕，节省出大量土地和劳力，用于林、牧、副各业，促进整个农村经济发展，也是社会效益的一个重要方面。

(3) 生态效益。水土保持的经济效益和社会效益，都与生态效益密切相关。蓄水保土为作物、林木、草的生长创造良好的生态环境，是各项措施最主要的生态效益。由于蓄水保土，使基本农田和林地、草地内的土壤水分、肥力、结构等得到改善，有利于农作物生长和抗旱高产，也有利于提高林草的成活率、保存率和生长量。在林草合理分布的地方，特别是在农田防护林网内，温度、湿度等条件得到改善，有利于减轻霜冻、旱风等自然灾害，提高作物产量。至于在较大范围内，宏观地改善生态环境，则需在较长期之后，待水土保持各项措施全面完成，特别是需待林草苍郁后才能达到。

9.8.4 水质改善效益

水质改善效益是兴建污水处理厂或增加河流清水流量提高河湖自净能力等水质改善措施，所能获得的经济效益、社会效益和环境效益的总称。这些效益是有、无这些措施相比较而言的，并考虑这些措施采用后各年社会经济的发展状况，而不是采取这些措施前后的对比。

经济效益主要有：提高工农业产品的质量，增加经济收入；增加可利用的水资源，减免开发新水源的投资和运行费；减少水污染造成的损失。

社会效益主要有：提高生活用水的卫生标准，降低水污染致病的发病率，增进人民的身体健康；避免工业品、农产品、水产品因水质不良受到污染，减少有害物质对人、畜的危害等。

环境效益主要有：避免或减轻江河、湖泊、土壤及地下含水层等受到污染，保护或改善生态环境；保护旅游水域的环境，提供良好的娱乐、休息场所。

思 考 题

1. 水利工程防洪效益主要表现在哪几方面？当国民经济年增长率为 $j=0$ 或 $j\neq 0$ 两种情况时，如何计算防洪效益？

2. 某坝址有 100 年实测洪水资料及各年洪灾损失记录，遇到大洪水时洪灾损失很大；遇到中小洪水时洪灾损失很小；遇到一般年份则无洪灾损失；修建水库后洪灾损失大大减轻，试问如何用随机变量表达该水库的防洪年效益？

3. 给出不同地区若干年以前若干省（自治区、直辖市）典型洪水的灾害损失率的调查资料，如果现在规划某地区防洪工程时拟采用这些数据，如何考虑对这些数据加以修正？

4. 从系统工程观点看，应如何计算水电、火电的投资、年运行费及年费用？

5. 供水工程北段投资 61740 万元，南段投资 67304 万元，合计静态投资 12.9 亿元（1990 年价格水平，尚不包括自来水厂及其配水管网投资），初步估算工业供水水价高达 0.8 元/m^3，生活用水水价 0.326 元/m^3，农业灌溉用水 0.0895 元/m^3，如进一步考虑自来水厂投资及物价上涨因素？应如何确定各类供水的水价？

6. 试问多目标水利工程的防洪、发电、灌溉、航运、城镇供水等部门的年效益是否均为随机变量？它们之间存在哪些关系？

7. 已知某洪泛区内经分析得出洪水频率与洪灾之间、洪水频率与为防御该频率洪水所采用防洪工程措施年费用之间的关系，见表 9.19。

表 9.19　洪水频率与洪灾、防御该频率洪水所采用防洪工程措施年费用间的关系

频率/%	60	40	20	10	6	2	0.5
损失/万元	0	30	90	215	310	435	500
费用/万元	0	15	20	23	28	40	80

假设工程措施能防御所有小于设计洪水的洪灾，对于大于设计洪水的洪灾不起作用。请完成如下问题：

(1) 绘出洪灾损失-频率曲线。

(2) 假定有一项能防御6%洪水的防洪工程，问该工程的年费用为多少？该工程的年效益为多少？效益费用比为多少？净效益为多少？

(3) 绘出总效益与设计频率曲线。

(4) 绘出边际效益与设计频率曲线。

(5) 绘出边际费用与设计频率曲线。

(6) 求出最优方案的设计频率，并求出此方案的年费用为多少？此方案的年效益为多少？此方案的效益费用比、净效益各为多少？

8. 某水库主要任务为发电，初步设计拟定了两个规模方案，其有关经济指标见表9.20。

表9.20   两方案经济指标

序号	项 目	方案一	方案二	序号	项 目	方案一	方案二
1	正常水位/m	100	105	4	工程投资/亿元	4.4	4.8
2	装机容量/万 kW	20	25	5	工程施工期/年	8	8
3	年均发电量/(亿 kW·h)	7	7.5	6	正常运行年费/亿元	0.06	0.07

火电为其替代方案，考虑与水电容量的差别，$N_火=1.1N_水$；考虑与电量的差别，$E_火=1.1E_水$。火电建设期为3年，考虑与水电的同时建成；单位千瓦投资为1500元；固定年运行费为其投资的4%；燃料费为每千瓦时0.05元。折现率$i=12\%$，正常运行期均为50年，试优选方案。

9. 一般在什么条件下产生洪、涝、渍、碱灾害？这些灾害既有区别，又有联系，主要区别表现在哪几个方面？相互联系表现在哪几个方面？

10. 计算治涝工程效益一般采用内涝积水量法与合轴相关分析法，其计算理论与计算方法有何区别？各需要什么资料？如采用暴雨笼罩面积法，需收集降雨量P及其前期影响雨量P_a，P与P_a有何区别？如何计算前期影响雨量P_a？

11. 进行排涝标准扩建工程分析时，如果当社会折现率$i=12\%$，治涝标准由3年一遇提高到5年一遇，经济净现值$ENPV$为负值，这说明什么问题？如果进一步计算内部收益率，当治涝标准由3年一遇提高到5年一遇，$EIRR=8.6\%$，这说明什么问题？

12. 如何估算治渍、治碱效益？两者有何关系？如何确定治渍标准与治碱标准？其与治涝标准有何联系？

13. 灌水方法有哪几种？各有何优缺点？各在何种条件下适用？

14. 试对某灌溉工程进行财务评价。已知按现行价格计算，水库总投资为2亿元，年运行费（经营成本）400万元；水库下游的灌溉工程的投资为8500万元，年运行费（经营成本）180万元。该工程的财务收益为灌溉水费收入，冬小麦灌溉水费150万元/hm²，棉花180元/hm²，玉米75元/hm²，设基准收益率$i_c=12\%$，问财务净现值$FNPV$为多少？财务内部收益率$FIRR$为多少？

15. 试求上一题中灌溉工程的固定资产、折旧费、年运行费、折合单位灌溉面积的投资与成本费。试对上一题中灌溉工程的国民经济评价及财务评价结果进行讨论。

16. 综合本课程的有关内容，归纳对一个工程投资方案进行国民经济评价的内容和步骤（要求：若步骤涉及计算，可不写计算公式，但要明确计算内容）。

17. 与工业建设项目相比，水利建设项目经济评价有哪些特点？

第10章 工程项目管理

10.1 概述

10.1.1 项目与工程项目

1. 项目的定义

"项目"（Project）一词已被广泛地应用于社会经济和文化生活的各个领域。项目定义很多，许多管理专家都企图用简单通俗的语言对项目进行抽象性概括和描述。本书采用项目管理领域应用广泛的定义，即1964年Martino对项目的定义："项目为一个具有规定开始和结束时间的任务，它需要使用一种或多种资源，具有许多个为完成该任务（或者项目）所必须完成的互相独立、互相联系、互相依赖的活动。"

2. 项目的特征

人们对项目的定义虽然角度和描述各不相同，但通常都体现出项目具有如下特征：

（1）项目是一项任务。这个任务通常是完成一项可交付的成果。这个可交付的成果是项目的对象。项目对象决定了项目的最基本特性，是项目分类的依据；同时它又确定了项目的工作范围、规模及界限。在"项目"一词前常常有一个限定词，例如"××工程承包"项目，"××新产品开发"项目等，这些词对项目进行专门的定义，通常描述项目对象的名称、特性、范围，整个项目的实施和管理都是围绕着这个对象进行的。

（2）有预定的目标。任何项目都有预定的目标。ISO 10006规定，项目目标应描述达到的要求，能用时间、成本、产品特性来表示，项目过程的实施是为了达到规定的目标，包括满足时间、费用和资源约束条件。

（3）有约束条件。任何项目的实施都有一定的限制条件。除了上述的时间限制外，还有资源限制：资金限制，任何项目都不可能没有财力上的限制；人力资源和其他物质资源的限制；技术、信息资源的限制；自然条件、地理位置和空间的制约。

（4）一次性。项目是在一定的约束条件下具有特定目标的一次性任务。通常有明确的目标，具有数量、功能和质量标准，以及所规定的时间限制和费用限制。项目可以是一项工程，也可以是完成某项科研课题。

任何项目从总体上来说是一次性的，不重复的。它经历前期策划、批准、设计和计划、施工（生产、制造）、运行的全过程，最后结束。即使在形式上极为相似的项目，也必然存在着差异和区别，如实施时间不同、环境不同、项目组织不同、风险不同，所以它们之间无法等同，无法替代。

（5）由活动构成。项目是由完成一定任务的活动构成的，由活动形成过程，所以项目管理又是过程管理。一个项目可以分解成许多互相联系、互相影响的活动，它们是项目管理的对象，这又是项目管理方法应用的前提。

（6）特殊的组织和法律条件。企业组织按企业法和企业章程建立，组织单元之间主要为行政的隶属关系，组织单元之间的协调和行为规范按企业规章制度执行，企业组织结构是相对稳定的。

项目参加单位之间主要靠合同作为纽带建立起组织，以合同作为分配工作、划分责权利关系的依据；项目组织是多变的，不稳定的。

项目适用与其建设和运行相关的法律条件，例如《合同法》《环境保护法》《税法》《招标投标法》等。

（7）系统性和整体性。项目的各要素之间存在着某种必然的联系，只有它们有机地结合起来才能确保项目目标的有效实现，客观上形成一个系统。项目的其他目标都应为效益目标服务并统一于它的要求之下。既要求以成本、进度和质量等方面对项目实施全过程、全面、全员的管理，又要求从系统论出发，围绕项目效益目标的实现整合资源，实施管理。

3. 工程项目

工程项目按专业分为建筑工程、公路工程、水电工程项目等，按不同管理者划分为建设项目、设计项目、工程咨询项目和施工项目等。工程项目都具有特定的对象，有时间限制、质量限制、资金限制和经济性要求，同时都是一次性不重复的，具有特殊的组织和法律条件，也具有规模大、范围广、投资大及复杂性等特点。

4. 工程项目的主要参与方

工程项目主要涉及的参与方有政府、业主、承包商、监理公司、金融机构等。

政府主要是负责监督参与项目建设的各方，督促其严格按照中央政府、地方政府制定的法律、法规以及质量标准、安全规范进行工程建设。

业主作为工程项目的发起人，负责提出项目设想，做出投资决策；筹措项目所需的全部资金；选定监理公司；按合同规定的条件向承包商支付工程费用等。

承包商指承担工程施工及采购工作的团体、公司、个人或者他们的联合体。大型工程承包公司在工程项目建设过程中可作为总承包商与业主签订施工总承包合同，承担整个工程项目的施工任务。总承包商既可以自行完成全部的工程施工，也可以把其中的某些部分分包给其他分包商。

监理公司是具有独立法人地位的经营实体，其基本业务是向客户提供有偿的专业咨询服务与设备制造，材料供应厂商和施工承包商之间除了执行合同时的约束之外，没有任何隶属关系。

金融机构指以银行为代表的为工程项目提供贷款的所有金融机构，对工程项目的管理主要是涉及资金的投入与回收，通过对项目资金的投入控制实现对项目的管理。

10.1.2 项目管理与工程项目管理

10.1.2.1 项目管理的定义

项目管理就是以项目为对象的系统管理方法，通过一个临时性的专门的柔性组织，对项目进行高效率的计划、组织、指导和控制，以实现项目全过程的动态管理和项目目标的综合协调与优化。

10.1 概 述

实现项目全过程的动态管理是指在项目的生命周期内，不断进行资源的配置和协调，不断作出科学决策，从而使项目执行的全过程处于最佳的运行状态，产生最佳的效果。项目目标的综合协调与优化是指项目管理应综合协调好时间、费用及功能等约束性目标，在相对较短的时期内成功地达到一个特定的成果性目标。

项目管理是以项目经理（Project Manager）负责制为基础的目标管理。一般来讲，项目管理是按任务（垂直结构）而不是按职能（平行结构）组织起来的。项目管理的主要任务一般包括项目计划、项目组织、质量管理、费用控制、进度控制等五项。日常的项目管理活动通常是围绕这五项基本任务展开的。项目管理自诞生以来发展很快，当前已发展为三维管理：

(1) 时间维，即把整个项目的生命周期划分为若干个阶段，从而进行阶段管理；
(2) 知识维，即针对项目生命周期的各不同阶段，采用和研究不同的管理技术方法；
(3) 保障维，即对项目人、财、物、技术、信息等的后勤保障管理。

10.1.2.2 项目管理的要素

要理解项目管理的定义就必须理解项目管理所涉及的各种要素，资源是项目实施的最根本保证，需求和目标是项目实施结果的基本要求，项目组织是项目实施运作的核心实体，环境是项目取得成功的可靠基础。

1. 资源

资源的概念内容十分丰富，可以理解为一切具有现实和潜在价值的东西，可以分为自然资源和人造资源、内部资源和外部资源、有形资源和无形资源。诸如人力和人才、材料、机械、资金、信息、科学技术、市场等，其实还有一些其他东西，譬如专利、商标、信誉以及某种社会联系等，也是有用的资源，知识作为无形资源的价值表现得更加突出。资源轻型化、软化的现象值得我们重视。我们不仅要管好用好硬资源，也要学会管好用好软资源。项目管理本身作为管理方法和手段，也是一种资源。项目过程中资源需求变化很大，有些资源有必要及时偿还或遣散，任何资源积压、滞留或短缺都会给项目带来损失。资源的合理、高效的使用对项目管理尤为重要。

2. 需求和目标

需求分为两类，必须满足的基本需求和附加获取的期望要求。基本需求包括项目实施的范围、质量要求、利润或成本目标、时间目标以及必须满足的法规要求等。在一定范围内，质量、成本、进度三者是互相制约的，当进度要求不变时，质量要求越高，则成本越高；当成本不变时，质量要求越高，则进度越慢；当质量标准不变时，进度过快或过慢都会导致成本的增加。管理的目的是谋求快、好、省的有机统一，好中求快，好中求省。如果把"多"或"大"，即项目实施的范围或规模一起考虑在内的话，可以以利润替代成本作为目标，即利润＝收益－成本。管理是要寻求使利润最大的项目实施范围或规模，从而确定其相应的成本。

3. 项目组织

组织就是把多个人联系起来，做一个人无法做的事，是管理的一项功能，组织包括与要做的事相关的人和资源及其相互关系。项目组织与其他组织一样，要有好的领导、章程、沟通、人员配备、激励机制，以及好的组织文化等。

为实现项目的目标，项目组织和项目一样有其生命周期，经历建立、发展和解散的过程。项目组织不是百年老店，长盛不衰。项目组织是在不断地更替和变化。组织的一个基本原则是因事设人。根据项目的任务设置机构，设岗用人，事毕，及时调整，甚至撤销。项目要有机动灵活的组织形式和用人机制，可称之为柔性。千万不可来了走不得，定了变不得，不用去不得，用的进不得，变成一个迟钝、僵化、无生命的机体。

4. 项目环境

要使项目取得成功，除了需要对项目本身、项目组织及其内部环境有充分的了解外，还需要对项目所处的外部环境有正确的认识。这个问题涉及十分广泛的领域，这些领域的现状和发展趋势都可能对项目产生不同程度的影响，有的时候甚至是决定性的影响。

(1) 政治和经济：国际、国内的政治、经济形势对项目产生重大影响的事例非常之多。经济全球化的加强，知识经济时代的临近，大大促进了跨国项目、高技术项目以及利用高技术项目的发展。市场和价格对项目有更加直接的影响。我国的智力资源价格普遍偏低，国外的软件开发商乐于雇佣中国技术人员，使我国的软件开发项目常常有人才流失的风险，使他们不得不采取措施，改善自己的人力资源管理。

(2) 文化和意识：文化是人类在社会历史发展进程中所创造的物质财富和精神财富的总和。在项目沟通中，善于在适当的时候使用当地的文字、语言和交往方式，也往往能取得理想的效果，文化也可以逐渐融合。在项目过程中，通过不同文化的交流，可以减少摩擦、增进理解、取长补短、互相促进。

(3) 规章和标准：规章和标准都是对产品、工艺或服务的特征做出规定的文件。它们的区别在于，前者是必须执行的，而后者多带有提倡、推广和普及的性质，并不具有强制性。规章包括国家法律、法规和行业规章，以及项目所属企业的章程等。它们对项目的规划、设计、合同管理、质量管理等都有重要影响。由国际咨询工程师联合会 FIDIC 颁发的合同条件属于标准，而不是规章。由于它比较全面、成熟，已被世界各国广泛承认。许多国际性的土建工程、咨询采购项目都愿意采用 FIDIC 合同条件。

目前世界上有许许多多的标准在使用中，几乎涉及了所有的技术领域：从计算机磁盘的尺寸到电网、电器使用的频率、电压等。国际标准化组织（ISO）还发布了各种管理标准，如质量管理和质量保证国际标准 ISO 9000 系列。标准有的是国际通行的，有的只在某个地区、某一国家适用。这些技术和管理标准虽然不具强制性，但大都已被公认。项目要想满足市场需求，就必须采用这些标准，否则将寸步难行。

10.1.2.3 项目管理的特点

项目管理与传统的部门管理相比最大特点是项目管理注重于综合性管理，并且项目管理工作有严格的时间期限。项目管理必须通过不完全确定的过程，在确定的期限内生产出不完全确定的产品，日程安排和进度控制常对项目管理产生很大的压力。具体来讲表现在以下几个方面：

(1) 项目管理的对象是项目或被当作项目来处理的作业。项目管理是针对项目的特点而形成的一种管理方式，因而其适用对象是项目，特别是大型的、比较复杂的项目，鉴于项目管理的科学性和高效性，有时人们会将重复性的"作业"中某些过程分离出来，加上起点和终点当作项目来处理,以便于在其中应用项目管理的方法。

(2) 项目管理的全过程都贯穿着系统工程的思想。项目管理把项目看成一个完整的系统,依据系统论"整体—分解—综合"的原理,可将系统分解为许多责任单元,由责任者分别按要求完成目标,然后汇总、综合成最终的成果;同时,项目管理把项目看成一个有完整生命周期的过程,强调部分对整体的重要性,促使管理者不要忽视其中的任何阶段以免造成总体的效果不佳甚至失败。

(3) 项目管理的组织具有特殊性。项目管理的一个最为明显的特征即是其组织的特殊性。其特殊性表现在以下几个方面:

1) 有了"项目组织"的概念。项目管理的突出特点是项目本身作为一个组织单元,围绕项目来组织资源。

2) 项目管理的组织是临时性的。由于项目是一次性的,而项目的组织是为项目的建设服务的,项目终结了,其组织的使命也就完成了。

3) 项目管理的组织是柔性的。所谓柔性即是可变的。项目的组织打破了传统的固定建制的组织形式,而是根据项目生命周期各个阶段的具体需要适时地调整组织的配置,以保障组织高效、经济地运行。

4) 项目管理的组织强调其协调控制职能。项目管理是一个综合管理过程,其组织结构的设计必须充分考虑到利于组织各部分的协调与控制,以保证项目总体目标的实现。因此,目前项目管理的组织结构多为矩阵结构,而非直线职能结构。

(4) 项目管理的体制是一种基于团队管理的个人负责制。由于项目系统管理的要求,需要集中权力以控制工作正常进行,因而项目经理是一个关键角色。

(5) 项目管理的方式是目标管理。项目管理是一种多层次的目标管理方式。由于项目往往涉及的专业领域十分宽广,而项目管理者谁也无法成为每一个专业领域的专家,对某些专业虽然有所了解但不可能像专门研究者那样深刻。现代的项目管理者只能以综合协调者的身份,向被授权的专家讲明应承担工作责任的意义,协商确定目标以及时间、经费、工作标准的限定条件,此外的具体工作则由被授权者独立处理;同时,经常反馈信息、检查督促,并在遇到困难需要协调时及时给予各方面有关的支持。可见,项目管理只要求在约束条件下实现项目的目标,其实现的方法具有灵活性。

(6) 项目管理的要点是创造和保持一种使项目顺利进行的环境。管理就是创造和保持一种环境,使置身于其中的人们能在集体中一起工作以完成预定的使命和目标。这一特点说明了项目管理是一个管理过程,而不是技术过程,处理各种冲突和意外事件是项目管理的主要工作。

(7) 项目管理的方法、工具和手段具有先进性、开放性。项目管理采用科学先进的管理理论和方法。如采用网络图编制项目进度计划;采用目标管理、全面质量管理、价值工程、技术经济分析等理论和方法控制项目总目标;采用先进高效的管理手段和工具,主要是使用电子计算机进行项目信息处理;等等。

10.1.2.4 工程项目管理的概念

工程项目管理是项目管理的一大类,是指项目管理者为了使项目取得成功(实现所要求的功能和质量、所规定的时限、所批准的费用预算),用系统的观念、理论和方法,进行有序、全面、科学、目标明确的管理，发挥计划职能、组织职能、控制职能、协调职能、监督职能的作用。其管理对象是各类工程项目，既可以是建设项目管理，又可以是设计项目管理和施工项目管理等。

10.1.2.5　工程项目管理的特点

(1) 工程项目管理目标明确。工程项目管理的第一个特点是它紧紧抓住目标（结果）进行管理。项目整体、项目的某一组成部分、项目的某一阶段、项目的某一部分管理者、项目的某一段时间内，均有一定的目标。除了功能目标外，过程目标归结起来主要有三个，即工程进度、工程质量、工程费用（造价）。

(2) 工程项目管理是系统的管理。工程项目管理把其管理对象作为一个系统进行管理。在这个前提下，首先，进行的是工程项目的整体管理，把项目作为一个有机整体，全面实施管理，使管理效果影响到整个项目范围；其次，对项目进行系统分解，把大系统分解为若干个子系统、子子系统……，然后又把每个系统作为一个整体进行管理，用小系统的成功保证大系统的成功；最后，对各子系统之间、各目标之间关系的处理遵循系统法则，它们既是独立的，又是相互依存的，同处于一个大系统之中，因此管理中把它们联系在一起，保证综合效果最好。

(3) 工程项目管理按照项目的运行规律进行规范化的管理。工程项目是一个大的过程，其各阶段也都由过程组成，每个过程的运行都是有规律的。比如绑扎钢筋作为一道工序，其完成就有其工艺规律；垫层混凝土作为分项工程，其完成既有程序上的规律，又有技术上的规律；建设程序就是建设项目的规律。遵循规律进行管理，管理有效；反之，管理不但无效，而且往往有害于项目的运行。

(4) 工程项目管理有丰富的专业内容。工程项目管理的专业内容包括：工程项目的战略管理，工程项目的组织管理，工程项目的规划管理，工程项目的目标控制，工程项目的合同管理、信息管理、生产要素管理、现场管理，工程项目的各种监督，工程项目的风险管理和组织协调，等等。这些内容构成了工程项目管理的知识宝库。

(5) 工程项目管理有一套适用的方法体系。工程项目管理最主要的方法是"目标管理"。目标管理方法简称为 MBO，其核心内容是以目标指导行动。具体操作有：确定总目标，自上而下地分解目标，落实目标，责任者制定措施，实施责任制，完成个人承担的任务，从而自下而上地实现项目的总目标。

项目管理的专业管理方法是很多的。各种方法有很强的专业适宜性。质量管理的适用方法是全面质量管理；进度管理的适用方法是网络计划方法；费用管理的适用方法是预算法和增值法；范围管理的主要方法是计划方法和 WBS 方法；人力资源管理的主要方法是组织结构图和责任分派图；风险管理的主要方法是 SWOT 分析法和风险评估矩阵；采购管理的主要方法是计划方法和库存计算法；合同管理的主要方法是合同选型与谈判；沟通管理的主要方法是信息技术；综合管理的主要方法是计划方法和协调方法。在工程项目管理中，所有方法的应用，都体现了鲜明的专业特点。

(6) 工程项目管理有专用的知识体系。工程项目管理知识体系在构成上虽然与通用的项目管理知识体系相同，但是却有着鲜明的专业特点，它们体现在本书中的每一个章节中的专业内容，都是项目管理知识体系的工程专业化。

10.1 概　　述

10.1.2.6　工程项目管理的职能

（1）策划职能。工程项目策划是把建设意图转换成定义明确、系统清晰、目标具体、活动科学、过程有效的，富有战略性和策略性思路的、高智能的系统活动，是工程项目概念阶段的主要工作。策划的结果是其他各阶段活动的总纲。

（2）决策职能。决策是工程项目管理者在工程项目策划的基础上，通过进行调查研究、比较分析、论证评估等活动，得出结论性意见，并付诸实施的过程。一个工程项目，其中的每个阶段、每个过程，均需要启动，只有在作出正确决策以后的启动才有可能是成功的，否则就是盲目的、指导思想不明确的，就可能失败。

（3）计划职能。决策只解决启动的决心问题，根据决策作出实施安排、设计出控制目标和实现目标的措施的活动就是计划。计划职能决定项目的实施步骤、搭接关系、起止时间、持续时间、中间目标、最终目标及措施。它是目标控制的依据和方向。

（4）组织职能。组织职能是组织者和管理者个人把资源合理利用起来，把各种作业（管理）活动协调起来，使作业（管理）需要和资源应用结合起来的机能和行为，是管理者按计划进行目标控制的一种依托和手段。工程项目管理需要组织机构的成功建立和有效运行，从而起到组织职能的作用。

（5）控制职能。控制职能的作用在于按计划运行，随时收集信息并与计划进行比较，找出偏差并及时纠正，从而保证计划和其确定的目标的实现。控制职能是管理活动最活跃的职能，在理论和实践上均有丰富的建树，成为项目管理学中的精髓，所以工程项目管理学中把目标控制作为最主要的内容，并对控制的理论、方法、措施、信息等作出了大量的研究。

（6）协调职能。协调职能就是在控制的过程中疏通关系，解决矛盾，排除障碍，使控制职能充分发挥作用，所以它是控制的动力和保证。控制是动态的，协调可以使动态控制平衡、有力、有效。

（7）指挥职能。指挥是管理的重要职能。计划、组织、控制、协调等都需要强有力的指挥。工程项目管理依靠团队，团队要有负责人（项目经理），负责人就是指挥。他把分散的信息集中起来，变成指挥意图，他用集中的意图统一管理者的步调，指导管理者的行动，集合管理力量，形成合力。

（8）监督职能。监督是督促、帮助，也是管理职能。工程项目与管理需要监督职能，以保证法规、制度、标准和宏观调控措施的实施。监督的方式有：自我监督、相互监督、领导监督、权力部门监督、业主监督、司法监督、公众监督等。

10.1.3　工程项目管理的国内外背景

工程项目的存在已有悠久历史。随着人类社会的发展，社会的各方面如政治、经济、文化、生活、军事对某些工程产生需求。同时当社会生产力的发展水平又能实现这些需求时，就出现了工程项目管理。

10.1.3.1　建设工程项目管理的国外背景

在20世纪60年代末期和70年代初期，工业发达国家开始将项目管理的理论和方法应用于建设工程领域，并于20世纪70年代中期前后在大学开设了与工程管理相关的专业。项目管理的应用首先在业主方的工程管理中，而后逐步在承包方、设计方和供货方中得到推广。20世纪70年代中期前后兴起了项目管理咨询服务，项目管理咨询公司的主要服务对象是业主，但它也服务于承包方、设计方和供货方。

国际咨询工程师协会（FIDIC）于1980年颁布了《业主方与项目管理咨询公司的项目管理合同条件》（FIDIC IGRA 80PM）。该文本明确了代表业主方利益的项目管理方的地位、作用、任务和责任。在许多国家项目管理由专业人士担任。如建造师可以在业主方、承包方、设计方和供货方从事项目管理工作，也可以在教育、科研和政府等部门从事与项目管理有关的工作。建造师的业务范围并不限于在项目实施阶段的工程项目管理工作，还包括项目决策阶段的管理和项目使用阶段的物业管理（设施管理）工作。

10.1.3.2 建设工程项目管理的国内背景

我国从20世纪80年代初期开始引进建设工程项目管理的概念，世界银行和一些国际金融机构要求接受贷款的业主方应用项目管理的思想、组织、方法和手段组织实施建设工程项目。1983年原国家计划委员会提出推行项目前期项目经理负责制。1988年我国开始推行建设工程监理制度。1995年建设部颁发了《建筑施工企业项目经理资质管理办法》，推行项目经理负责制。为了加强建设工程项目总承包与施工管理，保证工程质量和施工安全，根据《中华人民共和国建筑法》（简称《建筑法》）和《建设工程质量管理条例》的有关规定，原人事部、建设部决定对建设工程项目总承包及施工管理的专业技术人员实行建造师执业资格制度。2002年原人事部和建设部颁布了《建造师执业资格制度暂行规定》（人发〔2002〕111号）的通知。2003年建设部发出《关于建筑业企业项目经理资质管理制度向建造师执业资格制度过渡有关问题的通知》（建市〔2003〕86号）。"鼓励具有工程勘察、设计、施工、监理资质的企业，通过建立与工程项目管理业务相适应的组织机构、项目管理体系，充实项目管理专业人员，按照有关资质管理规定在其资质等级许可的工程项目范围内开展相应的工程项目管理业务"[引自建设部《关于培育发展工程总承包和工程项目管理企业的指导意见》（建市〔2003〕30号）]。

为了适应投资建设项目管理的需要，经人事部、国家发展和改革委员会研究决定，对投资建设项目高层专业管理人员实行职业水平认证制度。2004年原人事部与国家发展和改革委员会颁布了关于印发《投资建设项目管理师职业水平认证制度暂行规定》（国人部发〔2004〕110号）和《投资建设项目管理师职业水平考试实施办法》的通知。2006年6月发布了《建设工程项目管理规范》（GB/T 50326—2006）。

工程项目管理主要经历的四个阶段：

(1) 从1982年鲁布革水电站工程引进世行贷款并实行招投标制开始，到1986年国务院领导提出推广鲁布革经验，为我国学习借鉴国际项目管理先进做法的探索研究阶段。

(2) 从1987年五部委联合颁布的《关于批准第一批推广鲁布革工程管理经验试点企业有关问题的通知》（计施〔1987〕2002号）为起点，到1993年内蒙古呼和浩特市召开项目法施工研讨会为试点推广阶段。

(3) 从1994年建设部在九江召开的工程项目管理工作会议，到1997年西安项目管理工作会议推出学习优秀项目经理范玉恕先进事迹，为全面推广和深化完善项目管理阶段。

(4) 从1998年建设部提出全面运用项目管理方法创建优质工程的先进经验到现在，为项目管理理论升华和实践运用规范阶段。

随着经济全球化，区域一体化的发展，如今我国的建筑施工企业参与国际建设市场竞争越来越多，从最初的单纯劳务承包，发展到今天的工程总承包，毋庸置疑中国已经成为建筑大国。如今许多境外的建筑承包商进入我国承包工程，从而加剧了国内建筑市场的竞争。国内工程施工企业都必将面对一个难题：工程项目管理者将如何管理才能在新经济的微利时代，立于不败之地。因此如何抓住工程项目的重点和控制好项目难点，是项目成败的关键。这是现时代迫切需要工程管理人员解决的问题。

10.2 工程项目管理模式

工程项目管理模式是指将工程项目管理的对象作为一个系统，通过一定的组织和管理方式，使系统能够正常运行，并确保其目标得以实现。工程项目管理模式包括工程项目建设全过程的管理模式和工程项目全寿命期的管理模式。工程项目管理模式的选用与现行的工程项目管理的体制、法制和机制有关，管理模式的改革和发展也与这些宏观环境、条件的改革和变化相关。

10.2.1 设计招标建造模式

设计招标建造（Design-Bid-Build）模式，指业主委托设计咨询机构进行前期的机会研究、可行性研究等，立项后进行设计，准备施工招标文件，并通过招标选择承包商。业主和承包商订立工程施工合同，有关工程部位的分包和设备、材料的采购一般都由承包商与分包商和供应商单独订立合同并组织实施。业主单位一般指派业主代表或委托授权给监理公司负责有关的工程项目管理和协调工作。这种模式的各方关系如图10.1所示。

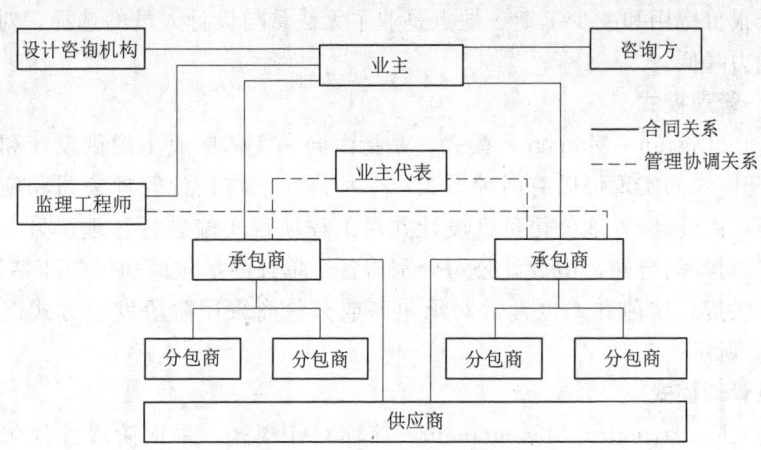

图 10.1 设计招标建造模式

这种模式长期地、广泛地在世界各地被采用，其优点是管理方法比较成熟，各方对有关程序都很熟悉；业主可自由选择咨询设计人员，对设计要求可控制；可自由选择监理公司监理工程；可采用各方均熟悉的标准合同文本，有利于合同管理、风险管理和节约投资。缺点是工程项目周期较长；业主管理费较高，前期投入较高；变更时容易引起较多的索赔。

世界银行、亚洲开发银行贷款工程项目和采用国际咨询工程师联合会（FIDIC）的合同条件的工程项目均采用这种模式。

10.2.2 设计-建造模式

设计-建造（Design-Build）模式中，业主方选择专业咨询公司代为拟定工程项目的基本要求，授权专业管理专家为业主代表与设计-建造总承包商联系。在选择总承包商时可采用公开竞争性招标办法及邀请招标方式。这种模式的各方关系如图10.2所示。

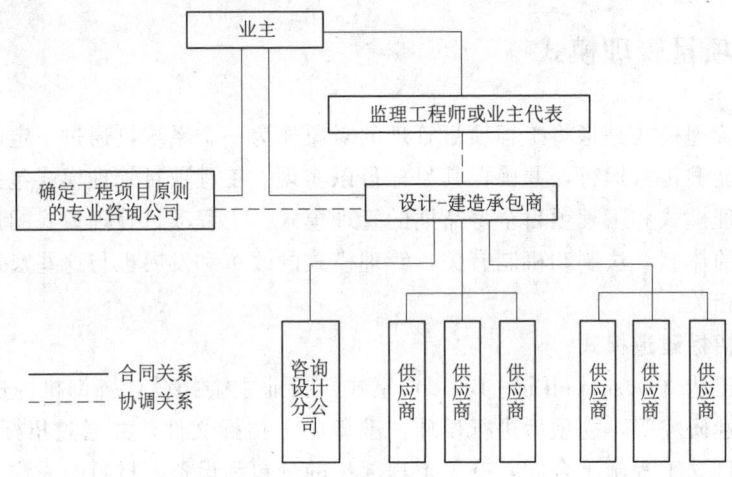

图 10.2 设计-建造模式

设计-建造模式可以对分包采用阶段发包方式，其优点是工程项目可以早投产；业主可以节约包干报价费用和减少工期。缺点是业主无法参与设计人员的选择，对最终设计和细节的控制能力降低。

10.2.3 设计-管理模式

设计-管理（Design-Manage）模式，是指由同一实体向业主提供设计和施工管理服务。设计-管理模式的实现可以有两种形式：一种是业主与设计管理公司和施工总承包商分别签订合同，由设计-管理公司负责设计并对工程项目实施进行管理；另一种是业主只与设计-管理公司签订合同，由设计公司分别与各个单独的承包商和供应商签订分包合同，由他们施工和供货。这种方式也常常对承包商或分包商采用阶段发包方式以加快工程进度。如图10.3所示。

10.2.4 建设管理模式

建设管理（Construction Management）简称 CM 模式，采取阶段性发包方式，又称阶段发包方式或快速轨道方式。在这种模式下，业主和业主委托的 CM 经理与建筑师组成一个联合小组共同负责组织和管理工程的规划、设计和施工，CM 经理对设计的管理起协调作用。随着设计工作的进展，完成一部分分部工程的设计后，即对这一部分分部工程进行招标，发包给一家承包商，由业主直接就每个分部工程与承包商签订承包合同。CM 模式如图10.4所示。

这种模式可以缩短工程从规划、设计到竣工的周期，节约建设投资，减少投资风险，可以比较早地取得收益。整个工程可以提前投产，减少了由于通货膨胀等不利因素造成的

10.2 工程项目管理模式

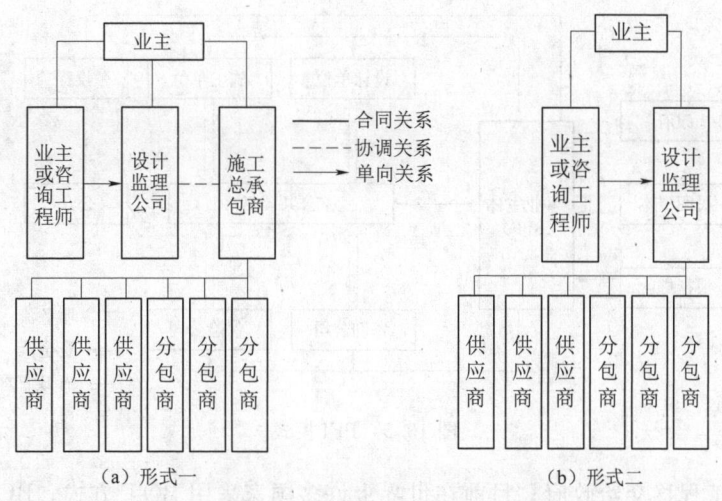

图 10.3 设计管理模式的两种实现形式

影响。其缺点是分部招标导致承包费用较高，CM 经理不对进度和成本作出保证；可能索赔与变更的费用较高，业主方风险很大，任务较重。

CM 模式适用于设计变更可能性较大的建设工程、因总的范围和规模不确定而无法准确定价的建设工程。应用 CM 模式需要有丰富施工经验的高水平的 CM 单位。

10.2.5 PFI 模式

PFI（Private Finance Initiative）指应用民间资本进行公共项目的开发建设，其基本的运作原理是政府制定公共项目的建设规划并据以确定 PFI 项目，选定相应项

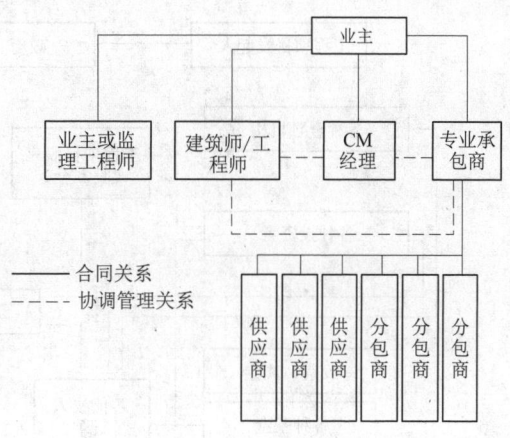

图 10.4 建设管理模式

目的事业主体（SPC），审查其开发建设方案，对项目实施过程进行监督并提供必要的服务。由出资人及合伙人结成的事业主体是该项目法定的开发建设者和经营者，他们在合同期内通过营业收入返还银行贷款本息，收回投资并获得盈利。合同期满后，则向政府（或业主）办理移交手续。PFI 模式如图 10.5 所示。

PFI 项目运作方式灵活，如 BOT（Build-Operate-Transfer）、BOO（Build-Own-Operate）等，可以在改变或不改变项目所有权的条件下，以较低的成本加快项目的建设速度。PFI 项目具有可靠的收入来源，项目融资比较容易。

PFI 运用形式主要有 BOT、BTO（Build-Transfer-Operate）、TOT（Transfer-Operate-Transfer）、BOOT（Build-Own-Operate-Transfer）和 BOO。其中 BOT 即建造-经营-移交，在这种模式下，政府开放本国基础设施和运营市场，吸收国内外资金，授给工程项目以特许权，由该公司负责融资和组织建设，建成后负责运营及偿还贷款，在

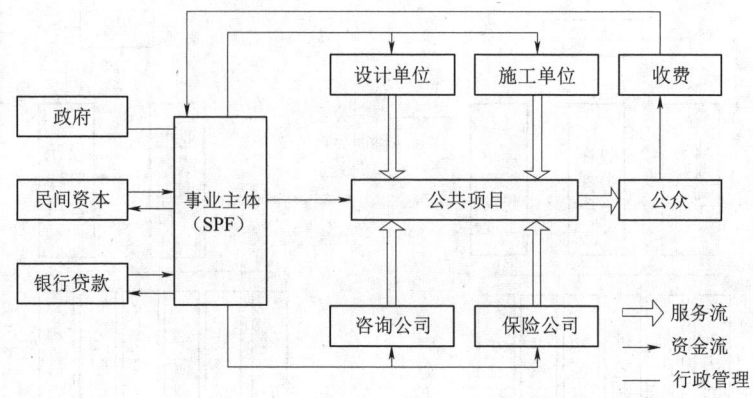

图 10.5 PFI 模式

特许期满时将工程移交给政府；目前在世界上许多国家采用 BOT 方式。BOT 模式的典型结构框架如图 10.6 所示。

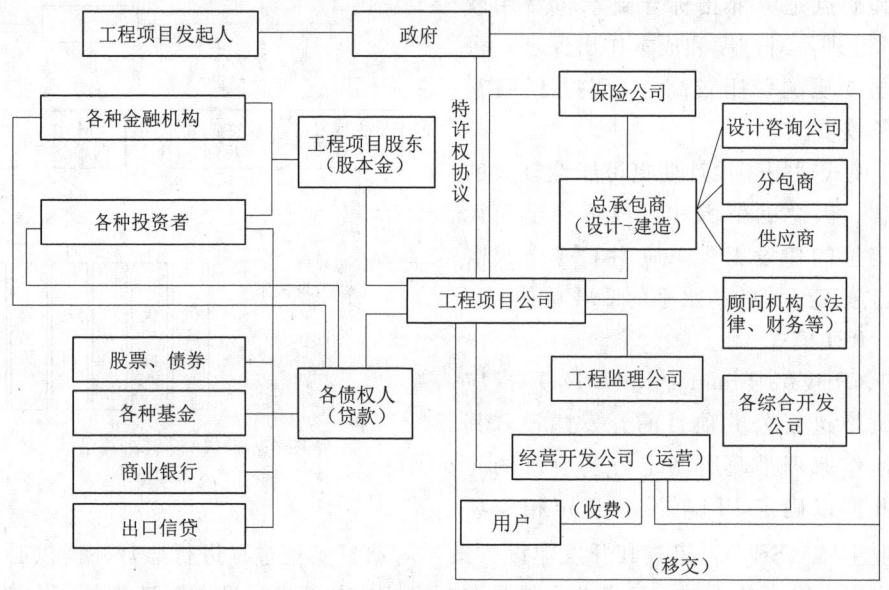

图 10.6 BOT 模式典型结构框架图

10.3 工程项目管理的组织形式

10.3.1 项目管理组织要素

项目管理的平台由四大要素构成，工程项目管理就是运用科学手段把这些要素有效地组织到一个工程项目的管理平台上。如图 10.7 所示。

（1）公司类型。工程项目管理企业组织体制通常采用有限责任公司或合伙公司的形式。有限责任公司的股东以出资额为限对公司债务承担有限责任，合伙公司的合伙人对公司债务承担无限连带责任。承担无限责任对客户是一种信誉担保,从这点上讲,合伙制比有限责任制更具竞争力。

(2) 人力资源。工程建设管理涉及的知识面、专业面和社会面都比较广,需要高智能的复合型管理人才、各类专业技术人才、建筑经济类人才和信息处理与系统分析人才。

(3) 技术支持。项目实施的首要环节是项目策划、规划设计以及设备设施配置,它关系到对工程建设的资源安排、使用功能和投资效益,因此,项目管理公司最好本身具有设计能力或者是在工程设计院的基础上组建。

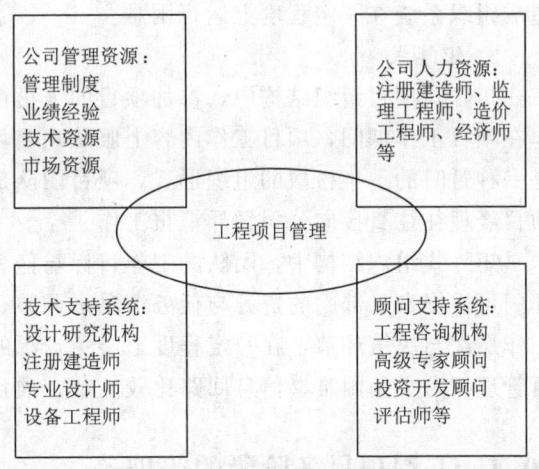

图 10.7 工程项目管理组织要素

(4) 顾问支持。工程项目管理需要强有力的顾问支持系统,特别是项目的初期研究与分析策划。同时,在建设项目实施过程中,还要根据不同的情况和条件变化及时作出相应的对策与调整,为业主提供全过程的技术服务。

10.3.2 组织结构

工程项目管理组织结构的基本形式可以分成职能式、线性式和矩阵式。

1. 职能式

职能式是工程项目中应用最为广泛的一种模式,通常由公司按不同行业分成各项目部,项目部内又分成专业处,公司的咨询项目按专业不同分给相对应的专业部门和专业处来完成。

职能式组织结构的优点是可以在本部门工作与项目工作任务的平衡中去安排力量,当项目团队中的某一成员因故不能参加时,其所在的职能部门可以重新安排人员予以补充。当项目全部由某一职能部门负责时,在项目的人员管理与使用上变得更为简单,使之具有更大的灵活性。项目团队的成员由同一部门的专业人员作技术支撑,有利于提高项目的专业技术问题的解决水平。但是对于参与多个项目的职能部门,特别是具体到个人来说,不易于安排好各项目之间力量投入的比例,不利于不同职能部门的团队成员之间的交流,项目的发展空间容易受到限制。

2. 线性式

线性组织结构源于指令逐级下达的军事组织系统。在线性组织结构中,每一个工作部门只能对其直接的下属部门下达工作指令,每一个工作部门也只有一个直接的上级部门,因此,每一个工作部门只有唯一一个指令源,避免了由于矛盾的指令而影响组织系统的运行。

在工程项目管理中,由于建设项目的参与单位很多,在项目实施过程中矛盾的指令会给工程项目目标的实现造成很大的影响,通常采用线性组织结构模式,以确保工作指令的唯一性。但在一个较大的组织系统中,由于线性组织结构模式的指令路径过长,有可能会造成组织系统在一定程度上运行困难。

3. 矩阵式

矩阵式项目组织结构中,参加项目的人员由各职能部门负责人安排,而这些人员的工作在项目工作期间,项目工作内容上服从项目团队的安排,人员不独立于职能部门之外,是一种暂时的、半松散的组织形式,项目团队成员之间的沟通不需通过其职能部门领导,项目经理往往直接向公司领导汇报工作。

矩阵式组织结构中,团队的工作目标与任务较明确,有专人负责项目的工作,各职能部门可根据自己部门的资源与任务情况来调整、安排资源力量,提高资源利用率,减少了工作层次与决策环节,在一定程度上避免资源的囤积与浪费。矩阵式组织结构的缺点是项目管理权力平衡困难,信息回路比较复杂,项目成员处于多头领导状态。

10.4 工程项目各阶段的管理

10.4.1 建设前期与施工准备阶段项目管理

10.4.1.1 报建工作

建设报建工作主要是为工程项目申领合法证件和办理合法手续,经各有关行政主管部门申报审批,确保项目建成使用后的安全、科学、合理、协调,以便主管部门在全面掌握该项目的前提下能够及时依法进行跟踪管理,同时建立项目备案,作为城市建设的重要历史资料和城市档案的重要内容。

1. 报建工作内容

按照国家相关规定及建设程序,工程建设需报建审查的主要内容包括 7 个项目,见表 10.1。

表 10.1　　　　　　　　　工程建设报建内容一览表

	审批项目	所需主要资料
1	项目建议书或预可研报告	规划意见书
2	可研报告审查	可行性研究报告、方案设计审查/规划意见书、政府投资评估、项目建议书
3	初设审查	可研报告（批准）、设计方案（审定）、环评报告、市政配套审查文件
4	建设用地规划许可证	项目建议书（批准）或预可研报告批准文件
5	建设工程规划许可证	分年度施工计划、设计方案（审定）、施工图纸
6	施工图审查	建设工程规划许可证、初设文件（审定）、立项文件、消防、人防、抗震、节能等专项（审批）、基础详勘
7	工程项目施工许可证	建设用地许可证、建设工程规划许可证、施工承包合同、施工图审查通知书、监理合同等

2. 审批流程

根据报建审批项目在内容影响上的相互关系和审批时间上的前后顺序,编制报建审批工作流程及时间控制要求,如图 10.8 所示。

10.4.1.2 规划设计管理

通过规划设计对工程进行质量、进度、投资三方面的控制,使工程设计能正确处理技

10.4 工程项目各阶段的管理

术与经济的对立统一关系，更好地满足业主所需的功能和使用要求，充分发挥工程项目投资的经济效益，以使设计人保质、保量、按时提供设计图纸文件。如图10.9所示。

1. 方案设计阶段

（1）协助业主编写设计竞赛文件要求和说明。

（2）协助业主组织设计竞赛方案的审查工作，提出有关适用、安全、技术、经济、美观等原则的优选意见。

（3）协助业主参与设计人（含勘察单位）的选择和设计合同的拟定与洽商。

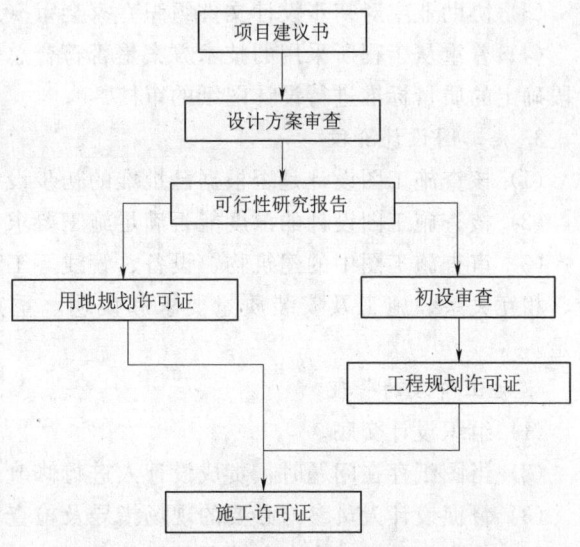

图 10.8 报建工作审批流程

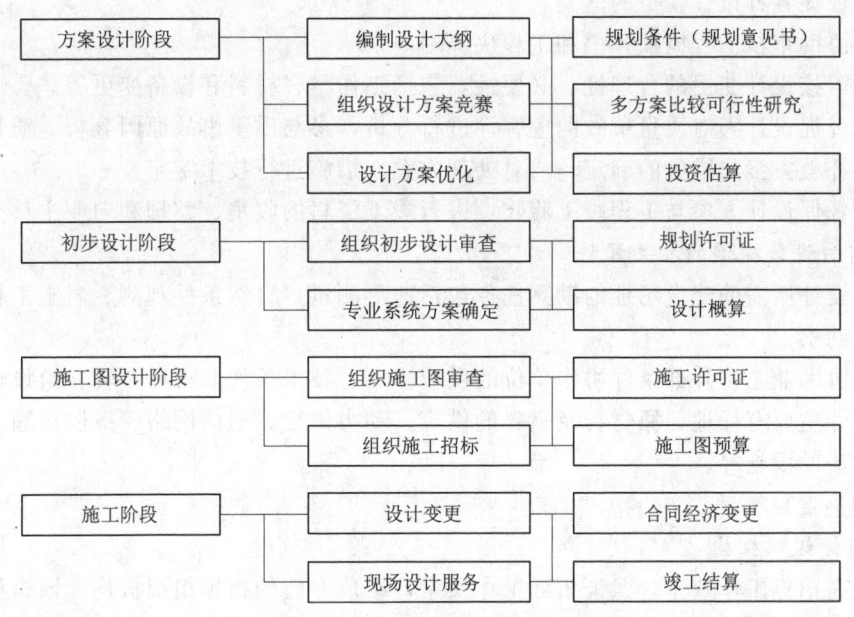

图 10.9 设计管理业务流程

（4）对选中的设计方案提出优化意见，对结构体系、设备系统、主体关键机电设备的选定提出优化意见。

2. 初步设计阶段

（1）核查设计文件（包括工程概算）是否贯彻和体现设计方案审查意见的技术、经济等原则要求，并进行跟踪管理。

（2）核查设计深度和进度，以及有关质量、进度的保证措施，并进行跟踪管理。

(3) 协助业主对初步设计文件组织专家会审（或报送主管部门进行审批）。

(4) 着重从工程所采用的技术方案是否符合总体方案的要求，以及是否达到项目决策阶段确定的质量标准进行设计图纸的审核。

3. 施工图设计阶段

(1) 核查施工图设计是否根据已批准的初步设计进行深化。

(2) 核查施工图设计的深度能否满足施工要求。

(3) 审查施工图中的建筑物、设备、管线等工程对象物的尺寸、布置、选用材料、构造、相互关系、施工及安装质量要求和说明，重点审核使用功能及质量要求是否得到满足。

4. 施工阶段的管理

(1) 组织设计交底。

(2) 当图纸存在问题时，责成设计人进行修改。

(3) 督促设计人员参与必要的现场指导及检查验收工作。

(4) 收集、整理、审查各阶段的设计文件，并建立相关的技术档案和资料库，随时向各方提供技术支持。

(5) 督促各种设计变更的落实。

(6) 协助审核工程概预算书和工程决算书。

(7) 审核设计变更的合理性、必要性，包括工作量、材料和设备变更等。

(8) 督促设计人对质量事故的危害性进行分析，参与质量事故原因分析、质量事故处理及缺陷补救方案与措施的确定，或对处理方案、措施进行技术鉴定。

(9) 督促设计人参与工程竣工验收，进行竣工资料的收集、整理和向业主移交。

5. 需向设计提供的相关资料

(1) 设计所需的建设场地的勘测任务包括地形测量、自然条件观测、岩土工程勘察和水文地质勘察。

(2) 协助业主将外部条件协作单位的供应协定、技术条件取得后，转交给设计人。外部协作条件主要有征地、原材料及燃料的供应、动力供应、通信网络、疏散运输条件、配套设施、辅助设施等。

10.4.1.3 招标管理

1. 招标组织机构

为提高招标工作效率，保证招标工作质量，组成专门的招标组织机构。该机构由三个层次组成。

(1) 决策层，由业主和项目管理机构主要负责人组成。

(2) 协调管理层，由项目管理机构负责。

(3) 实施层，由招标代理机构负责招标的主要工作。

2. 招标范围和项目施工招标分标策略

根据《招标投标法》，在我国境内进行下列工程建设项目包括项目的勘察、设计、施工、监理以及与工程建设有关的重要设备、材料等的采购，必须进行招标：

(1) 大型基础设施、公用事业等关系社会公共利益、公众安全的项目。

(2) 全部或者部分使用国有资金投资或者国家融资的项目。

(3) 使用国际组织或者外国政府贷款、援助资金的项目。

项目分标工作应结合项目特点进行，除土建结构工程应由总包负责完成外，其他专业工程应合理安排，分别组织具有相应优势的专业公司进行施工。为减少施工过程中的衔接，应科学界定业主指定专业分包单位与总包单位的工作界面，给予总包单位一定的协调权限和协调费用。

3. 设计招标

为取得与项目建设周边环境相协调、主题鲜明、风格独特的设计方案，设计招标目前一般采取方案竞赛方式进行，并在方案比选的基础上，经过商务合同谈判确定设计单位，签订设计合同。

4. 工程监理招标

工程建设监理招标一般以公开招标或邀请招标的方式面向国内具有大型公用工程建设监理经验和一定资质的监理或咨询公司进行招标。

为使施工监理工作更好地开展，监理招标工作应提前进行，一般应在总包招标和现场施工准备工作开始前确定监理单位，以便监理提前进场熟悉和了解工程设计与施工招投标的有关情况，并参与相关工作。

10.4.1.4 施工准备阶段管理

施工准备阶段主要检查、监督、落实是否具备开工和连续施工的基本条件，以便项目的建设能以预期目标进行和完成。根据内容不同，分为施工组织准备管理、施工技术准备管理、施工现场准备管理及施工物资设备准备管理。

(1) 组织准备。检查承包人、监理人等组织机构落实情况。审查承包人选择的分包单位的资质。组织承包人进场。

(2) 技术准备。审查施工组织设计。检查质量安全教育培训工作。审查施工图预算。

(3) 施工现场准备。做好施工现场的补充勘探及测量放线。在完成征地拆迁后，督促和检查建设场地"五通一平"（即通路、通电、通水、通信、通气和场地平整）工作。对施工临时设施进行平面布置规划，报有关部门审批。落实施工安全、文明施工与环保措施。

(4) 物资设备准备。建筑材料、施工机具和永久设备等物资设备准备，均应在工程开工之前落实，并安排开工必备的材料、机具先期进场。

10.4.2 建设实施阶段项目管理

建设实施阶段是项目决策的实施、建成投产发挥效益的关键环节，本阶段项目管理的难度最大，是项目管理的重点阶段。

(1) 进度控制。对于工程规模大、专业多、工艺复杂、施工进度协调难度大的项目，为使工程建设有序进行、按期完成，必须制定进度控制措施和计划管理办法。

工程项目进度控制是指在实现建设项目总目标的过程中，为使工程建设的实际进度符合项目进度计划的要求，使项目按计划要求的时间完成而开展的有关监督管理活动。工程项目进度控制是对工程项目从策划与决策开始，经设计与施工，直至竣工验收支付使用为止的全过程控制。

(2) 质量控制。工程项目质量控制是指在力求实现建设项目总目标的过程中，为满足项目总体质量要求所开展的有关监督管理活动。工程项目的质量目标是指对工程项目实体、功能和使用价值以及参与工程建设的有关各方工作质量的要求或需求的标准和水平，也就是对项目符合有关法律、法规、规范、标准程度和满足业主要求程度作出的明确规定。

(3) 投资控制。工程项目投资控制是指在整个项目的实施阶段开展管理活动，力求使项目在满足质量和进度要求的前提下实现项目实际投资不超过计划投资。

工程项目投资控制应当与工程项目质量控制和进度控制同时进行。项目管理人员在对工程投资目标进行确定或论证时，应当综合考虑整个目标系统的协调和统一，不仅要使投资目标满足业主的需求，还要使质量目标和进度目标也能满足业主的要求。这就需要在确定项目目标系统时认真分析业主对项目的整体需求，反复协调工程质量、进度和投资三大目标之间的关系，力求实现三大目标的最佳匹配。

(4) 安全管理。安全管理是对施工现场的安全相关信息进行登记和维护，通过建立参建各方完善的安全管理责任体系，强化安全教育、加强安全检查与监督等一系列安全措施，保证生产的安全、有序进行，从而高质量地实现安全管理的目标。

(5) 合同管理。通过对施工承包合同、监理合同、设计合同、供应合同等的有效管理，保证工程建设三大控制目标的实现，使整个工程在预定的投资和工期范围内完成并达到预定的质量和功能。

(6) 物资设备管理。工程使用的物资、设备质量的好坏和价格的高低，以及能否按期供应，是保证工程施工连续、保障生产正常的重要条件，是降低工程成本的重要途径。物资、设备管理通过编制周密的计划并采用科学的管理方法，建立生产和供应保证体系，按照物资、设备需求计划，适时、适地、保质、保量地供应物资和设备。

(7) 信息与文档管理。通过对数据和信息进行收集、处理、存储和分析，并合理、灵活、高效地加以管理和利用，便于项目管理人员作出正确的管理决策。文档是工程信息的一个重要载体。通过控制文档接收、签发、传递和归档的文件流使之为项目提供有效的决策和支持服务，确保项目文档资料的完整性和可靠性。

(8) 风险管理。风险管理是识别、度量和评价、制定、选择和实施风险处理方案，从而达到风险控制目的的过程。项目建设是一项复杂的活动，存在很多不确定性因素，如设计、施工等技术因素，组织协调、合同、人员、材料、设备等非技术因素，给工程建设带来风险，须通过对这些风险进行管理，最大限度地控制其对工程建设带来的影响。

(9) 组织协调。组织协调主要是排除障碍、解决矛盾、保证项目目标的顺利实现。除内部关系协调以外，与外部关系的协调主要涉及人际关系、组织关系、供求关系、协作配合关系和约束关系等。为了保证控制目标顺利实现，必须处理好与业主、设计人、监理人、承包人等之间的关系。

10.4.3 竣工验收阶段项目管理

竣工验收是项目建设的最后一个环节，是工程项目从投资实施到交付运营的衔接转换阶段，是投资建设成果转入运营使用的重要标志，也是全面考核工程建设投资和质量的关键环节。竣工验收阶段工作包括工程项目的竣工验收及工程资料的移交、验收遗留问题的处理和交工后服务、竣工结算以及竣工决算等工作。

1. 工程项目竣工验收

成立由业主牵头、参建各方负责人参加的项目竣工验收领导小组，负责本工程项目竣工验收各项准备工作的总组织和协调，其中项目管理机构负责领导小组的具体组织工作。

(1) 督促监理和承包人组建强有力的验收组织机构。

(2) 制定项目竣工验收管理办法。

(3) 制定档案归档办法。

(4) 督促监理和承包人做好现场施工项目的收尾工作。

(5) 督促监理和承包人做好单元工程验收和质量评定等资料的收集和整理工作，在此基础上由监理组织逐步进行分项工程、分部工程、单位工程的验收和现场检查工作。

(6) 积极配合验收委员会做好竣工验收工作。

(7) 做好工程技术档案资料的收集、整理和保管工作，竣工验收结束后及时办理相关移交手续。

(8) 配合做好对工程固定资产的清查与核定。

2. 验收遗留问题的处理和交工后服务

(1) 对所有遗留问题，本着负责到底的精神，实事求是地、妥善地处理和解决。

(2) 根据验收时确定的遗留问题清单及相应处理措施，制订详细的处理计划，并督促落实。

(3) 积极配合业主和运营人进行试运行的调试、准备和人员培训等工作。

(4) 关于项目交工后的服务，根据工程承建合同的有关规定，制定工程回访和保修的实施细则，明确其内容、处理方式及时间安排等。

3. 竣工结算和竣工决算

在工程竣工验收之后，督促监理尽快组织承包人进行竣工结算报告的编制，并在监理审查的基础上进行审核，协助业主审定。

收集和整理竣工决算编制所需的基础资料，协助业主完成竣工决算的编制。

10.5 水利工程项目管理

10.5.1 我国水利工程管理的发展和成就

我国是水利历史悠久的国家，长期以来，积累了非常丰富的水利工程管理经验。我国古代有过诸如河防、岁修、堵口复堤、通舟保漕等属于水利管理范畴的事迹和制度。唐《水部式》就是唐代颁布执行的水利工程管理法规，代表了当时水利管理的成就。但19世纪中叶以后，我国沦为半殖民地半封建社会，不仅水利建设停滞不前，而且已有的一些水利工程也年久失修，管理制度废弛，管理水平十分落后。直至20世纪初，我国才开始学习和引进西方先进的水利科学技术，但管理落后的局面并未有大的改变。

新中国成立70多年来，水利建设事业迅速发展，水利管理事业也不断壮大，其发展过程可大体分为三个阶段。

第一阶段是中华人民共和国成立初期的三年经济恢复时期和第一个五年计划时期。这一时期中，水利水电建设发展快、质量好、效益显著。随着新修工程的迅速增加，水利工程的管理开始了机构和业务建设。从中央到地方各级水利部门相应建立了工程管理部门，各类水利工程也建立了专管机构，开始对工程进行运用管理。并把水利工程的技术管理归纳为检查观测、养护修理和控制运用三个方面，且建立了相关规章制度。

第二阶段是1958—1977年。1958年的"大跃进"中，大批水利工程投入建设，水利建设虽然取得了很大成绩，但在"左"的思想指导下，"边勘测、边设计、边施工"，不少工程标准低、质量差、尾工多、配套不全，给管理工作留下了后遗症。全国现有300多座大型水库中有200多座是在这个时期动工兴建的，设计标准低，质量问题很多，至今除险加固的任务还十分艰巨。与此同时，水利管理工作大大削弱，"重建设、轻管理"的现象十分严重，出现了不少中小型工程无人管理和管理中乱指挥、乱运用、乱操作的情况。为了建立正常的管理秩序，当时的水利电力部陆续颁发了水库、坝、堤防管理通则，制定了水利工程检查观测和养护的技术规范。

但是，从1966年开始，许多水利管理机构被撤销、大批科技人员下放，大批技术资料档案被销毁，管理制度废弛，秩序一片混乱。统计表明，1966—1976年间，水库垮坝最多，最严重的是1973年，全国中小水库垮坝500余座。1975年，河南省遭受特大洪水，板桥、石漫滩两座大型水库垮坝失事，使下游地区遭受毁灭性的灾难。受灾人口1100万人，淹没耕地1700万亩，倒塌房屋560万间，京广铁路被毁102km，中断行车18天。造成严重灾害的主要原因，固然是遭受了历史罕见的特大洪水，但是，如果水利工作能够尊重科学，按客观规律办事，把工程修好，加强管理，是能够大大减少洪灾损失的。

第三阶段是党的十一届三中全会至今。我国推行了以经济建设为中心、全面改革、对外开放的一系列方针政策，国民经济持续稳定增长，国家面貌发生了深刻变化，水利管理工作也产生了根本性的变化，工作成绩十分显著，主要表现在以下几个方面。

(1) 完成了艰巨的管理任务，发挥了巨大的工程效益。新中国成立70多年来，交付管理的水库8.5万多座，水闸3.1万多座，整修和新建江海堤防26万km。有效灌溉面积8亿亩；机电排灌设备7269万kW；机井、塘坝皆以百万计。已建水电站4.9万多座，装机容量6400多万kW。水利工程年供水量5800多亿m^3，共形成水利固定资产原值3000多亿元。虽然管理任务繁重，但从整体看已较好地完成了对这些工程的管理任务，发挥了防洪、供水、灌溉、发电和综合经营的巨大效益。

仅1995年、1996年两年，水利工程在抵御特大洪水、防止减免洪涝灾害中，挽回的经济损失就达7800亿元。新中国成立以前，平均每两年泛滥一次的黄河，新中国成立70多年来安然无恙；都江堰灌区旧貌换新颜，灌溉面积发展到近1000万亩；在我国不到总数一半的有灌溉设施的土地上生产出全国总产量70%多的粮食和经济作物。我国北方过去严重缺水的城市，现在依靠引水工程解决了供水问题。水力发电量约占全国总发电量的20%。全国8万余座水库，养殖水面积20万km^2，约占淡水养殖面积的40%。总之，经过各级水利管理单位的努力，现有的水利水电工程已发挥了巨大的综合效益。

(2) 建立了覆盖全国的多层次的水利管理组织系统。我国的水利管理机构，50多年来从无到有已逐步建立起来，改革开放后有了更迅速的发展。到20世纪80年代后期，由国家管理即由县以上各级政府管理的水利工程约2.1万项，设置专管机构1.3万个。

流域机构、地方基层管理机构，加上乡镇水利站的管理人员，总数超过60万人，形成了一支相当完整的水利管理队伍。

（3）改革不断深入，法规日趋完善。改革开放以来，逐步扭转了不讲经济效益、重建轻管的思想，使水利管理工作逐步走上了以提高经济效益为中心的轨道上来。把水利工程管理的任务归纳为"安全、效益综合经营"，制定了"加强经营管理，讲究经济效益"的水利工作方针。党的十四届五中全会提出，水利是国民经济的基础产业，被列为国民经济基础设施的首位。全社会重视水利，也给水利管理工作带来了难得的发展机遇，水利管理工作必将取得长足的进步。

为了维护正常管理秩序，推动体制改革，国家颁布了《中华人民共和国水法》及一系列关于工程管理体制、经营管理和工程安全管理等的条例和办法，水利管理的法规体系日趋完善。

近年来，随着水利工作改革的不断深化，水利管理体制也不断完善。全国不少地区建立了适应社会主义市场经济要求的水利经营管理体制，走产业化的路子，使水利管理单位由事业福利型向产业效益型转变。按照"抓大放小"的管理模式，对小型水利工程适当放宽了政策，如实行国有民营、集体所有、私人所有或股份制等多种形式的管理体制，按照"谁受益、谁负担"的原则，把直接为老百姓服务的小型水利设施交给老百姓自己去管、自己去办，进行拍卖、租赁或承包。从而极大地调动了管理工作者的积极性，充分发挥了工程作用，促进了社会的稳定发展。

但是，我们应该看到，目前已建水利工程还远不能适应国民经济和社会发展的要求，主要表现在水利工程抗灾标准低，老化失修、病险严重。用水管理不严，浪费水严重，水资源利用效率不高。同时在经济上，许多水管单位尚未形成自我维持、自我发展的良性运行机制。今后的工作要以确保工程安全为重点，充分利用水资源，努力提高经济效益。

水利管理的内容随着水利事业的发展也在不断充实和发展，从20世纪50年代只限于技术管理的内容，发展成了以已建的水利系统为对象，以水利技术为基础，以现代管理科学为手段，以提高经济效益为宗旨的一门新的管理学科。它的内容很广泛，一般可分为工程技术管理和经营管理。本课程只讲述工程技术管理的内容，包括水库控制运用、用水管理、工程检查观测、工程养护维修和防汛抢险等，其他有关水利管理的内容将在《水利工程经营管理》等课程中讲述。

10.5.2 水利工程管理的意义

水利工程的建设，为发展国民经济创造了有利条件，但要确保工程安全，充分发挥工程的效益，还必须加强工程管理。常言道："三分建，七分管"，对水利工程而言，建设是基础，管理是关键，使用是目的。工程管理的好坏，直接影响效益的高低，管理不当可能造成严重事故，给国家和人民生命财产带来不可估量的损失。

加强水利工程管理的必要性，主要体现以下几个方面。

（1）由于影响水利工程的自然因素复杂，水工理论技术仍处于发展阶段，同时水工建筑物工程量大、施工条件困难，因此，在工程的勘测、规划、设计和施工中难免有不符合客观实际之处，致使水工建筑物本身存在着不同程度的缺点、弱点和隐患。根据1996年底的统计，我国大中型病险水库占水库总数的1/4左右，小型水库更高达约2/5。虽然近年来各级政府投入巨大资金整险加固,至今已建水库仍有 3 万多座病险水库,约占水库总数的 1/3。特别是小型水库,分布面广、量大,除险加固任务更加艰巨。

(2) 水工建筑物长期处在水中工作,受到水压力、渗透、冲刷、气蚀、冻融和磨损等物理作用以及侵蚀、腐蚀等化学作用的影响。水工建筑物在长期运行中,可能受到设计时所未能预见的自然因素和非常因素的作用,如遭遇超标准的特大洪水、强烈的台风和地震等。

(3) 水工建筑物失事危害随社会发展而不断加大。随着国民经济的迅速发展,各水利工程下游的城镇居民和工矿企业均日益增多,条件也日渐优越,一旦水工建筑物失事,溃坝洪水所造成的损失,会远远超过以往的任何时期。

此外,各水利工程对国民经济发展关系重大,如果工程失事而丧失作用,必将严重地影响工农业生产和发展,造成极大的间接损失。如 1998 年汛期,长江上游先后出现 8 次洪峰,并与中下游洪水遭遇,形成了全流域性特大洪水。在长江荆江河段以上,洪峰流量小于 1931 年和 1954 年的洪水,而洪量则大于 1931 年洪水和 1954 年的洪水。在这场大洪水中,长江中下游干流和洞庭湖、鄱阳湖共溃坝 1075 个,总淹没面积 32.1 万 km^2,其中耕地 19.7 万 km^2,涉及人口 229 万人,死亡人口 1562 人;长江干堤九江大堤决口,尽管未造成人员死亡,但给国家及当地工农业发展造成了难以估量的损失。

总之,水工建筑物在运用中,受到各种外力和外界因素的作用,随着时间的推移,将向不利方向转化,逐渐降低其工作性能,缩短工程寿命,甚至造成严重事故。因此,对水工建筑物加强检查观测,及时发现问题,进行妥善的养护,对病害及时进行维修,不断发现和克服不安全的因素,确保工程安全。同时,科学调度、使用和保护水资源,使水利工程长期地充分发挥其应有效益,这就是水利工程管理的重要意义。

10.5.3 水利工程管理的任务和内容

10.5.3.1 水利工程管理的任务

水利工程管理的主要任务是:确保工程的安全、完整,充分发挥工程和水资源的综合效益。具体是通过合理调水用水,除害兴利,最大限度发挥水资源的综合效益;通过检查观测了解建筑物的工作状态,及时发现隐患;对工程进行经常的养护、对病害及时处理;开展科学研究,不断提高管理水平,逐步实现工程管理现代化。

为了做好工程管理工作,首先应当详细掌握工程的情况。在工程施工阶段,就应筹建管理机构,并派驻人员参与施工;工程竣工后,要严格履行验收交接手续,要求设计和施工单位将勘测、设计和施工资料,一并移交管理单位;管理单位要根据工程具体情况,制定出工程运用管理的各项工作制度,并认真贯彻执行,保证工程正常高效的运用。

在建筑物的管理中,必须本着以防为主、防重于修、修重于抢的原则。首先做好检查观测和养护工作,防止工程中病害的发生和发展,发现病害后,应及时修理。做到小坏小修、随坏随修,防止病害进一步扩大,以免造成不应有的损失。

改革开放以来,各级水利部门十分重视水工建筑物养护维修工作,取得了很好的效果,积累了许多整治病害的经验,在水库除险中引进了许多新技术、新材料、新工艺。例如采用高压定向喷射灌浆法构筑防渗墙以处理坝基渗漏;在土坝中采用劈裂灌浆法处理渗漏;应用土工膜和土工织物防渗排渗以节省投资、缩短工期;采用新技术、新工艺防止钢闸门腐蚀等。在养护修理工作中，对于难以解决的特殊问题，一般需与设计、施工、科研等单位会商，确定处理措施，并及时进行观测，验证其效果。工程出现险情，应在党和政府的统一领导下，充分发动群众，立即进行抢护。在防汛抢险中，应随时做好防大汛抢大险的准备，制订相应的抢险方案，尽可能地减少洪灾造成的损失。

10.5.3.2 水利工程管理的内容

水利工程管理主要包括以下几方面。

(1) 水库控制运用。在原规划设计的基础上，根据水文气象、上下游防洪要求，结合工程情况与用水部门的要求，合理地有计划地进行洪水调度和兴利调度，保证工程安全和发挥最大效益。

(2) 用水管理。根据水源情况、工程条件、工农业生产安排等方面编制用水计划，实行计划用水。按照用水计划的规定和水量调配组织的指导，调节、控制水量，准确地从水源引水、输水和按定额向用水单位供水，同时做好量测水工作。在灌溉用水中，减少渠道水量损失、提高灌溉水的利用率是一项极为重要的工作。其主要措施包括改善灌水技术、渠道防渗、积极开展灌排试验等。

(3) 检查观测。水工建筑物在运用过程中，其状态和工作情况随时都在变化，有的是正常变化，不影响建筑物的安全；但是，如属异常变化，就可能引起失事。管理人员应对建筑物进行经常的、系统的、全面的检查观测工作，随时掌握建筑物的状况，及时发现问题并采取措施，改善工程运用状况，保证工程安全。

(4) 养护修理。根据检查观测的情况，及时消除建筑物的隐患，进行加固处理，以保持建筑物处于良好的工作状态。除此之外，还要对建筑物经常地、定期地进行维护，延长工程寿命，使建筑物保持完整和正常运行。

养护维修工作一般可分为经常性的养护修理、岁修、大修和抢修4种。

经常性的养护修理：根据检查观测发现的问题而进行的日常保养维护和局部修理，以保持工程完整。

岁修：在每年汛后检查发现工程问题后编制岁修计划，报批后进行的修理。

大修：工程发生较大损坏，修复工作量大，技术较复杂，管理单位报请上级主管部门批准，邀请设计、施工和科研单位共同研究制订修复计划，报批后进行的修理。

抢修：工程发生事故危及工程安全时，管理单位组织力量进行的抢险。应同时上报主管部门，采取进一步的处理措施。

(5) 防汛抢险。各级机构建立防汛机构，组织防汛队伍，准备物资器材，立足于防大汛抢大险，确保工程安全。不断总结抢险的经验教训，及时发现险情，准确判断险情的类型和程度，采取正确措施处理险情，迅速有力地把险情消灭在萌芽状态，是取得防汛抢险胜利的关键。

思 考 题

1. 试述项目和工程项目的特征。
2. 试述工程项目的构成条件。

3. 试述工程项目管理的特征、主要任务。
4. 试述工程项目管理的发展过程。
5. 工程项目的管理模式主要有哪几种?
6. 简述工程项目管理组织结构的主要形式。
7. 简述水利工程管理的主要内容。
8. 水利工程管理的重要意义是什么?
9. 水利工程管理的任务是什么?它的内容主要有哪些?

第11章 水利工程项目风险管理

11.1 水利工程项目风险管理概述

11.1.1 风险与不确定性

　　风险一般指事件发生的后果与预期后果有某种程度背离的机会，并且这种背离可能带来损失。由于自然界和人类的社会活动中存在着大量不确定性因素，包括客观存在的不确定性与由于人们认识水平的局限所引起的不确定性，使人们不能准确地预测未来事件发生的状况和后果，从而产生了实际发生的后果与人们预期后果的背离。

　　风险是由不确定性因素产生的。造成风险的原因来自两个方面：一是由于客观事物本身具有随机性、不确定性；二是由于人们对客观事物所存在风险的信息掌握不够，从而导致认识与客观实际存在偏差。风险是一种客观存在，它普遍存在于我们的生产、生活中，人们无法消除，只能通过一定措施减少其发生的机会及其所造成的影响。

　　对项目经济评价而言，风险是指预期结果中出现不利因素所造成的后果。自然条件、经济状态等随机因素的不可预见（即存在不确定性）是产生风险的原因，所以风险与不确定性密切相关。美国水资源委员会曾对风险和不确定性作过区分，即风险指各种可能的后果可以用已知的（或能用专家们一致估计的）概率分布去描述；而不确定性指多种可能的后果不能用已知的或专家们一致估计的概率分布去描述，即各种后果出现的概率未知且不能由专家们一致估定。在实际工作中，通常对这两者并不严加区分，有时甚至将两者交替使用。

　　人们对风险事件的分析总是有一定的目的。根据不同的角度，用不同的标准和方法，可以把风险分为不同的类型。

　　按风险发生的形态来划分，风险可以分为静态风险和动态风险两类，这是风险分类中最重要的一种分类。静态风险主要是指自然灾害和意外事故带来的风险，它是由自然界的不确定性和人们对自然规律认识的局限性造成的，如洪灾风险、地震灾害风险等。静态风险可能造成的后果主要是给人们带来损失，各种自然灾害或事故只会给人们造成损失，而不可能带来意外的收益，因此静态风险也称为纯风险。动态风险则主要是人们在改造客观世界过程中，由于人们自身的行为和社会经济系统中各种不确定性所造成的。动态风险是随社会、经济、政治等各种复杂的不确定性因素的变化而变化的。这种风险可能引起的后果是双重的，它既可能给风险的承担者带来损失，也可能带来额外的收益。

　　在水利事业中既有静态风险问题，也有动态风险问题。例如，洪水灾害在一般情况下属于静态风险，因为只能带来损失而不会引起额外收益。但是蓄滞洪区土地资源的合理开发利用问题就是一种动态风险问题，在多数年份因不发生大洪水，蓄滞洪区中土地利用可以取得收益，而在少数大洪水年份，它既有获得收益的机会，又有遭受损失的机会，故此时应作为一种动态风险问题来研究。在水利事业中这种动态风险也是很多的。

风险渗透在社会生活各个领域之中，不同的行业、不同的部门对风险有不同的分类方法。如保险业，按风险产生的原因和涉及的对象把风险分成财产风险、人身风险和责任风险。一般来说，根据风险的起因可以把风险分为自然风险、社会风险、经济风险和政治风险四类。自然风险指由于物理和实质危害因素所造成财产毁损的风险，如水、火灾害等；社会风险指由于人们行动反常或不可预料的行动，如爆发战争等所造成的风险；经济风险指在产销过程中由于各项有关因素的变动或估计错误导致费用增加或收益减少的风险；政治风险指由于政权更替、种族矛盾、宗教冲突、叛乱和战争等引起的风险。风险分类还有许多方法，例如按风险性质可分为纯粹风险和投机风险；按风险发生的原因可分为主观风险和客观风险等。

在我国的水利建设项目经济评价中，主要是考虑经济风险，其内容主要包括：

（1）投资风险指由于工程技术因素（如工程地质条件、水文条件、设备制造、施工技术等的变化影响工期和工程量）、经济因素（材料价格、外汇汇率等的变化影响工程的价格）和社会因素（如资金供应、资金管理和其他社会因素对资金的影响）的不确定性而可能产生的投资风险。

（2）效益风险指由于水文条件、设备质量、市场需要和工程建设工期等因素的不确定性导致水利产品数量和水利产品价格的变化而可能产生的效益风险。

（3）综合经济风险。无论何种不确定性因素产生的影响最终总是以对工程经济效果指标的影响而体现出来的，因此，对水利工程经济风险分析的核心，是分析全部风险因素（变量）因发生可能变化时对工程综合经济效果指标的影响程度。

11.1.2 工程项目风险

工程项目风险，是指工程项目在其寿命周期中的风险。即工程项目在决策、勘察设计、施工以及竣工后投入使用各阶段可能遭受到的风险。工程项目风险使工程目标的实现具有了不确定性。

工程项目的建设是一项复杂的系统工程。项目风险是在项目建设这一特定环境下发生的，与项目建设活动及内容紧密相关，项目建设风险具有复杂系统的若干特征。研究建设项目风险的系统特征，不仅能深入地认识工程项目风险的特殊性，同时也是工程项目风险管理的基础。

1. 工程项目风险的相对性

风险总是相对项目主体而言的，同样的风险事件对不同的主体有不同的影响。如工程变更，可能为承包人索赔创造了条件，这对承包人而言是个机会，但对业主而言是一种风险。本章主要是以整个项目为对象研究风险管理的理论、方法及其应用，并不特指业主、承包商、设计单位或监理单位任何一方的风险管理。

风险的大小也是相对的。不同的主体对同一风险的承受力是不同的。人们的承受能力与收益的大小、投入的多少、项目主体的地位和拥有的资源等因素有着密切的关系。

2. 工程项目风险的阶段性

工程项目风险在整个项目生命周期中都存在，而不仅仅在施工阶段。随着工程项目的进行，不同的阶段会有不同的风险出现。表 11.1 列举了项目各个阶段常见的风险事项。风险的阶段性有助于对项目进行分阶段风险识别。随着项目的进展，风险会随之逐渐减少。最大的风险存在于项目的早期，早期阶段作出的决策对以后阶段和项目目标的实现影响最大，为减少损失，在早期阶段主动付出必要的代价要比拖到后期阶段不得已采取措施好得多。

表 11.1　　　　　　　　　　工程项目各阶段常见的风险

项目阶段	常 见 风 险 事 项
可行性研究阶段	市场分析有误；基础数据不完整、不可靠；分析模型不合理；预测结果不准确等
项目设计阶段	项目设计存在缺陷、错误和遗漏；有关地质的数据不足、不可靠；未考虑施工的可能性；专业不协调等
施工阶段	缺乏科学合理的项目管理；施工工艺落后；不合理的施工工艺和方法；施工安全措施不当；应用新技术、新工艺失败；劳动力缺乏或劳动力效率低下；不适当的采购策略；设计图滞后；不适当的工程支付；项目资金紧张；恶劣的气候条件等
竣工后阶段	工艺设计未达到预定指标；工艺流程不合理；工程质量验收未达到规定要求；维修费用过高；无偿债能力；市场发生变化等

3. 工程项目风险影响的全局性

风险影响常常不是局部的、某一段时间或某一个方面的，而是全局性的。例如，反常的气候条件造成项目工期的停滞，则会影响整个工程项目的后期计划，影响后期所有参与者的工作。它不仅会造成工期延长，而且会造成费用增加，甚至对工程质量造成伤害。即使是局部的相对独立的风险，随着时间的推移和项目的发展也会急剧增多，其影响呈扩大的趋势。

4. 工程项目风险的相关性

项目风险之间存在着相互依存、相互制约的关系，它们通过工程项目建设特定的环境和各种可能的途径进行组合，形成特殊的复合风险。项目风险的相关性使项目风险的发生、作用及损失程度的变化极其复杂。

11.1.3　风险管理

11.1.3.1　风险管理的概念

在风险管理的发展过程中，由于不同的学者对风险管理的出发点、目标、手段和管理范围等强调的侧重点不同，从而形成了不同的学说。其中最具代表性的学说有美国学说和英国学说，其他各学说都是他们的分支，或是在此基础上进行的派生。

美国学者通常从狭义的角度解释风险管理，他们把风险管理的对象局限于纯粹风险，且重点放在风险处理上。

英国学者对风险的定义则侧重于对经济的控制和处理程序方面。英国伦敦特许保险学会的风险管理教材，给风险管理下的定义为：为了减少不确定事件的影响，对企业各种业务活动资源的计划、安排和控制。

在此基础上所形成的另外三个风险管理的定义则表现得较为全面。

第一，风险管理是通过对风险的鉴别、衡量和控制，即以最少的成本将风险导致的各种不利后果减少到最低限度的科学管理方法。

第二，风险管理是旨在对风险的不确定性及可能性等因素进行考察、预测、收集、分析的基础上制定出包括识别风险、衡量风险、积极管理风险、有效处置风险及妥善处理风险所致损失等一整套系统而科学的管理方法。（台湾学者提出的观点）

第三，风险管理是研究风险发生规律和风险技术的一门新兴管理科学，各级单位通过风险识别、风险估测、风险评价，并在此基础上优化组合各种风险管理技术，对风险实施有效的控制和妥善处理风险所致的后果，期望达到以最少的成本获得最大安全保障的目标。

上述三种定义包含了以下几层意义：

（1）风险管理是一门新兴的管理科学，而不仅仅是一种程序化的管理方法。风险的来源、风险的形成过程、风险潜在的破坏机制、风险的影响范围以及风险的破坏力错综复杂，单一的管理技术或单一的工程技术、组织、程序、措施都有局限性都不能完全奏效，必须运用多种方法、手段和措施，才能以最少的成本将各种不利后果减少到最低程度。因此，风险管理是一种边缘学科，其理论和实践涉及自然科学、社会科学、工程技术、系统科学和行为科学等多种学科。

（2）风险管理的主题是经济单位，即个人、家庭、企业、政府单位、跨国集团和国际联合组织。

（3）风险管理的核心在于选择最佳风险管理技术组合。每一种风险管理技术都有一定的适用范围，因此各种控制技术的综合运用及优化组合是实现管理目标的重要环节。

（4）风险管理的目标在于以最少的成本实现最大安全保障的效能。在制订风险应对计划时，期望达到该目标，然而是否能够达到，不仅决定于前期阶段识别、估计、评价风险是否正确，而且还取决于风险应对计划实施过程中的效果评价。对风险应对计划不断修改，使其更加切合实际。这表明风险管理是一动态过程，管理者必须根据实际情况随时修改管理方案，这样才能达到以最少的成本实现最大安全保障的目标。

11.1.3.2　风险管理与项目管理的关系

任何一个工程项目，要确保其顺利实施，保证其费用、质量、进度目标的实现，必须进行项目管理。项目的实施过程可分若干阶段，而每一阶段又由许多子过程组成。这些确定的子过程的实现一般有规定的程序、工作规程、检查或验收标准等。对这类常规性的工作进行管理，比如项目质量管理、人力资源管理、采购管理，复杂性并不大，属于工程项目管理中程序化、结构化和制度化的管理工作。

但工程项目，特别是大中型工程项目，是一个极其复杂的系统工程，其实施过程，不可避免地会受到不确定因素的影响，即存在风险性的问题；并且工程项目一旦出了问题就很难补救，不像重复性的市场活动和工业生产，常常可以在以后找到机会弥补。加之，风险管理较为复杂，一方面在于信息的不完整或信息的相对滞后，对它们的识别及性质的把握相当困难；另一方面对它们进行处理的工具、方法和手段常常是无章可循。因此，工程项目管理中最重要的任务可以说就是对风险问题的分析和管理。

当然，多方面的管理子系统共同构成完整的项目管理概念，风险管理同项目中的其他管理彼此之间并不是孤立的，比如风险管理与费用管理（对于施工单位而言就是成本管理)。项目风险管理通过风险分析,可以计算出不能避免但是能够接受的损失的数量,将其计入成本,这就为在项目预算中列入必要的应急费用提供重要依据,从而增强了项目成本计算的准确性和现实性,能够避免因项目超支而造成项目各有关方的不安,有利于坚定人们对项目的信心。因此,风险管理是成本管理的一部分,是完整的成本管理不可或缺的基础。同样,其他常规管理中都蕴含着风险的管理,风险管理与这些常规管理连成一体,渗透到项目的各个阶段各个方面,共同促进项目的顺利进行。

11.2 水利工程项目风险管理过程

水利工程项目风险管理包括风险识别、风险估计、风险评估、风险应对、风险监控几大过程。风险识别,它是风险管理的第一步,是在风险发生之前,通过分析、归纳和整理各种统计资料,对风险的类型及生成原因、可能的影响后果作出定性估计、感性认识和经验判断。风险估计,它是在风险识别的基础上,通过对所收集的大量资料的分析,利用概率统计理论,估计和预测风险发生的可能性和相应损失的大小。风险估计是对风险的定量化分析。风险评估,它是在风险识别和风险估计的基础上,对风险发生的概率、损失程度和其他因素进行综合考虑,得到描述风险的综合指标——风险度,以便对工程的单个风险因素进行重要性排序和评价工程项目的总体风险。风险应对,风险评估之后,风险管理者对项目存在的种种风险和潜在损失有了一定的把握,在此基础上,在众多的风险应对策略中,选择行之有效的策略,并寻求与之对应的,既符合实际,又会有明显效果的具体应对措施,力图使风险转化为机会或使风险造成的负面效应降低到最低的程度。风险监控,即对工程项目风险的监视和控制。跟踪已识别的风险,监视残留风险和识别新的风险,严格执行风险应对措施并适时调整,密切注视这些措施对降低风险的有效性,将项目的进展控制在管理者手中。

风险管理贯穿于项目管理的各个阶段和各个层次,具有极其重要的作用。人们在工程项目管理中提出了全面风险管理的概念。全面风险管理运用系统的、动态的方法进行风险控制,以减少工程项目中的不确定性。传统观点认为风险管理是一个直线的过程,全面风险管理理论则强调风险的识别、估计、评估、应对与监控发生于项目的全过程,整个风险管理过程是一个循环系统。随着风险应对计划的实施,风险会出现许多变化,这些变化的信息应及时反馈,风险管理者才能及时地对新情况进行风险估计和评估,从而调整风险应对计划并实施新的风险应对计划,这样循环往复,保持风险管理过程的动态性才能达到风险管理的预期目的。

11.2.1 风险识别

风险识别是风险管理的基础性工作,它通过提供必要的信息使风险估计和评估更具效果及效率。风险识别做得不好,通常意味着风险评估也会做得不好。可以说一个已识别的风险已不再是风险,而只是一个管理问题,毫无疑问,对风险的错误定义将导致进一步的风险。

风险识别包括确定风险因素、风险产生条件,描述其风险特征和可能的后果,并对识别出的风险进行分类。风险识别是工程项目风险管理中一项经常性的工作,不是一次就可以完成的,应当在项目的自始至终定期进行。

11.2.1.1 风险识别的依据

(1) 项目的前提、假设和制约因素。项目的建议书、可行性研究报告、设计或其他文件一般都是在若干假设、前提的基础上作出的。这些前提和假设在项目实施期间可能成立,也可能不成立,因此,项目的前提和假设之中隐藏着风险。任何一个项目都处于一定的环境之中,受到许多内外因素的制约,这是项目管理班子不能控制的,其中隐藏着风险。因此,项目的前提、假设和制约的因素是风险识别时应该参考的依据。

(2) 项目规划。项目规划中的项目目标、任务、范围、进度计划、费用计划、资源计划、采购计划及项目承包方、业主方和其他利益相关者对项目的期望值等都是项目风险识别的依据。

(3) 工程项目常见风险种类。如政治风险、经济风险、自然风险、社会风险等。若风险分类罗列全面,则最终的识别结果就不致遗漏,还可避免风险识别盲目、无从下手的情况。

(4) 历史资料。项目的历史资料可以是以前亲身经历过的项目的经验总结,也可以是通过公共信息渠道获得的他人经历过的项目的历史文档。在过去建设过程中的档案记录、工程总结、工程验收资料、工程质量与安全事故处理文件,以及工程变更和施工索赔资料等,记载着工程质量与安全事故、施工索赔等处理的来龙去脉,这对当前工程项目的风险识别是很有帮助的。

11.2.1.2 风险识别的步骤

风险识别可分三步进行:收集信息、风险形势估计、确定风险事件并归类。

(1) 收集信息。风险识别需要大量信息来了解情况,要对项目系统以及系统的环境有十分深入的了解,并要进行预测,不熟悉情况是不可能进行有效风险识别的。风险识别不仅需要收集足够的信息,还要判断信息的准确性和可信度。这就给收集信息的工作增加了一定的难度。

(2) 风险形势估计。风险形势估计是要明确项目的目标、目标实现的战略、项目所处的内外环境、项目资源状况、项目的前提和假设,以确定项目及其环境的不确定性。进行风险形势估计,可以使项目管理班子换一个角度重新审查项目计划,认清项目形势,揭露原来隐藏的假设、前提和以前未曾发觉的风险,抛弃所有个人的良好愿望,只承认项目现有的能力。

(3) 确定风险事件并归类。在风险形势估计的基础上,尽量客观地确定项目存在的风险因素,分析这些风险因素引发工程项目风险的大小。然后对这些风险进行归纳分类。可按工程项目内、外部进行分类;也可按技术和非技术进行分类,或按工程项目目标分类;还可按建设阶段分类。

11.2.1.3 风险识别成果

风险识别的成果通过风险目录摘要表现出来。通过风险目录摘要,将项目可能面临的风险加以汇总,使人们对项目风险有一个总体的印象,并且能把全体项目人员统一起来,使个人不再仅仅考虑自己所面临的风险,而能自觉地意识到项目的其他管理人员的风险,还能预感到项目中各种风险之间的联系和可能发生的连锁反应。风险目录摘要包含以下具体内容：

（1）风险事件表。表中应罗列所有的风险。罗列应尽可能全面，不管风险事件发生的可能性、收益或损失有多大，都要一一列出。对于引起风险的风险因素要有文字说明，说明中还应包括风险特征的描述、风险事件的可能后果、估计风险可能发生的时间、风险事件预期发生的次数以及不同风险事件之间的联系。

（2）风险的分类。风险识别之后，应该将风险进行分类，分类结果应便于进行风险管理的其余步骤。

11.2.2 风险估计

风险估计是风险管理中不可缺少的一个环节，它的重要性在于使风险分析定量化，将风险管理建立在科学的基础上。

风险估计的对象是项目的各单个风险，非项目整体风险。风险估计应考虑两个方面，风险事件发生的概率和可能造成的损失。风险事件发生可能性的大小用概率来表示，可能的损失则用费用损失或建设工期拖后来表示。工程项目风险估计过程如图11.1所示。

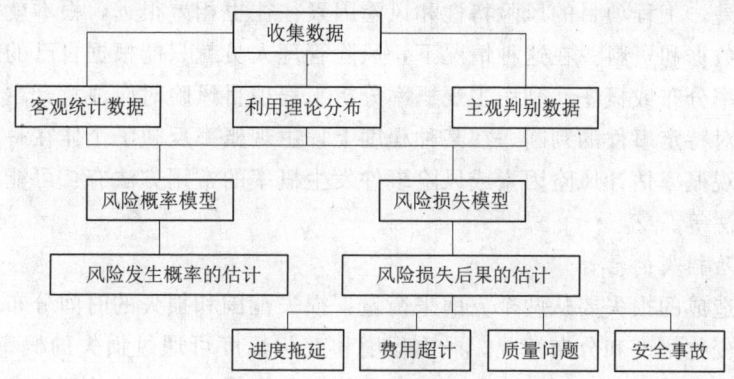

图 11.1 工程项目风险估计过程

11.2.2.1 风险发生概率的估计

一般而言，风险发生的概率或概率分布应由历史统计资料和数据来确定，即客观概率，客观概率对风险概率估计和损失估计很具参考价值。不过，当风险管理人员没有足够的历史统计资料时，仍可利用理论概率分布或主观概率进行风险估计。

（1）利用历史统计资料确定风险概率分布。当工程项目某些风险事件或其影响因素积累有较多数据资料时，就可通过对这些数据资料的整理分析，从中找出某种规律性，进而大致确定风险因素或风险事件的概率分布类型。数据资料的整理和分析就是制作频率直方图或累积频率分布图。

频率直方图和累积频率分布图反映样本数据的分布规律性。在直角坐标系下以小矩形表示所获样本数据分组过程的区间及其对应的频率，每个小矩形上边的中点用光滑曲线相连，得到的曲线即为估计的风险密度函数曲线。根据该曲线，可找到与其形状接近的常用函数分布曲线，比如正态分布，当数据量较大时，估计的密度曲线能以很大的概率接近实际的密度曲线，即用样本的分布代替总体的分布，根据估计的密度曲线形状确定实际的分布。必要时可利用已有的实际数据对架设的分布类型进行检验。

概率分布有连续型和离散型两大类。工程项目风险管理常用的连续型概率分布包括：均匀分布、正态分布、指数分布、三角分布、梯形分布、极值分布、β分布等；离散型概率分布包括：伯努利二项分布、泊松分布等。可以根据实际情况进行概率分布类型的选择。概率分布中可得到诸如期望值、标准差、差异系数等信息，对风险估计非常有用。

（2）利用理论分布确定风险概率分布。在工程实践中，有些风险因素或风险事件的发生是一种较为普遍的现象，前人已做了许多的探索和研究，并得到了这些风险因素或风险事件的随机变化的规律，即分布概率。对这种情况，就可以利用已知的理论概率分布，根据工程的具体情况去求风险因素或风险事件发生的概率。比如正态分布在工程项目风险管理的各种分布的应用中居于首位。在正常生产条件下，工程项目施工工序质量服从正态分布；土工试验得到的一些参数，如抗剪强度被认为近似服从正态分布；工程项目施工工期一般也认为是近似服从正态分布的。因此，在分析工程质量风险、地质地基风险、工期风险时，就可直接利用正态分布进行分析。

（3）利用主观概率确定风险概率。由于工程项目具有明显的一次性和单件性，工程项目的可比性较差，工程项目的风险特性和风险因素往往也相差很远，根本就没有或很少有可利用的历史数据和资料。在这种情况下，风险管理人员就只能根据自己的经验猜测风险事件发生的概率分布或概率。利用主观概率分析工程项目风险时应注意，主观概率反映的是特定的个体对特定事件的判断。在某种程度上，主观概率反映了个体在一定情况下的自信程度。用主观概率估计风险因素或风险事件发生概率的常用方法有：可能法、主观测验法、专家调查法等。

11.2.2.2 风险损失的估计

风险事故造成的损失要从两个方面来衡量：损失范围和损失的时间分布。损失范围包括严重程度、变化幅度和分布情况。严重程度和变化幅度可通过损失的概率分布来研究，分别用损失的数学期望和方差来表示，而分布情况是指损失所涉及的项目参与者数量。时间分布指风险事件是突发的还是随着时间的推移逐渐致损，该损失是马上就感受到了还是随着时间的推移逐渐显露出来？损失的时间分布对于项目的成败关系极大。数额很大的损失如果一次就落到项目头上，项目很有可能因为流动资金不足而破产，永远失去了项目可能带来的机会，而同样数额的损失如果是在较长的时间内分几次发生，则项目班子会设法弥补，使项目能够坚持下去。

11.2.3 风险评估

工程项目风险是风险发生的概率和损失的函数：

$$R=(P,C) \tag{11.1}$$

式中：R 为风险度，是衡量工程项目风险性大小的一个参数；P 为风险事件发生的概率；C 为风险事件所造成的项目损失。

风险评估就是综合衡量风险对项目实现既定目标的影响程度。风险估计只对项目各阶段单个风险分别进行估计量化，而风险评价则考虑所有风险综合起来的整个风险以及项目对风险的承受能力。

11.2.3.1 风险评估的目的

（1）确定项目风险的先后顺序。对工程项目中各类风险进行评价，根据它们对项目目标的影响程度,包括风险出现的概率和后果,以确定它们的排序,为判断风险控制的先后顺序和风险程度对项目的不同影响提供依据。

(2) 确定各风险事件的内在联系。表面上看起来不相干的多个风险事件常常是由一个共同的风险因素所造成的。例如,遇上未曾预料到的技术难题,则项目会造成费用超支、进度拖延、产品质量不合要求等多种后果。风险评价就是要从工程项目整体出发,弄清各风险事件之间确切的因果关系,这样才能准确估计风险损失,并且制定适应的风险应对计划,在以后的管理中只需消除一个风险因素就可避免多种风险。

(3) 把握风险之间的相互关系。考虑不同风险之间相互转化的条件,研究如何才能化威胁为机会,还要注意,以为是"机会"的风险在什么条件下转化为"威胁"。

(4) 进一步量化以识别风险的发生概率和后果。降低风险发生概率和后果估计中的不确定性。必要时根据项目形式的变化重新估计风险发生的概率和可能的后果。

11.2.3.2 工程项目风险评估的步骤

(1) 确定项目风险评估基准。工程项目风险评估基准就是工程项目主体针对不同的项目风险后果,确定的可接受水平。单个风险和整体风险都要确定评价基准,分别称为单个评估基准和整体评估基准。项目的目标多种多样:工期最短、利润最大、成本最小和风险损失最小等,这些目标多数可以量化,成为评估基准。

(2) 确定项目风险水平。包括单个风险水平和整体风险水平。工程项目整体风险水平是综合所有风险事件之后确定的。要确定工程项目的整体风险水平,有必要弄清各单个风险之间的关系、相互作用以及转化因素对这些相互作用的影响。另外,风险水平的确定方法要和评估基准确定的原则和方法相适应,否则两者就缺乏可比性。

(3) 比较。将工程项目单个风险水平与单个评价基准、整体风险水平与整体评价基准进行比较,进而确定它们是否在可接受的范围之内。进而确定该项目应该就此止步,还是继续进行。

11.2.4 风险应对

经过风险评估,项目整体风险有两种情况,如图11.2所示。

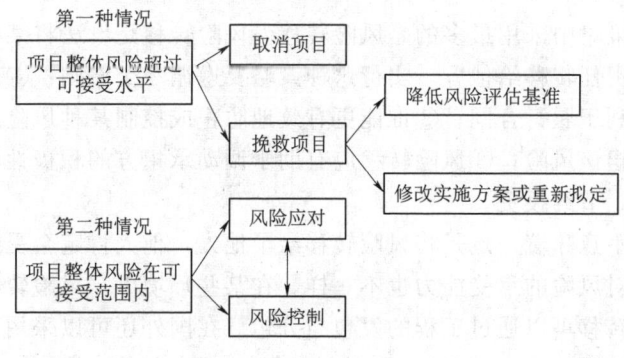

图11.2 项目整体风险情况图

第一种情况,项目管理者有两种选择:一是当整体风险超过评估基准很多时,立即停止,取消项目;二是当整体风险超过评估基准不多时,采取挽救措施,挽救措施有两种:

第一，降低风险评估基准；第二，修改原有项目实施方案或重新拟定。无论采取哪一种措施，若要重作风险分析，并且风险评估基准降低后项目一般不能达到原定目标。

第二种情况，项目整体风险水平在可接受范围之内，则不必改变项目原定计划，而应采取必要的措施控制已识别的风险，制定风险应对计划，在计划实行过程中，集中注意力监控应对措施的有效性，深入查找尚未显露的新风险，努力提高项目取得成功的可能性。这时如果有个别单个风险大于相应的评估基准，则可以进行成本效益分析，争取择优选择风险小的替代方案。

风险应对技术分为两大类：控制性技术和财务性技术。控制性技术主要作用是避免、消除和减少风险事故发生的机会，限制已发生的损失继续扩大。具体策略包括风险规避、非保险转移、缓解和利用。财务性技术是在风险发生后通过财务安排来减轻风险对项目目标实现程度的影响，具体策略包括保险性风险转移和风险自留。风险应对计划实际是多种应对策略的优化组合。

11.2.4.1 风险规避

风险规避就是通过变更工程项目计划，消除风险或风险产生的条件，或者是保护工程项目的目标不受风险的影响。风险规避是一种最彻底地消除风险影响的一种方法。这是一种消极的方法，在避免风险的同时也失去了获利的机会。

工程法是有形的规避风险的方法，其以工程技术为手段，消除物质性风险的威胁。该法在规避项目安全风险方面应用较为广泛。如在高空作业下方安置安全网；在楼梯口、预留孔洞、坑井口设置围栏和盖板等。工程法的特点是每一种措施总与具体的工程设施相连，因此，采用该法规避风险成本较高。

程序法是无形的风险规避方法，其要求用标准化、制度化和规范化的方式从事工程项目活动，以避免可能引发的风险。

教育法就是通过对项目人员广泛开展教育，提高大家的风险意识，使大家认识或了解工程项目目标所面临的风险，了解和掌握处置风险的方法和技术，这是规避项目风险的有效方法。

11.2.4.2 风险转移

工程风险应对策略中采用最多的是风险转移。风险转移是设法将某风险的结果连同对风险应对的权利和责任转移给他方。实行这种策略要遵循三个原则：①风险转移应有利于降低工程造价和有利于履行合同；②谁能更有效地防止或控制某种风险或减少该风险引起的损失，就由谁承担该风险；③风险转移应有助于调动承担方的积极性，认真做好风险管理，从而降低成本，节约投资。

风险转移，并不意味着一定是将风险转移给了他人，他人肯定会受到风险损失。各人的优劣势不一样，对风险的承受能力也不一样。在某些环境下，风险转移者和接受风险者会取得双赢。风险转移可以通过工程的发包与分包（在国外还可以采用工程转包，但在国内是不合法的）、工程保险以及工程担保来实现。

工程的发包与分包属于非保险性风险转移。通过合同条款的签订、合同计价方式的选择，能够有效转移风险。例如建设项目的施工合同按计价形式划分，有总价合同、单价合同和成本加酬金合同。采用总价合同时，承包商要承担很大风险，而业主的风险相对而言要小得多；成本加酬金合同，业主要承担很大的费用风险；采用单价合同，承包商和业主承担的风险相当，因而承包单位乐意接受，故应用较多。

工程保险的实施手段是购买保险，通过保险投保人将本应自己承担的责任转移给了保险公司（实际上是所有向保险公司投保的投保人），工程担保的实施手段是通过担保公司、银行或其他机构与组织开具保证书或保函，在被担保人不能履行合同时，由担保人代为履行或作出赔偿。工程担保和保险都是一种补偿机制，其中担保主要是对人为责任的补偿，而保险则是对非人为或非故意人为责任的补偿。

与发达国家相比，我国对项目实施过程中风险的转移主要停留在工程的发包以及分包这一层面上。在国际上，与建设工程有关的险种非常丰富，几乎涵盖了所有的工程风险。建设项目的业主不但自己为建设项目施工中的风险向保险公司投保，而且还要求承包商也向保险公司投保。在工业发达国家或地区，工程担保作为建筑工程社会保障体系一个极其重要的部分，已经形成了一套完整而健全的体系。国内工程项目只有少数进行了工程保险，至于工程担保则基本上还处于刚刚起步的阶段。我国对工程保险的有关规定很薄弱，尤其在强制性保险方面，所以，我国应尽快建立起参照国际惯例并符合我国国情的工程保险和工程项目担保制度。

11.2.4.3 风险缓解

风险缓解，就是减轻风险，是指将工程项目风险的发生概率或后果降低到某一可以接受的程度。风险缓解的前提是承认风险事件的客观存在，然后再考虑用适当的措施去降低风险出现的概率或者消减风险所造成的损失。在这一点上风险缓解与风险规避及转移的效果是不一样的，它不能消除风险，而只能减轻风险。风险缓解采用的形式可能是减轻风险的新方法，采取更有把握的施工技术，运用熟悉的施工工艺，或者选择更可靠的材料或设备。风险缓解还可能涉及变更环境条件，以使风险发生的概率降低。

分散风险也是有效缓解风险的措施，通过增加风险承担者，减轻每个个体承担的风险压力，如联合投标和承包大型复杂工程，不需要单独的投标者完全承担失标的风险，而作了分散，中标后，风险因素也很多，这诸多风险若由一家承包商承担十分不利，而将风险分散，即由多家承包商以联合体的形式共同承担，可以减轻他们的压力，并进一步将风险转化为发展的机会。

在制订缓解风险措施时，必须将风险缓解的程度具体化，即要确定风险缓解后的可接受水平。至于将风险具体减轻到什么程度，这主要取决于项目的具体情况、项目管理的要求和对风险的认识程度。在实施风险缓解措施时，应尽可能将项目每一个具体风险减轻至可接受水平。

11.2.4.4 风险自留

风险自留，是一种风险财务技术，其明知可能会有风险发生，但在权衡了其他风险应对策略之后，出于经济性和可行性的考虑，仍将风险留下，若风险损失真的出现，则依靠项目主体自己的财力，去弥补财务上的损失。

当采取其他风险应对策略的费用超过风险事件造成的损失数额，并且损失数额没有超过项目主体的风险承受能力，才可以自留风险，所以风险自留要求对风险损失有充分的估计。若从降低成本、节省工程费用出发，将风险自留作为一种主动积极的方式应用时，则可能面临着某种程度的风险及损失后果。甚至在极端情况下，风险自留可能使工程项目承担非常大的风险，以至于可能危及工程项目主体的生存和发展，所以，掌握完备的风险事件的信息是采用风险自留的前提。

风险自留一般在事前对风险不加控制，但有必要预先制定费用、进度和技术各方面的后备措施，可以大大降低风险发生时实施应对计划的成本。

11.2.4.5 风险利用

风险利用仅针对投机风险而言。原则上投机风险大部分有被利用的可能，但并不是轻而易举就能取得成功，因为投机风险具有两面性，有时利大于弊，有时弊大于利。风险利用就是促进投机风险向有利的方向发展。

当考虑是否有某投机风险时，首先应分析该风险利用的可能性和利用的价值；其次，必须对利用该风险所需付出的代价进行分析，在此基础上客观地检查和评估自身承受风险的能力。如果得失相当或得不偿失，则没有承担的意义，或者效益虽然很大，但风险损失超过自己的承受能力，也不宜硬性承担。

当决定利用该风险后，风险管理人员应制定相应的具体措施和行动方案。既要研究充分利用、扩大战果的方案，又要考虑退却的部署，充分认识风险的两面性。在实施期间，不可掉以轻心，应密切监控风险的变化，若出现问题，要及时采取转移或缓解等措施；若出现机遇，要当机立断，扩大战果。

利用风险中蕴藏的机会是完全必要的，不去冒这种风险，就意味着放弃发展和生存的机会。但风险利用本身就是一项风险工作，风险管理者既要有胆略，又要小心谨慎。

11.2.4.6 风险应对的成果

风险应对的最后一步是把前面已完成的工作归纳成一份风险管理规划文件。风险管理规划文件中应当包括项目风险形势估计、风险管理计划和风险应对计划。

在风险识别阶段，风险管理者实际已对项目的风险形势作过估计。现在进行到风险应对阶段，应该对项目有了更为全面、深入的了解，在此基础上，可以对项目风险形势估计进行修改。修改时应该对已经选定的风险应对策略的有效性进行评价，并对必要的应急和后备措施进行评价。项目风险形势估计将最后确定风险管理所要达到的目标。

风险管理计划在三个风险管理规划文件中起控制作用。它常以表格的形式对整个项目的风险管理工作作出全面的、纲领性的说明。在风险管理计划中，需要确定项目风险管理组织机构、领导人员和相关人员的责任与任务；需要说明如何把风险管理的各个步骤应用于项目之中，如风险识别结果、优先考虑的重要风险、风险评估使用的方法、风险评估使用的评估基准、根据风险评估结果提出的建议、风险应对策略的内容说明、可用与应对风险的备用方案、风险监控的程序，等等。

风险应对计划是在风险应对工作完成之后制定的详细计划，应该细到可操作的层次，一般应当包括如下内容：

(1) 风险识别，风险因素罗列，风险特征描述以及对项目目标的影响；

(2) 对于已识别出的关键风险因素的估计和评估，包括从风险估计中摘录出来的发生概率以及潜在的破坏力；

(3) 建议的风险应对策略，包括解决每一风险的具体应对措施；

(4) 已经考虑的风险应对方案及其代价;
(5) 应对措施的预算、时间进度和技术考虑的说明;
(6) 应对计划实施后,预期的残留风险(风险概率和风险影响程度);
(7) 风险主体和责任分配;
(8) 应急计划和反馈计划;
(9) 如何更新项目风险目录摘要以及风险量化结果的说明;
(10) 开始实施风险管理的日期、时间安排和关键的里程碑。

11.2.5 风险监控

风险监控就是对工程项目风险的监视和控制。在实施风险应对计划的过程中,对风险和风险因素的发展变化进行观察,对应对措施实施的效果和偏差进行评估;寻找机会改善和细化风险应对计划;获取反馈信息,以便更好地控制风险,这就是风险监视。风险监视应该是一个实时的、连续的过程。

风险控制就是在风险事件发生时实施风险应对计划预定的处理措施;另外,当项目的情况发生变化时,重新进行风险分析,并制定新的应对措施。风险管理是一个系列化的动态过程,随着工程的进展,反映工程建设环境和工程实施方面的信息越来越多,原来不确定的因素也逐渐清晰,通过分析项目目标的实现程度可以判断风险管理者对项目风险的分析是否客观,已采取的应对措施是否奏效。因此,及时或是定期地进行监控,才能确保风险管理的充分性、适宜性和实效性。

应注意选择风险监视时机:工程项目开工前;分项工程、分部工程开工前;特殊作业、危险作业开工前;新材料、新工艺、新技术、新型机具设备使用前;现场组织机构、工程审计、现场布局等有重大变化时;在常规情况下,也应定期监控。

监控的主要内容包括:风险因素的辨识是否充分,是否有新的风险因素产生;风险等级评价是否合理,是否有风险程度的变化;风险应对措施是否适宜,实施是否有效;是否有改进的需要。

在风险监视的基础上,应针对发现的问题,及时采取措施,这些措施包括:权变措施;纠正措施;变更项目计划;更新风险应对计划。

(1) 权变措施。风险控制过程中,风险管理者若发现某些风险的严重性超出预计,或者出现了新风险,就应该随机应变,提出权变措施。对这些措施必须及时记录,将其纳入风险监控过程中。

(2) 纠正措施。就是使项目的进展与原定计划一致所做的变更。若监视结果显示,工程项目风险的变化在按预期发展,风险应对计划也在正常执行,这表明风险计划和应对措施有效地发挥了作用;反之,则应对项目风险做深入分析,并在找出引发风险事件影响因素的基础上,及时采取纠正措施。

(3) 变更项目计划。过于频繁地执行权变措施和纠正措施,会浪费许多宝贵的项目资源,大大地增加项目的风险,同时也会降低执行风险应对计划的严肃性。在这种情况下,可以考虑变更项目计划,比如改变项目的范围、改变工程的设计、改变实施方案、改变项目环境、改变工程项目费用和进度安排等。

(4) 更新风险应对计划。随着项目的进行,通过有效的风险监控,可能会减少一些已识别风险的出现概率和后果。因此,有必要对项目的各种风险重新进行评价,将项目风险的次序重新进行排列,对风险的应对计划相应也进行更新,以使新的和重要的风险能得到有效的控制。

通过分析,可以看出风险控制并不是一成不变地执行风险应对计划,而是风险监视与风险控制交替进行,随时将前期所做工作与实际项目进展做比较,不断发现新情况,不断地完善应对计划。工程项目管理应该是管理者能随着项目的进行而相应修改其计划的动态风险管理。

11.3 水利工程项目风险管理的方法

11.3.1 风险识别的方法

在大部分情况下风险并不显而易见,其往往隐藏在工程项目实施的各个环节,或被种种假象所掩盖,因此,识别风险要讲究方法,一方面可以通过感性认识和经验判断进行风险识别;另一方面,也是更重要的,则是依靠对客观的统计、资料的积累和风险的记录进行归纳、整理和分析,根据工程项目风险的特点,采用具有针对性的识别方法。

11.3.1.1 专家调查法

在这种方法中,专家利用各自专业方面的理论与丰富的实践经验,找出各种潜在的风险并对其后果作出分析与估计。它的优点是在缺乏足够统计数据和原始资料的情况下,仍可进行风险的识别与评估;缺点主要表现在易受主观因素的影响。

专家调查法主要包括专家个人常识及经验判断法、德尔菲法和头脑风暴法等十余种方法。其中德尔菲法与头脑风暴法是用途较广、具有代表性的两种方法。

1. 德尔菲法

它本质上是一种反馈匿名函询法。其做法是,在对所要预测的问题征得专家的意见之后,进行整理、归纳、统计,再匿名反馈给各专家,再次征求意见,再集中,再反馈,直至得到稳定的意见。

德尔菲法不仅可用于风险因素的罗列,还可用于对风险发生可能性及其影响的初步估计。德尔菲法有三个特点:其一,在风险识别过程中发表意见的专家互相匿名,这样可以避免公开发表意见时各种心理对专家们的影响;其二,对各种意见进行统计处理,如计算出风险发生概率的平均值和标准差等,以便将各种意见尽量客观地、准确地反馈给专家们;其三,有反馈地反复地进行意见交换,使各种意见互相启迪,集思广益,从而容易作出比较全面的预测。

2. 头脑风暴法

这是一种以群体专家组成专家小组,利用专家的创造性思维,集思广益,获取未来信息的直观预测和识别方法。

头脑风暴法的做法是:在专家们对工程相关信息已十分熟悉的情况下,通过专家会议的方式,进行风险因素罗列。首先,由某个专家说出一个风险接着下一位专家说出另一个可能出现的风险,这个过程不断进行,每人每次想出一个风险。如果轮到某位专家他没有想出新的风险,就说一声"通过"。在这个过程中,专家可以合成或改进他人的意见。会议的记录人员会把这些风险记录在翻动纪录卡或黑板上。这一循环过程一直进行，直到加进了一切风险或限定时间已到。

不进行讨论和判断性评论是头脑风暴法的主要规则。头脑风暴法更注重想出风险的数量，而不是质量。通过专家之间的信息交流和相互启发，从而诱发专家们产生"思维共振"，以达到互相补充并产生"组合效应"，获取更多的未来信息，使预测和识别的结果更准确。

11.3.1.2 核对表法

对同类已完工项目的环境与实施过程进行归纳总结后，可以建立该类项目的基本风险结构体系，并以表格形式按照风险来源排列，还可包含很多内容，例如项目成功或失败的原因、项目各个方面（范围、成本、质量、进度、采购与合同）的规划以及项目可用的资源等等。核对表是识别工程项目风险的宝贵资料。考虑当前工程项目的建设环境、建设特性、建设管理现状、资源状况，再参考对照核对表，可以开阔思路，对风险的识别查漏补缺。

利用核对表法进行企业风险的识别已十分普遍。许多保险公司对各类企业的风险都有完善的经验积累，对应的险种也很完善。企业管理者只需到各大保险公司索取保单，对其综合整理，适当考虑公司实际情况，就可完成风险识别的工作。工程项目的风险管理，在这方面的积累较少。目前尚没有企业或咨询机构编制工程项目风险核对表或风险手册。由于缺少专业的风险核对手册之类的基础资料，每一个项目的风险识别都需收集大量相关信息和资料，从最基础的工作做起，这就加大了风险管理的成本。照搬国外的资料又不一定符合国内的实际情况，如业主拖欠承包商的工程款，就仅是国内常见的风险。因此我国的工程咨询机构、大型施工企业有必要担此重任，建立符合我国国情的风险核对表。

11.3.1.3 图解法

1. 故障树分析法

故障树由一些节点及它们之间的连线所组成的，每个节点表示某一具体故障，而连线则表示故障之间的关系。故障树是一种演绎的逻辑分析方法，遵循从结果找原因的原则，分析项目风险及其产生原因之间的因果关系，即在前期预测和识别各种潜在风险因素的基础上，运用逻辑整理的方法，沿着风险产生的路径，求出风险发生的概率，并能提供各种控制风险因素的方案。

2. 流程图法

流程图是将一个工程项目的实施过程，或工程项目某一部分的管理过程，或某一部分结构的施工过程，按步骤或阶段顺序以若干模块形式组成一个流程图。每个模块中都标出各种潜在的风险或利弊因素，从而给决策者一个清晰具体的印象。

11.3.1.4 幕景分析法

幕景分析法是一种能够分析引起风险的关键因素及其影响程度的方法。一个幕景就是对某一事件未来某种状态的描述，它可以通过表格、曲线或图形等易懂的形式和类似于撰写电影剧本的手法，描述当影响项目的某种因素做各种变化时，整个项目情况的变化及其后果，供人们进行比较研究。

幕景分析法特别适用于以下几种情况：

(1) 提醒决策者注意某种措施或政策可能引起的风险及后果。
(2) 建议需要监视的风险范围。
(3) 研究某些关键性因素对未来过程的影响。
(4) 当项目目标相互冲突排斥时。
(5) 当一个项目持续时间较长、可变因素较多且需要考虑各种技术、经济和社会因素的影响时。

幕景分析法已被一些跨国公司在大型项目的风险识别中采用，派生出了目标展开法、空隙填补法、未来分析法等一些具体方法。因为操作过程比较复杂，目前此法在我国的具体应用还不多见。

11.3.2 风险估计和评估方法

11.3.2.1 蒙特卡罗模拟

工程项目风险管理应用蒙特卡罗模拟（Monte Carlo，MC），就是依据统计理论，通过对风险因素这种随机变量的统计试验和随机模拟来研究风险发生概率或风险损失。

MC方法的基本思想是：若已知描述工程项目风险因素的概率分布，根据工程项目目标或规定的状态函数 $g(X_1, X_2, \cdots, X_n)$ 利用抽样技术，生成符合风险因素概率分布的一组随机量 X_1、X_2、…、X_n，将其代入状态函数 $g(X_1, X_2, \cdots, X_n)$，得到状态函数的一个随机量。用如此同样的方法，产生 N 个类似这样的状态函数的随机量。若在 N 个状态函数的随机量中有 N 个小于等于（或大于等于）工程项目目标或给定的值 X_n，当 N 充分大时，由大数定律，此时的频率已接近概率，因而可得工程项目的风险率 P_F：

$$P_F = \lim P\{g(X_1, X_2, \cdots X_n) \leqslant X_0\} = \frac{M}{N} \tag{11.2}$$

应用 MC 法可以直接处理每一个风险因素的不确定性，并把这种不确定性对项目目标的影响以概率分布的形式表示出来，每一次抽样，所有的风险因素都在其概率分布范围内随机的发生变化，非常接近工程实际。另外，通过计算机模拟，大大节省了计算时间，只要模拟足够的次数，就能达到满意的精度。

11.3.2.2 调查和专家打分法

调查和专家打分法是一种常用的、简单的、易于理解的风险评价方法。这种方法分两步进行：首先，识别出影响待评价的风险事件的所有风险因素，或者识别出待评价的工程项目可能会遇到的所有风险事件，列出风险调查表；其次，请有经验的专家对风险调查表中的风险因素或风险事件进行主观打分评价，再综合起来，就是该风险事件或整个工程项目的风险水平。

下面通过一个实例来说明该方法的运用。某公司拟对海外某一工程投标，在投标前，项目经理组织有关人员对投标风险进行评价，采用了调查和专家打分法，见表11.2。

影响度是指风险因素对工程项目的影响程度，由专家根据掌握的信息，利用积累的经验，分析估计后，给出一个权数来表示，即权数反映的是风险因素在该工程项目中的相对影响程度。该权数也可通过多个专家打分再综合的方式获得。

11.3 水利工程项目风险管理的方法

表 11.2 投标风险评价表

风险因素	影响度 W	风险因素发生的可能性 C					WC
		很大 (1.0)	较大 (0.8)	中等 (0.6)	较小 (0.4)	小 (0.2)	
政策不稳	0.05			√			0.03
物价上涨	0.15		√				0.12
业主支付能力	0.10			√			0.06
技术难度	0.20					√	0.04
工期紧迫	0.15			√			0.09
材料供应	0.15		√				0.12
汇率变化	0.10			√			0.06
无后续项目	0.10				√		0.04
							$\sum WC=0.56$

风险因素发生的可能性分为很大、较大、中等、较小和小五个等级，分别以 1.0、0.8、0.6、0.4、0.2 赋值，由专家确定风险因素发生的可能性等级，在相应空格打勾。将每一风险因素的影响度与发生可能性的分值相乘，求出该风险因素的得分；再将所有的风险因素得分累加，得到该工程投标风险总分，表示投标风险的风险水平。将该结果和评价标准进行比较。如果根据公司的经验，采用这种方法评价投标风险的风险标准为 0.7，则本投标项目的评价结果小于该标准，可以参加该项目的投标。

实际上 $W\times C$ 表示的是风险度，所以该法还可以有另一种运用方式：直接对风险因素的风险度评价打分，不再需要确定风险影响度及其发生可能性等级两个主要变量。用此种方式实现上述实例的评价过程，见表 11.3。

风险度 R 的取值分为 0～9 共十个等级。其中，0 表示没有风险，9 表示风险最大。由于每一风险因素的最大值为 9，本例共八个风险因素，故最大的风险度分值之和应为：$8\times 9=72$。表 11.3 中的实际总分值为 40，因此，该工程项目的投标风险水平为 $40/72=0.56$，评价结论与表 11.2 的相同。

表 11.3 投标风险评价表

风险因素	政局不稳	物价上涨	业主支付能力	技术难度	工期紧迫	材料供应	汇率变化	无后续项目
风险度 R	2	9	4	3	6	9	4	3
								$\sum R=40$

调查和专家打分法是一种主观评价法，其评价结论的可靠性主要取决于专家打分的客观性和评价标准的合理性，不同的专家对同一个工程风险可能会有不同的评价结果，因此，专家评分的权威性是该方法需要解决的一个问题。在实际项目风险评价时，不妨多请几位专家，确定专家权威性的权重值，比如：取 0.5～1.0，1.0 代表专家的最高水平。项目最后的风险度总分为：每位专家评定的风险都乘以各自的权威性权重值，所得之积合计后再除以全部专家权威性权重值的和。

调查和专家打分法得出的结果是一种大致的程度值，适用于项目洽谈期风险分析。这段时期往往缺乏项目具体的数据资料，主要依靠专家经验和决策者的意向。不过，该法同时考虑了众多因素对风险的影响，其评价结果比仅考虑单因素的评价结果，可信度更高。

11.3.2.3 网络计划技术

工程项目进度常用网络计划来描述。网络计划技术分为肯定型和非肯定型两类。肯定型网络计划假设工程项目的每一活动（Activity），或称工序间的逻辑关系是确定的，完成每一个活动所需的时间也是确定的，这种网络需用关键路线法（Critical Path Method，CPM）去分析。

但这种肯定型网络计划只是对工程项目的实施过程的简化描述，在工程实践中，由于政治、经济、气象、水文、施工方案、资源供应、施工环境等不确定因素的影响，必然导致工程项目实施中活动的持续时间，即完成活动所需的时间，具有不确定性。显然实现工程项目的工期目标存在着风险。因此，工程项目进度更适合用活动逻辑关系确定而活动不确定的网络来描述，即用计划评审技术（Program Evaluation and Review Technique，PERT）来分析评价工程项目实施进度。显然，PERT属于非肯定型网络计划技术。

CPM和PERT都需找出项目实施的关键线路，但PERT属于项目各活动持续时间是一个随机变量，可根据工程项目已有的资料或工程进度管理人员的经验用"三点法"估计。PERT的缺点是不允许回路，排除了反馈；每项活动持续时间必须服从β分布或正态分布；各项活动的实现是确定的，不存在概率分支的可能性。

随机网络法又称图示评审技术（Graphical Evaluation and Review Technique，GERT），也是一种网络计划技术。它可以克服PERT的缺点，不仅活动的各参数（如时间、费用等）具有随机性，而且允许活动的实现也具有随机性。

11.3.2.4 层次分析法

层次分析法（Analytic Hierarchy Process，AHP）是20世纪70年代初期由美国著名运筹学家匹兹堡大学教授T. L. Saaty首先提出。该方法是一种定性与定量相结合的多目标决策方法。能够将难以定量的总目标进一步分解，利用可精确化和定量化的子目标系统解决问题，并且能有效地综合测度子目标定量判断的一致性。工程项目风险评价实际就是一个多目标的评价系统，总目标很难具体量化，往往需要借助可量化的多个子目标，甚至借助子目标下的子目标。因此，运用层次分析法，有利于更好地实现对风险的评价。

AHP的基本思路是：首先构造出能够反映系统本质属性和内在联系的递阶层次结构模型，再通过同一层次两两元素重要性比较的方式确定该层次的判断矩阵，然后利用判断矩阵的特征向量的方法，求得每一层次的各元素对上层某元素的权重，最后再用加权和的方法递阶归并，以求得总目标的权数。AHP体现了人类决策思维的基本特征，即分解、判断、综合。

思 考 题

1. 什么是风险管理？其特点是什么？
2. 简述工程项目风险管理过程。

3. 简述项目风险识别过程。风险识别的原则、依据是什么？
4. 衡量项目风险的定量标准是什么？如何衡量及评价项目的风险？
5. 项目风险管理的对策有哪些？
6. 如何选择项目风险管理方案？

参 考 文 献

[1] 蔡守华. 水利工程经济 [M]. 北京：中国水利水电出版社，2013.
[2] 郑立梅. 水利工程经济 [M]. 郑州：黄河水利出版社，2007.
[3] 胡志范. 水利工程经济 [M]. 北京：中国水利水电出版社，2005.
[4] 陈文江. 水利工程经济 [M]. 合肥：中国科学技术大学出版社，2015.
[5] 肖汉. 水利工程经济 [M]. 北京：中国水利水电出版社，2017.
[6] 余周武，何小梅. 水利工程经济 [M]. 北京：中国水利水电出版社，2015.
[7] 王丽萍，高仕春. 水利工程经济 [M]. 武汉：武汉大学出版社，2002.
[8] 施熙灿. 水利工程经济学 [M]. 4版. 北京：中国水利水电出版社，2017.
[9] 方国华. 水利工程经济学 [M]. 2版. 北京：中国水利水电出版社，2018.
[10] 王丽萍. 水利工程经济学 [M]. 北京：中国水利水电出版社，2008.
[11] 王松林，和吉. 水利工程经济学 [M]. 北京：中国水利水电出版社，2014.
[12] 王丽萍，王修贵，高仕春. 水利工程经济学 [M]. 北京：中国水利水电出版社，2000.
[13] 李南. 工程经济学 [M]. 5版. 北京：科学出版社，2019.
[14] 吴锋，叶锋. 工程经济学 [M]. 2版. 北京：机械工业出版社，2015.
[15] 郭献芳，潘智峰，焦俊，等. 工程经济学 [M]. 3版. 北京：中国电力出版社，2016.
[16] 梁学栋，邓富民，李智，等. 工程经济学 [M]. 3版. 北京：经济管理出版社，2017.
[17] 刘新梅. 工程经济学 [M]. 2版. 北京：北京大学出版社，2017.
[18] 王幼松. 工程经济学 [M]. 广州：华南理工大学出版社，2011.
[19] 刘玉明. 工程经济学 [M]. 2版. 北京：北京交通大学出版社，2014.
[20] 冯为民，付晓灵. 工程经济学 [M]. 2版. 北京：北京大学出版社，2006.
[21] 陆菊春，徐莉. 工程经济学 [M]. 北京：清华大学出版社，2017.
[22] 胡斌. 工程经济学 [M]. 北京：清华大学出版社，2016.
[23] 杜春艳，唐菁菁. 工程经济学 [M]. 北京：机械工业出版社，2016.
[24] 徐蓉. 工程经济学 [M]. 北京：冶金工业出版社，2015.
[25] 荀志远，张志华. 工程经济学 [M]. 北京：经济科学出版社，2013.
[26] 陈云钢，肖全东. 工程经济学 [M]. 武汉：武汉理工大学出版社，2015.
[27] 刘晓君. 工程经济学 [M]. 3版. 北京：中国建筑工业出版社，2015.
[28] 陈娟. 工程经济学 [M]. 北京：北京交通大学出版社，2012.
[29] 张睿. 工程项目的风险分析技术与应对方案评价研究 [D]. 南京：河海大学，2005.
[30] 杨祎. 水利工程项目的经济评价 [J]. 科技创业月刊，2005 (5)：94.
[31] 赵秀云，李敏强，寇纪淞. 风险项目投资决策与实物期权估价方法 [J]. 系统工程学报，2000 (3)：243-246.
[32] 刘玉平. 收益法应用中收益额的选择及其预测 [J]. 中国资产评估，2004 (5)：14-18，6.
[33] 徐成彬，陈琦. 投资项目财务评价内部收益率的比较研究 [J]. 能源技术经济，2011，23 (10)：1-6.
[34] 戴小木，陈继勇. 净现值法和内部收益率法的比较分析 [J]. 边疆经济与文化，2006 (6)：33-35.
[35] 邵希娟，杜丽萍. 关于投资回收期法的探讨 [J]. 财会通讯（理财版），2007 (1)：29-30.
[36] G. C. Dandy，刘汉龙. 分析效益费用比不确定性的一种近似方法 [J]. 水利经济，1988 (1)：51-56.

[37] 吴恒安. 水利经济、水利效益和水利项目经济评价 [J]. 水利科技与经济, 2001 (4): 155-158.
[38] 廉洁. 水利工程投资费用分摊方法探析 [J]. 水利规划与设计, 2017 (4): 124-127.
[39] 杨文旺. 工程项目投资风险及不确定性分析 [J]. 西部探矿工程, 2005 (S1): 490-492.
[40] 李国芳. 水利工程经济效益风险分析 [J]. 河海大学学报(自然科学版), 1999 (5): 3-5.
[41] 都沁军. 工程经济与项目管理 [M]. 北京:北京大学出版社, 2015.
[42] 汪小金. 项目管理方法论 [M]. 3版. 北京:中国电力出版社, 2020.
[43] 任宏, 张巍. 工程项目管理 [M]. 北京:高等教育出版社, 2005.
[44] 秦效宏, 李蕾. 项目管理 [M]. 北京:清华大学出版社, 2018.
[45] 沈建明. 项目风险管理 [M]. 3版. 北京:机械工业出版社, 2018.
[46] 王祖和. 项目质量管理 [M]. 2版. 北京:机械工业出版社, 2018.
[47] 范云龙, 朱星宇. EPC工程总承包项目管理手册及实践 [M]. 北京:清华大学出版社, 2016.
[48] 秦兆伟. 项目论证与评估 [M]. 哈尔滨:哈尔滨工业大学出版社, 2011.
[49] 周艳东. 工程项目投标与合同管理 [M]. 3版. 北京:北京大学出版社, 2017.
[50] 徐蓉. 建筑工程经济与企业管理 [M]. 北京:化学工业出版社, 2012.
[51] 程敏. 项目管理 [M]. 北京:北京大学出版社, 2013.
[52] 李慧民. 工程经济与项目管理 [M]. 北京:中国建筑工业出版社, 2009.
[53] 赵庆华. 工程审计 [M]. 北京:机械工业出版社, 2019.
[54] 吴泽斌. 工程项目投融资管理 [M]. 北京:中国建筑工业出版社, 2019.
[55] 张彦春. 工程经济与项目管理 [M]. 北京:中国建筑工业出版社, 2018.
[56] 贾兆兵. 工程经济与项目管理 [M]. 北京:中国水利水电出版社, 2007.
[57] 鲍学英, 樊燕燕. 工程经济与项目管理 [M]. 北京:中国铁道出版社, 2017.
[58] 刘晓君. 工程经济学 [M]. 北京:中国建筑工业出版社, 2015.

附录 考虑资金时间价值的折算因子表

附表 1　　　　　　　　　　$i=1\%$

n	一次收付期值因子 $[F/P,i,n]$ $(1+i)^n$	一次收付现值因子 $[P/F,i,n]$ $\dfrac{1}{(1+i)^n}$	分期等付期值因子 $[F/A,i,n]$ $\dfrac{(1+i)^n-1}{i}$	基金存储因子 $[A/F,i,n]$ $\dfrac{i}{(1+i)^n-1}$	本利摊还因子 $[A/P,i,n]$ $\dfrac{i(1+i)^n}{(1+i)^n-1}$	分期等付现值因子 $[P/A,i,n]$ $\dfrac{(1+i)^n-1}{i(1+i)^n}$
1	1.0100	0.9901	1.0000	1.00000	1.0100	0.9901
2	1.0201	0.9803	2.0100	0.49751	0.5075	1.9704
3	1.0303	0.9706	3.0301	0.33002	0.3400	2.9410
4	1.0406	0.9610	4.0604	0.24628	0.2563	3.9020
5	1.0510	0.9515	5.1010	0.19604	0.2060	4.8534
6	1.0615	0.9420	6.1520	0.16255	0.1725	5.7955
7	1.0721	0.9327	7.2135	0.13863	0.1486	6.7282
8	1.0829	0.9235	8.2857	0.12069	0.1307	7.6517
9	1.0937	0.9143	9.3685	0.10674	0.1167	8.5660
10	1.1046	0.9053	10.4622	0.09558	0.1056	9.4713
11	1.1157	0.8963	11.5668	0.08645	0.0965	10.3676
12	1.1268	0.8874	12.6825	0.07885	0.0888	11.2551
13	1.1381	0.8787	13.8093	0.07241	0.0824	12.1337
14	1.1495	0.8700	14.9474	0.06690	0.0769	13.0037
15	1.1610	0.8613	16.0969	0.06212	0.0721	13.8651
16	1.1726	0.8528	17.2579	0.05794	0.0679	14.7179
17	1.1843	0.8444	18.4304	0.05426	0.0643	15.5623
18	1.1961	0.8360	19.6147	0.05098	0.0610	16.3983
19	1.2081	0.8277	20.8109	0.04805	0.0581	17.2260
20	1.2202	0.8195	22.0190	0.04542	0.0554	18.0456
21	1.2324	0.8114	23.2392	0.04303	0.0530	18.8570
22	1.2447	0.8034	24.4716	0.04086	0.0509	19.6604
23	1.2572	0.7954	25.7163	0.03889	0.0489	20.4558
24	1.2697	0.7876	26.9735	0.03707	0.0471	21.2434
25	1.2824	0.7798	28.2432	0.03541	0.0454	22.0232
26	1.2953	0.7720	29.5256	0.03387	0.0439	22.7952
27	1.3082	0.7644	30.8209	0.03245	0.0424	23.5596

附录　考虑资金时间价值的折算因子表

续表

n	一次收付期值因子 $[F/P,i,n]$ $(1+i)^n$	一次收付现值因子 $[P/F,i,n]$ $\dfrac{1}{(1+i)^n}$	分期等付期值因子 $[F/A,i,n]$ $\dfrac{(1+i)^n-1}{i}$	基金存储因子 $[A/F,i,n]$ $\dfrac{i}{(1+i)^n-1}$	本利摊还因子 $[A/P,i,n]$ $\dfrac{i(1+i)^n}{(1+i)^n-1}$	分期等付现值因子 $[P/A,i,n]$ $\dfrac{(1+i)^n-1}{i(1+i)^n}$
28	1.3213	0.7568	32.1291	0.03112	0.0411	24.3164
29	1.3345	0.7493	33.4504	0.02990	0.0399	25.0658
30	1.3478	0.7419	34.7849	0.02875	0.0387	25.8077
35	1.4166	0.7059	41.6603	0.02400	0.0340	29.4086
40	1.4889	0.6717	48.8864	0.02046	0.0305	32.8347
45	1.5648	0.6391	56.4811	0.01771	0.0277	36.0945
50	1.6446	0.6080	64.4632	0.01551	0.0255	39.1961
55	1.7285	0.5785	72.8525	0.01373	0.0237	42.1472
60	1.8167	0.5504	81.6697	0.01224	0.0222	44.9550
65	1.9094	0.5237	90.9366	0.01100	0.0210	47.6266
70	2.0068	0.4983	100.6763	0.00993	0.0199	50.1685
75	2.1091	0.4741	110.9128	0.00902	0.0190	52.5871
80	2.2167	0.4511	121.6715	0.00822	0.0182	54.8882
85	2.3298	0.4292	132.9790	0.00752	0.0175	57.0777
90	2.4486	0.4084	144.8633	0.00690	0.0169	59.1609
95	2.5735	0.3886	157.3538	0.00636	0.0164	61.1430
100	2.7048	0.3697	170.4814	0.00587	0.0159	63.0289
∞	∞	0.0000	∞	0.00000	0.0100	100.0000

附表 2　　　　　　　　　　　　　　$i=2\%$

n	一次收付期值因子 $[F/P,i,n]$ $(1+i)^n$	一次收付现值因子 $[P/F,i,n]$ $\dfrac{1}{(1+i)^n}$	分期等付期值因子 $[F/A,i,n]$ $\dfrac{(1+i)^n-1}{i}$	基金存储因子 $[A/F,i,n]$ $\dfrac{i}{(1+i)^n-1}$	本利摊还因子 $[A/P,i,n]$ $\dfrac{i(1+i)^n}{(1+i)^n-1}$	分期等付现值因子 $[P/A,i,n]$ $\dfrac{(1+i)^n-1}{i(1+i)^n}$
1	1.0200	0.9804	1.0000	1.00000	1.0200	0.9804
2	1.0404	0.9612	2.0200	0.49505	0.5150	1.9416
3	1.0612	0.9423	3.0604	0.32675	0.3468	2.8839
4	1.0824	0.9238	4.1216	0.24262	0.2626	3.8077
5	1.1041	0.9057	5.2040	0.19216	0.2122	4.7135
6	1.1262	0.8880	6.3081	0.15853	0.1785	5.6014
7	1.1487	0.8706	7.4343	0.13451	0.1545	6.4720
8	1.1717	0.8535	8.5830	0.11651	0.1365	7.3255
9	1.1951	0.8368	9.7546	0.10252	0.1225	8.1622
10	1.2190	0.8203	10.9497	0.09133	0.1113	8.9826
11	1.2434	0.8043	12.1687	0.08218	0.1022	9.7868
12	1.2682	0.7885	13.4121	0.07456	0.0946	10.5753

续表

n	一次收付期值因子 $[F/P,i,n]$ $(1+i)^n$	一次收付现值因子 $[P/F,i,n]$ $\dfrac{1}{(1+i)^n}$	分期等付期值因子 $[F/A,i,n]$ $\dfrac{(1+i)^n-1}{i}$	基金存储因子 $[A/F,i,n]$ $\dfrac{i}{(1+i)^n-1}$	本利摊还因子 $[A/P,i,n]$ $\dfrac{i(1+i)^n}{(1+i)^n-1}$	分期等付现值因子 $[P/A,i,n]$ $\dfrac{(1+i)^n-1}{i(1+i)^n}$
13	1.2936	0.7730	14.6803	0.06812	0.0881	11.3484
14	1.3195	0.7579	15.9739	0.06260	0.0826	12.1062
15	1.3459	0.7430	17.2934	0.05783	0.0778	12.8493
16	1.3728	0.7284	18.6393	0.05365	0.0737	13.5777
17	1.4002	0.7142	20.0121	0.04997	0.0700	14.2919
18	1.4282	0.7002	21.4123	0.04670	0.0667	14.9920
19	1.4568	0.6864	22.8406	0.04378	0.0638	15.6785
20	1.4859	0.6730	24.2974	0.04116	0.0612	16.3514
21	1.5157	0.6598	25.7833	0.03878	0.0588	17.0112
22	1.5460	0.6468	27.2990	0.03663	0.0566	17.6580
23	1.5769	0.6342	28.8450	0.03467	0.0547	18.2922
24	1.6084	0.6217	30.4219	0.03287	0.0529	18.9139
25	1.6406	0.6095	32.0303	0.03122	0.0512	19.5235
26	1.6734	0.5976	33.6709	0.02970	0.0497	20.1210
27	1.7069	0.5859	35.3443	0.02829	0.0483	20.7069
28	1.7410	0.5744	37.0512	0.02699	0.0470	21.2813
29	1.7758	0.5631	38.7922	0.02578	0.0458	21.8444
30	1.8114	0.5521	40.5681	0.02465	0.0446	22.3965
35	1.9999	0.5000	49.9945	0.02000	0.0400	24.9986
40	2.2080	0.4529	60.4020	0.01656	0.0366	27.3555
45	2.4379	0.4102	71.8927	0.01391	0.0339	29.4902
50	2.6916	0.3715	84.5794	0.01182	0.0318	31.4236
55	2.9717	0.3365	98.5865	0.01014	0.0301	33.1748
60	3.2810	0.3048	114.0515	0.00877	0.0288	34.7609
65	3.6225	0.2761	131.1262	0.00763	0.0276	36.1975
70	3.9996	0.2500	149.9779	0.00667	0.0267	37.4986
75	4.4158	0.2265	170.7918	0.00586	0.0259	38.6771
80	4.8754	0.2051	193.7720	0.00516	0.0252	39.7445
85	5.3829	0.1858	219.1439	0.00456	0.0246	40.7113
90	5.9431	0.1683	247.1567	0.00405	0.0240	41.5869
95	6.5617	0.1524	278.0850	0.00360	0.0236	42.3800
100	7.2446	0.1380	312.2323	0.00320	0.0232	43.0984
∞	∞	0.0000	∞	0.00000	0.0200	50.0000

附录 考虑资金时间价值的折算因子表

附表 3　　　　　　　　　　$i=3\%$

n	一次收付期值因子 $[F/P,i,n]$ $(1+i)^n$	一次收付现值因子 $[P/F,i,n]$ $\dfrac{1}{(1+i)^n}$	分期等付期值因子 $[F/A,i,n]$ $\dfrac{(1+i)^n-1}{i}$	基金存储因子 $[A/F,i,n]$ $\dfrac{i}{(1+i)^n-1}$	本利摊还因子 $[A/P,i,n]$ $\dfrac{i(1+i)^n}{(1+i)^n-1}$	分期等付现值因子 $[P/A,i,n]$ $\dfrac{(1+i)^n-1}{i(1+i)^n}$
1	1.0300	0.9709	1.0000	1.00000	1.0300	0.9709
2	1.0609	0.9426	2.0300	0.49261	0.5226	1.9135
3	1.0927	0.9151	3.0909	0.32353	0.3535	2.8286
4	1.1255	0.8885	4.1836	0.23903	0.2690	3.7171
5	1.1593	0.8626	5.3091	0.18835	0.2184	4.5797
6	1.1941	0.8375	6.4684	0.15460	0.1846	5.4172
7	1.2299	0.8131	7.6625	0.13051	0.1605	6.2303
8	1.2668	0.7894	8.8923	0.11246	0.1425	7.0197
9	1.3048	0.7664	10.1591	0.09843	0.1284	7.7861
10	1.3439	0.7441	11.4639	0.08723	0.1172	8.5302
11	1.3842	0.7224	12.8078	0.07808	0.1081	9.2526
12	1.4258	0.7014	14.1920	0.07046	0.1005	9.9540
13	1.4685	0.6810	15.6178	0.06403	0.0940	10.6350
14	1.5126	0.6611	17.0863	0.05853	0.0885	11.2961
15	1.5580	0.6419	18.5989	0.05377	0.0838	11.9379
16	1.6047	0.6232	20.1569	0.04961	0.0796	12.5611
17	1.6528	0.6050	21.7616	0.04595	0.0760	13.1661
18	1.7024	0.5874	23.4144	0.04271	0.0727	13.7535
19	1.7535	0.5703	25.1169	0.03981	0.0698	14.3238
20	1.8061	0.5537	26.8704	0.03722	0.0672	14.8775
21	1.8603	0.5375	28.6765	0.03487	0.0649	15.4150
22	1.9161	0.5219	30.5368	0.03275	0.0627	15.9369
23	1.9736	0.5067	32.4529	0.03081	0.0608	16.4436
24	2.0328	0.4919	34.4265	0.02905	0.0590	16.9355
25	2.0938	0.4776	36.4593	0.02743	0.0574	17.4131
26	2.1566	0.4637	38.5530	0.02594	0.0559	17.8768
27	2.2213	0.4502	40.7096	0.02456	0.0546	18.3270
28	2.2879	0.4371	42.9309	0.02329	0.0533	18.7641
29	2.3566	0.4243	45.2189	0.02211	0.0521	19.1885
30	2.4273	0.4120	47.5754	0.02102	0.0510	19.6004
35	2.8139	0.3554	60.4621	0.01654	0.0465	21.4872
40	3.2620	0.3066	75.4013	0.01326	0.0433	23.1148

n	一次收付期值因子 $[F/P,i,n]$ $(1+i)^n$	一次收付现值因子 $[P/F,i,n]$ $\dfrac{1}{(1+i)^n}$	分期等付期值因子 $[F/A,i,n]$ $\dfrac{(1+i)^n-1}{i}$	基金存储因子 $[A/F,i,n]$ $\dfrac{i}{(1+i)^n-1}$	本利摊还因子 $[A/P,i,n]$ $\dfrac{i(1+i)^n}{(1+i)^n-1}$	分期等付现值因子 $[P/A,i,n]$ $\dfrac{(1+i)^n-1}{i(1+i)^n}$
45	3.7816	0.2644	92.7199	0.01079	0.0408	24.5187
50	4.3839	0.2281	112.7969	0.00887	0.0389	25.7298
55	5.0821	0.1968	136.0716	0.00735	0.0373	26.7744
60	5.8916	0.1697	163.0534	0.00613	0.0361	27.6756
65	6.8300	0.1464	194.3328	0.00515	0.0351	28.4529
70	7.9178	0.1263	230.5941	0.00434	0.0343	29.1234
75	9.1789	0.1089	272.6309	0.00367	0.0337	29.7018
80	10.6409	0.0940	321.3630	0.00311	0.0331	30.2008
85	12.3357	0.0811	377.8570	0.00265	0.0326	30.6312
90	14.3005	0.0699	443.3489	0.00226	0.0323	31.0024
95	16.5782	0.0603	519.2720	0.00193	0.0319	31.3227
100	19.2186	0.0520	607.2877	0.00165	0.0316	31.5989
∞	∞	0.0000	∞	0.00000	0.0300	33.3333

附表 4　　　　　　　　　　　　　　　$i=5\%$

n	一次收付期值因子 $[F/P,i,n]$ $(1+i)^n$	一次收付现值因子 $[P/F,i,n]$ $\dfrac{1}{(1+i)^n}$	分期等付期值因子 $[F/A,i,n]$ $\dfrac{(1+i)^n-1}{i}$	基金存储因子 $[A/F,i,n]$ $\dfrac{i}{(1+i)^n-1}$	本利摊还因子 $[A/P,i,n]$ $\dfrac{i(1+i)^n}{(1+i)^n-1}$	分期等付现值因子 $[P/A,i,n]$ $\dfrac{(1+i)^n-1}{i(1+i)^n}$
1	1.0500	0.9524	1.0000	1.00000	1.0500	0.9524
2	1.1025	0.9070	2.0500	0.48780	0.5378	1.8594
3	1.1576	0.8638	3.1525	0.31721	0.3672	2.7232
4	1.2155	0.8227	4.3101	0.23201	0.2820	3.5460
5	1.2763	0.7835	5.5256	0.18097	0.2310	4.3295
6	1.3401	0.7462	6.8019	0.14702	0.1970	5.0757
7	1.4071	0.7107	8.1420	0.12282	0.1728	5.7864
8	1.4775	0.6768	9.5491	0.10472	0.1547	6.4632
9	1.5513	0.6446	11.0266	0.09069	0.1407	7.1078
10	1.6289	0.6139	12.5779	0.07950	0.1295	7.7217
11	1.7103	0.5847	14.2068	0.07039	0.1204	8.3064
12	1.7959	0.5568	15.9171	0.06283	0.1128	8.8633
13	1.8856	0.5303	17.7130	0.05646	0.1065	9.3936
14	1.9799	0.5051	19.5986	0.05102	0.1010	9.8986

附录　考虑资金时间价值的折算因子表

续表

n	一次收付期值因子 $[F/P,i,n]$ $(1+i)^n$	一次收付现值因子 $[P/F,i,n]$ $\dfrac{1}{(1+i)^n}$	分期等付期值因子 $[F/A,i,n]$ $\dfrac{(1+i)^n-1}{i}$	基金存储因子 $[A/F,i,n]$ $\dfrac{i}{(1+i)^n-1}$	本利摊还因子 $[A/P,i,n]$ $\dfrac{i(1+i)^n}{(1+i)^n-1}$	分期等付现值因子 $[P/A,i,n]$ $\dfrac{(1+i)^n-1}{i(1+i)^n}$
15	2.0789	0.4810	21.5786	0.04634	0.0963	10.3797
16	2.1829	0.4581	23.6575	0.04227	0.0923	10.8378
17	2.2920	0.4363	25.8404	0.03870	0.0887	11.2741
18	2.4066	0.4155	28.1324	0.03555	0.0855	11.6896
19	2.5270	0.3957	30.5390	0.03275	0.0827	12.0853
20	2.6533	0.3769	33.0660	0.03024	0.0802	12.4622
21	2.7860	0.3589	35.7193	0.02800	0.0780	12.8212
22	2.9253	0.3418	38.5052	0.02597	0.0760	13.1630
23	3.0715	0.3256	41.4305	0.02414	0.0741	13.4886
24	3.2251	0.3101	44.5020	0.02247	0.0725	13.7986
25	3.3864	0.2953	47.7271	0.02095	0.0710	14.0939
26	3.5557	0.2812	51.1135	0.01956	0.0696	14.3752
27	3.7335	0.2678	54.6691	0.01829	0.0683	14.6430
28	3.9201	0.2551	58.4026	0.01712	0.0671	14.8981
29	4.1161	0.2429	62.3227	0.01605	0.0660	15.1411
30	4.3219	0.2314	66.4388	0.01505	0.0651	15.3725
35	5.5160	0.1813	90.3203	0.01107	0.0611	16.3742
40	7.0400	0.1420	120.7998	0.00828	0.0583	17.1591
45	8.9850	0.1113	159.7002	0.00626	0.0563	17.7741
50	11.4674	0.0872	209.3480	0.00478	0.0548	18.2559
55	14.6356	0.0683	272.7126	0.00367	0.0537	18.6335
60	18.6792	0.0535	353.5837	0.00283	0.0528	18.9293
65	23.8399	0.0419	456.7980	0.00219	0.0522	19.1611
70	30.4264	0.0329	588.5285	0.00170	0.0517	19.3427
75	38.8327	0.0258	756.6537	0.00132	0.0513	19.4850
80	49.5614	0.0202	971.2288	0.00103	0.0510	19.5965
85	63.2544	0.0158	1245.0871	0.00080	0.0508	19.6838
90	80.7304	0.0124	1594.6073	0.00063	0.0506	19.7523
95	103.0347	0.0097	2040.6935	0.00049	0.0505	19.8059
100	131.5013	0.0076	2610.0252	0.00038	0.0504	19.8479
∞	∞	0.0000	∞	0.00000	0.0500	20.0000

附表 5　　　　　　　　　　　　　$i=6\%$

n	一次收付期值因子 $[F/P,i,n]$ $(1+i)^n$	一次收付现值因子 $[P/F,i,n]$ $\dfrac{1}{(1+i)^n}$	分期等付期值因子 $[F/A,i,n]$ $\dfrac{(1+i)^n-1}{i}$	基金存储因子 $[A/F,i,n]$ $\dfrac{i}{(1+i)^n-1}$	本利摊还因子 $[A/P,i,n]$ $\dfrac{i(1+i)^n}{(1+i)^n-1}$	分期等付现值因子 $[P/A,i,n]$ $\dfrac{(1+i)^n-1}{i(1+i)^n}$
1	1.0600	0.9434	1.0000	1.00000	1.0600	0.9434
2	1.1236	0.8900	2.0600	0.48544	0.5454	1.8334
3	1.1910	0.8396	3.1836	0.31411	0.3741	2.6730
4	1.2625	0.7921	4.3746	0.22859	0.2886	3.4651
5	1.3382	0.7473	5.6371	0.17740	0.2374	4.2124
6	1.4185	0.7050	6.9753	0.14336	0.2034	4.9173
7	1.5036	0.6651	8.3938	0.11914	0.1791	5.5824
8	1.5938	0.6274	9.8975	0.10104	0.1610	6.2098
9	1.6895	0.5919	11.4913	0.08702	0.1470	6.8017
10	1.7908	0.5584	13.1808	0.07587	0.1359	7.3601
11	1.8983	0.5268	14.9716	0.06679	0.1268	7.8869
12	2.0122	0.4970	16.8699	0.05928	0.1193	8.3838
13	2.1329	0.4688	18.8821	0.05296	0.1130	8.8527
14	2.2609	0.4423	21.0151	0.04758	0.1076	9.2950
15	2.3966	0.4173	23.2760	0.04296	0.1030	9.7122
16	2.5404	0.3936	25.6725	0.03895	0.0990	10.1059
17	2.6928	0.3714	28.2129	0.03544	0.0954	10.4773
18	2.8543	0.3503	30.9057	0.03236	0.0924	10.8276
19	3.0256	0.3305	33.7600	0.02962	0.0896	11.1581
20	3.2071	0.3118	36.7856	0.02718	0.0872	11.4699
21	3.3996	0.2942	39.9927	0.02500	0.0850	11.7641
22	3.6035	0.2775	43.3923	0.02305	0.0830	12.0416
23	3.8197	0.2618	46.9958	0.02128	0.0813	12.3034
24	4.0489	0.2470	50.8156	0.01968	0.0797	12.5504
25	4.2919	0.2330	54.8645	0.01823	0.0782	12.7834
26	4.5494	0.2198	59.1564	0.01690	0.0769	13.0032
27	4.8223	0.2074	63.7058	0.01570	0.0757	13.2105
28	5.1117	0.1956	68.5281	0.01459	0.0746	13.4062
29	5.4184	0.1846	73.6398	0.01358	0.0736	13.5907
30	5.7435	0.1741	79.0582	0.01265	0.0726	13.7648
35	7.6861	0.1301	111.4348	0.00897	0.0690	14.4982

附录　考虑资金时间价值的折算因子表

续表

n	一次收付期值因子 $[F/P,i,n]$ $(1+i)^n$	一次收付现值因子 $[P/F,i,n]$ $\dfrac{1}{(1+i)^n}$	分期等付期值因子 $[F/A,i,n]$ $\dfrac{(1+i)^n-1}{i}$	基金存储因子 $[A/F,i,n]$ $\dfrac{i}{(1+i)^n-1}$	本利摊还因子 $[A/P,i,n]$ $\dfrac{i(1+i)^n}{(1+i)^n-1}$	分期等付现值因子 $[P/A,i,n]$ $\dfrac{(1+i)^n-1}{i(1+i)^n}$
40	10.2857	0.0972	154.7620	0.00646	0.0665	15.0463
45	13.7646	0.0727	212.7435	0.00470	0.0647	15.4558
50	18.4202	0.0543	290.3359	0.00344	0.0634	15.7619
55	24.6503	0.0406	394.1720	0.00254	0.0625	15.9905
60	32.9877	0.0303	533.1282	0.00188	0.0619	16.1614
65	44.1450	0.0227	719.0829	0.00139	0.0614	16.2891
70	59.0759	0.0169	967.9322	0.00103	0.0610	16.3845
75	79.0569	0.0126	1300.9487	0.00077	0.0608	16.4558
80	105.7960	0.0095	1746.5999	0.00057	0.0606	16.5091
85	141.5789	0.0071	2342.9817	0.00043	0.0604	16.5489
90	189.4645	0.0053	3141.0752	0.00032	0.0603	16.5787
95	253.5463	0.0039	4209.1042	0.00024	0.0602	16.6009
100	339.3021	0.0029	5638.3681	0.00018	0.0602	16.6175
∞	∞	0.0000	∞	0.00000	0.0600	16.6667

附表 6　　　　　　　　　　　　　　$i=7\%$

n	一次收付期值因子 $[F/P,i,n]$ $(1+i)^n$	一次收付现值因子 $[P/F,i,n]$ $\dfrac{1}{(1+i)^n}$	分期等付期值因子 $[F/A,i,n]$ $\dfrac{(1+i)^n-1}{i}$	基金存储因子 $[A/F,i,n]$ $\dfrac{i}{(1+i)^n-1}$	本利摊还因子 $[A/P,i,n]$ $\dfrac{i(1+i)^n}{(1+i)^n-1}$	分期等付现值因子 $[P/A,i,n]$ $\dfrac{(1+i)^n-1}{i(1+i)^n}$
1	1.0700	0.9346	1.0000	1.00000	1.0700	0.9346
2	1.1449	0.8734	2.0700	0.48309	0.5531	1.8080
3	1.2250	0.8163	3.2149	0.31105	0.3811	2.6243
4	1.3108	0.7629	4.4399	0.22523	0.2952	3.3872
5	1.4026	0.7130	5.7507	0.17389	0.2439	4.1002
6	1.5007	0.6663	7.1533	0.13980	0.2098	4.7665
7	1.6058	0.6227	8.6540	0.11555	0.1856	5.3893
8	1.7182	0.5820	10.2598	0.09747	0.1675	5.9713
9	1.8385	0.5439	11.9780	0.08349	0.1535	6.5152
10	1.9672	0.5083	13.8164	0.07238	0.1424	7.0236
11	2.1049	0.4751	15.7836	0.06336	0.1334	7.4987
12	2.2522	0.4440	17.8885	0.05590	0.1259	7.9427
13	2.4098	0.4150	20.1406	0.04965	0.1197	8.3577

附录　考虑资金时间价值的折算因子表

续表

n	一次收付期值因子 $[F/P,i,n]$ $(1+i)^n$	一次收付现值因子 $[P/F,i,n]$ $\dfrac{1}{(1+i)^n}$	分期等付期值因子 $[F/A,i,n]$ $\dfrac{(1+i)^n-1}{i}$	基金存储因子 $[A/F,i,n]$ $\dfrac{i}{(1+i)^n-1}$	本利摊还因子 $[A/P,i,n]$ $\dfrac{i(1+i)^n}{(1+i)^n-1}$	分期等付现值因子 $[P/A,i,n]$ $\dfrac{(1+i)^n-1}{i(1+i)^n}$
14	2.5785	0.3878	22.5505	0.04434	0.1143	8.7455
15	2.7590	0.3624	25.1290	0.03979	0.1098	9.1079
16	2.9522	0.3387	27.8881	0.03586	0.1059	9.4466
17	3.1588	0.3166	30.8402	0.03243	0.1024	9.7632
18	3.3799	0.2959	33.9990	0.02941	0.0994	10.0591
19	3.6165	0.2765	37.3790	0.02675	0.0968	10.3356
20	3.8697	0.2584	40.9955	0.02439	0.0944	10.5940
21	4.1406	0.2415	44.8652	0.02229	0.0923	10.8355
22	4.4304	0.2257	49.0057	0.02041	0.0904	11.0612
23	4.7405	0.2109	53.4361	0.01871	0.0887	11.2722
24	5.0724	0.1971	58.1767	0.01719	0.0872	11.4693
25	5.4274	0.1842	63.2490	0.01581	0.0858	11.6536
26	5.8074	0.1722	68.6765	0.01456	0.0846	11.8258
27	6.2139	0.1609	74.4838	0.01343	0.0834	11.9867
28	6.6488	0.1504	80.6977	0.01239	0.0824	12.1371
29	7.1143	0.1406	87.3465	0.01145	0.0814	12.2777
30	7.6123	0.1314	94.4608	0.01059	0.0806	12.4090
35	10.6766	0.0937	138.2369	0.00723	0.0772	12.9477
40	14.9745	0.0668	199.6351	0.00501	0.0750	13.3317
45	21.0025	0.0476	285.7493	0.00350	0.0735	13.6055
50	29.4570	0.0339	406.5289	0.00246	0.0725	13.8007
55	41.3150	0.0242	575.9286	0.00174	0.0717	13.9399
60	57.9464	0.0173	813.5204	0.00123	0.0712	14.0392
65	81.2729	0.0123	1146.7552	0.00087	0.0709	14.1099
70	113.9894	0.0088	1614.1342	0.00062	0.0706	14.1604
75	159.8760	0.0063	2269.6574	0.00044	0.0704	14.1964
80	224.2344	0.0045	3189.0627	0.00031	0.0703	14.2220
85	314.5003	0.0032	4478.5761	0.00022	0.0702	14.2403
90	441.1030	0.0023	6287.1854	0.00016	0.0702	14.2533
95	618.6697	0.0016	8823.8535	0.00011	0.0701	14.2626
100	867.7163	0.0012	12381.6618	0.00008	0.0701	14.2693
∞	∞	0.0000	∞	0.00000	0.0700	14.2857

附录 考虑资金时间价值的折算因子表

附表 7 $i=8\%$

n	一次收付期值因子 $[F/P,i,n]$ $(1+i)^n$	一次收付现值因子 $[P/F,i,n]$ $\dfrac{1}{(1+i)^n}$	分期等付期值因子 $[F/A,i,n]$ $\dfrac{(1+i)^n-1}{i}$	基金存储因子 $[A/F,i,n]$ $\dfrac{i}{(1+i)^n-1}$	本利摊还因子 $[A/P,i,n]$ $\dfrac{i(1+i)^n}{(1+i)^n-1}$	分期等付现值因子 $[P/A,i,n]$ $\dfrac{(1+i)^n-1}{i(1+i)^n}$
1	1.0800	0.9259	1.0000	1.00000	1.0800	0.9259
2	1.1664	0.8573	2.0800	0.48077	0.5608	1.7833
3	1.2597	0.7938	3.2464	0.30803	0.3880	2.5771
4	1.3605	0.7350	4.5061	0.22192	0.3019	3.3121
5	1.4693	0.6806	5.8666	0.17046	0.2505	3.9927
6	1.5869	0.6302	7.3359	0.13632	0.2163	4.6229
7	1.7138	0.5835	8.9228	0.11207	0.1921	5.2064
8	1.8509	0.5403	10.6366	0.09401	0.1740	5.7466
9	1.9990	0.5002	12.4876	0.08008	0.1601	6.2469
10	2.1589	0.4632	14.4866	0.06903	0.1490	6.7101
11	2.3316	0.4289	16.6455	0.06008	0.1401	7.1390
12	2.5182	0.3971	18.9771	0.05270	0.1327	7.5361
13	2.7196	0.3677	21.4953	0.04652	0.1265	7.9038
14	2.9372	0.3405	24.2149	0.04130	0.1213	8.2442
15	3.1722	0.3152	27.1521	0.03683	0.1168	8.5595
16	3.4259	0.2919	30.3243	0.03298	0.1130	8.8514
17	3.7000	0.2703	33.7502	0.02963	0.1096	9.1216
18	3.9960	0.2502	37.4502	0.02670	0.1067	9.3719
19	4.3157	0.2317	41.4463	0.02413	0.1041	9.6036
20	4.6610	0.2145	45.7620	0.02185	0.1019	9.8181
21	5.0338	0.1987	50.4229	0.01983	0.0998	10.0168
22	5.4365	0.1839	55.4568	0.01803	0.0980	10.2007
23	5.8715	0.1703	60.8933	0.01642	0.0964	10.3711
24	6.3412	0.1577	66.7648	0.01498	0.0950	10.5288
25	6.8485	0.1460	73.1059	0.01368	0.0937	10.6748
26	7.3964	0.1352	79.9544	0.01251	0.0925	10.8100
27	7.9881	0.1252	87.3508	0.01145	0.0914	10.9352
28	8.6271	0.1159	95.3388	0.01049	0.0905	11.0511
29	9.3173	0.1073	103.9659	0.00962	0.0896	11.1584
30	10.0627	0.0994	113.2832	0.00883	0.0888	11.2578
35	14.7853	0.0676	172.3168	0.00580	0.0858	11.6546

续表

n	一次收付期值因子 $[F/P,i,n]$ $(1+i)^n$	一次收付现值因子 $[P/F,i,n]$ $\dfrac{1}{(1+i)^n}$	分期等付期值因子 $[F/A,i,n]$ $\dfrac{(1+i)^n-1}{i}$	基金存储因子 $[A/F,i,n]$ $\dfrac{i}{(1+i)^n-1}$	本利摊还因子 $[A/P,i,n]$ $\dfrac{i(1+i)^n}{(1+i)^n-1}$	分期等付现值因子 $[P/A,i,n]$ $\dfrac{(1+i)^n-1}{i(1+i)^n}$
40	21.7245	0.0460	259.0565	0.00386	0.0839	11.9246
45	31.9204	0.0313	386.5056	0.00259	0.0826	12.1084
50	46.9016	0.0213	573.7702	0.00174	0.0817	12.2335
55	68.9139	0.0145	848.9232	0.00118	0.0812	12.3186
60	101.2571	0.0099	1253.2133	0.00080	0.0808	12.3766
65	148.7798	0.0067	1847.2481	0.00054	0.0805	12.4160
70	218.6064	0.0046	2720.0801	0.00037	0.0804	12.4428
75	321.2045	0.0031	4002.5566	0.00025	0.0802	12.4611
80	471.9548	0.0021	5886.9354	0.00017	0.0802	12.4735
85	693.4565	0.0014	8655.7061	0.00012	0.0801	12.4820
90	1018.9151	0.0010	12723.9386	0.00008	0.0801	12.4877
95	1497.1205	0.0007	18701.5069	0.00005	0.0801	12.4917
100	2199.7613	0.0005	27484.5157	0.00004	0.0800	12.4943
∞	∞	0.0000	∞	0.00000	0.0800	12.5000

附表 8　　　　　　　　$i=10\%$

n	一次收付期值因子 $[F/P,i,n]$ $(1+i)^n$	一次收付现值因子 $[P/F,i,n]$ $\dfrac{1}{(1+i)^n}$	分期等付期值因子 $[F/A,i,n]$ $\dfrac{(1+i)^n-1}{i}$	基金存储因子 $[A/F,i,n]$ $\dfrac{i}{(1+i)^n-1}$	本利摊还因子 $[A/P,i,n]$ $\dfrac{i(1+i)^n}{(1+i)^n-1}$	分期等付现值因子 $[P/A,i,n]$ $\dfrac{(1+i)^n-1}{i(1+i)^n}$
1	1.1000	0.9091	1.0000	1.00000	1.1000	0.9091
2	1.2100	0.8264	2.1000	0.47619	0.5762	1.7355
3	1.3310	0.7513	3.3100	0.30211	0.4021	2.4869
4	1.4641	0.6830	4.6410	0.21547	0.3155	3.1699
5	1.6105	0.6209	6.1051	0.16380	0.2638	3.7908
6	1.7716	0.5645	7.7156	0.12961	0.2296	4.3553
7	1.9487	0.5132	9.4872	0.10541	0.2054	4.8684
8	2.1436	0.4665	11.4359	0.08744	0.1874	5.3349
9	2.3579	0.4241	13.5795	0.07364	0.1736	5.7590
10	2.5937	0.3855	15.9374	0.06275	0.1627	6.1446
11	2.8531	0.3505	18.5312	0.05396	0.1540	6.4951
12	3.1384	0.3186	21.3843	0.04676	0.1468	6.8137
13	3.4523	0.2897	24.5227	0.04078	0.1408	7.1034

附录 考虑资金时间价值的折算因子表

续表

n	一次收付期值因子 $[F/P,i,n]$ $(1+i)^n$	一次收付现值因子 $[P/F,i,n]$ $\dfrac{1}{(1+i)^n}$	分期等付期值因子 $[F/A,i,n]$ $\dfrac{(1+i)^n-1}{i}$	基金存储因子 $[A/F,i,n]$ $\dfrac{i}{(1+i)^n-1}$	本利摊还因子 $[A/P,i,n]$ $\dfrac{i(1+i)^n}{(1+i)^n-1}$	分期等付现值因子 $[P/A,i,n]$ $\dfrac{(1+i)^n-1}{i(1+i)^n}$
14	3.7975	0.2633	27.9750	0.03575	0.1357	7.3667
15	4.1772	0.2394	31.7725	0.03147	0.1315	7.6061
16	4.5950	0.2176	35.9497	0.02782	0.1278	7.8237
17	5.0545	0.1978	40.5447	0.02466	0.1247	8.0216
18	5.5599	0.1799	45.5992	0.02193	0.1219	8.2014
19	6.1159	0.1635	51.1591	0.01955	0.1195	8.3649
20	6.7275	0.1486	57.2750	0.01746	0.1175	8.5136
21	7.4002	0.1351	64.0025	0.01562	0.1156	8.6487
22	8.1403	0.1228	71.4027	0.01401	0.1140	8.7715
23	8.9543	0.1117	79.5430	0.01257	0.1126	8.8832
24	9.8497	0.1015	88.4973	0.01130	0.1113	8.9847
25	10.8347	0.0923	98.3471	0.01017	0.1102	9.0770
26	11.9182	0.0839	109.1818	0.00916	0.1092	9.1609
27	13.1100	0.0763	121.0999	0.00826	0.1083	9.2372
28	14.4210	0.0693	134.2099	0.00745	0.1075	9.3066
29	15.8631	0.0630	148.6309	0.00673	0.1067	9.3696
30	17.4494	0.0573	164.4940	0.00608	0.1061	9.4269
35	28.1024	0.0356	271.0244	0.00369	0.1037	9.6442
40	45.2593	0.0221	442.5926	0.00226	0.1023	9.7791
45	72.8905	0.0137	718.9048	0.00139	0.1014	9.8628
50	117.3909	0.0085	1163.9085	0.00086	0.1009	9.9148
55	189.0591	0.0053	1880.5914	0.00053	0.1005	9.9471
60	304.4816	0.0033	3034.8164	0.00033	0.1003	9.9672
65	490.3707	0.0020	4893.7073	0.00020	0.1002	9.9796
70	789.7470	0.0013	7887.4696	0.00013	0.1001	9.9873
75	1271.8954	0.0008	12708.9537	0.00008	0.1001	9.9921
80	2048.4002	0.0005	20474.0021	0.00005	0.1000	9.9951
85	3298.9690	0.0003	32979.6903	0.00003	0.1000	9.9970
90	5313.0226	0.0002	53120.2261	0.00002	0.1000	9.9981
95	8556.6760	0.0001	85556.7605	0.00001	0.1000	9.9988
100	13780.6123	0.0001	137796.1234	0.00001	0.1000	9.9993
∞	∞	0.0000	∞	0.00000	0.1000	10.0000

附表 9　　　　　　　　　　　　　　　　$i=12\%$

n	一次收付期值因子 $[F/P,i,n]$ $(1+i)^n$	一次收付现值因子 $[P/F,i,n]$ $\dfrac{1}{(1+i)^n}$	分期等付期值因子 $[F/A,i,n]$ $\dfrac{(1+i)^n-1}{i}$	基金存储因子 $[A/F,i,n]$ $\dfrac{i}{(1+i)^n-1}$	本利摊还因子 $[A/P,i,n]$ $\dfrac{i(1+i)^n}{(1+i)^n-1}$	分期等付现值因子 $[P/A,i,n]$ $\dfrac{(1+i)^n-1}{i(1+i)^n}$
1	1.1200	0.8929	1.0000	1.00000	1.1200	0.8929
2	1.2544	0.7972	2.1200	0.47170	0.5917	1.6901
3	1.4049	0.7118	3.3744	0.29635	0.4163	2.4018
4	1.5735	0.6355	4.7793	0.20923	0.3292	3.0373
5	1.7623	0.5674	6.3528	0.15741	0.2774	3.6048
6	1.9738	0.5066	8.1152	0.12323	0.2432	4.1114
7	2.2107	0.4523	10.0890	0.09912	0.2191	4.5638
8	2.4760	0.4039	12.2997	0.08130	0.2013	4.9676
9	2.7731	0.3606	14.7757	0.06768	0.1877	5.3282
10	3.1058	0.3220	17.5487	0.05698	0.1770	5.6502
11	3.4785	0.2875	20.6546	0.04842	0.1684	5.9377
12	3.8960	0.2567	24.1331	0.04144	0.1614	6.1944
13	4.3635	0.2292	28.0291	0.03568	0.1557	6.4235
14	4.8871	0.2046	32.3926	0.03087	0.1509	6.6282
15	5.4736	0.1827	37.2797	0.02682	0.1468	6.8109
16	6.1304	0.1631	42.7533	0.02339	0.1434	6.9740
17	6.8660	0.1456	48.8837	0.02046	0.1405	7.1196
18	7.6900	0.1300	55.7497	0.01794	0.1379	7.2497
19	8.6128	0.1161	63.4397	0.01576	0.1358	7.3658
20	9.6463	0.1037	72.0524	0.01388	0.1339	7.4694
21	10.8038	0.0926	81.6987	0.01224	0.1322	7.5620
22	12.1003	0.0826	92.5026	0.01081	0.1308	7.6446
23	13.5523	0.0738	104.6029	0.00956	0.1296	7.7184
24	15.1786	0.0659	118.1552	0.00846	0.1285	7.7843
25	17.0001	0.0588	133.3339	0.00750	0.1275	7.8431
26	19.0401	0.0525	150.3339	0.00665	0.1267	7.8957
27	21.3249	0.0469	169.3740	0.00590	0.1259	7.9426
28	23.8839	0.0419	190.6989	0.00524	0.1252	7.9844
29	26.7499	0.0374	214.5828	0.00466	0.1247	8.0218
30	29.9599	0.0334	241.3327	0.00414	0.1241	8.0552
35	52.7996	0.0189	431.6635	0.00232	0.1223	8.1755
40	93.0510	0.0107	767.0914	0.00130	0.1213	8.2438

附录　考虑资金时间价值的折算因子表

续表

n	一次收付期值因子 $[F/P,i,n]$ $(1+i)^n$	一次收付现值因子 $[P/F,i,n]$ $\dfrac{1}{(1+i)^n}$	分期等付期值因子 $[F/A,i,n]$ $\dfrac{(1+i)^n-1}{i}$	基金存储因子 $[A/F,i,n]$ $\dfrac{i}{(1+i)^n-1}$	本利摊还因子 $[A/P,i,n]$ $\dfrac{i(1+i)^n}{(1+i)^n-1}$	分期等付现值因子 $[P/A,i,n]$ $\dfrac{(1+i)^n-1}{i(1+i)^n}$
45	163.9876	0.0061	1358.2300	0.00074	0.1207	8.2825
50	289.0022	0.0035	2400.0182	0.00042	0.1204	8.3045
55	509.3206	0.0020	4236.0050	0.00024	0.1202	8.3170
60	897.5969	0.0011	7471.6411	0.00013	0.1201	8.3240
65	1581.8725	0.0006	13173.9374	0.00008	0.1201	8.3281
70	2787.7998	0.0004	23223.3319	0.00004	0.1200	8.3303
75	4913.0558	0.0002	40933.7987	0.00002	0.1200	8.3316
80	8658.4831	0.0001	72145.6925	0.00001	0.1200	8.3324
100	83522.2657	0.0000	696010.5477	0.00000	0.1200	8.3332
∞	∞	0.0000	∞	0.00000	0.1200	8.3333

附表10　　$i=15\%$

n	一次收付期值因子 $[F/P,i,n]$ $(1+i)^n$	一次收付现值因子 $[P/F,i,n]$ $\dfrac{1}{(1+i)^n}$	分期等付期值因子 $[F/A,i,n]$ $\dfrac{(1+i)^n-1}{i}$	基金存储因子 $[A/F,i,n]$ $\dfrac{i}{(1+i)^n-1}$	本利摊还因子 $[A/P,i,n]$ $\dfrac{i(1+i)^n}{(1+i)^n-1}$	分期等付现值因子 $[P/A,i,n]$ $\dfrac{(1+i)^n-1}{i(1+i)^n}$
1	1.1500	0.8696	1.0000	1.00000	1.1500	0.8696
2	1.3225	0.7561	2.1500	0.46512	0.6151	1.6257
3	1.5209	0.6575	3.4725	0.28798	0.4380	2.2832
4	1.7490	0.5718	4.9934	0.20027	0.3503	2.8550
5	2.0114	0.4972	6.7424	0.14832	0.2983	3.3522
6	2.3131	0.4323	8.7537	0.11424	0.2642	3.7845
7	2.6600	0.3759	11.0668	0.09036	0.2404	4.1604
8	3.0590	0.3269	13.7268	0.07285	0.2229	4.4873
9	3.5179	0.2843	16.7858	0.05957	0.2096	4.7716
10	4.0456	0.2472	20.3037	0.04925	0.1993	5.0188
11	4.6524	0.2149	24.3493	0.04107	0.1911	5.2337
12	5.3503	0.1869	29.0017	0.03448	0.1845	5.4206
13	6.1528	0.1625	34.3519	0.02911	0.1791	5.5831
14	7.0757	0.1413	40.5047	0.02469	0.1747	5.7245
15	8.1371	0.1229	47.5804	0.02102	0.1710	5.8474
16	9.3576	0.1069	55.7175	0.01795	0.1679	5.9542
17	10.7613	0.0929	65.0751	0.01537	0.1654	6.0472

附录 考虑资金时间价值的折算因子表

续表

n	一次收付期值因子 $[F/P,i,n]$ $(1+i)^n$	一次收付现值因子 $[P/F,i,n]$ $\dfrac{1}{(1+i)^n}$	分期等付期值因子 $[F/A,i,n]$ $\dfrac{(1+i)^n-1}{i}$	基金存储因子 $[A/F,i,n]$ $\dfrac{i}{(1+i)^n-1}$	本利摊还因子 $[A/P,i,n]$ $\dfrac{i(1+i)^n}{(1+i)^n-1}$	分期等付现值因子 $[P/A,i,n]$ $\dfrac{(1+i)^n-1}{i(1+i)^n}$
18	12.3755	0.0808	75.8364	0.01319	0.1632	6.1280
19	14.2318	0.0703	88.2118	0.01134	0.1613	6.1982
20	16.3665	0.0611	102.4436	0.00976	0.1598	6.2593
21	18.8215	0.0531	118.8101	0.00842	0.1584	6.3125
22	21.6447	0.0462	137.6316	0.00727	0.1573	6.3587
23	24.8915	0.0402	159.2764	0.00628	0.1563	6.3988
24	28.6252	0.0349	184.1678	0.00543	0.1554	6.4338
25	32.9190	0.0304	212.7930	0.00470	0.1547	6.4641
26	37.8568	0.0264	245.7120	0.00407	0.1541	6.4906
27	43.5353	0.0230	283.5688	0.00353	0.1535	6.5135
28	50.0656	0.0200	327.1041	0.00306	0.1531	6.5335
29	57.5755	0.0174	377.1697	0.00265	0.1527	6.5509
30	66.2118	0.0151	434.7451	0.00230	0.1523	6.5660
35	133.1755	0.0075	881.1702	0.00113	0.1511	6.6166
40	267.8635	0.0037	1779.0903	0.00056	0.1506	6.6418
45	538.7693	0.0019	3585.1285	0.00028	0.1503	6.6543
50	1083.6574	0.0009	7217.7163	0.00014	0.1501	6.6605
55	2179.6222	0.0005	14524.1479	0.00007	0.1501	6.6636
60	4383.9987	0.0002	29219.9916	0.00003	0.1500	6.6651
65	8817.7874	0.0001	58778.5826	0.00002	0.1500	6.6659
∞	∞	0.0000	∞	0.00000	0.1500	6.6667

附表 11　　　　　　　　　　$i=20\%$

n	一次收付期值因子 $[F/P,i,n]$ $(1+i)^n$	一次收付现值因子 $[P/F,i,n]$ $\dfrac{1}{(1+i)^n}$	分期等付期值因子 $[F/A,i,n]$ $\dfrac{(1+i)^n-1}{i}$	基金存储因子 $[A/F,i,n]$ $\dfrac{i}{(1+i)^n-1}$	本利摊还因子 $[A/P,i,n]$ $\dfrac{i(1+i)^n}{(1+i)^n-1}$	分期等付现值因子 $[P/A,i,n]$ $\dfrac{(1+i)^n-1}{i(1+i)^n}$
1	1.2000	0.8333	1.0000	1.00000	1.2000	0.8333
2	1.4400	0.6944	2.2000	0.45455	0.6545	1.5278
3	1.7280	0.5787	3.6400	0.27473	0.4747	2.1065
4	2.0736	0.4823	5.3680	0.18629	0.3863	2.5887
5	2.4883	0.4019	7.4416	0.13438	0.3344	2.9906
6	2.9860	0.3349	9.9299	0.10071	0.3007	3.3255

附录 考虑资金时间价值的折算因子表

续表

n	一次收付期值因子 $[F/P,i,n]$ $(1+i)^n$	一次收付现值因子 $[P/F,i,n]$ $\dfrac{1}{(1+i)^n}$	分期等付期值因子 $[F/A,i,n]$ $\dfrac{(1+i)^n-1}{i}$	基金存储因子 $[A/F,i,n]$ $\dfrac{i}{(1+i)^n-1}$	本利摊还因子 $[A/P,i,n]$ $\dfrac{i(1+i)^n}{(1+i)^n-1}$	分期等付现值因子 $[P/A,i,n]$ $\dfrac{(1+i)^n-1}{i(1+i)^n}$
7	3.5832	0.2791	12.9159	0.07742	0.2774	3.6046
8	4.2998	0.2326	16.4991	0.06061	0.2606	3.8372
9	5.1598	0.1938	20.7989	0.04808	0.2481	4.0310
10	6.1917	0.1615	25.9587	0.03852	0.2385	4.1925
11	7.4301	0.1346	32.1504	0.03110	0.2311	4.3271
12	8.9161	0.1122	39.5805	0.02526	0.2253	4.4392
13	10.6993	0.0935	48.4966	0.02062	0.2206	4.5327
14	12.8392	0.0779	59.1959	0.01689	0.2169	4.6106
15	15.4070	0.0649	72.0351	0.01388	0.2139	4.6755
16	18.4884	0.0541	87.4421	0.01144	0.2114	4.7296
17	22.1861	0.0451	105.9306	0.00944	0.2094	4.7746
18	26.6233	0.0376	128.1167	0.00781	0.2078	4.8122
19	31.9480	0.0313	154.7400	0.00646	0.2065	4.8435
20	38.3376	0.0261	186.6880	0.00536	0.2054	4.8696
22	55.2061	0.0181	271.0307	0.00369	0.2037	4.9094
24	79.4968	0.0126	392.4842	0.00255	0.2025	4.9371
25	95.3962	0.0105	471.9811	0.00212	0.2021	4.9476
26	114.4755	0.0087	567.3773	0.00176	0.2018	4.9563
28	164.8447	0.0061	819.2233	0.00122	0.2012	4.9697
30	237.3763	0.0042	1181.8816	0.00085	0.2008	4.9789
32	341.8219	0.0029	1704.1095	0.00059	0.2006	4.9854
34	492.2235	0.0020	2456.1176	0.00041	0.2004	4.9898
35	590.6682	0.0017	2948.3411	0.00034	0.2003	4.9915
36	708.8019	0.0014	3539.0094	0.00028	0.2003	4.9929
38	1020.6747	0.0010	5098.3735	0.00020	0.2002	4.9951
40	1469.7716	0.0007	7343.8578	0.00014	0.2001	4.9966
45	3657.2620	0.0003	18281.3099	0.00005	0.2001	4.9986
50	9100.4382	0.0001	45497.1908	0.00002	0.2000	4.9995

附录　考虑资金时间价值的折算因子表

附表 12　　　　　　　　　$i=25\%$

n	一次收付终值因子 $[F/P,i,n]$ $(1+i)^n$	一次收付现值因子 $[P/F,i,n]$ $\dfrac{1}{(1+i)^n}$	分期等付终值因子 $[F/A,i,n]$ $\dfrac{(1+i)^n-1}{i}$	基金存储因子 $[A/F,i,n]$ $\dfrac{i}{(1+i)^n-1}$	本利摊还因子 $[A/P,i,n]$ $\dfrac{i(1+i)^n}{(1+i)^n-1}$	分期等付现值因子 $[P/A,i,n]$ $\dfrac{(1+i)^n-1}{i(1+i)^n}$
1	1.2500	0.8000	1.0000	1.00000	1.2500	0.8000
2	1.5625	0.6400	2.2500	0.44444	0.6944	1.4400
3	1.9531	0.5120	3.8125	0.26230	0.5123	1.9520
4	2.4414	0.4096	5.7656	0.17344	0.4234	2.3616
5	3.0518	0.3277	8.2070	0.12185	0.3718	2.6893
6	3.8147	0.2621	11.2588	0.08882	0.3388	2.9514
7	4.7684	0.2097	15.0735	0.06634	0.3163	3.1611
8	5.9605	0.1678	19.8419	0.05040	0.3004	3.3289
9	7.4506	0.1342	25.8023	0.03876	0.2888	3.4631
10	9.3132	0.1074	33.2529	0.03007	0.2801	3.5705
11	11.6415	0.0859	42.5661	0.02349	0.2735	3.6564
12	14.5519	0.0687	54.2077	0.01845	0.2684	3.7251
13	18.1899	0.0550	68.7596	0.01454	0.2645	3.7801
14	22.7374	0.0440	86.9495	0.01150	0.2615	3.8241
15	28.4217	0.0352	109.6868	0.00912	0.2591	3.8593
16	35.5271	0.0281	138.1085	0.00724	0.2572	3.8874
17	44.4089	0.0225	173.6357	0.00576	0.2558	3.9099
18	55.5112	0.0180	218.0446	0.00459	0.2546	3.9279
19	69.3889	0.0144	273.5558	0.00366	0.2537	3.9424
20	86.7362	0.0115	342.9447	0.00292	0.2529	3.9539
22	135.5253	0.0074	538.1011	0.00186	0.2519	3.9705
24	211.7582	0.0047	843.0329	0.00119	0.2512	3.9811
25	264.6978	0.0038	1054.7912	0.00095	0.2509	3.9849
26	330.8722	0.0030	1319.4890	0.00076	0.2508	3.9879
28	516.9879	0.0019	2063.9515	0.00048	0.2505	3.9923
30	807.7936	0.0012	3227.1743	0.00031	0.2503	3.9950
32	1262.1774	0.0008	5044.7098	0.00020	0.2502	3.9968
34	2465.1903	0.0004	9856.7613	0.00010	0.2501	3.9984
35	1972.1523	0.0005	7884.6091	0.00013	0.2501	3.9980
36	3081.4879	0.0003	12321.9516	0.00008	0.2501	3.9987
38	4814.8249	0.0002	19255.2994	0.00005	0.2501	3.9992
40	7523.1638	0.0001	30088.6554	0.00003	0.2500	3.9995
45	22958.8740	0.0000	91831.4962	0.00001	0.2500	3.9998

附录 考虑资金时间价值的折算因子表

附表 13　　　　　　　　　　　　$i=30\%$

n	一次收付期值因子 $[F/P,i,n]$ $(1+i)^n$	一次收付现值因子 $[P/F,i,n]$ $\dfrac{1}{(1+i)^n}$	分期等付期值因子 $[F/A,i,n]$ $\dfrac{(1+i)^n-1}{i}$	基金存储因子 $[A/F,i,n]$ $\dfrac{i}{(1+i)^n-1}$	本利摊还因子 $[A/P,i,n]$ $\dfrac{i(1+i)^n}{(1+i)^n-1}$	分期等付现值因子 $[P/A,i,n]$ $\dfrac{(1+i)^n-1}{i(1+i)^n}$
1	1.3000	0.7692	1.0000	1.00000	1.3000	0.7692
2	1.6900	0.5917	2.3000	0.43478	0.7348	1.3609
3	2.1970	0.4552	3.9900	0.25063	0.5506	1.8161
4	2.8561	0.3501	6.1870	0.16163	0.4616	2.1662
5	3.7129	0.2693	9.0431	0.11058	0.4106	2.4356
6	4.8268	0.2072	12.7560	0.07839	0.3784	2.6427
7	6.2749	0.1594	17.5828	0.05687	0.3569	2.8021
8	8.1573	0.1226	23.8577	0.04192	0.3419	2.9247
9	10.6045	0.0943	32.0150	0.03124	0.3312	3.0190
10	13.7858	0.0725	42.6195	0.02346	0.3235	3.0915
11	17.9216	0.0558	56.4053	0.01773	0.3177	3.1473
12	23.2981	0.0429	74.3270	0.01345	0.3135	3.1903
13	30.2875	0.0330	97.6250	0.01024	0.3102	3.2233
14	39.3738	0.0254	127.9125	0.00782	0.3078	3.2487
15	51.1859	0.0195	167.2863	0.00598	0.3060	3.2682
16	66.5417	0.0150	218.4722	0.00458	0.3046	3.2832
17	86.5042	0.0116	285.0139	0.00351	0.3035	3.2948
18	112.4554	0.0089	371.5180	0.00269	0.3027	3.3037
19	146.1920	0.0068	483.9734	0.00207	0.3021	3.3105
20	190.0496	0.0053	630.1655	0.00159	0.3016	3.3158
22	321.1839	0.0031	1067.2796	0.00094	0.3009	3.3230
24	542.8008	0.0018	1806.0026	0.00055	0.3006	3.3272
25	705.6410	0.0014	2348.8033	0.00043	0.3004	3.3286
26	917.3333	0.0011	3054.4443	0.00033	0.3003	3.3297
28	1550.2933	0.0006	5164.3109	0.00019	0.3002	3.3312
30	2619.9956	0.0004	8729.9855	0.00011	0.3001	3.3321
32	4427.7926	0.0002	14755.9755	0.00007	0.3001	3.3326
34	7482.9696	0.0001	24939.8985	0.00004	0.3000	3.3329
35	9727.8604	0.0001	32422.8681	0.00003	0.3000	3.3330

附表 14 $i=40\%$

n	一次收付终值因子 $[F/P,i,n]$ $(1+i)^n$	一次收付现值因子 $[P/F,i,n]$ $\dfrac{1}{(1+i)^n}$	分期等付终值因子 $[F/A,i,n]$ $\dfrac{(1+i)^n-1}{i}$	基金存储因子 $[A/F,i,n]$ $\dfrac{i}{(1+i)^n-1}$	本利摊还因子 $[A/P,i,n]$ $\dfrac{i(1+i)^n}{(1+i)^n-1}$	分期等付现值因子 $[P/A,i,n]$ $\dfrac{(1+i)^n-1}{i(1+i)^n}$
1	1.4000	0.7143	1.0000	1.00000	1.4000	0.7143
2	1.9600	0.5102	2.4000	0.41667	0.8167	1.2245
3	2.7440	0.3644	4.3600	0.22936	0.6294	1.5889
4	3.8416	0.2603	7.1040	0.14077	0.5408	1.8492
5	5.3782	0.1859	10.9456	0.09136	0.4914	2.0352
6	7.5295	0.1328	16.3238	0.06126	0.4613	2.1680
7	10.5414	0.0949	23.8534	0.04192	0.4419	2.2628
8	14.7579	0.0678	34.3947	0.02907	0.4291	2.3306
9	20.6610	0.0484	49.1526	0.02034	0.4203	2.3790
10	28.9255	0.0346	69.8137	0.01432	0.4143	2.4136
11	40.4957	0.0247	98.7391	0.01013	0.4101	2.4383
12	56.6939	0.0176	139.2348	0.00718	0.4072	2.4559
13	79.3715	0.0126	195.9287	0.00510	0.4051	2.4685
14	111.1201	0.0090	275.3002	0.00363	0.4036	2.4775
15	155.5681	0.0064	386.4202	0.00259	0.4026	2.4839
16	217.7953	0.0046	541.9883	0.00185	0.4018	2.4885
17	304.9135	0.0033	759.7837	0.00132	0.4013	2.4918
18	426.8789	0.0023	1064.6971	0.00094	0.4009	2.4941
19	597.6304	0.0017	1491.5760	0.00067	0.4007	2.4958
20	836.6826	0.0012	2089.2064	0.00048	0.4005	2.4970
22	1639.8978	0.0006	4097.2445	0.00024	0.4002	2.4985
24	3214.1997	0.0003	8032.9993	0.00012	0.4001	2.4992
25	4499.8796	0.0002	11247.1990	0.00009	0.4001	2.4994
26	6299.8314	0.0002	15747.0785	0.00006	0.4001	2.4996
28	12347.6696	0.0001	30866.6739	0.00003	0.4000	2.4998
30	24201.4324	0.0000	60501.0809	0.00002	0.4000	2.4999
32	47434.8074	0.0000	118584.5185	0.00001	0.4000	2.4999
34	92972.2225	0.0000	232428.0563	0.00000	0.4000	2.5000
35	130161.1116	0.0000	325400.2789	0.00000	0.4000	2.5000

附录 考虑资金时间价值的折算因子表

附表 15　　　　　　　　　　　　$i=50\%$

n	一次收付期值因子 $[F/P,i,n]$ $(1+i)^n$	一次收付现值因子 $[P/F,i,n]$ $\dfrac{1}{(1+i)^n}$	分期等付期值因子 $[F/A,i,n]$ $\dfrac{(1+i)^n-1}{i}$	基金存储因子 $[A/F,i,n]$ $\dfrac{i}{(1+i)^n-1}$	本利摊还因子 $[A/P,i,n]$ $\dfrac{i(1+i)^n}{(1+i)^n-1}$	分期等付现值因子 $[P/A,i,n]$ $\dfrac{(1+i)^n-1}{i(1+i)^n}$
1	1.5000	0.6667	1.0000	1.00000	1.5000	0.6667
2	2.2500	0.4444	2.5000	0.40000	0.9000	1.1111
3	3.3750	0.2963	4.7500	0.21053	0.7105	1.4074
4	5.0625	0.1975	8.1250	0.12308	0.6231	1.6049
5	7.5938	0.1317	13.1875	0.07583	0.5758	1.7366
6	11.3906	0.0878	20.7813	0.04812	0.5481	1.8244
7	17.0859	0.0585	32.1719	0.03108	0.5311	1.8829
8	25.6289	0.0390	49.2578	0.02030	0.5203	1.9220
9	38.4434	0.0260	74.8867	0.01335	0.5134	1.9480
10	57.6650	0.0173	113.3301	0.00882	0.5088	1.9653
11	86.4976	0.0116	170.9951	0.00585	0.5058	1.9769
12	129.7463	0.0077	257.4927	0.00388	0.5039	1.9846
13	194.6195	0.0051	387.2390	0.00258	0.5026	1.9897
14	291.9293	0.0034	581.8585	0.00172	0.5017	1.9931
15	437.8939	0.0023	873.7878	0.00114	0.5011	1.9954
16	656.8408	0.0015	1311.6817	0.00076	0.5008	1.9970
17	985.2613	0.0010	1968.5225	0.00051	0.5005	1.9980
18	1477.8919	0.0007	2953.7838	0.00034	0.5003	1.9986
19	2216.8378	0.0005	4431.6756	0.00023	0.5002	1.9991
20	3325.2567	0.0003	6648.5135	0.00015	0.5002	1.9994
22	7481.8276	0.0001	14961.6553	0.00007	0.5001	1.9997
24	16834.1122	0.0001	33666.2244	0.00003	0.5000	1.9999
25	25251.1683	0.0000	50500.3366	0.00002	0.5000	1.9999
26	37876.7524	0.0000	75751.5049	0.00001	0.5000	1.9999
28	85222.6930	0.0000	170443.3860	0.00001	0.5000	2.0000
30	191751.0592	0.0000	383500.1185	0.00000	0.5000	2.0000
32	431439.8833	0.0000	862877.7665	0.00000	0.5000	2.0000
34	970739.7374	0.0000	1941477.4747	0.00000	0.5000	2.0000

附表 16　　　　　　　　等差系列现值因子 $[P/G, i, n]$

n	1%	2%	3%	4%	5%	6%
2	0.958	0.958	0.941	0.924	0.906	0.890
3	2.895	2.841	2.772	2.702	2.634	2.569
4	5.773	5.612	5.437	5.267	5.101	4.945
5	9.556	9.233	8.887	8.554	8.235	7.934
6	14.271	13.672	13.074	12.506	11.966	11.458
7	19.860	18.895	17.952	17.066	16.230	15.449
8	26.324	24.868	23.478	22.180	20.968	19.840
9	33.626	31.559	29.609	27.801	26.124	24.576
10	41.764	38.943	36.305	33.881	31.649	29.601
11	50.721	46.984	43.530	40.377	37.496	34.869
12	60.479	55.657	51.245	47.248	43.621	40.335
13	71.018	64.932	59.416	54.454	49.984	45.961
14	82.314	74.783	68.010	61.961	56.550	51.711
15	94.374	85.183	76.996	69.735	63.284	57.553
16	107.154	96.109	86.343	77.744	70.156	63.457
17	120.662	107.535	96.023	85.958	77.136	69.399
18	134.865	119.436	106.009	94.350	84.200	75.355
19	149.754	131.792	116.274	102.893	91.323	81.304
20	165.320	144.577	126.794	111.564	98.484	87.228
21	181.546	157.772	137.544	120.341	105.663	93.111
22	198.407	171.354	148.504	129.202	112.841	98.939
23	215.903	185.305	159.651	138.128	120.004	104.699
24	234.009	199.604	170.965	147.101	127.135	110.379
25	252.717	214.231	182.428	156.103	134.223	115.971
26	272.011	229.169	194.020	165.121	141.253	121.466
27	291.875	244.401	205.725	174.138	148.217	126.858
28	312.309	259.908	217.525	183.142	155.105	132.140
29	333.280	275.674	229.407	192.120	161.907	137.307
30	354.790	291.684	241.355	201.061	168.617	142.357
31	376.822	307.921	253.354	209.955	175.228	147.284
32	399.360	324.369	265.392	218.792	181.734	152.088
33	422.398	341.016	277.457	227.563	188.130	156.766
34	445.919	357.845	289.536	236.260	194.412	161.741
35	469.916	374.846	301.619	244.876	200.575	165.317
36	494.375	392.003	313.695	253.405	206.618	170.037

附录 考虑资金时间价值的折算因子表

续表

n	1%	2%	3%	4%	5%	6%
37	519.279	409.305	325.755	261.839	212.538	174.205
38	544.622	426.738	337.788	270.175	218.333	178.247
39	570.396	444.291	349.786	278.406	224.000	182.163
40	596.579	461.953	361.742	286.530	229.540	185.955
42	650.167	497.560	385.495	302.437	240.234	193.171
44	705.288	533.474	408.989	317.869	250.412	199.911
46	761.870	569.618	432.177	332.810	260.079	206.192
48	819.829	605.921	455.017	347.244	269.242	212.033
50	879.089	642.316	477.472	361.183	277.910	217.456

附表17　　等差系列现值因子 $[P/G, i, n]$

n	7%	8%	9%	10%	15%	20%
2	0.873	0.857	0.841	0.826	0.756	0.694
3	2.506	2.445	2.386	2.329	2.071	1.852
4	4.794	4.650	4.511	4.378	3.786	3.299
5	7.646	7.372	7.111	6.862	5.775	4.906
6	10.978	10.523	10.092	9.684	7.937	6.581
7	14.714	14.024	13.374	12.763	10.192	8.255
8	18.788	17.806	16.887	16.028	12.481	9.833
9	23.140	21.808	20.570	19.421	14.755	11.434
10	27.715	25.977	24.372	22.891	16.979	12.887
11	32.466	30.266	28.247	26.396	19.129	14.233
12	37.350	34.634	32.158	29.901	21.185	15.467
13	42.330	39.046	36.072	33.377	23.125	16.588
14	47.371	43.472	39.962	36.800	24.972	17.601
15	52.445	47.886	43.806	40.152	26.693	18.509
16	57.526	52.264	47.584	43.416	28.296	19.321
17	62.597	56.588	51.281	46.581	29.783	20.042
18	67.621	60.842	54.885	49.639	31.156	20.680
19	72.598	65.013	58.386	52.582	32.421	21.244
20	77.508	69.090	61.776	55.406	33.582	21.739
21	82.339	73.063	65.050	58.109	34.645	22.174
22	87.079	76.926	68.204	60.689	35.615	22.555
23	91.719	80.672	71.235	63.146	35.499	22.887
24	96.254	84.300	74.142	65.481	37.302	23.176
25	100.676	87.804	76.926	67.696	38.031	23.428

续表

n	7%	8%	9%	10%	15%	20%
26	104.981	91.184	79.586	69.794	38.692	23.646
27	109.165	94.439	82.123	71.777	39.289	23.835
28	113.226	97.569	84.541	73.649	39.828	23.999
29	117.161	100.574	86.842	75.414	40.315	24.141
30	120.971	103.456	89.027	77.076	40.753	24.263
31	124.654	106.216	91.102	78.639	41.147	24.368
32	128.211	108.857	93.068	80.108	41.501	24.459
33	131.643	111.382	94.931	81.485	41.818	24.537
34	134.950	113.792	96.693	82.777	42.103	24.604
35	138.135	116.092	98.358	83.987	42.359	24.661
36	141.198	118.284	99.931	85.119	42.587	24.711
37	144.144	120.371	101.416	86.178	42.792	24.753
38	146.972	122.358	102.815	87.167	42.974	24.789
39	149.688	124.247	104.134	88.091	43.137	24.820
40	152.292	126.042	105.376	88.952	43.283	24.847
42	157.180	129.365	107.643	90.505	43.529	24.889
44	161.660	132.355	109.645	91.851	43.723	24.920
46	165.758	135.038	111.410	93.016	43.878	24.942
48	169.498	137.443	112.962	94.022	44.000	24.958
50	172.905	139.593	114.325	94.889	44.096	24.970

附表 18 等差系列年值因子 $[A/G, i, n]$

n	1%	2%	3%	4%	5%	6%
2	0.486	0.493	0.492	0.490	0.487	0.485
3	0.984	0.985	0.980	0.974	0.967	0.961
4	1.480	1.474	1.463	1.451	1.439	1.427
5	1.971	1.959	1.941	1.922	1.902	1.883
6	2.463	2.441	2.413	2.386	2.358	2.330
7	2.952	2.920	2.881	2.843	2.805	2.767
8	3.440	3.395	3.345	3.294	3.244	3.195
9	3.926	3.867	3.803	3.739	3.675	3.613
10	4.410	4.336	4.356	4.177	4.099	4.022
11	4.893	4.801	4.705	4.609	4.514	4.421
12	5.374	5.263	5.148	5.034	4.922	4.811
13	5.853	5.722	5.587	5.453	5.321	5.192
14	6.331	6.177	6.021	5.866	5.713	5.563

附录　考虑资金时间价值的折算因子表

续表

n	1%	2%	3%	4%	5%	6%
15	6.807	6.630	6.450	6.272	6.097	5.926
16	7.281	7.079	6.874	6.672	6.473	6.279
17	7.754	7.524	7.293	7.066	6.842	6.624
18	8.225	7.967	7.708	7.453	7.203	6.960
19	8.694	8.406	8.118	7.834	7.557	7.287
20	9.162	8.842	8.523	8.209	7.903	7.605
22	10.092	9.704	9.318	8.941	8.573	8.216
24	11.016	10.553	10.095	9.648	9.214	8.795
25	11.476	10.973	10.476	9.992	9.523	9.072
26	11.934	11.390	10.853	10.331	9.826	9.341
28	12.844	12.213	11.593	10.991	10.411	9.857
30	13.748	13.024	12.314	11.627	10.969	10.342
32	16.646	13.822	13.017	12.241	11.500	10.799
34	15.537	14.607	13.702	12.832	12.006	11.227
35	15.980	14.995	14.037	13.120	12.250	11.432
36	16.421	15.380	14.369	13.402	12.487	11.630
38	17.299	16.140	15.018	13.950	12.944	12.006
40	18.170	16.887	15.650	14.476	13.377	12.359
45	20.320	18.702	17.155	15.705	14.364	13.141
50	22.429	20.441	18.557	16.812	15.223	13.796
55	24.498	22.105	19.860	17.807	15.966	14.341
60	26.526	23.695	21.067	18.697	16.606	14.791
65	28.515	25.214	22.184	19.491	17.154	15.160
70	30.463	26.662	23.214	20.196	17.621	15.461
75	32.372	28.042	24.163	20.821	18.017	15.706
80	34.242	29.356	25.035	21.372	18.352	15.903
85	36.073	30.605	25.835	21.857	18.635	16.062
90	37.866	31.792	26.566	22.283	16.189	16.189
95	39.620	32.918	27.235	22.655	16.290	16.290
100	41.336	33.985	27.844	22.950	16.371	16.371

附表19　等差系列年值因子 $[A/G, i, n]$

n	7%	8%	10%	12%	15%	20%
2	0.481	0.478	0.476	0.472	0.465	0.455
3	0.949	0.943	0.936	0.925	0.907	0.879
4	1.404	1.392	1.381	1.359	1.326	1.274

附录 考虑资金时间价值的折算因子表

续表

n	7%	8%	10%	12%	15%	20%
5	1.846	1.828	1.810	1.775	1.723	1.641
6	2.276	2.250	2.224	2.172	2.097	1.979
7	2.694	2.657	2.022	2.551	2.450	2.290
8	3.099	3.051	3.004	2.913	2.781	2.576
9	3.491	3.431	3.372	3.257	3.092	2.836
10	3.871	3.798	3.725	3.585	3.383	3.074
11	4.239	4.151	4.064	3.895	3.655	3.289
12	4.596	4.491	4.388	4.190	3.908	3.484
13	4.940	4.818	4.699	4.468	4.144	3.660
14	5.273	5.133	4.995	4.732	4.362	3.817
15	5.594	5.435	5.279	4.980	4.565	3.959
16	5.905	5.724	5.549	5.215	4.752	4.085
17	6.204	6.002	5.807	5.435	4.925	4.198
18	6.492	6.269	6.053	5.643	5.084	4.298
19	6.770	6.524	6.286	5.838	5.231	4.386
20	7.037	6.767	6.508	6.020	5.365	4.464
22	7.541	7.223	6.919	6.351	5.601	4.594
24	8.007	7.638	7.288	6.641	5.798	4.694
25	8.225	7.832	7.458	6.771	5.883	4.735
26	8.435	8.016	7.619	6.892	5.961	4.771
28	8.829	8.357	7.914	7.110	6.096	4.829
30	9.190	8.666	8.176	7.297	6.207	4.873
32	9.520	8.944	8.409	7.459	6.297	4.906
34	9.821	9.193	8.615	7.596	6.371	4.931
35	9.961	9.308	8.709	7.658	6.402	4.941
36	10.095	9.417	8.796	7.714	6.430	4.949
38	10.344	9.617	8.956	7.814	6.478	4.963
40	10.570	9.796	9.096	7.899	6.517	4.973
45	11.045	10.160	9.374	8.057	6.583	4.988
50	11.411	10.429	9.570	8.160	6.620	4.995
55	11.690	10.626	9.708	8.225	6.641	4.998
60	11.902	10.768	9.802	8.266	6.653	4.999
65	12.060	10.870	9.867	8.292	6.659	5.000
70	12.178	10.943	9.911	8.308	6.663	5.000
75	12.266	10.994	9.941	8.318	6.665	5.000

附录 考虑资金时间价值的折算因子表

续表

n	7%	8%	10%	12%	15%	20%
80	12.330	11.030	9.961	8.324	6.666	5.000
85	12.377	11.055	9.974	8.328	6.666	5.000
90	12.412	11.073	9.983	8.330	6.666	5.000
95	12.437	11.085	9.989	8.331	6.667	5.000
100	12.455	11.093	9.993	8.332	6.667	5.000

附表 20 $i=5\%$

等比级数现值因子 $[P/G, j, i, n]$

n	$j=4\%$	$j=6\%$	$j=8\%$	$j=10\%$	$j=15\%$
1	0.9524	0.9524	0.9524	0.9524	0.9524
2	1.8957	1.9138	1.9320	1.9501	1.9955
3	2.8300	2.8844	2.9396	2.9954	3.1379
4	3.7554	3.8643	3.9759	4.0904	4.3891
5	4.6721	4.8535	5.0419	5.2375	5.7595
6	5.5799	5.8521	6.1383	6.4393	7.2604
7	6.4792	6.8602	7.2661	7.6983	8.9043
8	7.3699	7.8779	8.4261	9.0173	10.7047
9	8.2521	8.9053	9.6192	10.3991	12.6765
10	9.1258	9.9425	10.8464	11.8467	14.8362
11	9.9913	10.9896	12.1087	13.3632	17.2016
12	10.8485	12.0466	13.4070	14.9519	19.7922
13	11.6976	13.1137	14.7425	16.6163	22.6295
14	12.5386	14.1910	16.1161	18.3599	25.7371
15	13.3715	15.2785	17.5289	20.1866	29.1407
16	14.1966	16.3764	18.9821	22.1002	32.8683
17	15.0137	17.4848	20.4769	24.1050	36.9510
18	15.8231	18.6037	22.0143	26.2052	41.4226
19	16.6248	19.7332	23.5956	28.4055	46.3200
20	17.4189	20.8736	25.2222	30.7105	51.6838
21	18.2054	22.0247	26.8952	33.1253	57.5584
22	18.9844	23.1869	28.6160	35.6550	63.9925
23	19.7559	24.3601	30.3860	38.3053	71.0394
24	20.5202	25.5445	32.2066	41.0817	78.7575
25	21.2771	26.7401	34.0791	43.9904	87.2105
26	22.0269	27.9472	36.0052	47.0375	96.4687
27	22.7695	29.1657	37.9863	50.2298	106.6086

续表

	等比级数现值因子$[P/G,j,i,n]$				
n	j=4%	j=6%	j=8%	j=10%	j=15%
28	23.5050	30.3959	40.0240	53.5741	117.7142
29	24.2335	31.6377	42.1199	57.0776	129.8774
30	24.9551	32.8914	44.2757	60.7480	143.1991
31	25.6698	34.1571	46.4931	64.5931	157.7895
32	26.3777	35.4348	48.7739	68.6213	173.7695
33	27.0789	36.7246	51.1198	72.8414	191.2713
34	27.7734	38.0267	53.5328	77.2624	210.4400
35	28.4612	39.3413	56.0146	81.8940	231.4343
36	29.1426	40.6683	58.5674	86.7461	254.4280
37	29.8174	42.0080	61.1932	91.8292	279.6116
38	30.4858	43.3605	63.8939	97.1544	307.1937
39	31.1478	44.7258	66.6719	102.7332	337.4026
40	31.8036	46.1042	69.5291	108.5776	370.4886
41	31.4531	47.4957	72.4681	114.7004	406.7256
42	33.0964	48.9004	75.4910	121.1147	446.4138
43	33.7335	50.3185	78.6002	127.8344	489.8817
44	34.3647	51.7501	81.7983	134.8742	537.4895
45	34.9898	53.1953	85.0878	142.2491	589.6314
46	35.6089	54.6543	88.4713	149.9753	646.7391
47	36.2221	56.1272	91.9514	158.0693	709.2857
48	36.8296	57.6141	95.5310	166.5488	777.7891
49	37.4312	59.1152	99.2128	175.4321	852.8167
50	38.0271	60.6306	102.9998	184.7384	934.9897

附表 21　　　　　　　　　　　　　　$i=5\%$

	等比级数期值因子$[P/G,j,i,n]$				
n	j=4%	j=6%	j=8%	j=10%	j=15%
1	1.0000	1.0000	1.0000	1.0000	1.0000
2	2.0900	2.1100	2.1300	2.1500	2.2000
3	3.2761	3.3391	3.4029	3.4675	3.6325
4	4.5648	4.6971	4.8328	4.9719	5.3350
5	5.9629	6.1944	6.4349	6.6846	7.3508
6	7.4777	7.8423	8.2260	8.6293	9.7297
7	9.1169	9.6530	10.2241	10.8323	12.5292
8	10.8886	11.6393	12.4492	13.3227	15.8157

续表

等比级数期值因子 $[P/G, j, i, n]$

n	$j=4\%$	$j=6\%$	$j=8\%$	$j=10\%$	$j=15\%$
9	12.8016	13.8151	14.9225	16.1324	19.6655
10	14.8650	16.1953	17.6677	19.2970	24.1666
11	17.0885	18.7959	20.7100	22.8555	29.4205
12	19.4824	21.6340	24.0771	26.8514	35.5439
13	22.0576	24.7279	27.7992	31.3324	42.6714
14	24.8255	28.0972	31.9087	36.3513	50.9577
15	27.7985	31.7630	36.4414	41.9664	60.5813
16	30.9893	35.7477	41.4356	48.2420	71.7475
17	34.4118	40.0754	46.9333	55.2490	84.6925
18	38.0803	44.7720	52.9800	63.0660	99.0883
19	42.0101	49.8649	59.6250	71.7792	117.0482
20	46.2175	55.3838	66.9220	81.4840	137.1324
21	50.7195	61.3601	74.9290	92.2857	160.3556
22	55.5342	67.8277	83.7093	104.3003	187.1948
23	60.6808	74.8226	93.3313	117.6556	216.1993
24	66.1796	82.3835	103.8694	132.4927	254.0008
25	72.0519	90.5516	115.4040	148.9670	295.3260
26	78.3203	99.3710	128.0227	167.2501	343.0112
27	85.0088	108.8890	141.8202	187.5308	398.0186
28	92.1426	119.1558	156.8992	210.0173	461.4548
29	99.7484	130.2252	173.3713	234.9391	534.5932
30	107.8545	142.1549	191.3572	262.5492	618.8983
31	116.4906	155.0061	210.9877	293.1261	716.0550
32	125.6883	168.8445	232.4047	326.9767	828.0013
33	135.4807	183.7401	255.7620	364.4393	956.9664
34	145.9032	199.7677	281.2262	405.8864	1105.5146
35	156.9926	217.0071	308.9776	451.7284	1276.5951
36	168.7884	235.5436	339.2119	502.4173	1473.6004
37	181.3317	255.4680	372.1406	558.4508	1700.4322
38	194.6664	276.8775	407.9933	620.3773	1961.5785
39	208.8385	299.8756	447.0182	688.8005	2262.2007
40	223.8968	324.5729	489.4844	764.3853	2608.2356
41	239.8927	351.0873	535.6832	847.8639	3006.5109
42	256.8804	379.5445	585.9298	940.0422	3464.8795

附录 考虑资金时间价值的折算因子表

续表

等比级数期值因子 $[P/G,j,i,n]$

n	$j=4\%$	$j=6\%$	$j=8\%$	$j=10\%$	$j=15\%$
43	274.9172	410.0788	640.5658	1041.8080	3992.3730
44	294.0635	442.8332	699.9607	1154.1385	4599.3787
45	314.3832	477.9603	764.5147	1278.1095	5297.8426
46	335.9435	515.6229	834.6609	1414.9055	6101.5040
47	358.8155	555.9946	910.8680	1565.8303	7026.1639
48	383.0741	599.2602	993.6434	1732.3193	8089.9944
49	408.7984	645.6171	1083.5362	1915.9525	9313.8949
50	436.0716	695.2754	1181.1404	2118.4691	10721.9004

附表 22 $i=10\%$

等比级数现值因子 $[P/G,j,i,n]$

n	$j=4\%$	$j=6\%$	$j=8\%$	$j=10\%$	$j=15\%$
1	0.9091	0.9091	0.9091	0.9091	0.9091
2	1.7686	1.7851	1.8017	1.8183	1.8595
3	2.5812	2.6293	2.6780	2.7273	2.8531
4	3.3495	3.4428	3.5384	3.6364	3.8919
5	4.0759	4.2267	4.3831	4.5455	4.9779
6	4.7627	4.9821	5.2125	5.4545	6.1133
7	5.4120	5.7100	6.0269	6.3636	7.3002
8	6.0259	6.4115	6.8264	7.2727	8.5411
9	6.6063	7.0874	7.6113	8.1818	9.8385
10	7.1550	7.7388	8.3820	9.0909	11.1948
11	7.6738	8.3664	9.1387	10.0000	12.6127
12	8.1944	8.9713	9.8817	10.9091	14.0951
13	8.6281	9.5542	10.6111	11.8182	15.6449
14	9.0666	10.1158	11.3273	12.7273	17.2651
15	9.4811	10.6571	12.0304	13.6364	18.9590
16	9.8731	11.1786	12.7208	14.5455	20.7298
17	10.2436	11.6812	13.3986	15.4545	22.5812
18	10.5940	12.1656	14.0640	16.3636	24.5167
19	10.9252	12.6323	14.7174	17.2727	26.5402
20	11.2384	13.0820	15.3589	18.1818	28.6556
21	11.5345	13.5154	15.9888	19.0909	30.8672
22	11.8144	13.9330	16.6071	20.0000	33.1794
23	12.0791	14.3354	17.2143	20.9091	35.5966

附录 考虑资金时间价值的折算因子表

续表

	等比级数现值因子$[P/G,j,i,n]$				
n	$j=4\%$	$j=6\%$	$j=8\%$	$j=10\%$	$j=15\%$
24	12.3293	14.7232	17.8104	21.8182	38.1238
25	12.5659	15.0969	18.3957	22.7273	40.7658
26	12.7896	15.4570	18.9703	23.6364	43.5278
27	13.0011	15.8041	19.5345	24.5455	46.4155
28	13.2010	16.1385	20.0884	25.4545	49.4343
29	13.3900	16.4607	20.6322	26.3636	52.5905
30	13.5688	16.7712	21.1662	27.2727	55.8900
31	13.7377	17.0704	21.6904	28.1818	59.3396
32	13.8975	17.3588	22.2052	29.0909	62.9459
33	14.0485	17.6367	22.7105	30.0000	66.7162
34	14.1913	17.9044	23.2067	30.9091	70.6578
35	14.3264	18.1624	23.6938	31.8182	74.7786
36	14.4540	18.4111	24.1721	32.7273	79.0867
37	14.5747	18.6507	24.6417	33.6364	83.5907
38	14.6888	18.8816	25.1028	34.5455	88.2994
39	14.7967	19.1040	25.5555	35.4545	93.2221
40	14.8987	19.3184	25.9999	36.3636	98.3685
41	14.9951	19.5250	26.4363	37.2727	103.7489
42	15.0863	19.7241	26.8647	38.1818	109.3739
43	15.1725	19.9160	27.2854	39.0909	115.2545
44	15.2540	20.1009	27.6983	40.0000	121.4024
45	15.3311	20.2790	28.1038	40.9091	127.8298
46	15.4039	20.4507	28.5019	41.8182	134.5493
47	15.4728	20.6161	28.8928	42.7273	141.5743
48	15.5379	20.7755	29.2766	43.6364	148.9186
49	15.5995	20.9291	29.6534	44.5455	156.5967
50	15.6577	21.0772	30.0233	45.4545	164.6238

附表 23 $i=10\%$

	等比级数期值因子$[P/G,j,i,n]$				
n	$j=4\%$	$j=6\%$	$j=8\%$	$j=10\%$	$j=15\%$
1	1.0000	1.0000	1.0000	1.0000	1.0000
2	2.1400	2.1600	2.1800	2.2000	2.2500
3	3.4356	3.4996	3.5644	3.6300	3.7975
4	4.9040	5.0406	5.1806	5.3240	5.6981

附录 考虑资金时间价值的折算因子表

续表

等比级数期值因子 $[P/G, j, i, n]$

n	$j=4\%$	$j=6\%$	$j=8\%$	$j=10\%$	$j=15\%$
5	6.5643	6.8071	7.0591	7.3205	8.0169
6	8.4374	8.8071	9.2343	9.6631	10.8300
7	10.5464	11.1272	11.7446	12.4009	14.2261
8	12.9170	13.7435	14.6329	15.5897	18.3087
9	15.5773	16.7117	17.9472	19.2923	23.1986
10	18.5503	20.0724	21.7409	23.5795	29.0363
11	21.8944	23.8705	26.0739	28.5312	35.9855
12	25.6233	28.1558	31.0129	34.2374	44.2364
13	29.7866	32.9836	36.6324	40.7996	54.0103
14	34.4304	38.4149	43.0152	48.3318	65.5641
15	39.6051	44.5172	50.2540	56.9625	79.1963
16	45.3665	51.3655	58.4515	66.8360	95.2530
17	51.7762	59.0424	67.7226	78.1145	114.1359
18	58.9017	67.6395	78.1949	90.9805	136.3107
19	66.8177	77.2577	90.0104	105.6384	162.3173
20	75.6063	88.0091	103.3271	122.3182	192.7807
21	85.3580	100.0172	118.3208	141.2775	228.4254
22	96.1726	113.4184	135.1867	162.8055	270.0894
23	108.1598	128.3638	154.1419	187.2263	318.7431
24	121.4405	145.0200	175.4276	214.9033	375.5089
25	136.1478	163.5709	199.3115	246.2433	441.6849
26	152.4284	184.2198	226.0912	281.7024	518.7724
27	170.4438	207.1912	256.0966	321.7908	608.5064
28	190.3715	232.7327	289.6944	367.0798	712.8924
29	212.4074	261.1176	327.2909	418.2088	834.2472
30	236.7667	292.6478	369.3373	475.8928	975.2474
31	263.6868	327.6560	416.3337	540.9315	1138.9839
32	293.4286	366.5098	468.8347	614.2190	1329.0258
33	326.2796	409.6141	527.4552	696.7546	1549.4935
34	362.5559	457.4161	592.8768	789.6553	1805.1427
35	402.6058	510.4088	665.8546	894.1684	2101.4617
36	446.8125	569.1357	747.2254	1011.6877	2444.7834
37	495.5976	634.1965	837.9162	1143.7692	2842.4136
38	549.4255	706.2523	938.9534	1292.1500	3302.7796

续表

等比级数期值因子$[P/G,j,i,n]$					
n	$j=4\%$	$j=6\%$	$j=8\%$	$j=10\%$	$j=15\%$
39	608.8069	786.0318	1051.4740	1458.7694	3835.6009
40	674.3039	874.3384	1176.7367	1645.7911	4452.0858
41	746.5353	972.0580	1316.1349	1855.6295	5165.1579
42	826.1819	1080.1667	1471.2109	2090.9776	5989.7168
43	913.9929	1199.7404	1643.6714	2354.8391	6942.9380
44	1010.7927	1331.9649	1835.4052	2650.5630	8044.6188
45	1117.4885	1478.1468	2048.5017	2981.8834	9317.5757
46	1235.0785	1639.7261	2285.2723	3352.9622	10788.1025
47	1364.6612	1818.2892	2548.2737	3768.4380	12486.4975
48	1507.4451	2015.5841	2840.3330	4233.4793	14447.6696
49	1664.7601	2233.5363	3164.5769	4753.8445	16711.8372
50	1838.0695	2474.2675	3524.4620	5335.9479	19325.3318

附表 24 实际利率 i 与名义利率 r 转换关系表

$r/\%$	半年 $\left(1+\dfrac{r}{2}\right)^2-1$	每季 $\left(1+\dfrac{r}{4}\right)^4-1$	每月 $\left(1+\dfrac{r}{12}\right)^{12}-1$	每周 $\left(1+\dfrac{r}{52}\right)^{52}-1$	每日 $\left(1+\dfrac{r}{365}\right)^{365}-1$	连续 $\left(1+\dfrac{r}{\infty}\right)^{\infty}-1=e^r-1$
1	1.0025	1.0038	1.0046	1.0049	1.0050	1.0050
2	2.0100	2.0151	2.0184	2.0197	2.0200	2.0201
3	3.0225	3.0339	3.0416	3.0444	3.0451	3.0455
4	4.0400	4.0604	4.0741	4.0793	4.0805	4.0811
5	5.0625	5.0945	5.1161	5.1244	5.1261	5.1271
6	6.0900	6.1364	6.1678	6.1797	6.1799	6.1837
7	7.1225	7.1859	7.2290	7.2455	7.2469	7.2508
8	8.1600	8.2432	8.2999	8.3217	8.3246	8.3287
9	9.2025	9.3083	9.3807	9.4085	9.4132	9.4174
10	10.2500	10.3813	10.4713	10.5060	10.5126	10.5171
11	11.3025	11.4621	11.5718	11.6144	11.6231	11.6278
12	12.3600	12.5509	12.6825	12.7336	12.7447	12.7497
13	13.4225	13.6476	13.8032	13.8644	13.8775	13.8828
14	14.4900	14.7523	14.9341	15.0057	15.0217	15.0274
15	15.5625	15.8650	16.0755	16.1582	16.1773	16.1834
16	16.6400	16.9859	17.2270	17.3221	17.3446	17.3511
17	17.7225	18.1148	18.3891	18.4974	18.5235	18.5305
18	18.8100	19.2517	19.5618	19.6843	19.7142	19.7217
19	19.9025	20.3971	20.7451	20.8828	20.9169	20.9250

续表

r /%	半年 $\left(1+\dfrac{r}{2}\right)^2-1$	每季 $\left(1+\dfrac{r}{4}\right)^4-1$	每月 $\left(1+\dfrac{r}{12}\right)^{12}-1$	每周 $\left(1+\dfrac{r}{52}\right)^{52}-1$	每日 $\left(1+\dfrac{r}{365}\right)^{365}-1$	连续 $\left(1+\dfrac{r}{\infty}\right)^{\infty}-1=e^r-1$
20	21.0000	21.5506	21.9390	22.0931	22.1316	22.1403
21	22.1025	22.7124	23.1439	23.3153	23.3584	23.3678
22	23.2100	23.8825	24.3596	24.5494	24.5976	24.6077
23	24.3225	25.0609	25.5863	25.7957	25.8492	25.8600
24	25.4400	26.2477	26.8242	27.0542	27.1133	27.1249
25	26.5625	27.4429	28.0731	28.3250	28.3901	28.4025
26	27.6900	28.6466	29.3333	29.6090	29.6796	29.6930
27	28.8225	29.8588	30.6050	30.9049	30.9821	30.9964
28	29.9600	31.0796	31.8880	32.2135	32.2976	32.3130
29	31.1025	32.3089	33.1826	33.5350	33.6264	33.6428
30	32.2500	33.5469	34.4889	34.8693	34.9684	34.9859